Kinder verstehen.

Born to be wild：Wie die Evolution unsere Kinder prägt

读懂孩子的天性

［德］赫伯特·伦兹·波尔斯特 著
陈华实 包琳琳 翟欣 译

求真出版社

图书在版编目（CIP）数据

读懂孩子的天性／（德）赫伯特·伦兹·波尔斯特著；陈华实，包琳琳，翟欣译. —北京：求真出版社，2014.6

ISBN 978-7-80258-220-0

Ⅰ.①读… Ⅱ.①波… ②陈… ③包… ④翟… Ⅲ.①儿童教育—研究 Ⅳ.①G61

中国版本图书馆 CIP 数据核字（2014）第 136285 号

读懂孩子的天性

著　　者：赫伯特·伦兹·波尔斯特
译　　者：陈华实　包琳琳　翟欣
版权联络：陈　怡
出版发行：求真出版社
社　　址：北京市西城区太平街甲 6 号
邮政编码：100050
印　　刷：北京中科印刷有限公司
经　　销：新华书店
开　　本：710×1000　1/16
字　　数：370 千字
印　　张：33.25
版　　次：2014 年 6 月第 1 版　2014 年 6 月第 1 次印刷
书　　号：ISBN 978-7-80258-220-0/G·26
定　　价：58.00 元
编辑热线：（010）83190019　83190256
销售热线：（010）83190289　83190292　83190297

献给我们的孩子：

我们从孩子身上学到的往往比孩子从我们身上学到的更多。

孩子们通过我们所认识的只是一个逝去的世界，

而我们却在他们身上看到了现在与未来。

（弗里德里希·吕克特，1788~1866）

目录

总序

2009年，时逢查尔斯·达尔文诞辰200周年之际，也恰巧距他的著作《物种起源》出版整整150周年。在这具有纪念意义的一年里，许多作家文思泉涌，众多以达尔文及其进化论为题的作品层出不穷，且呈现出源源不绝之势。因此，撰写一部从进化生物学角度关注儿童成长教育的书也算是顺理成章的事了。即使抛开达尔文诞辰200周年这件事不谈，从进化的角度深入探讨我们应该如何认识孩子成长中的种种现象以及如何与孩子们相处，也是非常必要的。

自让·雅克·卢梭以来的200多年间，人们都在孜孜不倦地对启蒙教育进行探索与研究，而在这种背景下长大的孩子们也被视为是启蒙教育的成果。直至今日，我们依然按照源于2 000年前的基督教文化的教育准则来教育我们的孩子。因此，孩子的成长和行为所反映的仍旧是过去10万年中人类的生活状况。简而言之，也就是说我们的孩子的成长方式还停留在石器时代。其后果显而易见：即他们不能完全地适应现代社会。从下面的三个例子可见一斑：

在过去10万年里，食物十分紧缺，所有人都有在他们的一生中承受忍饥挨饿的经历。因此，只要有吃的，人们就会大吃特吃，为日后艰苦的生活做储备。如今，我们的孩子大都过着衣食无忧的生活，就像生活在安乐国一样。然而，这对他们的身体却没有太大的益处。因肥胖而超重的儿童越来越多，即使在他们长大以后，肥胖还是会给他们带来种种意想不到的负面影响。为此我们最近提出了一些预防方案，号召家庭和学校竭尽全力培养孩子们健康的饮食习惯。

直到近代，大多数孩子都是在和大自然亲密接触中逐渐长大的。因此，他们的成长与他们在草地上、森林里和热带草原上的经历密切相关。而如今，孩子们的活动区域大都被限制在室内。他们被迫在课桌前坐几个小时，而且必须保持安静。尽管如此，家长和老师仍然抱怨孩子患有多动症，并想用药物迫使活泼好动的孩子安静下来。

人类在约 5 000 年前才发明了文字。考虑到文字在人类历史上很晚才出现，孩子的阅读能力存在差异也就不足为奇了。而阅读障碍会妨碍孩子在学校的学习。因此，我们将他们送去进行失读症治疗，以帮助他们消除这一障碍。

因为孩子的成长历程并非都能如父母所愿，所以，人们迫切地想要了解原因。在这本书中，大家可以找到答案。赫伯特·伦兹·波尔斯特（Herbert Renz-Polster）撰写的这本书从一开头就提出了一系列“为什么”的问题。例如：为什么出生不久的婴儿会哭闹呢？为什么他们不愿一个人睡觉呢？为什么他们会逆反呢？从进化生物学角度来看，这些行为方式在人类过去的历史中一定具有极其重要的意义，并给孩子带来了生存优势。那么，这种生存优势是什么呢？它会一直存在下去吗？

然后，赫伯特·伦兹·波尔斯特又将目光转向了父母们。他阐述了父母的担忧与期望。如今，许多父母完全不知所措。为什么当父母与孩子太亲近时，他们会担心宠坏孩子并让他们失去自立能力？为什么孩子发脾气会让一些父母感到恐慌呢？为什么在父母眼中，蔬菜是非常健康的食物呢？

最后，赫伯特·伦兹·波尔斯特对一种全新的教育理念进行了阐述。这种教育理念既能最大限度地适合于孩子，同时也能让父母接受。我们不可能再回到以狩猎和采集为生的石器时代，我们不能也不想再拥有原始社会的生活和教育方式。从另一方面看，孩子们也是过去10万年自然界进化的结晶。因此，双方都应该有所妥协。如何平等地兼顾孩子和父母的需求正是当今社会面临的一项挑战。本书可以帮助父母清楚地了解人类过去的历史，并深入认识人类的起源和孩子的天性。

雷默·H·拉戈（Remo H. Largo）

前言

孩子的行为经常会违背父母的意愿：宝宝毫无理由地大哭；他们的绞痛会持续好几周；无论如何也不愿在自己的小床上睡觉；孩子不吃蔬菜，但对甜食却毫无节制；他们很难入睡，即使睡着了晚上也会经常醒来；他们会无缘无故地大发脾气，而且在做个人卫生的时候磨磨蹭蹭……

以上所有现象一般被看作是孩子们的“缺陷”，我们会认为他们还不会表达自己的想法和情感。他们的膀胱功能也还“不健全”，大脑就像一个未完工的“建筑工地”。也许他们想通过他们的行为向自己、妈妈或他们的“超我”发起挑衅。或者说他们根本就是“没有教养”。

本书还另辟蹊径，不去探究孩子们“缺少”什么，而是探索其某一特定行为有何“优点”。为什么孩子非得这样做，而不那样做呢？也就是说：孩子为什么不吃蔬菜？为什么他不将盘子里的东西吃干净？为什么让他一个人睡觉，他就会发脾气、不停吵闹？简而言之，本书认为孩子让父母困惑不解的行为其实是事出有因的。

成长是一个成功方案

但原因是什么呢？孩子是从哪里学会这种异乎寻常的举动的呢？本书所给出的答案就是：他们的这种行为方式是在人类进化过程中逐渐形成的。借助这种行为方式可以更好地适应这个人类已经生存了10万多年的世界！从查尔斯·达尔文的进化理论来看，当今世界上所有生物的外表和行为方式都是自然选择的最佳结果，其原因就在于：他们曾经凭借这些特性获得了成功。

这一理论同样也适用于我们的孩子。他们在成长过程中之所以会一再上演父母熟知的、却又通常令他们束手无策的闹剧，原因其实很简单：在人类历史进程中，这些行为曾使他们获益匪浅。这样做能使孩子们更好地应对生活的挑战并顺利地长大成人！

因此，我们完全可以从另一个全新的视角来看待孩子的成长：即孩子并不缺少什么，他们只是想做"小大人"，虽然事实上他们还仍然只是"孩子"。作为父母，我们应该做的就是尽量了解他们的行为。

追溯往昔的意义何在？

您现在可能会反问：为什么我们为了解决现今的教育问题，却要回顾大洪水以前的时代呢？我们的孩子以后毕竟都不会生活在原始森林中，而是应该在网络世界里遨游。最主要的是："龙生龙，凤生凤"、"三岁看到老"之类的论调很早以前就已经站不住脚了，孩子们与生俱来的才能并不能代表一切。例如有人会说：当小雅各布（雅各布是德语常用人名）从他的小床上爬出来，究竟是先迈左脚还是先迈右脚，都可能会对他今后的人生轨迹产生根本性的影响。这听起来确实有些滑稽。

可以肯定的是：我们的资质并不能决定我们的命运。孩子在成长过程中还需要更多“先天资质”以外的东西。

但是有一点是不会改变的：即对历史的传承将继续对孩子们产生影响，并预先为孩子的成长设定一个框架；今天依然如此。孩子是真的“天生任性”，正如本书所说的一样！

这一框架的影响力究竟有多么强大，我们只需在露天游泳场的草地上短暂地一瞥就能知晓。在原始社会，当人类作为狩猎者和采集者食不果腹的时候，我们体内的脂肪细胞永远处于饥饿状态并时刻关注存储状况，在当时，这是一种非常有效的生理机制。而如今情况却截然相反，孩子都守着冰箱长大，上帝的恩赐也变成了诅咒。脂肪细胞还在为永远不会再来的艰难时期储藏营养。由此看来，我们的孩子越来越胖也就不足为奇了。

与此同时，历史的印记在孩子其他行为方式上也有所体现。就算将宝宝的小床安置在安全玻璃内，并时刻关注着婴儿监护器的动静，孩子在夜晚依然吵闹不安。

此外，我们很怕蛇，尽管在德国被蛇咬伤的几率比被红色法拉利撞倒（我们中间很少有人会对此感到恐慌）的几率小很多。孩子在睡觉之前还会反复检查一下他们的床底下，因为那里可能藏着“怪兽”。万一“真的”有可怕的怪兽爬进这个温暖的地方，那么这一举动也就并非毫无意义了。

正如此书所阐述的中心思想那样，孩子的成长源于对历史和过去的借鉴，而并非以现代世界的要求为首要准则，也并不一定会按照父母所期望的轨迹进行。事实上，孩子们是带着自己的期望来到这个世界上的。父母和教师都在尽可能地了解孩子身心上的渴求。这可能也正是我们教育孩子的目的和方法。如果这些方法不能很好地适应人类不断变化发展的历史，那么身为父母的我们就束手无策了。

一本新的处方?

能否将本书看作是处理与“孩子”有关的所有问题的操作指南呢？答案肯定是否定的。世界上不可能有适合所有孩子的成长说明书，对此本书也进行了阐述。

在本书的十八章里，我并没有像开处方那样给出具体的疗法，让读者去按方抓药，而是表明了这样一个观点：我们必须对孩子的成长和发展历程有更深刻的理解。而且，我们必须追溯的这一成长历程比当今教育界普遍认同的更为久远。

如果父母能了解孩子们过去的成长历程，那么他们就能更熟练、更镇定地处理孩子们成长中出现的问题。如果父母能弄清楚孩子所遵循的自然目标和动机，也许可以“更自然”地与孩子打交道；也可能会对当今教育界的种种情况夸夸其谈，即我们常说的“教育泡沫”持更加批判的态度。如果父母能够不要每次都将孩子们的某些特征机械地看作是他们的缺点和不足，那么他们将会发现孩子身上更多的优点。我衷心希望读者朋友们能领悟到这一点！

编者的话

父母喜欢展望未来。他们希望能给自己的孩子指明一条正确的道路，但他们却容易遗忘过去。然而每个孩子都是背负着历史来到这个世界，他们带着进化论中所描述的历史。一旦我们了解了这些历史，我们就能更好地理解我们的孩子，成为他们的领路人。

反对教育的投机性泡沫。几乎所有的理论都已经被教育专家们解释得十分清楚了：身体接触会娇惯孩子；和父母一起睡觉会妨碍孩子自我意识的形成；3 岁大的孩子应该不再尿床。进化论的观点将教育放在了人类历史的评判台上：为什么数千年来帮助孩子生存的行为方式如今却突然成为了成长的障碍呢？

详见第五章及其“认识与展望”，第十二章的“认识与展望”。

孩子成长应以尊重其天性为前提。现代社会的婴儿学会走路要比传统社会的婴儿晚 1 个月左右。原因可能在于：现在的婴儿大部分睡在自己的小床里或者躺在婴儿车里被父母推着四处走。因此，他们可能习惯了抬头望天。可是，或许婴儿天生更适合与父母有亲密身体接触的生活呢？

详见第九章、第十二章、第十五章。

我们的社会需要“父母执照”，而并非孩子的父母。孩子们失去了他们的游戏场地——首先是森林，其次是草地和庭院，然后是后院，现在他们连街道也失去了。因此，他们也就失去了成长空间，即使世界上最好的游乐场地也无法弥补其带来的损失（而且游乐场中的父母比孩子还要多）。孩子玩耍的时间也被缩短了，等他们稍微大点了就要去上学。但是学校对孩子的成长没有太大帮助，倒是能帮助改良课程表的安排。但是，如果一个人完全不懂得如何生存的话，就算他掌握了三种外语又有什么用呢？

详见第十四章、第十五章。

孩子需要孩子，在教育中亦是如此。如果我们从进化论的角度来看待童年的话，我们就会发现，父母在其中虽然起着重要的作用，但是却并非是决定性的作用。毕竟孩子在以后的生活中主要是和同龄人而不是与自己的父母打交道。因此，孩子们总是会观察周围的同龄人（尤其在青春期时）。我们都希望孩子沿着自己的轨迹生活，因为从进化论的角度来看，在这一点上成人很难做到。例如几乎所有证据都说明了一个事实：我们已经对赖以生存的环境造成了无法挽回地破坏。所以我们只能希望孩子们不要重蹈覆辙。您说呢？

详见第十章、第十三章，以及第十五章和第十七章这两章的“认识与展望”。

是时候让乡村成为儿童成长的沃土了。按照动物习性学的评价，人类的孩子是动物王国里“最昂贵”的新生力量。因此，“乡村”在所有时代都会有所帮助（此外还能为高压下的父母提供精神庇护和补偿）。如今，人们对乡村游提出了越来越苛刻的要求：哪里有质量好的婴儿托儿所？哪里又有众多教父（毕竟有数据表明，如今每个3~9岁的孩子都由大约15个成人照顾）？哪里能提供产前准备课程，不仅可以让父母们相互交流，还能教授一些关于抚育孩子的知识？

详见第十一章的“认识与展望”，第十四章及其“认识与展望”。

教育或许是一种流行文化吧？我们这里大多数妈妈抱孩子的时候，都让孩子面朝上躺在自己臂弯内。这是为什么呢？由此我们可以继续思考：为什么辅食要从胡萝卜开始呢？如果真的应该制定这样一个蔬菜进食计划的话，那么人类可能早就已经灭绝了。那些我们认为对孩子合适的东西难道真的都很理所当然？比如说，现在我们都认为女人的腋毛应该被剃掉，其科学依据又何在呢？

详见第二章、第三章、第十七章、第十八章。

简要的阅读提示

本书所涉及的主题不仅是父母、也是教育家们所关注的。其中部分内容更是十分切合实际。我们在儿童教育中基本上每天都会遇到这些问题：哺乳、辅食、睡觉、逆反行为等等。这些孩子成长中的焦点问题构成每一章节的开头部分。

紧随其后是第二部分的认识与展望，这一部分通常比第一部分简短，主要是从每章的开头部分中选取单个主题，阐明其背景。该部分更侧重于阐释，通常是介绍相关理论，或者进行辩论探讨，引导读者进行深入思考并展望未来的前景。

本书编辑整理了数十本书及数百篇学术论文中的真实案例。此外，还搜集了大量关于儿童成长历史的资料。为了使本书的主线清晰，我们需要对章节里的一些细节部分作详细说明：

◎ 这样的数字（例如1）代表补充内容。您可以在本书末尾找到这些注释。尽管我大可不必如此大费周折，但这些还是会对您有所帮助的！

◎ 想深入了解某个主题的读者，可能对书中的扩展性内容更感兴趣。这样的数字（例如[1]）代表引用的科学论文或书籍章节的内容。您也可以登录本书的辅助网站 www. kinder-verstehen. de 来了解这些信息。

◎ 在这一网站上，您还可以获悉最重要的参考文献，以及学术性的专业文章或书稿的来源，这些文献是书中观点的基础。

关于本书的相关链接，我还有一点要说明：即书籍会引发读者的思辨，也会激起他们继续读下去的欲望，同时也为读者提供事实材料，帮助他们追踪最前沿的相关讨论。如果您想获取这些信息以及其他更多信息，您可以登录网站 www. kinder-verstehen. de，并时刻关注从进化论角度来探讨儿童成长这一主题的相关信息。如果您有任何疑问、意见或建议，欢迎您随时给我发电子邮件，我的邮箱地址是：Herbert. Renz-Polster@ kinder-verstehen. de。

第一章
天生的偏食

在孩子对食物的选择这一问题上，父母们的意见惊人一致：即孩子对食物的选择完全是非理性的。他们更喜欢吃垃圾食品，从巧克力到炸薯条；却拼命反对吃蔬菜和水果，就连意大利面的调味酱也引不起他们的兴趣。

从生物进化的角度来看，这是一种值得关注的行为方式。因为在整个人类历史中，从来就没有出现过真正的食物过剩的现象。孩子们应该有什么就吃什么，您说呢？

本章将会针对上述问题给出一个明确的答案，即：不是。孩子在选择食物时的偏好其实是其天性所致！但其根本原因究竟是什么呢？为什么孩子不喜欢吃西兰花？孩子的食物偏好又是怎样变化的呢？为什么南美洲的土著孩子会认为烤捕鸟蛛或蝇类十分美味，而德国拜仁州的孩子却十分喜欢吃白香肠和团子？但是他们最后又是从何得知，蔬菜不仅不会毒死他们，而且吃起来十分美味呢？

为什么孩子不喜欢吃绿色蔬菜

孩子们房间里悬挂的动物图片中，熊猫总是吃着同一种食物：竹子。这个原因在于：熊猫只吃竹子。这一喜好正是它天性和本能的一部分。

然而，人类却完全不同。与所有其他的哺乳动物不同，人类能适应所有的气候条件（甚至能在狭小的宇宙空间站里生存）。无论是在没有蔬菜的北极，还是在维生素营养丰富的热带地区，人类都能依靠当地的食物而生存。因此，人类是所有动物种类中当之无愧的“杂食动物”。从谷物、果实、菌类到果仁、海鲜和块茎，从蔬菜、昆虫、鱼、其他小动物到分成一小份的汤或规定饮食，人类什么都吃。真的，甚至也吃竹笋呢！

这使得人类摆脱了对特定食物的依赖，在这一点上人类远胜于熊猫，熊猫濒临灭绝也并非毫无缘由。但是由此而来的自由也带来了一个坏处：即对食物的喜好不会变成人的本能。因此，与熊猫不同，人类会面临选择的问题。

因为在上千种选择中总会混杂许多不易消化甚至有致命剧毒的“食物”，而且它们看起来并无二样，就像样子极其相似的无毒的黑莓与有毒的颠茄。

在生命之初，每个人都要学会认识和接受食物。他必须学会喜欢那些对身体有益的食物——不管是烤熟的捕鸟蛛，还是美味的甜品。他还必须学会拒绝可能对身体有害的食物。

对于这个被营养学专家称为“选择困难综合征”的难题，人类是如何解决的呢？人类究竟是依据哪些规则学会接受和喜欢那些“正确的”食物，而准确无误地拒绝其他食物的呢？

他们对于食物的喜好又是如何变化的呢？

天生的食物喜好

尽管像熊猫一样，人类在发展历程中并不曾对有益的食物进行过精确的描述，但是他们心里还是有一个粗略的“指南”，他能凭借这一“指南”对食物进行初步的判断。而且这个“指南”适用于所有人，无论是爱斯基摩人还是宇航员。

其中，味觉的作用可能是最重要的。人们通过舌头上味蕾的“触角”来区分食物的酸、甜、苦、咸和鲜味（最后一种味道直到2002年才被发现，用来表示谷氨酸钠的味道，它是人体对富含蛋白质的食物的反映，这个日本词语的意思即“肉味的”）。

对“甜味”的感知能帮助我们识别成熟、且富含碳水化合物的果实[1]。而对“酸味”的感知则能帮助我们识别未成熟的果实，也就是说热量太少或“可能已经腐烂的”的水果；对“苦味”的感知则能帮助我们识别潜在不利于营养的食物，因为味苦的食物通常已经腐烂或者甚至有毒。植物之所以味苦，就是为了保护自己和果实不被天敌吃掉。比如说，有些味苦的植物能麻痹昆虫，防止受到昆虫的侵害。因此，许多蔬菜只有通过人工培植后才能食用，也就不足为奇了！事实上，今天我们盛到孩子们盘子里香甜多汁的胡萝卜和美味可口的花菜与最原始的蔬菜种类是完全不同的，它们是数百年人工培植的成果。在这一过程中，人类已经系统性地去除了植物中的鞣酸和苦味物质1。

而“油腻感”呢？舌头上并没有专门感知油腻的感受器。但是从婴儿时代开始，我们就喜欢吃油腻的食物。因为油腻感让我们觉得食物尝起来更香甜，味道更浓郁。

现在我们来总结一下吧。孩子按照食物的安全性及其对人类生存的价值的大小来评价食物。甜味的食物、富含蛋白质的食物和油腻的食物就是无害的、能提供能量的“生存性食物”，因此备受青睐。相反，味苦和味酸的食物则不为大家所喜爱；因为它们营养成分少，而且大都是腐烂甚至有毒的食物。由此，我们可以得出一个令人惊诧的结论：孩子更喜欢吃巧克力酱和炸薯条而非芹菜和菠菜，是有着十分重要的原因的，高热量的食物可以使人能够更顺利地渡过下一个艰难时期。所以，孩子不喜欢吃蔬菜并非是在向父母发脾气，而是一种防备措施，以免自己在这个遍布有毒植物的世界里受到伤害！

加西亚效应

除了味觉以外，还有一些其他“安全措施”能帮助人类保证饮食安全，也就是所谓的加西亚效应：一旦某种食物导致恶心或呕吐，这说明食物可能有毒，那么它就会被人类长期拒绝食用。一朝被蛇咬，十年怕井绳——至少对于孩子们是这样的。

对新食物的恐惧感

影响全世界几乎所有孩子对食物的喜好的第三种因素，那就是拒绝吃自己不认识的食物。这让许多父母都无能为力。许多父母也十分了解这种也被称作“新物恐惧症”（对新事物产生的恐惧感）的现象。例如当玛丽还是婴儿时，她的父母还十分自豪地告诉别人，玛丽尝试过许多种食物：香蒜酱、橄榄粒、番茄酱等等。而随着玛丽渐渐长大，这种状况几乎完全改变了：只是在面条上加了点蔬菜，她就不愿意吃了。这种对新食物的拒绝实际上与一种恐惧心理相吻合。这也表明了一个事实，即正是那些胆小和害羞的孩子最容易受到这种心理的影响[2]！

所有孩子基本上都在相同的年龄段患上新物恐惧症：在4~6个月大的时候，这种症状是最不明显的，因为这个年龄段的婴儿基本上会吃下所有喂给他们的食物[3]。从18个月大开始，孩子们选择食物的范围就会慢慢缩小，他们的眼光会越来越挑剔，而且让他们张开嘴巴变得越来越难。等到他们慢慢长大，直到上幼儿园的年龄时，他们对新食物的怀疑就达到了最大程度。这个年纪的孩子是真正挑剔的食客，他们拒绝所有新的、口味复杂的或者吃起来有点苦的食物。直到8~12岁，他们才会重新开始扩展自己的选择范围。从这个时候起，孩子们就开始尝试着接受以前完全不吃的食物，如蘑菇、稍硬的奶酪，还有蔬菜，如西兰花等。

在孩子拒绝的食物中，卷心菜类高居榜首，比如紫甘蓝。而这并非毫无缘由。因为这类蔬菜不仅含有硫元素，而且有一种浓郁的芥末味道；很多孩子吃了这类蔬菜后会肚子疼。

有意义的过程

进化生物学对新物恐惧症随时间变化而变化的这一现象是这样解释的：当孩子处于哺乳期时，他与母亲十分亲密。在这一时间段里，他的食物喜好范围还比较广，而且母亲（或者其他监护人）也会确保孩子吃安全的食物。但是，当孩子渐渐长大，可以自己独立地探索世界的时候，情况就完全不一样了。因为从那以后，孩子吃的食物不再受到父母的控制。取而代之的是出于本能地缩小选择和食物喜好的范围，从而确保自己的生存。孩子拒绝所有不熟悉的食物，尤其是青绿色或者尝起来有苦味的食物。当孩子的身体器官日趋成熟（也就是说对有毒物质的抵抗力慢慢提高），并能通过社会学习来“确保”正确的食物选择时，孩子喜好的食物范围和选择食物的范围才会继续扩大[4]。

社会学习

关于“指南”，我们谈了许多，它能为孩子指引正确的成长方向，并能帮助他们找到“安全”的食物源。但是，到底如何确定孩子们食谱上长期有效的食物呢？

答案就是示范和熟悉。实验表明，如果孩子最初拒绝某种食物，但是父母在接下来的日子连续 10 次仍旧给他这种食物，最终他就会接受这种食物了[5]。事实上并非是因为他觉得这种食物好吃，才去吃这种食物，而是因为他总是吃这种食物，才会觉得它好吃！

与此同时，孩子在接受新食物的时候总是非常小心谨慎的。刚开始接触一种新食物的时候，他们总是只尝一小口（许多其他哺乳动物也都会采取这种防备性的保守态度：老鼠找到陌生的食物后，它们最开始只会咬一点，如果没有什么不良反应的话，它们才会继续吃）。

实验表明，榜样在孩子食物喜好的发展变化过程中起着十分重要的作用。妈妈把什么吃的放进嘴里，孩子就会不自觉地也跟着抓起同样的食物往嘴里塞。研究证实：如果一位亲切和蔼的成年人先拿起某种新食物吃的话，1~4 岁的孩子主动尝试这种新食物的概率比平时要多出 1 倍！并且他们看到其他人，尤其是自己的兄弟姐妹喜欢吃某种食物的时候，他们会更愿意参与进来共享[6]。

此外，愉快的游戏也能加快孩子适应食物的速度。实验表明，如果避免给孩子下达一些直接的指令，例如：把它放进嘴里、吮吸或者把它扔掉，孩子们就会更容易接受食物。而这种经历似乎也是孩子们“认识”食物过程的一部分[7]。

味道编程

早期的有关气味和味道的经历，对以后的饮食方式起着决定性作用。动物学家很久以前就知道：如果给怀孕的家兔喂食杜松子，那么这只母兔产下的幼崽长大后会更喜欢有杜松树的草地[8]！

胎儿时，对味道的记忆在人类食物喜好的后天形成过程中仍起着重要的作用。在实验中，科学家在羊水中加入了一些洋葱、香草、八角或胡萝卜汁，婴儿在出生之后更喜欢这些食物的味道[9]。

这也会联系到母乳味道的成分，即哺乳的母亲所吃的食物也会对婴儿产生影响。在吃辅食的时候，婴儿就会更喜爱那些他们在吃母乳时就已经熟悉的味道[10]。正如神经生物学家丽丝·艾略特（Lise Eliot）曾经说过的，哺乳其实是一种对“超市货架上各种食品的尝试”。

与母乳一样，奶粉的味道也会对孩子产生影响。实验表明，孩子如果在婴儿时期常吃水解婴儿配方食物（低过敏性食物），长大后他们更喜欢喝极酸的果汁。与此相反，如果孩子从小喝豆浆，那么长大后他们则更喜欢喝带苦味的苹果汁。此外，常喝豆浆的孩子比喝牛奶配方奶粉的同龄人更喜欢吃花菜[11]。

同时，对于味道的记忆似乎也有其敏感时期——或许会因食物的不同而有所差异。例如婴儿在出生后的前 4 个月喜欢吃水解婴儿食物，然而 4 个月一过这类食物就不再受青睐了。

“超级美食家”

遗传因素对孩子最终会偏好何种味道也起着重要的作用。大约 1/4 的中欧人拥有超级味觉，他们的舌头上有极其丰富的能感知苦味的“味觉感应器”。他们对于苦味更敏感！有些“对食物很挑剔的”孩子，可能就属于这一类人。他们甚至可以区别各种苦味之间的细微差别。这也就可以解释，为何许多拥有超级味觉的孩子长大后都成了超级美食家。超级美食家的味觉都非常敏感，他们不太喜欢吃油腻的食物[12]，所以大多数超级美食家（其中大部分是亚洲人）都能保持苗条的身材，其中成年超级美食家的身体质量指数平均只有 23.5（而普通人平均身体质量指数则达到 25.3）。

喜欢吃富含蛋白质的食物同样也与遗传因素有着密不可分的联系。与此相反，嗜食甜食的习惯似乎与遗传没什么关系[13]。

令人厌恶！

如果将人比作电脑，当孩子们根据味觉世界中的各种机会和冒险去评判各种味道时，他们还需要安装一个“反感程序”——也就是说他们必须对某些味道产生厌恶感。

婴幼儿都十分喜欢玩那些让大人觉得恶心的东西：孩子绝不会对鼻涕、呕吐物和各种黏液等厌恶地说“呸!”，甚至是粪便，他们也不会觉得恶心。直到3岁时，孩子才开始区分好闻和难闻的气味，厌恶感也随之产生。到了适学年龄，他们对气味的喜好与厌恶才会基本上与大人一样，并开始对某些食物产生厌恶感[14]。无论是顶级厨师还是伐木工人的孩子，都会对同样的东西表现出他们的厌恶感。

厌恶感的进化论“意义”并不难理解：厌恶感能帮助孩子拒绝接受已经腐烂或可能带来疾病的食物。但是，为什么孩子在出生后的前几年不会感到恶心呢？可能是因为起初厌恶感并没有表现出其意义。由于婴儿的器官还未发育成熟，经常无法控制自己的排泄，所以他们基本上无力改变任何事情。例如很多小宝宝在打嗝时会同时排便。所以持续产生厌恶感基本上没什么益处。小婴儿对此本来就是无能为力的。

孩子如何转变为一位“理智的”食客

在营养方面，对稍大一些的孩子来说就如同一场革命的起步阶段：孩子从一个由妈妈亲自监督的安全食物世界进入另一个充满危险的世界。自从一出生，小宝宝都是依靠母亲安全的乳汁获得能量和营养。但是当他们开始蹒跚学步时，就必须开始学会自己解决饥饿的问题，而这时他们面临的世界中营养丰富的食物和不可食用的食物通常都是结伴出现的。为了生存，孩子们必须遵守以下准则：

◎ 优先选择“生存所需的食物”——也就是香甜的且能提供高能量的“最喜欢的食物”，这类食物不仅安全而且能很好地充饥。

◎ 只吃自己熟悉的食物。尤其要注意不吃味苦的食物。因为味苦的食物可能含有大量有毒物质。

◎ 如果必须吃某种新食物，那么一开始最好先尝一点。

◎ 吃父母和兄弟姐妹喜欢吃的食物，这样做总没有错。

◎ 绝不再吃以前让胃不舒服的食物。

以上准则让我们对一直以来困扰我们的孩子挑食的问题有了彻底的认识，喜欢吃甜食和油腻的食物，却不太喜欢吃蔬菜的种种问题正是孩子正常成长的一个阶段。而对蔬菜和水果都毫无保留地接受的孩子是注定会被“淘汰”的！

现在，超市的货架上决不会再有颠茄，我们将孩子们关在局促的家中，密切关注他们的一举一动。尽管以前那些防护措施在如今已经变得完全多余了，但是我们孩子的身体却依然遵循着过去那一套在原始森林里形成的“成功的生存机制”，因为在过去的10万年间这种机制都是孩子们赖以生存的本源。

尝试积极地看待孩子的挑食问题

也许我们应该换个角度来看待我们孩子的饮食偏好。以上所阐述的规则其实就是一些成功的案例，只要遵循这些准则，孩子们就可以逐渐熟悉他们周围的食物。因为他们做到了我们做不到的事——实现了供给与需求完美的协调，无论他们来自哪个国度，哪个地方[2]！

孩子甚至可以利用这些简单的规则战胜极端的特殊情况。比如说，在食物很快会腐烂变质的地方，人们大都习惯吃辣的食物。因为辛辣的调料可以杀死细菌和寄生物。成年的欧洲人对于辣的耐受程度甚至远远比不上亚洲的孩子。其实，孩子在吃辛辣食物的同时也学会了一些复杂的饮食规则：安第斯山脉的居民吃野生土豆时会将土一起吃下去，这样有助于中和野生土豆中的有毒成分。

隧道尽头的亮光

这种极其谨慎的学习方案的最大优点就在于：它有一个终止日期，会在某个时候自行失效。孩子的身体器官越成熟，他们对周围的世界了解得就越多，那么他们对新食物的恐惧感就会越少。“挑食”的孩子会越来越勇敢。当他们长大了，最后一定会吃蔬菜的。

父母经常抱怨他们的孩子有这样那样的缺点，但是这些“缺点”并非都是孩子成长的“障碍”。从饮食方面可见一斑（我们会在此书中谈到许多其他问题）。孩子挑食其实对他们的生存具有十分重要的意义，而且这也是童年生活的一个正常阶段。

现在还有什么会对孩子们造成困扰？

自古以来一直不乏“挑食的孩子”，否则就不会有一些题如“不爱喝汤的孩子”的书籍出版问世了。如果询问经验丰富的儿科医生，他们会告诉你，这一问题在过去 20 年里明显加剧了，这是值得注意的一个现象。如今，家家户户的冰箱越来越满，越来越多的孩子吃炸薯条、威化饼，并且看电视、用 MP3 播放器听音乐，过着天堂般的日子。但是越来越多的父母却求着孩子们，给他们一勺一勺喂饭，生怕他们饿坏了。为什么如今孩子吃饭变得如此困难了呢？

榜样的示范作用越来越弱。正如我们所看到的，榜样的示范作用可以让孩子们学习吃饭变得较为容易：和蔼可亲的大人会促使孩子们尝试更多的东西。请注意：我说的是和蔼可亲的大人。尽管父母们所做的一切都是为了孩子好，但是孩子们对于严厉的家长都心存畏惧。长辈们将自我价值的实现完全转移到孩子吃饭这件事上来：例如小汉斯有没有将勺子吐出来，对他的父母来说可是天大的大事。而孩子却对家长们的担忧毫无察觉，吃饭对于他们来说是一件充满乐趣的事。

如今，可供孩子在吃饭这方面学习的榜样越来越少了，也就是说很少有孩子有哥哥姐姐了。这也让孩子们学习吃饭变得越来越困难。众所周知，孩子们最喜欢模仿比自己年长的孩子——大孩子吃什么，他们也会跟着吃什么。因此，家里的长子以及独生子女在学习吃饭时会显得特别困难。

过早断奶对婴儿来说可能是种苛求。如今，我们为孩子制定了相当严格的计划，让他们学习吃饭：例如我们已经计划好，什么时候给孩子添加辅食，通常来说这也是孩子断奶的时间。添加辅食和断奶对不少父母来说就像是所谓的“同一块奖牌的两面”。这种做法的目的在于让瓶装婴儿食品替代母乳成为孩子们的主食。对某些宝宝来说，在开始喂辅食的时候完全断奶的确是难以接受的。这种急剧的转变要求孩子必须同时习惯奶瓶和瓶装婴儿食品，父母们也会自然而然地产生一种期望，即孩子能在转眼之间适应母乳向瓶装婴儿食品的转变。但这可能会使许多婴儿失去以自己的节奏适应新事物和新味道的机会。虽然婴儿不像大一点的孩子那样对食物过分挑剔，但也必须给他们一定的时间去熟悉这种新食物。当父母给他们喂食新的食物时，必须首先给宝宝们机会，让他们先尝一尝，而且这种尝试的时间还应适当放宽。至少对于“慢性子的”孩子们（他们可能属于前面提到的拥有超级味觉的人群），在他们接受辅食的过程中，家长应该给他们更多的时间，为他们创造更轻松的氛围。孩子可以一边吃母乳，一边慢慢地熟悉新的食物。

事实上在每个国家都一样，如果孩子同时吃母乳和辅食的时间较长，那么在这之后让他们断奶就会相对比较容易了。但是那些必须在固定时间重回工作岗位的妈妈，自然很难顾及到这一点！

一味教条地喂辅食会扰乱孩子自己的生长节奏。每个孩子由于个体差异而在喂食辅食时间方面也应进行相应的调整，而如今许多父母只是教条地按时间表给孩子喂辅食，忽视了这一点。许多父母认为，孩子在特定成长时期都必须吃相应种类的蔬菜：5个月大时“可以”吃胡萝卜，然后是茴香，再是花菜，最后是大头菜。在辅食问题上过于教条也会导致其他一些问题：例如万一孩子在5个月大时不想吃胡萝卜怎么办呢？

帮孩子养成健康的饮食习惯

在本章末尾我想强调一点：请尝试着不要将进化论中的规则和限制看做是种压力，而是将其视为对孩子健康成长的一种帮助。本着这种心态，我们再去考虑怎样帮助孩子们在如今的条件下养成健康的饮食习惯。

妊娠期

让我们从生命之初开始说起吧！孕妇应该吃符合自己胃口的饮食，因为这样她也可以让肚子里的小家伙品尝到各种各样的美食。她不必担心有过敏风险——有一种民间观点认为：孕妇在怀孕期间应尽量避免吃那些容易导致过敏的食物，这样她的宝宝在以后的成长过程中也会免受过敏的困扰，这一观点很久以来就饱受质疑[15]。某些传统文化中的习俗更具现实意义，在这些地方孕妇都能够吃到各式各样丰盛可口的饭菜[16]。

哺乳

母乳喂养会使孩子对味道的接受程度大大增加。与奶粉不同，母乳味道丰富，可能包含1 001种不同的味道，而这对孩子长大后的饮食习惯起着重要的作用。众所周知，如果母亲饮食种类丰富的话，那么吃母乳的婴儿以后通常比吃奶粉的婴儿更敢于尝试新食物，而且更喜欢吃水果[17]。此外，母亲在哺乳期内饮食过于单调也不会有任何好处。产妇在哺乳期内限制饮食几乎没有任何意义，因为这既不能改善产妇的腹痛，也不能预防孩子过敏[3]。

辅食

孩子不应太晚接触辅食，半岁左右为最佳时期。因为只要孩子的味觉体系仍处于“开放”时期，那么他们就会最大限度地习惯并接受各种味道的食物。相反，如果孩子在9~12月大时才接触辅食的话，他们对于各种味道的接受程度就低得多了[19]。

父母在喂孩子辅食的时候，可以加入少量他已经熟悉的食物。这也许对于那些患有神经性皮炎的孩子有好处，而对于健康孩子来说则意义不大。家长可以让他们逐一尝试各种食物，且不必按照某一确定的“模式”（例如先吃胡萝卜，再吃土豆等等）。婴儿通常对母乳中常有的味道比较熟悉，所以他们在吃辅食时也会比较容易接受这些味道。就这一点而言，有些人认为按照母亲的口味自制的辅食要比商店货架上的瓶装辅食更好。

“强迫”

强迫孩子接受辅食是不可取的。我们在前文中提到的“加西亚效应”所讲的就是，由于一些特殊原因而导致孩子对某些食物产生的长期的、持续的抵触。甚至有实验表明，在父母的强迫之下吃饭的 2 岁的孩子，体重相对而言会偏轻[20]！值得庆幸的是，如今食物多种多样、营养丰富，所以父母再也不必为了让孩子保持健康的身体而强迫他们吃菠菜了。（关于父母“强迫”孩子接受某种食物的后果，我们可以看看曾经处于世界权力之巅的人——乔治・沃克・布什［Georg W. Bush］，他在当选总统后不久，曾在发表讲话时抱怨道：“我从小就讨厌吃花菜，可是母亲却强迫我吃，所以我不得不吃。现在我是美利坚合众国的总统，我打算以后再也不吃花菜了！”）

由于担心而强迫孩子是没有用的。因为正如我们在前文中所了解到的，孩子只能通过友好的熟悉来慢慢学习吃饭。积极的情绪能够增进学习，这一规律同样适用于培养孩子的饮食习惯。

坚持和耐心是化解孩子抵触健康食物的最佳方法。具体来说，父母最开始应该只给孩子尝试少量的新食物，如果孩子不想吃，父母也必须在 1~2 周内坚持给他们这些食物。

吃饭意味着什么

父母在家自己做的饭菜不仅有利于孩子饮食习惯的形成，而且比方便食品更健康。商业快餐不仅含有更多的糖分和盐分，而且含有过高的能量。从进化论角度来看，进化生物学家们估计人们能从每 100 克食物中获取的平均能量是 107 千卡（约 448kJ）——而一个汉堡含有的能量则高达 287 卡路里（约 1.2kJ）。

我们是否可以采取极端保守的态度和方式来解决孩子吃饭的难题呢？是否可以让三岁的孩子只吃面条呢？而且从生物进化学角度来看，不让孩子们吃调味的酱汁似乎也是有道理的……

答案是：当然不要放弃。“新物恐惧症机制”的目的在于谨慎对待、而不是放弃所有孩子不喜欢吃的东西！这时，我们也应该思考这样一个问题——是不是我们没有足够的耐心，给孩子们足够多的机会一一尝试新食物呢？从进化论角度看，虽然孩子们对新鲜事物一般都会采取比较保守的态度，但他们也有一套“适应机制”，帮助他们慢慢接受一开始“难以接受”的食物。“新物恐惧症机制”的目的在于缩小食物范围，“适应机制”则帮助孩子扩大食物范围，我们需要找到两种机制的平衡点。

这一套“适应机制”并非是自行启动的，而是需要一个推动力，即饥饿。饥饿会让孩子变得勇敢，并促使他们一点一点地接触并接受更多不同的味道和食物。相对而言，饥饿的孩子通常比处于半饱状态的孩子更敢于尝试新食物——正如肚腹空空去购物的人，最后一定会推着满满一车食物去收银台。

但是，如何让孩子在吃饭之前感觉到饥饿呢？方法就是：吃饭之前少给孩子吃东西！大约平均一顿正餐中的20%的卡路里的热量就已经让孩子的胃足够感到不饿了，一个吃的半饱的孩子在餐桌旁的表现通常就不会很尽如人意了。也就是说：孩子在吃饭前40~60分钟内只能喝热量适中的饮料（最好是水）或者在两餐之间吃点低热量的加餐，一点蔬菜或几块水果。人们通常会低估果汁和甜味的茶对孩子胃口的负面影响！

从生物进化论的角度来看，对于“不加酱汁的意大利面”这一问题的答案是肯定的，应该允许孩子们有所选择，但也应从实际出发，具体问题具体分析。为孩子另外专门准备的“儿童餐”是不符合进化论原理的。被迫向孩子妥协，让他们吃甜食（“我儿子就是这样，好歹能够让他吃点东西”）的做法在上几代人身上也因不切实际而以失败告终。孩子们坐在餐桌前，吃的是父母认为健康和好吃的食物——毕竟没有一个3岁的孩子能自己写出食品购物清单。在我们的进化史上从来就没有过所谓的安乐园。

将盘子里的东西都吃完？“将盘子里的东西都吃完”作为学习吃饭的一个目标，也许连爷爷奶奶都很难接受，这种做法既不符合进化生物学中孩子们应有的行为方式，也不能促进孩子健康成长。因为从巧克力棒到餐馆里的正餐，其分量对于重体力劳动者也是太多了，更何况是小朋友们呢[21]。（欲知更多关于“将盘子里的东西都吃完”这一主题的信息，请阅读第三章的认识与展望。）

较好的做法是：家长要谨慎地依据具体情况给孩子把食物分成份。如果孩子没有吃饱，还可以给他们加一点。如果给孩子盛的饭菜太多了，可将吃不完或多余的食物放起来，过一会儿再吃。

准备精致的食物？如果父母端上孩子喜欢吃的、适合他们的食物，那么吃饭一定会给孩子们带来快乐。孩子不喜欢吃看起来让人毫无食欲的食物（如煮好的菠菜）是有道理的，正如我们前面所提到的，这样的食物会使孩子们产生厌恶感。但是，父母为了迎合孩子的胃口，也不必做得太夸张。正如作家安娜·瓦尔格伦（Anna Wahlgren）所说的那样："孩子们只要饿了，该吃啥就会吃啥，他们才不会管餐巾和桌布到底搭不搭配呢。"

允许孩子"狼吞虎咽"吗？所有饥饿的人都会不自觉地狼吞虎咽。从进化论角度来看，这样做是有意义的：我们越饿，吃东西的速度就会越快，吃的东西也就越多。因为谁都不知道什么时候还有机会填饱肚子，而这顿惬意的、不受干扰的大餐能够持续多久？人们常常说细嚼慢咽，或者甚至在吞下食物前咀嚼11次（也可能是22次或33次）会更健康，是否真的是这样呢？从进化论角度来看，这种说法简直是胡说八道，毫无意义——如果我们吃东西都是细嚼慢咽或者每口食物都要咀嚼22次才吞下去，那人类早就灭绝了。当然，前提条件是我们吃的东西都是易消化的。而关于"习惯'狼吞虎咽'的人往往会吃撑"这一观点，通过科学家的实验也早就给予信号了：尝试着细嚼慢咽的年轻人没有比狼吞虎咽的人从食物中摄取的卡路里少[22]。（当然，这一实验结果并不是说在某些正式场合进餐时可以不顾起码的礼节和仪态；而在这些场合，父母完全可以通过长时间的以身作则，成为孩子们学习的榜样，这一点是毋庸置疑的。)

喝水

父母尤其应该注意孩子们喝水这方面的问题。与成年人相比，儿童的水代谢更加旺盛，因此他们需要喝更多的水。在很多家庭中很多人习惯靠软饮料或果汁解渴，而不喜欢喝水。在过去的二十年中，儿童在果汁方面的消耗量显著增长，而通常被作为断乳后的“过渡饮料”——茶也都是加了糖的。一方面，这可能会使孩子变成一个极度嗜好甜食的人；另一方面，富含热量的饮料所含有的卡路里也是相当可观的——儿科医生认为，高热量的饮料是造成肥胖儿童越来越多的罪魁祸首之一。此外，越来越多的迹象表明，果汁（主要是苹果汁）里所富含的果糖不利于儿童的新陈代谢。如今，很多父母都会习惯性地在孩子的婴儿车上挂瓶果汁，但是儿科医生都知道，这一瓶小小的果汁却是肥胖症、糖尿病等疾病的主要诱因[4]。

从进化生物学的角度来看，只有一种饮品最适合断奶后的婴幼儿：那就是水。人类历史中的“液体营养品”实际上只有母乳。但例外情况也是存在的，例如近几千年来，一小部分人也喝动物奶（详见第三章）。喝一瓶或几瓶牛奶其实无可厚非，它可以作为两餐之间的营养补充，但是不宜作为解渴的饮品。

父母需要不断提醒孩子喝水，以防他们“渴死”或者因此受到其他伤害吗？近 30 年以来这种论调似乎已经不知不觉地变得毋庸置疑了，但是从进化生物学的角度来看，这种做法是难以置信的。因为从小的时候开始，只要孩子感觉到口渴了，他们就会喝足够多的水，至少健康的孩子都是这样的。肾病专家们也予以澄清：饮水应适度，喝太多的水对于健康的人来说并没有什么很大的益处[5]。

正确的说法是：儿童，尤其是婴儿与年长的孩子相比，其“储蓄”水的功能还不够健全。原因在于，他们的肾脏还不能很好地控制排尿，所以婴儿必须经常喝水。而且这也符合自然规律——一般情况下，2~4 岁的孩子都能有规律地排泄并相应地有规律地饮水。

因此，婴儿在夏天喝的奶会比冬天多，而且世界上不同气候带的哺乳频率也相差悬殊。大约从 3 岁起，孩子们就不需要父母定时定量地给他们喂水喝了。因为他们的身体已经可以储存一定的水分了，所以不需要不停地喝水了。健康儿童的身体不必持续不断地补充水分，父母也不必时刻提醒他们该喝水了！即使在散步时没带水瓶，回家以后再喝水也行。相应地，孩子每天排尿也会有的时候多，有的时候少，有时甚至几个小时都不尿尿，这都是很正常的。

父母的态度

父母们所持的一些观点给他们自己带来了烦恼。比如父母都希望孩子能多吃点，而事实上孩子们的食量并没有他们希望的那么大（细节问题我们将在第三章“认识与展望”中进行探讨）。从进化生物学的角度来看，父母想要做得更好，就不要再以孩子的胃口或蔬菜摄入量作为衡量自己是否是好父母的标准。

有关孩子挑食的问题，研究者给出了这样一个答案：虽然“挑食的孩子”只吃很少的水果和蔬菜，但他们对油腻食物和甜食也没什么胃口。这一结论让他们的父母多少也能够自我安慰一番[26]。尽管挑食的孩子摄取的维生素可能不如其他孩子多，但是他们的健康状况并不会受到什么影响[27]，而且也不会比其他孩子长得慢[28]。此外，挑食的孩子也很少会超重，这一点是理所当然的了，无需赘述。

最后，我还想就“肋骨”说一下自己的观点。如今德国的儿童可能会缺乏很多东西，但决不缺少高质量的食物。很多孩子在幼儿期和学龄前期看起来精瘦精瘦的，因为他们体内的脂肪储备都被消耗了，这种现象是十分正常的。一般来说，5~6 岁的孩子体内的脂肪含量是最少的（也就是达到了所谓的脂肪含量最低点）。从生物进化论的角度来讲，这个时期的孩子瘦得肋骨毕现，但是并不能证明他们营养不良。

认识与展望：

未成熟也是一种生存优势

在第一章里，我们已经了解到一点：虽然孩子的行为有时会让父母们彻底绝望，但他们并非是无理取闹。比如当盛有绿色食物的小勺子靠近他们时，他们就会撇着嘴，不屑一顾；比如他们更喜欢吃甜食，即使甜食不太健康；再比如说，孩子们一饿了就会“狼吞虎咽”……所有这些反应都来自于他们在大自然中获得的成功经验，它们能帮助孩子们成功地生存下去。大自然根本不会知道，有朝一日人类的孩子会生活在如此安全舒适的房子里，不会受到有毒的灌木和蘑菇的威胁；更不会知道人类的孩子会在物质资料如此丰富的安乐窝中长大。

在接下来的几章里，我们会将目光转向孩子成长的其他几个方面——例如睡觉、哭闹，当然还有孩子们发脾气的情况。在这些章节里，我们也会为孩子们这些极其“不理智”的行为找到“合理的理由”。

但是在这之前，是时候该对本书中的“小英雄们”做个更准确、更详细的介绍了，让我们从宏观的角度了解一下孩子成长的过程吧。

不要把孩子当作有缺陷的成人

自20世纪初以来，婴儿不会说话的原因就已广为人知了：因为他们完全没有什么要说的！极具影响力的荷兰教育学家弗雷特·龙蒲兹（Frater Rombouts）就是这么认为的，而且这一观点也完全符合当时时代的认知，在那时人们一般将孩子看作是没有能力的、有缺陷的人[6]。

直到最近几十年，这种观念才慢慢发生了转变。因为研究表明，婴儿具有的某些能力甚至是成年人都无法企及的。

例如识别面孔的能力。如果给婴儿看猴子的脸，不久以后他们就可以在没有任何帮助的情况下区分猴子们毛茸茸的脸；而对于大部分成年人来说，猴子就是猴子，很难从面相将它们区分开来[29]。婴儿也能更轻易地区分外国人的面孔——例如对于成年德国人来说，中国人的长相都差不多（当然是那些没有和中国人深度接触的德国人而言）。就算是智力一般的孩子在学习一种复杂的语言时，如俄语、德语或斯瓦希里语，其速度也比任何成年人都要快得多，即使是诺贝尔奖得主也难以匹敌！

此外，他们甚至能自己发明一种新的语言。如果把来自不同语言国度的孩子混杂在一起，在这个婴儿王国里绝不会出现语言混乱，反而会产生一种新的语言。在加勒比的一些地区居住着许多来自不同国家的移民，他们现在所使用的克里奥尔语的形成的确得归功于当地的孩子。因为孩子们在一起玩耍时将各种不同语言中的片段拼凑成一种带有语法功能的全新的语言，而且这种语言逐渐被大人们所接受并借用。语言学家认为，只有孩子才能凭直觉识别口语中的规律性，并由此建立新的、有规则的句子和词语结构，即一种全新的语言！

综上所述，我们可以说：是时候该正视孩子们的优点和长处了。至少针对有些父母抱怨小宝宝还不会说话这件事，有一位站在孩子们的立场上为其辩护的专家已经找到了相关的原因。生物学家麦达斯·德克尔斯（Midas Dekkers）说，新生儿在出生后不久，尽管其智商不足以高到可以用语言表达他们的想法，但是他们至少还具备保持沉默，不让人发现这一缺陷的智慧。

未成熟：一种巨大的潜力

德克尔斯对儿童进行了新的定义："只要是必须要做的事，婴儿都能做到。如果一定要以一般人的标准来看待儿童，他们当然有很多缺点和不足，但是作为小宝宝，他已经非常完美了。"事实上，如果儿童不能解决每个成长阶段所面临的生存和成长问题，那么人类早就灭绝了。不能将孩子们比作 1/4 个、1/2 个，甚至是 3/4 个大人——因为他们是百分之百完美的婴儿，百分之百完美的幼儿，甚至是百分之百完美的青少年！

这种完美首先体现在他们的身体构造上。例如，婴儿喉头的位置比成年人的要高一些（在孩子 2~3 岁时，喉头就靠近软腭下面）。这样，鼻子吸进的空气就能畅通无阻地到达喉头，并经由喉管涌入气管。这样一来，婴儿可以同时呼吸和吞咽，而不会让食物进入"错误的通道"；这种身体构造对呼吸运动来说无疑是非常有利的。

未成熟是学习的前提条件吗？

在本书中，我们并不会去寻找孩子们的缺陷，而是致力于发掘他们的潜能。为了成长，他们究竟拥有哪些与生俱来的超凡能力？而这也正是目前大脑研究领域炙手可热的课题。脑科学家们最近也在对孩子们所谓的“未成熟”大加称赞。

乌尔姆大学神经学家曼弗雷德·施皮泽（Manfred Spitzer）将大脑的发育过程理解为一种“有教育意义的过滤器”。孩子的大脑最开始只能学会简单的联系，然后逐步地提高能力，进而接受更为复杂的东西。也就是说，正是因为大脑在不断成熟，所以它最先学习基础、原则的知识，然后才学习更为复杂的东西。因此，在学习某些东西时，儿童的大脑比成人的大脑更为高效。成人的大脑很容易只见树木而不见森林。施皮泽认为：“如果一个人的大脑从出生到成年根本没有发育，那么他很有可能还没有学会说话[30]。”换个角度来说：虽然孩子在大人眼中是有缺陷的，但是孩子们具备生存和成长所必需的一切能力。他们深谙做孩子的秘诀。

青春期的优点

青少年也是如此，尽管人们如今对他们颇有微词。有人将青少年的大脑比作是建筑工地，尤其是额叶部分非常活跃——这也就难怪青春期的孩子如此叛逆、如此难以捉摸、如此“难教”了。从进化学的角度来看，我们似乎对此欠缺足够的考虑：在过去的几十万年中，正是人类青少年那“发育不平衡”的大脑很好地完成了它的任务；而且我们的祖先在其青春期，正是借助其被我们称之为“缺根弦”的大脑成功地完成了从孩子到成人的蜕变。

由此，我们是否可以这样认为：在青少年成长为成年人这一过程中，他们的大脑是完全可以胜任的。热情、冒险精神、迅速融入社会的能力以及探索行为，我们不应将它们看作是一种负担，因为它们是孩子们在适应社会时之所以能发挥非凡的创新潜能的基础。毫无疑问，青少年在50多万年前就学会了使用火，即使在现在，青少年也比成年人更快地适应新兴科技。（如今的青少年不得不更多地依赖父母，因此他们的能力受到了限制。而且，具有特殊能力的孩子是很难被社会所接受的。诸如此类问题亟待我们去探讨、去思考。）

双轨发展

但这并不意味着孩子擅长做某件事情就能成为专家。儿童成长模式的一部分实际上旨在让孩子们为以后长大成人的生活做准备，而且这些准备工作从孩子们还很小的时候就已经开始了。技能并非是孩子与生俱来的，而是必须经过后天训练才能获得。此外，孩子们还必须学会写字、计算、追踪、狩猎和骑自行车，所有这些都是以训练为前提的[31]。

其他能力则是儿童先天的本能，它们能帮助孩子们适应目前的环境，能确保孩子们在今日的世界成功地生存下来。人们不必刻意地教孩子说话，而且讲卫生也是孩子们自己“学会”的[32]。儿童在其成长过程中既会从别人身上学习，同时也会从自己身上学到不少东西！孩子在自身的发展中既是大师又是学徒！

一幅全新的景象

人们曾一度将儿童视作“还没学会如何做一个成年人的小鬼”（正如麦达斯·德克尔斯以这一过时的观点为题所画的漫

画一样)，而这一观点却能帮助父母在教育孩子的实践过程中更好地理解他们的孩子。

并非孩子们所有令父母不满意的行为都是他们成长过程中的障碍。例如当孩子不愿独自睡觉时，父母就认为他们的睡眠有问题；当孩子吃的蔬菜太少时，父母又会认为他们吃饭有问题。从进化论的角度来看，这种“有问题”的行为其实具有十分重要的意义，而且是合情合理的——在进化论的历史中，儿童正是借助这些行为顺利地度过了成长期（我已经在第一章里列举了许多事例)。

此外，以下的知识也可以帮助我们解决教育实践中遇到的一些问题。正是因为这些行为确保了儿童在一定时期内、一定地域范围内的成长，所以儿童的许多行为方式只会在其某个特定的成长阶段出现，而且只是暂时的现象。父母只需要耐心地等待，它们就会随着孩子们慢慢长大而自动消失！正如我们在前文中所了解的：孩子们不喜欢吃蔬菜，这种现象其实在孩子们童年的早期和中期是十分正常的。等他们慢慢长大后情况就会完全不一样。儿童许多“有问题”的行为方式会自动消失，根本不需要父母苦口婆心地说教。如果2岁大的孩子打或者咬另外一个小朋友，他的父母也不必马上就感到失望。而且父母不应该由此认为，孩子以后会有攻击性或者可能成为好战分子。也许对于儿童来说，“打架”在这一成长阶段是很常见的，而当他们进入下一个成长阶段，就可能会发生一百八十度的根本转变，成为和平主义者。如果对孩子们的这些“错误的”行为，我们这些成年人不能时常保持乐观的心态，那么将我们的生存模式一代一代传承下去是否会如此顺利，如此顺理成章呢？

第二章

哺乳并非世上最自然的事

人们常说：只要吃得多，肯定会吃饱。这句话中的“饱”（Pappsatt）一词可以追溯到中世纪，那时在许多地方，人们都用一种糊状食物来喂养婴儿，也就是所谓的“软食”（Pap）。人们用水或牛奶将面包或面粉泡软（有时候也加入少许啤酒或蜂蜜）并调成糊状。在中欧和北欧的一些地区，人们通常在新生儿出生几周后就用这种面糊代替母乳了。

由此，就产生了一个疑问：这种缩短哺乳时间的做法究竟是否符合“自然”规律呢？母乳是唯一适合婴儿的食物，这难道不是毋庸置疑的事实吗？为什么这种面糊中富含对于消化淀粉十分重要的淀粉酶，而母乳中却完全没有呢？此外，如果哺乳对生命至关重要，那么这种最天然的食物为什么不能尽善尽美地发挥它的功效呢？

我们将会用较长的篇幅来探讨“断奶”这件事，因为它在培养孩子从小到大饮食习惯的整个过程中至关重要。究竟有没有一个“最佳”的断奶时间呢？对于断奶这个难题，我们难道会永远束手无策吗？世界上是否存在一种能让婴儿自己断奶的方法呢？

一项天才的发明

如果将人类的整个进化史看作是一天之内发生的事，那么哺乳这种行为是在第 24 个小时才被“发明”的。准确地说，在 5 600 万年前，当大型爬行动物，如恐龙灭绝之后，地球上出现了将近 4 000 种在地球生物进化史上占有重要地位的、且以哺乳这一共同特征直接命名的哺乳动物。将宝宝抱在怀中，直接给他们喂食营养丰富的专门食物，这是节约时间和精力的非常有效的方法，因为初为父母的人类不必像鸟儿或其他许多动物一样疲于奔命，每隔几分钟或几个小时就得衔着食物回到窝里喂食它们的幼崽！

但是，这种天才的解决方法也有其弊端。因为一切都必须依赖哺乳的母亲——她独自一人承担孩子的营养“开销”。

与其他哺乳动物相比，人类母亲相对而言还是比较轻松的。也许刚开始的时候有些妈妈对于换乳垫这些事觉得不胜其烦，但是和其他哺乳动物相比，这些事根本就不算什么了。如果体重相同，人类的母亲所产的乳汁还不足小型啮齿动物的千万分之一[7]；而且相比之下人类母乳所含有的热量也较少，母海豹的乳汁含有 60%的脂肪，这是人类母乳中脂肪含量的 15 倍。

一项愚蠢的工作?

儿童营养问题专家佛尔克罗拉（Folklore）向人们展示了许多温馨至极的哺乳的图片，借此向人们传达这样一个信息：

母乳是孩子最好的食物，永远不会出现任何问题。此外，许多儿科医生也认为哺乳是一项自然而然且“出于本能”的事。

大自然其实比我们想象中的疑问更多，而且对于可能遇到的困难比预计中的更繁琐，因此产后4天之内，母亲体内帮助形成母乳的催乳素会一直保持极高的水平，在此之后才会逐渐下降，借此保证初生的婴儿有充足的食物来源。

长期以来，人们对于“初乳”一直都存在着诸多误解。有诸多文化认为富含免疫物质的初乳并不适合新生儿，而不让母亲给宝宝喂食初乳。例如秘鲁的克丘亚人在婴儿出生后不久就用茶和蔬菜汤代替母亲的初乳；印度的妈妈们如今仍然会用乳脂（印度酥油）和蜂蜜的混合物来代替初乳；巴厘岛上的母亲则用米汤作为替代物；中非地区的爱菲人（Efe）则让族里的其他女性来哺乳新生儿，直到孩子的亲生母亲开始分泌一般的乳汁时才让宝宝回到她的怀抱。石器时代居住于非洲卡拉哈里沙漠的昆人（Kung）认为初乳有害，所以他们会先将初乳挤干净。这些错误的观念和做法直接导致了悲剧的结果：因为新生儿吃不到初乳，所以他们的死亡率明显升高[33]。

直觉基本模式

与其他动物相比，哺乳这种与生俱来的能力在人类身上似乎并未表现得很明显。但是和其他动物宝宝一样，人类的新生儿寻找食物的直觉基本模式却已经形成了：所有的新生儿都会努力接近母亲的乳房——如果他们被放到母亲的腹部而且不受外界干扰的话，那么他们几乎总能找到母亲的乳房并开始吮吸乳汁[34]。

有一个非常有趣的现象，那就是婴儿通常更喜欢母亲左边的乳头。这可能与母亲的心跳有关，因为当婴儿还在子宫中的时候就已经习惯了母亲的心跳声（相关内容将在第十四章详述）。此外，在谈及婴儿这个偏好时，我们也应考虑到另一个现实：83%的“右撇子”妈妈和78%的“左撇子”妈妈在抱孩子的时候，都会不自觉地将他们朝向左边。（因此，当我们看到在文艺复兴时期的大多数以圣母为主题的画中，还是婴儿的神圣的耶稣基督总是朝向左边躺着，也就不会觉得有什么奇怪的了。不仅是伟大的圣母，就算是懵懂无知的孩子，也都会不自觉地将怀中抱着的洋娃娃朝向左边，而当他们抱着其他东西时，却没有将其朝向特定的方向[35]。）

但是与母乳对婴孩生存所具有的巨大意义相比，哺乳时直觉所起的作用似乎微不足道。即使是在传统的非洲族群里，也留下了对哺乳问题有关的记载，人类文化学家基德（Kidd）曾在1906年这样说道：“如果母亲本身不能哺乳，她们就会用开口的小皮包做一个小瓶子，并将它放到胸前，就好像自己在哺乳[36]。”

真是太困难了！

与其他哺乳动物相比，哺乳对于人类来说是一件复杂的事儿。在动物王国里，幼崽都会自己咬住奶头吸奶。而且大多数猿猴的幼崽都会轻轻抱住妈妈，在妈妈的怀抱中吃奶。猴妈妈甚至可以以这种姿势带着宝宝在树枝间飞跃跳纵。

而人类哺乳的情况则完全不一样。妈妈必须弄清楚宝宝给出的信号，选择正确的时机将宝宝抱起来，然后以合适的姿势来“喂奶”。妈妈要一直抱着宝宝，同时要注意不让乳房堵住宝宝的鼻子，简单地说：哺乳是一种饱含纠葛和误会的错综复杂的互动关系。

此外，与其他哺乳动物的乳房相比，人类的乳房“实用性”较差。它比其他所有哺乳动物的乳房都大得多，而且不像其他哺乳动物的乳房那样“合嘴、便于吮吸”[8]。

然而，并非所有动物都百分之百具有哺乳的本能，有时候哺乳这种行为是它们通过模仿或通过在社会上的学习才能掌握的。“非自然”环境下，也就是说与猿群脱离、独自长大的大猩猩，在哺乳方面也会面临不小的困难。例如没有见过其他大猩猩妈妈哺乳的雌性大猩猩，当它第一次给自己的小宝宝喂奶时，通常会手忙脚乱——比如将小猩猩的后脑对着自己的乳头。这时，我们不得不将幼崽从它们身边拿开。当大猩猩第二次怀孕时，我们可以让人类的妈妈们站在笼子前喂奶，让大猩猩妈妈有机会观察她们怎样哺乳，然后它就能够毫无问题地给自己的孩子喂奶了。人们有时也会给笼子里的猩猩妈妈放映录制的野生猩猩母亲哺乳的过程，以供它们学习[37]。

准备好了，但并非完全自发的

所有的事实都表明：哺乳并非是自发的条件反射，也不像想象中那样简单。虽然妈妈们在一定程度上可以凭借直觉，但并非仅仅只依靠直觉就可以完成哺乳这件神圣的使命。哺乳在很大程度上来说都要靠母亲们自学。这也说明了，为什么婴儿的小嘴巴和母亲的乳房有时会显得不那么默契。生物学家认为，“哺乳”这类行为是“可引导的”。也就是说，虽然这种行为学习掌握起来相对容易，但却并非是先天的自发行为。

虽然对哺乳来说，学习是一个很重要的因素，但是这并不意味着母乳喂养对每一个孩子都是那么简单的。此外，其他有经验的妈妈、助产士和相关的专业人士都可以帮助年轻的妈妈们学习如何喂奶。

哺乳时的障碍

此外，哺乳还需要“情境准备”。疲倦、焦虑、恐惧以及勉强的情绪都会对哺乳造成一定的妨碍。这些心理因素不仅会对促进母乳形成的催乳素产生负面影响，也会对促进母乳通畅分泌的催产素起到抑制作用。总而言之，压力是造成奶水不足的一大主要因素。

除此之外，还有一些比较具体的阻碍，其中一些阻碍是自人类出现以来就一直存在的。例如受伤的乳头，凹陷的乳头和乳汁淤滞。还有一些新的阻碍也开始引起人们的注意了，其中最主要的是超重问题。母亲体重超重会直接导致生育后催乳素水平偏低，且可能会导致乳汁不足[38]。此外，乳房越大，母亲和宝宝之间的距离就越大，这将“直接”增加哺乳的难度[39]。如今很多年轻妈妈都会担心哺乳会使胸部变形，在她们决定是否给孩子喂奶时，这无疑也是一个重大的影响因素。

社会阻碍也是不容忽视的另一个因素。父母很难在喂养婴儿这件事上进行合理的分工，因为在喂奶这件事上，妈妈们的责任和义务明显更大些。事实上，今天对于很多职业女性来说，给孩子喂奶仍旧是一件使她们非常纠结的沉重负担。此外，与喝牛奶的孩子相比，母乳喂养的孩子需要喂食的频率更高，甚至在每天晚上也是如此——这无疑是一个额外的负担。

文化影响

在美国有一本十分畅销的有关哺乳的书籍，名为《女性的哺乳艺术》。结合上述观点来看，这本书的女作家们在给此书命名时确实做了一个很明智的选择，正是那些日常生活中看起来很“理所当然”的事物，才是真正的艺术。与其他艺术种类一样，“哺乳”这种艺术也并没有一个统一的标准。哺乳的频率以及时间长短究竟有何标准呢？应该用一边的乳房哺乳，还是两边都用呢？晚上给孩子喂奶时，能不能宝宝想吃多少就喂多少呢？在不同的国家、不同的时代、不同的社会阶层，甚至是对于不同的家庭、不同的女性，上述问题的答案都存在着这样那样的差异。

其实对于哺乳这件事，男人们也想获得话语权。在中世纪，祭司们会对母亲们提出警告，要求她们哺乳时必须要带着“喜悦”的心情（这种想法一直未曾改变）。法国路易十五世的医生布鲁泽（Brouzet）甚至制定了一条法律，禁止名声不可靠的母亲哺乳，以防母亲的坏习惯最终通过乳汁遗传给孩子[40]！1794年《普鲁士基本法》中明文对哺乳这一行为作出了法律规定——女性哺乳时间的长短由其丈夫决定。而在中非的富拉尼部落（Fulani）中，一旦女性没有认真地哺育孩子，她的丈夫就可以提出离婚[41]。仔细思考一下，我们不难发现：即使在今天，父亲的决定仍然对母亲是否哺乳以及哺乳时间的长短起着最重要的影响。接下来我们将继续探讨这一话题。

各有所异

从婴儿出生起，各种差异就陆续产生了。在某些文化传统中，孩子一出生就直接被母亲抱在胸前。而如今在许多地方，婴儿出生后要先洗澡，或者进行医学检查。南非的文达人和班图人的传统习俗则不同，他们会在孩子出生后请巫医到家里来：“……他在婴儿的整个身体、囟门以及头部用刀划线，然后在伤口上涂抹用狒狒头骨制成的药粉……只有在这一仪式完成后，妈妈才能给婴儿哺乳[42]。”

因此，哺乳问题层出不穷也就不足为奇。在那些工业国家，早在20世纪70年代之前，这些问题就已经存在了，那时在这些发达国家里，哺乳被看作是一种未开化的行为。在15世纪北欧的一些地区，婴儿出生以后开始喝动物奶或吃糊状食物。到了18世纪，上层社会的人也喜欢用糖水来代替母乳——尽管婴儿喜欢喝糖水，但是他们最终却会因为缺乏营养而死亡（正如沃尔夫冈·阿玛多伊斯·莫扎特家中所发生的一样）。随着工业革命的到来，在许多城市中，放弃母乳喂养已经成为非常普遍的现象了，而这与许多母亲开始从事有偿工作有关，她们雇佣其他女性照顾宝宝，给婴儿喂奶粉或辅食。据联合国儿童基金会估计，如今全世界每年仍有130万儿童因缺乏母乳而死亡。即使是在美国，每年因缺乏母乳而死亡的婴儿数量也高达750名[43]。

哺乳之争：怎样喂、间隔多久喂、喂多久

为什么哺乳的差异如此大？婴儿是否对母乳有着与生俱来的渴望呢？难道没有一种关于哺乳的“符合人类自然天性的操作指南”吗？让我们一起来探寻这些问题的答案吧。

该多久给宝宝喂一次奶呢?

比较一下世界各国的文化后我们就会发现：哺乳的频率是不断变化的，平均在每 15 分钟~6 个小时之间发生一次变化。即使是在欧洲各国之间，这种区别也是十分明显：一位哥本哈根的母亲平均每天哺乳 10.5 次（哺乳间隔时间为 2.3 小时），而来自罗斯托克的妈妈则平均每天仅哺乳 5.7 次（哺乳间隔时间为 4.2 小时）。

即使在同一个社会中，妈妈们喂奶的行为和习惯的差别依然很大。例如在德国，一些妈妈每隔 1 个小时甚至更频繁地给婴儿喂奶，而其他妈妈则每隔 4~6 个小时才给孩子喂一次奶。儿科医生的建议则是：在 24 小时内给宝宝喂奶的次数不要低于 8 次，也不要高于 12 次。

然而，哺乳的频率并非只取决于长期以来形成的社会习俗：

一方面，这与婴儿们差异甚大的食物需求有关。可能婴儿 A 就像是一只很容易饿的“小猪”，而婴儿 B 则只吃少量他喜欢吃的食物就足够了（我们将在第三章“认识与展望”中继续探讨这一问题）。

此外，婴儿与母亲之间关系的亲疏似乎也是影响哺乳习惯的重要因素。经常被母亲抱在怀里的孩子以及与母亲在一起睡觉的婴儿，总体上来说喝奶的频率更高[44]。所以，哺乳的频率也与在传统文化影响下母亲的职业类型有关，这也是很好理解的。此外，哺乳还会受到季节影响。对于那些总是需要出门在外的母亲来说（比如说去田间劳动），她们哺乳的次数自然就比较少了[45]。

再者，气候因素似乎也对哺乳产生了一定的影响。生活在极其炎热干燥的卡拉哈里沙漠的昆族人，妈妈平均每 15 分钟就给孩子喂一次奶。母乳不仅给婴儿提供了热量，同时也为他们提供了水分。母乳中含水量的变化取决于哺乳时间的长短（婴儿吃奶的时间越长，母乳中所含的脂肪就越多）。如果婴儿吃奶的时间很短，但是频率高的话，那么他们从中得到的水分就相对更多，从而能更好地解决宝宝口渴的问题。事实也正是如此：在气候炎热的地区，给孩子喂奶是为了给他们补充水分，所以那里的婴儿吃奶的频率相应更高一些。而在北纬地区，只有当宝宝肚子饿了，妈妈才会给他喂奶，所以他们吃奶的次数也相应更少些。

最后，乳汁的种类也起着至关重要的作用。吃母乳的婴儿与用奶瓶喂养的婴儿相比，从第 3 个月起他们吃奶的平均次数更多，特别是在晚上[9]。

综上所述，对于哺乳时间的间隔“最好”是多长这个问题，实际上并没有一个统一的答案。至少在我们所处的纬度内，即使宝宝们吃奶的时间间隔相差极大，他们也都能十分健康地成长。但是也有证据表明，宝宝们“少食多餐”的哺乳习惯将会益处多多。科学观察表明，如果婴儿吃奶的频率较高，那么婴儿患腹痛的几率就较小[48]。哺乳间隔时间较短的另一个好处就是：妈妈们乳头受伤的可能性会较小。因为哺乳间隔时间越长，婴儿吮吸奶头的力量就越大，从而容易对乳头造成伤害[49]。

根据孩子的需要哺乳吗？

长期以来，哺乳都被视为幼儿教育的一部分。自从 1920 年以来，德国的医生们就建议家长严格按照时间给宝宝喂奶，将喂奶当作是一种教育手段。“这样做的目的不仅是为了培养孩子们有规律的饮食习惯，也能教孩子们学会如何控制自己的欲望。”著名的儿科医生切尔尼（Czerny）教授曾于1922在其著作中这样写道[50]：“不久之后，‘民众福利局’于1934年对切尔尼教授的主张进行了继承和发扬。该局甚至建议家长们在每天的6点、10点、14点、18点和22点‘准时’给孩子喂奶。”而现在，儿科医生们都一致建议：只要看见婴儿有饥饿的迹象，就可以给他们喂奶了[51]。

如果有人认为，严格地按时给宝宝喂奶是一种陈腐过时的习惯，那么他不妨翻翻那些专门给爸爸妈妈看的杂志。其中不乏一些帮助父母们准时给宝宝喂奶的辅助工具，例如名为“feedy”的哺乳计时器。这种现代化的时钟能够显示上次给宝宝喂奶的时间，甚至还记录着上次宝宝吃的是左边的还是右边的乳房。人们常说，定时给孩子喂奶能帮助他们形成比较规律的生活习惯，也能防止他们被宠坏。

当人们热衷于争论究竟是“按需”哺乳还是“按时”哺乳时[52]，他们往往忽略了第三种选择，即根据实际情况给孩子喂奶，而这恰巧是我们所做的最多的选择。伟大的行为学家莎拉·布拉菲·赫尔迪（Sarah Blaffer Hrdy）女士曾经说过：“在所有的文化中有一个共同的现象，那就是妈妈们都会为了满足哺乳期中宝宝的需要而调整自己的生活。相应的，有时宝宝们也应该适应妈妈的生活节奏。”例如在尼泊尔高原，妈妈们会按照季节性的劳动强度变化来调节哺乳的频率和次数。而格尔森基欣（德国北莱茵-威斯特法伦州城市名）的时髦的妈妈们也并无二致，她们在休完产假回到工作岗位后，也不得不根据实际情况调整哺乳的时间[53]。

哪一种哺乳模式才是“最好”的呢？要回答这个问题，宝宝的年龄是关键。如果哺乳间歇的时间比较长，那么妈妈与宝宝之间的“羁绊”就会相对的稍微松弛一点[54]。事实证明，按需哺乳这种方式更有利于宝宝的成长，至少在初生的前几周是这样的。在这之后，无论宝宝是按需哺乳还是按时哺乳，他们都会健康成长。除此之外，有的研究还表明：按需哺乳的孩子在学习自己控制食量时会表现得更好一些。因此，在这些孩子当中出现超重儿童的几率相对而言就会低一些[55]。

是否应该在晚上喂奶呢?

哺乳其实是一系列的服务工作，其中不乏一些美好的事情：例如妈妈和宝宝之间亲密的身体接触。在用多个小时完成做饭、清洁、换尿布这些繁重劳动之后，享受和孩子肌肤相亲的美好时刻，对于妈妈来说无疑是一种奖励和补偿。但是我们也不得不承认，有时候喂奶确实是一件令人痛苦的事：比如宝宝在晚上想要喝奶，而这时妈妈往往已经精疲力竭了，还想着能睡会儿觉，好恢复点第二天能继续做饭、清洁、换尿布等等的体力。

从进化论角度来看，婴儿晚上需要吃奶是十分正常且意义重大的事。婴儿必须不间断地给他们急速生长的大脑提供足够多的能量，因此，他们不会放过任何一个获得食物的机会。事实上，当宝宝在妈妈附近睡觉时，宝宝们能更方便地从妈妈那里获得食物，即使是在晚上也能随时喝到甘甜的乳汁。和妈妈一起睡觉的宝宝能获得比独自在婴儿床上睡觉的宝宝多出 1/3 的卡路里[56]。而且正如我们所观察到的，通过孩子的睡眠深度可以看出他们对睡觉方式的偏好。出生后的 3 个月中，宝宝们睡得都不深，而且会经常醒来，并开始吵闹着要吃奶。有人宣称3个月大的宝宝能连续睡几个小时，中途不会醒来（就像有些专家告知的一样）。但是对于哺乳期的孩子来说，这是绝对不可能的事。通过系统的观察，我们可以知道得更多：吃饱的婴儿在出生后前6个月之中，他们晚上醒来的次数不会减少。此外，另一个发现也从侧面暗示了同样一件事，宝宝们在晚上都会想要吃奶。为了让宝宝睡觉时能有东西吮吸，有些父母喜欢安慰性地让宝宝含着奶嘴睡觉，而实际上这些奶嘴反而会影响孩子的睡眠质量[57]。

妈妈们似乎也为了在晚上给宝宝喂奶而进行了一些调整。她们的乳汁在晚上的时候脂肪含量会特别高，其热量也特别丰富。视频资料显示，妈妈们也会自发地为了给宝宝喂奶调整自己的睡眠时间。绝大部分时间妈妈和宝宝都是面对面睡觉的[58]！妈妈们也会将自己的睡眠调到和宝宝一样的频道，她们的睡眠“深度”也会和宝宝一样。

缺乏睡眠的妈妈们一定会经常想到这个问题：这种日子到底什么时候是个头啊？这次我们就不用求助于进化论了，让我们来听听专家的意见吧。对于苦难中的妈妈们来说，专家们这次的回答似乎是一个好消息：6个月大的宝宝，他们的新陈代谢就已经比较稳定了，因此也就不需要随时“依靠母乳补充能量了”。具体来说，是因为半岁大宝宝的血糖已经很稳定，再不会像之前那样在哺乳间隔期内降低了。所以即使没有持续的能量输入，宝宝们也能维持正常的身体机能。

以上的原因看起来确实很合理。而实际上它所说明的只有一点：夜间的哺乳期间歇不会带来任何健康方面的问题。但是，它并没有回答另一个问题：对半岁以上的宝宝来说，在晚上给他们喂奶到底有没有益处呢？他们是不是真的还想在晚上吃奶呢？

从进化论的角度来看，我们会发现，孩子们晚上的睡眠仍然不会很深。特别是当我们将目光集中到孩子们大脑的成长上时，对渴望睡眠的妈妈们来说，其结果可能让她们比较悲观。因为出生 3 个月之后，虽然宝宝们的大脑生长速度会相对放缓，但是一直到二三岁时，孩子们仍需要大量的热量作为他们成长的“能量补充”。在这种情况下，就算宝宝已经半岁多了，晚上的加餐对于他们来说仍旧是益处多多。

有没有捷径呢？

既然根据上述进化论观点，妈妈们最好在晚上也坚持给宝宝喂奶，而这对她们的睡眠造成了很大的干扰，所以家长们都在寻找两全其美的解决办法。有的父母认为，奶粉比母乳更扛饿。这一观点是完全正确的[59]。此外，并不是所有的喝奶粉的宝宝都比吃母乳的宝宝更容易入睡。除此之外，至少大部分妈妈都表示，在断奶之后她们终于可以睡个好觉了。在晚上给孩子们喝奶粉，已经成为许多父母为了给孩子断奶所采取的第一步措施，但是这种所谓的更省事的办法最终可能会使爸爸妈妈们感到事与愿违，因为宝宝可能再也不吃母乳，而只喜欢吃奶粉了。

奶嘴同样可以“改善”宝宝晚上的睡眠，因为它可以代替乳头带给宝宝们吮吸的满足感，因此，使用奶嘴已经成为目前许多父母争相选用的对策。曾经在很长一段时间内，我们曾就奶嘴是否会带给宝宝“吮吸错觉”产生过激烈的争论，使用奶嘴的宝宝可以像吃母乳的宝宝一样茁壮成长[10]。

尽管如此，对于有些宝宝来说，在晚上吃到尽可能多的乳汁（喂奶，将宝宝包好；打开宝宝的包被，再喂一次奶）可以有助于夜间睡眠——这种情况会在第四章进行详细说明。

哺乳期究竟该持续多久呢？

哺乳的好处很多，这是众所周知的事实。尽管如此，我们也不应该忽视一点：这种近乎完美的机能也是有一定代价的。哺乳需要花费很多的能量[11]，也会占用很多的时间。几乎每一个哺乳的妈妈都会抱怨说：除了喂奶，她们根本没有时间做别的事。

除此之外，母亲们在母乳喂养的诸多方面也作出了巨大的间接牺牲。因为为了给孩子喂奶，妈妈必须强迫自己适应另外一种生活方式，而这肯定会对她们的兴趣和爱好产生巨大的影响。比如在哺乳期间，她们的工作时间一定会受到限制（尽管在怀孕之前，她们热衷于搜集家长里短的八卦消息的爱好也会影响到工作）；在哺乳期间她们没有精力和时间去照顾其他的孩子；又比如说为了喂奶，妈妈们也没有那么多时间去经营自己的社会关系网了。此外，哺乳给妈妈们的身体也造成了极大的负担，而且还会留下一些后遗症。难怪人们常说，喂养一个孩子会使妈妈一下子老好几岁呢。

另外，母亲们还可能会付出其他的代价，但是这些代价对妈妈们而言并非是什么坏事。例如哺乳期内的女性会停经，因此至少在一段时期内她们不可能再怀孕了。

如果我们仔细观察母亲为哺乳所付出的代价会发现，在哺乳时间这个问题上，与其他动物一样，人类的妈妈和婴儿也是处于不断的冲突之中。大多数动物也都一样，妈妈们都想将哺乳带来的负面影响限制在尽可能短的时间内，而宝宝们则希望在尽可能长的时间内享受吃奶带来的满足感。有关那些激烈的、甚至是粗暴的“断奶期的冲突”，我们稍后详细讲述。

哺乳时间的长短有没有规定呢?

当人类文化学家伊尔勒（Irle）在世纪之交研究非洲纳米比亚赫雷罗族（Herero）时曾经说道：“母亲一般会长时间坚持喂奶，因为她们的奶水似乎一直都比较充足[61]。”虽然这个理由比较罕见，但是伊尔勒的科学观察与人种学的某些方面还是非常契合的。例如在大多数的文化中，哺乳的时间都是比较长的，比很多西方国家普遍的哺乳时间都要长得多。

在所有有历史记载的文化中，人类平均的哺乳时间能持续大约 30 个月[62]。考古学的发现也同样证实了这一点，即人类哺乳时间是比较长的（可以根据考古发现中婴儿的骨骼来测定他们的断奶年龄）。印第安部落南达科他州出土的几千年前的印第安部落的遗迹显示，在那个年代，婴儿的断奶年龄大约是 20 个月[63]。以文字记载的历史中，例如圣经中就有类似的有关哺乳的记载：圣经中希伯来人在宝宝二三岁时给他们断奶。再如《古兰经》中所记载的哺乳期时间约为两年[64]。到了近代，哺乳已经是极其普通的事了，也就不会见诸于文书了。

与其他灵长类动物相比，人类的哺乳期算是比较短了。不同体形的猿类，其哺乳期也存在着 1~7 年不等的差异。类人猿的平均哺乳期约为 5~7 年。尽管如此，至少对于在野外生存的哺乳动物来说，某一物种内的平均哺乳期还是可以预测的。但是人类却正好相反，虽然都是同一个物种，但是因为不同传统文化的影响，每个地方的哺乳期长短差异还是比较明显的。生活在中非，依靠采集为生的波非人，有的给孩子断奶的时间约为 36~53 个月，但是有的可能会在孩子 18~27 个月的时候就给他们断奶[65]。

人类的哺乳期更长

为什么人类的哺乳期长短不一呢？进化生物学最重要的理论基础之一，即所谓的“冲突原理”可以帮助我们回答这个问题。根据这一原理我们可以得知：母亲的方法和能力是有限的，即她手中的“资源”是有限的。当她分配这些有限的资源时，不仅必须考虑到现在的孩子的利益，还得考虑其他孩子潜在的利益，此外当然还得考虑她自己的基本需要。只有当母亲们能够合理分配她们的精力时，才会获得根据进化论原理而应得到的益处。这一原理即：所有生物生存的最终目的就是为了在现有情况之下尽可能多地繁衍健康的后代，并努力让他们存活下来。

这一原理对所有物种都是适用的，无论是老鼠还是人类。尽管如此，我们还是可以为上述问题作答：为何哺乳期时间有长有短，不尽相同呢？因为如果母亲在幼崽还未成熟之前就停止哺乳，而将因此积攒下来的能量收为己用，那么很可能会导致幼崽的死亡[66]。与动物相比，人类母亲做出断奶的决定则需要更长的时间。母乳并非是人类婴儿的唯一食物来源。当宝宝达到一定年龄时，就可以通过吃婴儿食品来获得营养。很久以前，宝宝们吃的是一些骨髓或经父母咀嚼过的、易消化吸收的食物。8 000 年前的农业革命之后，人类的婴儿开始喝动物的奶，吃谷物熬成的营养丰富的粥。最近，罐装的婴儿食品逐渐受到父母们的青睐，成为宝宝餐桌上常见的食物12[67]。

刻意的计算?

母亲开始哺乳的时间究竟取决于哪些因素呢?

“传统习惯”在这一方面有着非常重要的影响，虽然在通常情况下我们并没有意识到这一点。有些地方，孩子吃母乳的时间可能只有短短4周。但是在其他地方，有的孩子可能会吃奶吃到4岁（这样计算的话，哺乳期持续的时间可能相差50倍）。尽管我们计算得出的哺乳期差距悬殊，但是在我们生存差异巨大的社会和文化背景之下，这50倍的差异也就没什么了不起了。举例来说：在德国，当孩子已经上幼儿园了，却还在吃妈妈的奶，那么大多数的德国人都会觉得难以接受。而在许多其他国家，这是再正常不过的事了。

有一点是肯定的：人们做出断奶这一决定，大多数情况下都是凭感觉，而并未经过理性的思考。可能在某一个时刻，人们突然觉得喂奶很麻烦，对于妈妈或宝宝已经不大合适了。这时喂奶的缺点似乎更明显了，而断奶的诱惑也相应地就越来越大了。也可能是妈妈突然觉得她的奶水已经不足了。这种情况在西欧的许多城市都很常见。

奶水不足

Ebay上出现某些商品其实也不足为奇。例如Ebay上出售一种哺乳用的乳罩，尺寸为75C，可能根本不会有人用它。就我本人来说，我喂奶的时间并不长，因为我的儿子食量很小，而且当时我的奶水也不够。事实上，大多数在宝宝4个月大之前就停止哺乳的妈妈都说，当时她们的奶水似乎是“不足”了。在今日的西方国家，人们在判断何时给孩子断奶时，所考虑的最重要的依据是宝宝们的需要。绝大多数情况下，妈妈们产生奶水不足的感觉其实并非生理方面的“问题”，而是根源于妈妈们对哺乳这件事的矛盾心理和对自己做母亲能力的怀疑。有些妈妈发现吃母乳的宝宝比用奶瓶喝奶的宝宝食量更大，吃奶也更频繁时，于是她们就自认为自己的奶水已经不足了。而有些妈妈则将宝宝因为腹痛而发出的哭喊声误认为是他们饥饿的信号，因此她们会认为自己的奶水不足，继而给宝宝加喂牛奶[68]。

断奶会给妈妈们带来什么影响?

事实上，现实生活对情绪的影响是不容忽视的。有时妈妈会觉得哺乳似乎变得越来越困难，而事实上是因为她面临着新工作的压力。有时母亲会想在哺乳这件事上偷个懒，其实只是因为没人帮她将汽车送去年检，或是在整理堆积如山的文件时感到力不从心。

让我们再仔细地看看我们以断奶做决定的“方程式”吧。当我们对各种不同的文化进行观察时，当我们将不同的哺乳时间和与之相应的生活条件联系在一起的时候，我们会得到哪些更深刻、更透彻的答案呢？

当行为学家进行上述研究时，他们马上有了一个令人惊诧的发现。因为行为学家们一直认为：当传统文化背景下的母亲找到适合宝宝的食物（例如美味的犰狳的脂肪）之后，她们会更早给孩子断奶。而对于各种传统文化背景下的人群，当我们将其给孩子断奶的不同时间做一个系统的评价的话，就会惊奇地发现：在断奶这件事上，“食物种类的多少”这个因素所造成的影响实在是微乎其微[69]。对于小宝宝来说，似乎并没有什么专门的“断奶期食物”，一般大人们习惯于将他们吃的食物嚼碎喂给宝宝吃，效果其实也不错。

而对于哺乳来说，影响力更大的则是妈妈们的工作条件。如果妈妈在工作的时候不能将孩子带在身边，那么她们就不得不较早地给孩子断奶[70]。在那些以采集和狩猎为主要劳动方式的部落中，妈妈们可以将孩子留在部落中的“幼儿园”里，委托专人照管。她们的哺乳期“只有”1～2年。而在残酷的大自然中磨炼出来的机动性更强的部落（例如前文中提到过的石器时代生活在卡拉哈里沙漠中的昆人），他们的孩子就比较幸运了，吃奶能一直吃到3～4岁[13]。

社会的保障和支持，是否会使哺乳期延长呢？是，也不是。主要是得看，究竟是谁给妈妈们提供了支持和帮助[71]！在传统的社会，当物质资源比较丰富、能提供比较好的社会保障时，妈妈们的哺乳期反而会缩短。同样，当妈妈们能获得其他女性的帮助时，例如女友或是祖母，那么她们给孩子断奶的时间也会比较早。对于这些出乎意料的发现，其实是可以解释的。当哺乳期的母亲得到其他女性的帮助，特别是帮助她照顾孩子时，那么这位母亲因此空出来的时间该用来做什么呢？去采集食物或做其他的工作来贴补家用，改善家里的生活条件。

如果帮助妈妈的人是宝宝的父亲，情况就相反了，这时哺乳期一般都会比较长。父亲可以提供生活保障，从而使母亲能够投入更多精力去照顾宝宝。根据现代社会的统计数据，我们也可以得出同样的结论：比起全职在家带孩子、靠丈夫在外工作赚钱的妈妈们，有工作的母亲们和单亲母亲们给孩子断奶的时间都比较早一些。

因为妈妈们在给孩子哺乳时，必须考虑如何合理地分配有限的资源，所以往往会出现这种情况：出生得较晚的孩子和家中最小的孩子吃奶的时间都比较长一些。因为没有后顾之忧，所以妈妈对于最后一个孩子一般都会显得慷慨一些14[73]。

文化的影响和“私人的”影响

到底是赞成哺乳，还是反对哺乳，其实只不过是凭借一种“感觉”。做一个喂奶的妈妈是什么感觉呢？别人会怎么看我呢？其实在哺乳这个问题上，父亲的作用是不容忽视的。如果他们赞成给孩子喂奶，那么宝宝们吃奶的时间就会更长一些[74]。

我们所处的社会究竟会对哺乳产生怎样的影响呢？事实上，这些影响是可测的。但是，有时也会产生一些混乱和矛盾。例如一方面在“现代”社会，母乳一直被人们视为最佳的婴儿食品，而且儿科医生也一直不遗余力地宣传母乳喂养的好处。但是另一方面，有些人却对母乳喂养持有怀疑的态度。他们担心宝宝会因为哺乳行为而被娇惯，或者会习惯于听从指令而丧失自我意志。

此外，有些盎格鲁-撒克逊人的后裔还会将哺乳看作是一种与性有关的行为，因此，在这样一些“现代化”的国家，在公共场合喂奶是被严令禁止的。这一禁令给许多妈妈造成了不便。2008 年曾经有一张“罗拉·克劳福特”的扮演者安吉丽娜·朱莉（Angelina Jolie）喂奶的照片被美国的主流媒体斥为“有伤风化”，认为这类照片不适合公开刊登，而事实上，朱莉在这张照片中只是裸露着左胸的一小部分。而在拥有超过

1.2 亿用户的 facebook 网站上，所有类似的被看作比较暴露的哺乳照片也都马上被删除了。

从进化论的角度来看，哺乳期究竟应持续多长时间？

从以上内容中我们可以清楚地知道：对哺乳期的最佳持续时间这个问题并没有一个统一的答案。对于母亲来说，哺乳期到底该持续多久，其实是取决于她们的生活环境。有时甚至还得根据个人实际情况，衡量一下哺乳所带来的负面影响，才能做出比较合理的决定。

尽管如此，有一点还是很明确的：从进化论的角度来观察，在孩子们从婴儿成长到大一点的儿童的过程中，母乳喂养确实有很多优点。在人类的整个历史进程中，儿童成长过程中所必需的蛋白质来源一直都是非常紧缺的。特别是在他们的大脑急速发育的阶段，即 3 岁之前，每一种附加营养都是弥足珍贵的。当食物季节性短缺时，对于缓解营养短缺和孩子飞快的成长速度之间的矛盾，母乳作为主食可以起到一定的作用。

当我们在社会保障并不完备的国家里，对孩子们长时间观察后发现，在这些国家，即使是孩子们通过辅食已经获得了他们成长所需的营养，但是母乳对于提高孩子们的免疫能力还是具有很重要的积极作用。因为当孩子们开始吃辅食的时候，也就意味着他们已经开始接触成人食品了，同时这也意味着，他们开始接触细菌的世界了[75]。直至今日，对于那些生存环境极其恶劣的孩子们来说，哺乳期（母乳作为辅食的补充）究竟能持续多久，是他们能否存活下来的重要因素[76]。

在有些发达地区，母亲们有条件长期给孩子哺乳，这样是不是对孩子的健康有很大益处呢？对于这个问题还未有定论

(第十章中在说到“情绪的联系”这一主题时，我们会再详细讨论这个问题)。如今，在超市里，我们就能买到安全的、适合宝宝食用的蛋白质食物。在良好的卫生状况下，母乳对于宝宝免疫力的作用也早已不像从前那样至关重要了（特别是针对婴儿腹泻)。尽管如此，我们还是应该看到一个事实：吃母乳的时间越长，孩子们的免疫系统就发育得越完善。众所周知，如果孩子在以辅食为主时仍坚持吃母乳，那么他们患麦胶性肠病（又称乳糜泻）的几率就小得多，这种疾病是由于幼儿对许多谷物中的谷朊耐受性较差而引发的（详见第三章)。即使是在如今，在各方面的条件都很优越的情况下，母乳还是可以作为宝宝们“免疫系统的一块盾牌”，帮助他们为接下来将接触到的新食物和新营养做好必要的准备。之前我们曾提到，有人说母乳可以预防过敏。虽然这种说法听起来比较合理，但是科学家们仍未找到让人信服的证据[77]。

哺乳和独立性

至少在过去几十年内，有关哺乳所必须付出的“代价”这一话题的争论和猜测发生了重大的转变。很多母亲担心，如果孩子吃奶的时间过长，可能会影响到他们心理方面的成长。她们担心孩子们会被宠坏，而且还会对培养孩子的独立性产生负面的影响。有些父母还担心，孩子们会因为吃奶的时间太长而形成难以改正的顽习——如果孩子们习惯了在妈妈怀里吃奶，那么他们会不会“再也不能”离开妈妈的怀抱呢？针对这种疑虑，美国儿科医生职业协会给出了一个令人安心的声明：对于 3 岁大、甚至更大的还在吃奶的孩子来说，并未有任何迹象表明哺乳给他们造成了任何心理或成长方面的负面影响[78]。

有关独立性和所谓的“娇惯”的话题，我们会在本书的第五章和第十二章中的“认识与展望”中继续讨论。这里我只想简短地解释一下，根据进化论的观点论及孩子的独立性，过去的孩子的独立性并不比今天的孩子逊色。据考察，在原始社会生活的孩子，并没有因为哺乳期很长而影响到他们独立性的培养。人们曾经做过许多研究，他们将传统社会哺乳期较长的孩子与现代西方国家哺乳期很短的孩子，甚至根本没有吃过母乳的孩子进行比较，观察他们社会交际能力和独立性的差异。结果显示，传统社会中的孩子竟然在独立性上更胜一筹[79]。

有关上文中提到的第二种忧虑：孩子们是否会因为哺乳期过长而再也离不开母亲的怀抱呢？在接下来的名为“断奶的冲突”这一部分中我们将会详细解释。

断奶的冲突

试问有哪个母亲未曾梦想过，给孩子断奶时风平浪静、一帆风顺呢？试问有哪个母亲不想自己的孩子没有痛苦、没有眼泪地平安度过这段残酷的时期呢？但这都只是梦想而已！我们可以尝试用进化生物学来解释这个现象。因为根据进化论中的冲突原理（在第二章的“认识与展望”中我们曾经提到过），随着父母做出断奶这一决定的一刹那，他们与孩子之间冲突的导火索就被点燃了。根据冲突原理的基本原则，父母准备给予孩子的往往满足不了孩子们的要求。

人们对于断奶“最佳”时间的看法千差万别，这其实不足为奇。让我们设想一下：一位母亲想给孩子断奶，因为她决定再要一个孩子。从她的角度来看，在怀孕之前利用这段暴风雨之前的宁静好好休整一下，将之前无数个不眠之夜中失去的能量重新汇聚到体内，是非常明智而且必要的做法。但是作为孩子来说，他们的立场和观点就完全不同了。而孩子们只会看到自己的利益，不愿意离开妈妈的怀抱[80]。有些科学家还补充道：在断奶期，当孩子们和父母因此而发生冲突时，2~4岁大的孩子们还会经常无缘无故地发脾气（对此我们将在第七章详细论述）。

但是这种悲观的冲突理论是否总是正确的呢？难道真的没有一个能令父母和孩子双方都满意的解决方法吗？有些父母曾经说过，他们独自一人就解决了给孩子断奶这个难题，这是真的吗？

黑猩猩宝宝的诡计

让我们来看看我们的近亲们是怎样处理断奶这一难题的。对于所有猿类来说，给它们的幼崽断奶都是一件非常棘手的事；因为母亲们必须对自己的乳房严防死守，禁止断奶期的幼崽靠近。

在持续数月之久的断奶冲突中，最重要的武器莫过于频繁爆发的愤怒了。在经历过一次次的失败后，黑猩猩幼崽并不会退缩，反而成群结队地向妈妈展开骚扰攻势[81]。令人震撼的是，从那些被拒绝的幼年黑猩猩的行为中，我们可以感受到它们的悲伤。红毛猩猩的幼崽甚至会在断奶后彻夜哭泣，直至天明。

“以退为进”也是幼崽们的惯用手段。这些习惯了妈妈的温暖怀抱的小家伙们会假装急需妈妈的保护和安慰，借机趴在妈妈的背上，而喜欢这么做的基本上都是年龄非常小的幼崽。而且小猴子们这时会更殷勤地给妈妈捉虱子，也许是为了营造一个美好的气氛[82]。小家伙们会一再使用一些狡猾的小手段。例如黑猩猩幼崽会假装被其他年长的黑猩猩攻击，借机寻求妈妈的保护，重回母亲的怀抱寻求安慰[83]。有人就曾经见到过这样一只非常狡猾的黑猩猩幼崽，小家伙一瘸一拐地向妈妈跑过去，在妈妈怀里撒完娇后，就心满意足地离开了。奇怪的是，这时候他一点都不瘸了！

游戏有何意义?

至今为止，我们还是很难解释过早断奶对于孩子来说究竟是怎样重大的一件事。与现在不同，很久以前孩子断奶后根本就没有合适的替代食物。是的，几千年前，根本就没有动物的乳汁可供人类的宝宝饮用。对于孩子来说，断奶就等于从一种安全可靠的、能量丰富的液态营养源到另一种并不安全的、而且所含营养并不稳定的食物的转变。

此外，对于宝宝们来说，断奶不仅意味着失去一个取之不尽、用之不竭的食物来源，也意味着不能再像以前那样总是和妈妈形影不离了。在原始社会，当人们还是依靠采集和狩猎生活的时候，哺育后代对于每一位母亲来说都是一件不胜其烦的繁重工作。因为无论是谁，如果让她背着孩子每年跑超过2 000公里的路程，一旦断奶之后（小宝宝则由年纪稍长的孩子来照顾），她都会倍感轻松。相应地，断奶对孩子不仅意味着食物的转变，同时也意味着一种深层次的社会性的改变。针对孩子而言，失去了母亲温暖的怀抱就等于改变了他们的“生存之道”。在这一点上，今日的孩子们完全遗传了祖先的基因。

巨大的转变

让我们更深入地看待这个问题。按照我们今日的观点，孩子们的成长是一个连续不断的完整过程。最初是嗷嗷待哺的婴儿，然后就长成了小宝宝，再过几年就该上幼儿园了，上完幼儿园就该上小学了，最后孩子们到了青春期就进入了青少年时代。沿着这种成长历程孩子们逐渐长大，也慢慢得变得更加独立。父母对孩子的约束也越来越松，直到最后不得不完全放手，任凭孩子按照自己的意愿生活。而在依靠采集和狩猎来维持生存的原始社会，孩子们的成长历程则完全不同。在进入青春期之前，原始社会的孩子们其实只会经历两个成长阶段：哺乳期的婴儿阶段（大约是1~3岁）以及作为孩子群中一员的阶段（断奶之后直至成年之前）。这两个阶段之间存在着巨大的鸿沟。最初母亲与孩子之间的关系极其紧密（甚至比我们现代社会处于同一阶段的母子关系更加密切）。而在进入第二个阶段之后，他们的关系就会突然一下子变得很疏远（甚至在同一阶段比我们现代社会的母子关系疏远得多）。这种强烈的对比在欧洲人身上体现得尤为明显。当我们还处于原始社会时，几天前孩子可能还依偎在母亲的怀抱里，几天之后他就已经和别的孩子一起，手持涂满毒药的长矛，成群结队地在原始森林中狩猎了……

对于非洲的波菲人曾有这样的记载：断奶后的孩子就等于失去了庇护所，不仅妈妈不会再抱他，其他任何人也不会抱他。肯尼亚的吉普斯吉族习惯在睡觉时，将断奶后的孩子放在大人的背后，而不是像断奶前一样将其放在母亲的胸前——因为此时睡在母亲胸前的是新生的小宝宝。在有些国家，断奶后的孩子甚至都不允许和妈妈一起睡觉，而是被迫和哥哥姐姐或是奶奶睡在一起。对于这些孩子而言，断奶就等于远离了妈妈温暖的怀抱[84]。因此，在有些国家将哺乳期当做是一种“分离”[85]，这也是可以理解的。断奶比离开熟悉的环境、背井离乡，甚至是嫁到异国他乡更让人难以适应。断奶期发生的冲突基本上与分离时纠结的心情是一样的。

难道真的是一场战争吗?

在断奶期母亲与孩子的斗争中，硬实的绷带是常见的辅助工具。生活在卡拉哈里的昆族妇女，会在断奶期间在胸前贴上用苦味的草药做的药膏。非洲东南部祖鲁族的妇女，则会使用研碎的苍蝇。还有人会用咸番茄酱、牛粪、烟草泡的水或者用柠檬调制的酱汁；甚至有人会直接将辣椒粉涂在胸前，作为断奶期的超级武器[86]。生活在现代的波菲族妈妈为了给孩子断奶，会在乳头上涂抹红色指甲油，让它看起来就像是受伤流血了一样。类似的做法还有：在胸前绑上绷带，伪装成受伤的样子。除此之外，有人还会使用恐吓的手段对付断奶期的孩子们：有的母亲会让虫子在胸前爬来爬去。当孩子想回到母亲怀里吃奶时，有的母亲会叫来年长的孩子，当面耻笑这些处于断奶期的可怜宝宝[87]。有时恐吓手段会升级：比如有的妈妈会让戴着恐怖面具的成年人突然出现，恐吓断奶期的孩子说：“如果再敢回来吃奶，就让这个可怕的面具人把他抓走!”这些做法未免都显得有些残酷。还有一些比较正面的方法：比如母亲会将母乳挤到孩子们手中，然后强迫他们将手中的乳汁泼到地上或者倒入垃圾桶里，就好像妈妈的乳汁已经“坏了”，不能再吃了一样。

如果你认为孩子们在断奶期的反抗都是徒劳的，那你可就大错特错了。看看前面所提到过的类人猿幼崽在断奶期的种种手段和诡计，那么我们就会对人类宝宝在断奶期使用的各种“武器”胸有成竹了。其中最常用的手段是眼泪、哭喊、装可怜，当然还有发怒。而事实证明，不少母亲在这些看似平常的武器下俯首称臣了。

一场大彻大悟的冲突

事实上，我们也不得不承认对于某些母亲和孩子来说，断奶期是和平而宁静的。进化生物学家巴特森曾经这样总结道：“在断奶期，母亲和孩子都会设身处地地为对方考虑，这种情况并不少见，就好像他们已经大彻大悟，不再计较个人得失一样[88]。”看到这里，我们就会自然而然地想到这样一个问题：在断奶期，何时会发生冲突，何时会相安无事呢？

人种学家们曾做过的第一个预言就是：哺乳对于孩子们的“价值”与他们的年龄息息相关。孩子越小，母乳对于他的成长就越重要。因此，年龄越小的孩子对于断奶的抗拒就越强烈。

而我们观察所得的结果却与上述预言正好相反：在断奶期，孩子的年龄越大，抗拒反而越强烈[89]！这一事实是否颠覆了进化生物学中的冲突原理呢？

回答是否定的。这种看起来似乎相互矛盾的现象是有合理解释的。年龄较大的孩子在断奶期不仅会像小宝宝一样大吵大闹表示抗议，他们还会“无缘无故地哭闹”，这可是年龄较小的宝宝所不具备的技能。

实际上，对于毫无自我保护能力的婴儿来说，大吵大闹的抗议行为需要他们付出更“昂贵”的代价。因为对于年龄大一些的孩子来说，每天为了成长所消耗的能量只占全部能量的5%，而婴儿则需要1/3。因此，年龄大一些的孩子在断奶期的反抗行为“成本更低”。因此，年龄越大的孩子们在断奶期的行为可能就越夸张，而母亲则可能会付出更多，虽然孩子本身其实根本不需要。

除了年龄以外还有一个决定性的因素，那就是断奶期母亲和孩子之间冲突的激烈程度，即断奶造成的“社会性冲突的激烈程度”。断奶同时意味着母亲的疏离时，孩子们想重回母亲怀抱的愿望就愈加强烈，因此而产生的冲突也就越发激烈。人种学家希拉里·福茨女士（Hillary Fouts）通过一次研究实验很好地证实了这一点。她挑选一批波菲人，将其分成两组。其中一组人延续传统的采集和狩猎的生活，另一组人则过上了定居的农耕生活。两组人采取完全不同的方式和态度对待断奶后的孩子，当孩子到了断奶期时，在过着传统生活的波菲人中，其他部族成员会代替孩子的母亲，细心地照顾小宝宝。即使是孩子已经断奶了，族人还是会经常抱着或者背着他。与此相反，在另一组过着农耕生活的波菲人中，断奶后的孩子就很少能得到拥抱和爱抚了。可怜的宝宝完全失去了之前作为“奶娃儿”的特权，并且在大部分时间不得不照看他们的较小的兄弟姐妹了！断奶期所采取的方式不同，其反应当然也是不同的。在定居农耕生活的波菲人中，妈妈和孩子之间不停地发生着撕心裂肺的冲突。而延续传统的采集和狩猎生活的一组中，断奶期就相对安静平和多了，少了很多眼泪和对抗。

每个孩子不同的个性是第三个决定性因素。有些孩子对于断奶这件事反应更加强烈，因此他们在抗争和冲突中的喊叫声就更尖锐，行为也就更激烈。

从进化论角度提出的建议

在漫长的哺乳期，母亲和孩子的利益是完全一致的。但是孩子迟早得断奶，这种利益的平衡也将因此而被打破。然而这一时刻何时才会来临，取决于母亲身处的生活环境如何——正如我们在本章开头所阐释的一样。

孩子对于断奶的抗拒究竟激烈到何种程度，取决于每个孩子所处的不同环境背景，这是毋庸置疑的。但是，我们也不应忽视另一个关键因素，孩子们在多大程度上失去了他们在哺乳期已经习惯了的与母亲的“亲密关系”。

以下是对父母们的几点建议：

出于好意，一些信奉所谓的纯“自然”教育的人提出了这样一个建议：母亲应该让孩子自己决定何时断奶。然而从进化论的角度来看，此建议绝不可行。孩子的愿望源于他们自身的利益和需要。这些愿望有时可能会与妈妈的、兄弟姐妹的或是全家的愿望相契合，但是并非总是如此。那些针对整个大家庭的需要而进行过调整的“集体利益”，并不一定会与某个孩子自己的真实愿望相一致。

另一种观点可能会对父母们提供更大的帮助：孩子们对于断奶的抗拒程度，还取决于断奶对于他们的生活方式产生的影响有多大，这一点我们曾提到过。通常我们对于哺乳的关注都会集中在孩子们从母亲那里获得富含营养的母乳，而忽略了在哺乳过程中，孩子和母亲之间形成的身体感官上极其紧密的“私密”关系。从这一点出发，对于断奶期的孩子，我们应该继续不断地给予他们情感上的支持和安慰。从另一方面也说明，让孩子循序渐进地、一步步地断奶，比突然地、彻底地“断奶”更好、更有效。如果给孩子们足够的时间培养新的习惯和行为方式，比如“安慰巾（口水巾）”之类的过渡期工具。在一个社会关系网内观察并学习大人们的交际方式和行为，那么在断奶期内的冲突就会少很多。有的母亲因为找到一个新的工作，不得不仓促给孩子断奶。相比之下，从容地按计划给孩子断奶就显得轻松多了。因为哺乳是一种交际方式，也是一种母子关系的经营和维护，而孩子在这个过程中享有绝对的特权。所以在断奶时，孩子们会在一段时期内需要感情的替代品，这也是完全合乎情理的。

认识与展望：

父母与孩子之间的冲突是大自然计划的失误吗

通常来说，一提到“家”这个字，我们眼前就会出现一幅温馨和谐的画面。而报纸杂志更是将这种氛围渲染到了极致：散发着温柔光芒的妈妈、爸爸和孩子，衣服被熨烫得整整齐齐，而原来的带有果酱的污渍也消失不见了……

正是因为受到这些温暖人心画面的吸引，很多人组建了家庭。而当这些美好的画面在琐碎的家庭生活中慢慢褪去完美的光环时，许多人会因此痛苦不堪、后悔莫及。你会发现，家庭生活并不总是令人满意。我们总是面临这样或那样的痛苦抉择。例如：我究竟是该完成进修课程呢，还是待在家里陪孩子呢？晚上我是该陪伴宝宝让他能安然入睡，还是撇下他去做完白天本该完成的工作呢（比如洗掉衬衫上的果酱污渍）？或者腾出点时间做点“自己的事”呢？

对于时髦的年轻父母们来说，他们的困境是如何在“实现自我价值”的同时，也能够圆满完成照顾孩子的重任，确实是一个“鱼与熊掌不可兼得”的难题！如果说冲突是现代社会的产物，为何在之前的章节中，我们会长篇累牍地讲述一种“自然”的冲突——断奶引发的冲突呢？

进化论的观点

为何父母和孩子们的利益有时会走向对立呢？这些冲突究竟在哪里呢？我们怎样才能平息这些冲突呢？为什么在一个家庭里很难出现“共赢”的局面呢？

让我们再将目光聚焦在家庭画面上，不过这一次看到的并非理想中的完美景象，而是真实的模样，就像衣服上的污渍也清清楚楚地展现在我们面前。是否每个人对于“家”的想法都是一样的呢？是，也不是。当然，每个人都希望家庭成员能和谐相处，大家“一起过着幸福快乐的日子”。但是，从另一方面来看，每个家庭成员都有自己的立场和观点，以及自己的利益倾向。比如当摄影师在拍照时，小宝宝可能会因为害怕这个到处蹦来蹦去的可怕家伙，而想要回到妈妈的怀里躲起来。也许他的兄弟姐妹也有同样的想法。爸爸则会不时看表，因为他 11 点钟还有个重要会议，必须准时到场。而妈妈则在想，孩子他爸是不是能抽出点时间修修拉尔斯（孩子的名字）坏了的婴儿车！

确实是一团糟。因此，当我们看到家庭生活中除了幸福快乐之外，也有许多发人深省的、甚至是让人失望的事情就不足为奇了。

对于一个家庭中错综复杂的利益关系，进化生物学家们从另一个独特的角度进行了观察。他们严格按照生物学原理进行了分析。他们认为：每一种生物都是带着基于生物学原理而产生的个人偏好来到这个世界上的，这种偏好就是我们所说的由“遗传”决定的兴趣倾向。许多进化生物学家确信，如果我们能弄清楚这种偏好，就能理解甚至是预测因此而产生的、或是将会产生的各种冲突，在家庭环境中亦然。

这种观点源自于现代进化论原理。按照此原理，所有生物都会遵从自己“最强烈”的生命诉求。也就是说，是基因决定了生物的兴趣倾向，而且这种倾向会一代一代传下去（我们将在第九章对这一理论进行详细解释）。如果从这个角度出发，将基因看做是个人“兴趣”的载体，并以一种遗传学的角度来观察生活中的种种冲突，那么我们会有何发现呢？

对人类也同样适用吗？

于是，我们自然而然地会提出这样一个问题：这种由“基因”决定的冲突理论对人类是否也完全适用呢？

有人提醒说：冲突其实也有许多不同的层面。在这个问题上心理作用也会产生一定的影响，其中包括人们关于成长的记忆、每个人的个性、当然还有那些生活中的琐事。但是当孩子们为了得到橡胶做的小熊玩具吵闹不休时，我们完全不必立刻就将其上升到遗传学的高度，将其归结于来自基因的个人喜好！如果有人试图用进化论的冲突原理来解释每一个具体个案或孩子们各种各样的行为，他会发现这一原理往往并不可靠。

另一方面，上文中有关断奶的讨论使我们得知：特定的行为方式可以完全反映孩子们所掌握的应付冲突的种种手段和诡计。因此，对于理解那些在世界各地、在特定条件之下一再发生的行为模式，进化论的冲突原理很可能会给我们提供一定的帮助。如果仔细观察孩子们的这些行为和手段，我们也许能够带给这个包含着不同兴趣倾向的主观世界一点秩序和安宁。

基因的计算

虽然每个家庭成员的基因各不相同，但是却具有相似性。孩子们会从父母那里各自遗传50%的基因，因此孩子与父母有50%的基因是相同的。同理，亲兄弟姐妹之间的基因相似率也高达50%，因为他们之间有一半的基因是重叠的。

50%——这个比例是高还是低呢？与不属于这个家庭的其他人相比，这个比例算是很高了。但是如果从另外一个角度来看，在100%具有“亲缘关系”的家人之间，这个比例似乎又太低了点。由于存在着两种不同的评价，那么发生冲突的可能性也就显而易见了。

以母亲和孩子的关系为例：一般来说，当母亲不偏不倚地对待每一个孩子的时候，孩子们的地位都将是平等的。这时他们会索取更多，甚至比妈妈所能付出的还多！因为妈妈还得考虑到家里其他人的需要（包括还未诞生的宝宝），所以不能100%地对孩子付出。

尽管如此，按照遗传学的逻辑来讲，彻底地、毫无顾忌地反对兄弟姐妹的兴趣和利益，对于孩子来说也是不可取的。无论如何，兄弟姐妹之间毕竟有50%的基因是相似的，因此孩子们也应适当地、设身处地地为自己的兄弟姐妹们着想！对于各个家庭成员不同的兴趣和利益，心理学家史蒂文·平克（Steven Pinker）通过一个例子进行了解释：如果我们给两个孩子一块蛋糕，那么从内心来讲，每个孩子都希望自己分到2/3，而只给别人1/3。但是愿望与现实往往是背道而驰的，因为一般来说，父母只会给他们一人一半。

辨认亲缘关系

这听起来的确十分抽象。但是至少在社会性动物群体中，个体行为是由其和其他成员之间的亲缘关系决定的。而这一现象的前提条件是：动物们都“知道”谁和谁有亲缘关系。

相关研究表明，动物们在记录和识别亲缘关系方面确实很在行。不同的物种用来辨认亲人的“方法”各不相同。常用的手段是，根据气味来识别。在这项技巧的运用上松鼠技高一筹，它们甚至能根据气味辨别堂兄弟姐妹和亲兄弟姐妹。而鸟类却是根据叫声来进行区分的，当它们还是雏鸟时，爸爸妈妈的叫声就已经镌刻在它们脑中了。灵长类动物的识别系统是依靠对对方面部特征的记忆。许多猿猴甚至能借此判断其他族群中猿猴的亲疏关系[90]。那么人类又是凭借什么识别亲人呢？答案是：“社会线索”，人们可以通过其他人的反应识别出谁是叔叔、谁是阿姨。人们也可以通过观察面容的相似性判断陌生人之间的亲疏关系，而最重要的观察区域其实是脸的上半部分（有趣的是不包括眼睛）[91]。

谁会受欢迎？

在社会性动物中有一点是确定的：冲突和联盟可以反映出族群内部的亲疏程度。以小松鼠为例，在一窝小松鼠中，经常会有亲兄弟姐妹和同父异母（或同母异父）的兄弟姐妹混养的情况。研究人员发现，亲生的幼崽之间比异父（或异母）兄弟姐妹之间相处更融洽、冲突也更少些。即使它们拥有同一个母亲，拥有完全相同的成长环境，但是松鼠幼崽们之间的关系却是亲疏有别的[92]。

那么人类是否也是如此呢？至少当我们询问父母们时，得到的答案是否定的。上文中的“丛林规则”并不适用于人类家庭。在接受询问时，大部分父母都表示他们对孩子都“一视同仁”。但是，孩子们的想法却刚好与此相反。大多数孩子们都认为，爸爸妈妈更喜欢他的兄弟姐妹，而不是自己[93]。这两种截然相反的观点与进化论的冲突模式是完全吻合的。

再婚家庭中又是什么情况呢？因为亲兄弟姐妹和异父（或异母）兄弟姐妹之间基因的相似率只有25%，那么按照上文的计算公式，在每次分蛋糕时，孩子们都会想分得比别的孩子的大3倍的那块。即使是“负责分蛋糕的人”也会偏向自己亲生的孩子。至少在神话故事和寓言故事中，继子女和继父母之间的冲突确实是不少的，例如众所周知的灰姑娘的故事。

那么现在的情况又是怎样的呢？事实上，气氛融洽和谐的同父异母家庭也不在少数。但是也有迹象表明，“通常来说”父母对待继子女总是没有对待自己亲生的孩子那么好[94]。源自基因的冲突也并非不可避免，但是在某些特定条件之下还是会起到一定的作用。

冲突产生的条件

在哪些具体条件下，进化论中的冲突对现在的人类才有意义呢？上文中提到的孩子和妈妈在哺乳期产生的冲突向我们展示了这些与生俱来的、可预测的冲突的解决方法是如何的不同。对于某些孩子来说，断奶时泪流成河、痛苦万分；而对于另一些孩子来说，断奶却并非难事，完全可以凭借自己的力量完成。

另一个影响因素也经常会引起我们的注意：可以分给孩子们的蛋糕到底有多大。蛋糕越小，争斗就越激烈。此外，还有一点是很明显的：竞争的激烈程度还取决于“孩子们年龄的差距”。一般来说，孩子们年龄越接近，他们为之争斗的资源就相应显得越少（例如母亲的怀抱）。越是在困难时期，家庭中的冲突就越尖锐。回顾历史，我们可以看到类似的事例比比皆是。以前经常有孩子被排挤出分蛋糕的队伍。特别是女孩子，长期以来都受到“习惯性”的排斥。她们要么被送进庵堂，要么被迫牺牲自己的幸福，只是为了养家糊口。

如果考虑到家庭资源的多少，那么也应该顺理成章地考虑“分配中产生的冲突”与母亲的年龄之间可能存在的关系。如果由年龄较长的母亲来分蛋糕，那么每一个孩子都可能是最后一个能得到蛋糕的人，因为根据进化论冲突原理，年长的母亲在分蛋糕时可能将每一块都切得比较大一些，因此能分到蛋糕的孩子可能就会更少一些。而事实上在所有的文化中，每个家庭中最小的孩子往往会得到更多的关注和照料（灵长类动物也是如此）。

最后的这个例子也向我们指出了冲突原理的缺陷。已经有足够的事例证明有时这些预言并不会成真，甚至会产生完全相反的结果。人类的行为通常都是许多因素共同作用的结果，例如信念、传统以及其他文化的影响。因此，我们不应将进化论中的冲突理论看作是潜在的隐患，即所谓的预定断裂点，在这个地方可能会产生裂缝。然而，在这个预定断裂点上的裂缝是否会扩大甚至是造成彻底的断裂，还得看具体的条件是否成熟。所以，冲突原理并不意味着兄弟姐妹之间不能和平共处、其乐融融[15]！

除此之外，我们还应该看到：如果将生活比作一枚奖章，那么生活中发生的冲突则只是奖章的一面。人类（以及其他社会性动物）会不可避免地制造冲突，但是同时他（它）们也具备处理冲突和进行抗争的潜力和方法。大自然不仅在创造冲突，同时也给人类提供了解决这些冲突的方法！有关内容我们将在后面继续讨论。

可能发生冲突的地方

首先让我们梳理一下孩子的成长经历，看看究竟在何处可能会发生冲突。

在子宫里

从受精卵形成的那一刻，冲突似乎就已经存在了。新生命的诞生具有重大意义。为了让受精卵成长为有血有肉的胎儿，在接下来的 9 个月里，妈妈必须提供 8 万卡路里（约 335kJ）的能量。孩子出生后，妈妈还必须在接下来的 15 年里承担同样的责任，还包括喂养其他的孩子。在刚开始的时候，肯定经常会有一些反反复复的过程。胎儿的首要任务是适应母亲的免疫系统——因为他的一半遗传来自父亲，所以对于母亲的免疫系统来说，胎儿总归是一个“异物”。为了免受母亲免疫系统的攻击，胎儿会释放一些阻止免疫系统入侵的物质，使其在自己的周围形成一种免疫生物学的保护层。接下来，胎儿必须尽快与母亲的供血系统连接起来，并尽可能拓宽这条输血生命线。在某些特定情况下，例如孕妇变得虚弱或者新陈代谢放缓时，母亲能提供给胎儿的营养就会减少，胎儿的生长也会变慢[95]。

出生之后

出生后的头几天就会产生新的冲突。在这段时间内，婴儿的首要任务是学会吃奶。很难想象，如果出生的婴儿无法吃到母乳会有什么后果。当母乳不足的时候，会让人感到十分绝望，尽管如此，父母们还是会想尽一切办法避免（在第十章中描述的）此现象的发生。

与上述观点相反，从进化生物学角度来看，哺乳期其实是一个和谐的时期：母亲给予很多，而且心甘情愿。为了孩子，母亲已经下定了决心倾其所有，只为了一个目的：小宝宝能快快长大，向世界展示他的潜力和才能。

但是，当孩子们最重要的器官——大脑发育到一定程度并且他们也逐渐适应了母乳喂养模式之后，母亲和孩子的利益就会出现分歧。因为随着时间的流逝，母亲哺乳的成本“越来越高”。最后，当母亲准备再一次怀孕时，她就不得不重新衡量对哺乳所付出的精力。而同时，当宝宝慢慢长出牙齿后，妈妈对他们的“利用价值”也就越来越小。这时断奶期的冲突就会随之浮出水面，在以上的章节中我们曾详细地对其进行过阐释。

那么，下一个“潜伏”的冲突会在何时爆发呢？是的，就是在妈妈又生了小弟弟或小妹妹之后，也就是说，当孩子开始了与兄弟姐妹的共同生活后。对于孩子来说，兄弟姐妹不仅是好伙伴，也是“竞争对手”。妈妈或多或少都会花时间和心思照顾弟弟妹妹，他们还会分走一部分心。而且孩子们需要的，总是比妈妈想到的要多。这时候，年龄大一点的孩子就会时不时假装特别需要妈妈的关注，其实真实情况并非如此。这只是当家里添了弟弟妹妹之后孩子们经常要的小手段，我们称之为“以退为进”。而研究表明，母亲得到的外界支持越多，孩子们之间的关系就越融洽[96]，而母亲自己也会觉得越愉快，且每次生育的间隔时间就越长[97]。(另一个重要因素是孩子们的性格。孩子们的性格越相似，他们之间的冲突就越少。因为当一个孩子为难时，通常性格相似的孩子也会感觉到困难……)[98]

青春期

另一种非常有趣的冲突发生在兄妹或姐弟之间。当他们差不多同时进入青春期时，就会出现这样一个问题，也就是我们常说的：食色，性也。详细来说，对于这些互相之间关系密切的、具有强烈好奇心，而且并不总是能保持理智的年轻人来说，其本能和天性怎样使其不被自己的兄弟姐妹吸引，甚至发生乱伦的惨剧。想要寻找这一问题的答案，我们应该回顾一下20世纪五六十年代的以色列集体社区“基布兹（Kibuzz）”。在曾经的基布兹运动时，孩子们并不是在父母身边长大，而是一起生活在被称作“克乌查（kvutza 意为小组）”的“儿童之家”里。每个“克乌查”里都共同生活着6~8个孩子。后来有人做了一项调查，选取了参加过基布兹运动的3 000对夫妻，并对其进行详细研究。结果发现在这3 000对夫妻中，有不少夫妻是在同一个“克乌查”屋顶下长大的，他们一起度过了人生最初的六年时光！

另一项研究发现，一起生活长大的孩子之间的确存在一种下意识地对对方身体的厌恶情绪。而且许多证据表明，这种厌恶来源于孩子们身上的味道[99]。而事实上，很多父母都曾注意到，如果家里有男孩也有女孩，他们进入青春期的时间越接近，就越受不了对方身上散发出来的“味道”。而这种“接触障碍”并非来自于遗传，而是在孩子们出生后的前几年，因为朝夕共处而产生的。即使非亲兄妹或是亲姐弟，只要是在一起长大的孩子，异性之间都会产生这种所谓对对方气味的厌恶！但是当孩子们长时间分开后，这种对对方身体的“厌恶感”会减少甚至完全消失[100]。

进化生物学原理表明，在孩子进入青春期后，还存在另一种不容忽视的冲突：即处于青春期的女孩与母亲之间的冲突。面对这种“愚蠢的争斗”，父亲往往只能无奈地摇摇头，但是其背后确实有着实实在在的动机和理由。因为在这个时期，女儿和妈妈一样，对男性都有着吸引力。小说《日瓦戈医生》中就有这样的详细描述：妈妈的男友不可自拔地爱上了年轻的女儿，而这种冲突并非只是在小说中才会出现（人们会想，那种“完美的核心家庭”并不一定就是人类历史中的标准家庭模式）。

那么父母们呢？

父母往往被看作是一对天造地设的搭档，他们一起将孩子养大。但是从进化论的视角来看，这种想法太过于理想化了。“为人父母”这件事，对一个家庭中的父亲和母亲来说具有截然不同的意义。对于所有的女性来说，生孩子都是一生中最重大的事情之一，因为从怀孕那一刻开始，妈妈就必须经历漫长的妊娠期的折磨，而且在以后的很多年里，她都得将自己大部分的精力花在养育孩子这件事上。

“生孩子”对男性来说究竟意味着什么，就因人而异了。他们即使有了孩子，还是可以尝试不同的生活。他们可以为了家庭全情投入，也可以另觅新欢，组建一个新家庭。因此，夫妻间很多冲突都是源于父亲对家庭的投入程度，也就不难理解了。

据统计，孩子并不总是夫妻关系的纽带和黏合剂，这与民间传说不尽相同。随着孩子的降生，夫妻双方对家庭生活的满意程度会有所下降[101]，而这种情况经常从怀孕时就已经开始显露出来了[102]。与大部分人眼中的母亲形象相反，很多女性在生完孩子后的第一年中总是会出现这样那样的心理问题，而且这段时间也是她们人生中出现心理问题最频繁的一个阶段[103]。如果生完孩子后妈妈们又要急着返回工作岗位[104]，或是得不到家人和社会的援助[105]，或是紧接着又怀孕了[106]，那么她们的心理问题就更大了。在第十二章中我们将会再针对夫妻关系的困境进行详尽地论述。

解决办法

家庭生活就像是围城，虽然很多人认为“和谐的家庭生活其实很无聊”，但是事实上，很多家庭都在千方百计地寻找解决冲突的办法。上文中最吸引读者的地方，其实并非家庭生活中出现的各种冲突，而是解决这些矛盾的具体方法（例如人们都在思考，如何通过温和的方法避免家庭中出现乱伦的情况）。

家庭中发生的种种冲突能否找到解决的方法，取决于每个成员的利益是否能得到满足，尽管每个人的愿望总是难以得到满足。孩子是否能得到他想要的“所有东西”，也并非是解决家庭矛盾的关键。如果母亲所承担的压力超出了她的极限，那么其结果将会对孩子产生长期的负面影响。

从进化论的观点来看，家庭成员之间是否能达成妥协和谅解，取决于家庭资源是否足够多。就像前文所举的例子，这块“蛋糕”是否足够大，能否满足每个人的需要。如果一个家庭中父母自身的情况不错，而且他们可以通过社会关系网获得强大的支持，那么家庭生活中的冲突就会少得多。人们不是常说，贫贱夫妻百事哀吗？在这件事情上有一点是不得不提的，并非只要满足孩子们所有的愿望，家里就天下太平了！更重要的是，父母得尽力经营他们之间的关系，并努力发展他们的事业。那些只关注孩子的成长，而不关心自己的事业的父母手中的“蛋糕”会越来越小。在这一点上，进化论的观点和现代社会的家庭问题咨询师的看法不谋而合。丹麦家庭问题专家加斯帕·朱尔（Jesper Juul）在他的著作《为了爱说不!》中诚恳地指出：单单在教育孩子这一件事上就会产生分歧，父母会各执己见，坚持自己的原则和底线。其实如果父母能告诉孩子，这块“蛋糕”究竟有多大，对孩子来说未尝不是一件好事。更有趣的是，被认为绝对是弱势群体的孩子们，在这场家庭拔河中究竟扮演着何种角色呢？很多父母习惯于在家中扮演无所不能的给予者的角色，出于慈爱和睿智对孩子进行施舍，而孩子总是处于被动的地位。根据进化论的冲突模式，这种思想是非常不现实的。因为在进化过程中，孩子们早已将他们的弱点变成了有效的武器，并学会了各种手段和诡计。他们是如此的可爱，他们的眼泪能将百炼钢化绕指柔，可以使自己看起来是那么弱小、那么无助。孩子们能折磨他们的父母，并使其感到痛苦，并由此受到良心的谴责。

孩子们的才能远不止于此，他们还有种神奇的第六感，能够预知在与父母的冲突中究竟能获得多大的“谈判空间”。事实上，父母们也注意到了这一点：对于那些对父母而言必不可少的东西或事情，孩子们都能比较容易地接受。当孩子们发现别无所图时，就会妥协。

冲突是进化论“计划”中的一部分

我们总是认为，像家这种重要的地方，必须是一把钥匙配一把锁，所有的东西都应该是井井有条的。总的来说我们应该明白一点，与外面真实的、残酷的、充满竞争的世界不同，家是一个完全相反的、鲜明的对比。

但遗憾的是，家庭也是这个世界的一部分。按照进化生物学的观点，家庭成员之间的关系并不总是那么和谐美好的，因为一个家庭的资源总是有限的。我们常说“坐吃山空”也就是这个道理。

第三章

辅食面面观

当婆婆以同情的眼神看着自己，就好像在问："这个可怜的小家伙啥时候才能吃到点像样的东西啊?"很多妈妈都会在2~3个月之后举手投降，败下阵来。更遗憾的是，妈妈们也没能从儿科医生最权威的建议中得到多少帮助。根据世界上最先进的儿科医生协会——美国儿科协会的专业意见，当孩子长到6个月大的时候，是给他们添加辅食的最佳时间。也有人补充说，有些特例也说明，有些孩子在4个月大的时候就需要吃辅食了，而有些则得等到8个月大[107]。

对于上述模糊不清的说法我们可以归结为一个原因：对于添加辅食这个问题，根本就不存在一个确定的科学依据。为了获得可靠的依据，并将其上升为最佳的实际操作方法，我们得将孩子们分成不同的小组，每一组开始添加辅食的时间都必须错开，然后进行长达20或30年的研究，我们才能得出哪些小组的最终效果更好……

并非文化上的共识

如果有人想通过观察其他文化找出正确添加辅食的方法，往往会适得其反。虽然看起来似乎所有国家和地区的妈妈们都会在孩子出生后的第一年里，给他们加喂辅食，以此作为母乳的有益补充，但是究竟何时开始喂辅食呢？这个问题的答案则千差万别。生活在巴厘岛上的母亲们普遍认为，即使是新生儿，也需要一些固体的食物。而生活在印度尼西亚爪哇岛上的人们，在婴儿3天大的时候就给他们添加辅食了。在泰国的山区则稍微要晚一点，孩子出生2周后才会开始吃辅食[108]。如果有人向这三个不同区域的母亲们提个问题：为什么您这么“早”给孩子添加辅食呢？得到的回答一定是：因为宝宝们现在需要辅食。

神话传说

如果何时添加辅食这个问题已经让父母们不知所措了，那么究竟哪些食物才是“正确”的辅食问题更会使他们无所适从。虽然在我们这儿常用作宝宝辅食的是胡萝卜、土豆和其他蔬菜，但是这里针对每一种蔬菜都有人提出反对意见：胡萝卜会引发过敏，土豆没什么味道，而花菜的味道会引起宝宝的反感，使他们除了母乳之外再也不愿意尝试其他的食物。上述三种蔬菜从来都不受法国妈妈们的青睐，她们觉得唯一“正确”的蔬菜是洋蓟。但是为什么非得是蔬菜呢？对此，我们文明社会中的许多朋友们都不以为然。在意大利，妈妈们会给宝宝们吃甜甜的牛奶稀饭。而在美国，麦片粥是最普遍的辅食。西班牙人则会给宝宝喂罐装苹果泥。亚洲人习惯给宝宝喂鱼肉粥。

在德国，最受欢迎的婴儿辅食是超市货架上的罐装婴儿食品，而这些是不会被丹麦妈妈所接受的，她们会自己煮粥给宝宝当作辅食。当我们仔细观察几种原始文化就会发现，在给孩子添加辅食的时候，大人们都会有些害怕。秘鲁的克丘亚人会在孩子刚出生时，给他喝茶和汤。祖鲁族的妇女则会给婴儿喂食酸牛奶，但是方法则非常粗暴：因为刚开始的时候宝宝都会对酸牛奶表示抗拒，这时大人们就会捏着宝宝的鼻子硬灌下去16[109]。

至少有一点是明确的，即“对于添加辅食的最佳方法至今仍未有科学定论”，这是由美国儿科协会提出来的。即使是儿科医生，在被问及辅食的问题时，也会援引一些“神话和传说”[110]。在这种无助的时刻，我们似乎可以尝试将这一难题放在进化论的放大镜下进行观察。

从进化论的角度解析添加辅食

在那些由母亲负责哺育幼崽的物种族群内（97%的哺乳动物都是这样的），对“辅食”根本一无所知，因为在这些族群中，幼崽都是只吃母乳的。与其相反，少数“共同喂养幼崽”的物种（即：爸爸妈妈和其他族内成员都会负担起一部分哺育幼崽的工作，其中我们最熟悉的当然就是我们人类了）则习惯给仍处在哺乳期的幼崽添加一些辅食。在狼群内，地位较低的母狼会将嚼烂的肉喂到狼崽的嘴里。狨猴（一种极其稀少的灵长类动物，习惯于共同抚养幼崽）族群内，帮忙养育幼崽的族亲们会给哺乳期的幼崽喂食类似“手指饼干”的辅食，例如蟋蟀或是其他美味的猎物。

人类也习惯将辅食作为母乳的有益补充。古时候，妈妈都会将食物嚼烂后喂给宝宝吃，以便宝宝们“吞咽”。

何时添加辅食呢?

回答这个问题看起来似乎很容易，其实不然。一般来说，婴儿在6个月大的时候会长出第一颗牙齿，其目的并非为了更好地咬住母亲的乳头，而很可能是为了能够吃一些稍硬的食物。宝宝长到10个月大的时候才会出现相对较大的、能够磨碎食物的臼齿，这时宝宝们就可以咀嚼食物了。但是这一成长的里程碑只能说明，何时孩子们可以自己将食物嚼碎？何时才能给他们添加一些液体的、半液体的或是预先咀嚼过的辅食？仅从上述长牙的生理现象出发是找不到答案的。

与此相比，宝宝们其他的生理机能就有趣得多了。很多父母都会注意到，2个月大之后，宝宝们就特别喜欢“流口水”，这可能是他们长牙的前奏。但是在牙科医学上的发现，却对上述说法提出了异议。当宝宝开始流口水的时候，他们的牙齿还深深地埋在颚部，牙龈也没有任何敏感或是发炎的症状。因此，宝宝流口水是他们要长牙了的说法是完全站不住脚的。

当我们仔细分析宝宝们唾液中的成分时，会发现更有趣的事情。他们的唾液中居然有大量的淀粉酶，顾名思义，这是一种可以分解淀粉的酶。有趣的是，母乳中其实也含有这种酶。对于母乳的消化和吸收，这种淀粉酶根本毫无用处，因为母乳中根本就不含淀粉。随着吞咽动作，唾液会和母乳一起流进宝宝们的肠道内（即使流经充满酸性胃液的胃部，淀粉酶仍不会发生任何改变)。我们可以大胆地推测一下：这些停留在肠道中的淀粉酶，就是为了消化淀粉而产生的！

还有一件有趣的事：母乳中一直都含有淀粉酶，而且含量非常高。具体来说，100 毫升的母乳可以在一个小时之内分解 20 克淀粉（两把黑莓所含的淀粉也就只有 20 克）。

这种现象加深了我们上述的怀疑：宝宝唾液中的淀粉酶就是为了分解淀粉而产生的[111]。儿科医生的一些观察结果也进一步证实了这一点，他们发现吃母乳的孩子对于富含淀粉的辅食耐受性要强一些[112]。

宝宝出生几个月之后，妈妈母乳中的淀粉酶浓度会有所降低。同时宝宝胰腺中分泌的淀粉酶也会逐渐减少。（在孩子接下来的一生之中，胰腺都会负责生产淀粉酶[113]。）

很多证据表明，哺乳期的婴儿“天生”就适合吃一些富含淀粉的辅食。而在现实生活中也是一样的。当我们放眼全球看看那些传统的原始部落就会发现，大人们都会给婴儿喂一些经过咀嚼的水果，以此作为他们的辅食。即使是从生物学的角度来看，早一点给孩子添加一些有益的辅食也是非常有意义的。在人类的历史中，这些食物都很紧缺。因为它们能减轻母亲的哺乳工作，所以一直以来都备受青睐，特别是在孩子长得飞快的时候，也就是说在初生后的前 6 个月。如果还处于哺乳期的妈妈在不经意间发现了一丛黑莓，不仅是孩子，就连妈妈也会一起分享这些美味。孩子们的消化系统看起来早就已经准备好吸收淀粉了，而且从一开始就准备好了。

尽管如此，在物质资料并不丰富的年代，孩子的辅食根本得不到保证，因为浆果、植物根茎和水果都是季节性的食物，并非一年四季都能吃到。那些试图很快用辅食替代母乳（今天很多人都是这么做的）的行为，至少在孩子出生的第一年是不可取的，因为与其他那些季节性强的食物相比，只有无需咀嚼的母乳才是宝宝们最可靠的营养来源。

从进化论角度来看，那些常见的，例如来自世界卫生组织的建议无论如何是不可取的——该组织曾建议，在孩子半岁之前最好只吃母乳。这从另一个侧面也说明，为何只有2%的母亲会听从这个建议。也没有任何理由可以证明，这种让孩子在半岁之前只吃母乳的做法有其“沿袭传统”或是“顺其自然”的一面。即使是从医学的角度，也没有任何证据显示，在坚持将母乳作为主食的前提条件下给孩子补充少量的辅食有任何害处（而过早断奶则被证明，是会对孩子的健康产生负面影响的，这一点在前面的章节已经说过了，就不再赘述了。）

再比如说，我们大家都知道，那些遗传方面对谷朊（俗称面筋粉）不耐受的孩子来说，过早给他们添加富含谷朊的辅食，可能会让他们患乳糜泻的几率增加[114]。因此，如果能在孩子还在吃母乳的时候给他们添加富含谷朊的辅食，那么他们腹泻就会明显地减少[115]。但是，同时儿科医生也宣称，何时给孩子添加何种辅食，其实和过敏毫无关系[116]。

还有一些证据说明：早一点给孩子添加一些必要的辅食，是符合自然规律的。民间普遍认为，为了满足孩子日益增长的食量，只需要母亲“多产奶”就行了。而通过研究得出的结论却推翻了这种说法。研究表明，母乳只能在一段有限的时间内满足孩子的需要，而且母亲的“产奶量”每天最多也不过是750~800毫升[17][119]。

据英国研究者测算，6个月大的宝宝每天从母乳中摄取的能量是550千卡，这对于稍大一点、更活泼好动的孩子来说很可能是不够的[120]。这一数据与我们观察到的现象不谋而合，对于半岁以上的孩子，母亲们一般都会较早给他们添加辅食（因为他们需要更多的热量）[121]。

究竟如何定义“添加辅食”？

有一点必须承认：如果要回答应该何时给孩子“添加辅食”这个问题，就不得不思考我们究竟该怎样定义“添加辅食”。在很多国家和地区，父母会较早给孩子添加少量的辅食，而且不会影响喂食母乳的次数和量。可是，在我们这儿情况却完全不同，添加辅食往往是断奶的前奏。虽然根据进化论的观点，尽早添加辅食对孩子来说是很有益处的，但是这些看法并不一定会对每个地方的习惯和传统都产生影响。

辅食的量也是必须注意的一个方面。对于尽早给孩子喂一定量的富含淀粉的辅食的这种做法，已经被广泛接受了。另一种完全正确的说法也认为：半岁大的宝宝才具备重要的身体条件，可以吸收稍多一些的半固体或固体的辅食，因为这时他们才能有效地、协调地完成吞咽半固体食物的动作。也正是从此刻起，辅食才能在一定程度上代替母乳。

应该喂哪些辅食呢?

从进化论的角度来看，这个问题并不难回答。如果想给孩子添加辅食，人们不会纠结是选择香甜的点心还是洋蓟泥，而是直接看看妈妈们吃什么就可以了。孩子们的辅食其实就是妈妈们平常吃的食物，只需用嘴将其嚼碎就可以喂给孩子。这种方法不仅实用，而且还有个很大的优点，孩子们早就对这些食物熟悉了。在妈妈的子宫里，通过妈妈的乳汁，孩子们早就认识这些食物的味道了。孩子们日益成熟的免疫系统也早就适应了这些食物，不会对其产生抗拒的反应。

从进化论的角度来看，“最合适”的辅食并不是那些“最好的”食物，也不会因此而制作一个详细的食谱。重要的是宝宝还在母亲子宫里遨游时、或是在吃奶时，是否已经接触过这些食物（详见第一章）。

从发掘出的骨骼遗迹可以推断出，在进化史上出现过的辅食比我们的孩子今天所吃的辅食更粗糙。通过详细观察17世纪以来的骨骼，从颌骨的错位情况（咬合不正）我们可以得出这个结论。那是因为这种咬合是与孩子们小时候所吃的辅食紧密相关的。当他们咀嚼辅食时，肌肉群的运动会改变颌骨的形状，也会对上下颚的位置产生影响[122]。

那么孩子们自己究竟“想要”吃哪些辅食呢？在20世纪80年代之前，有一位儿科女医生曾经试图回答这个问题。这位名叫克拉拉·戴维斯（Dr. Clara Davis）的女医生提出了以下一系列问题：在断奶之后，如果孩子可以自己选择食物，那么可能会发生什么情况呢？孩子们“天生”喜欢吃哪些东西呢？婴儿可以“本能”地知道哪些食物对他们有益吗？面对如此多的选择，孩子们能否从中获得足够的能量、蛋白质、维生素和其他对健康成长不可或缺的物质呢？

曾经有儿科医生冒险做过一次空前绝后的实验。14名吃母乳长大的、年龄从6~11个月不等的孤儿成为了实验对象，直到他们年满6岁。实验者给孩子们提供了33种经过处理的食物（食物被粗略地切成小块，所有食物都没有调味，既不加糖，也不加盐；蔬菜是蒸熟的；孩子们的菜单中根本就没有经过加工的食物，例如奶酪、香肠、面包或是黄油）。每次吃饭的时候，孩子们可以从这33种食物中选10种食物和2种饮料。这些食物有：苹果、菠萝泥、西红柿、烤土豆、炒熟的小麦粉、玉米、燕麦、黑麦、经过烹调的碎牛肉、动物的骨髓和脑子、肝脏、腰子、剁碎的鱼肉、鸡蛋、盐、清水、各种牛奶、橙汁……孩子们想吃什么都可以吃到。护士阿姨可以帮助孩子们，只有孩子们指向他们想吃的食物，护士才会将其递给他们。

多年之后，通过对孩子们 37 500 次进餐的观察，医生们得出了一个令人震惊的结论：所有的孩子都长得很好、很健康！根本就没有发现他们缺乏任何一种物质，而且所有身体检测结果都很正常。所有孩子的消化系统都很正常，而且对于这 33 种食物，孩子们都没有任何不良反应。

想达到这个目标，其实我们还有很多的选择，并且多得令人震惊（至今，其中还有一些方法对于营养科学家来说仍是一场噩梦）：

◎ 孩子们对食物的偏好差别很大，但是他们所能吸收的脂肪、蛋白质和碳水化合物的量都差不多。

◎ 孩子们对于食物的搭配体现出很强烈的个人色彩（有的孩子早餐时会喝半升橙汁，配一点动物的肝脏）。

◎ 孩子们对食物的偏好也会产生波动：一个 3 岁大的孩子会在晚餐时吃掉一磅重的羊肉，而其他孩子可能好几天就只吃香蕉，然后换成肉末儿或其他的食物。

◎ 每一餐中，孩子们吃的食物或多或少，差别很大。有时候他们会吃得很多，有时候只是浅尝辄止。

◎ 令人惊诧的是：孩子们会吃大量的水果，但是只吃较少的蔬菜和谷物。有一个小女孩 3 年中总共只吃了 1 千克多蔬菜！没有孩子选择吃甘蓝菜、菠菜和卷心莴苣菜。那些常见的、主要是用牛奶和谷物制成的婴儿食品则长期受到孩子们的青睐。

那么，上述实验及其结果对于如今的父母们意味着什么呢？孩子们难道真的可以想吃什么就吃什么吗？当然，实验中提供给孩子们的食物其实都是我们所说的“健康食品”。如果当初孩子们还能选择巧克力、薯片或是其他的“垃圾食品”，那么实验结果肯定会截然不同。这时，孩子们的“身体对食物明智的选择”很有可能就会出错。但是，实验也说明了一点：孩子们在选择食物时确实表现出一些与生俱来的天赋。至少孩子们凭直觉就能知道，那些种类繁多的“纯天然”的食物都是很健康的，这就是他们“聪明”的一面。

牛奶有什么问题呢?

有些父母不确定牛奶对于孩子（或者成年人）来说是否是一种“合适”的食物。而在哺乳动物之中，只有人类才会在断奶期后仍继续喝奶。一些评论家认为，从“生理构造”方面来说，人类是不适合喝牛奶的。看看那些频发的牛奶过敏症吧！

对于上述牛奶“不适合”人类饮用的论断，在人类历史中也的确得到了验证。当人类断奶之后，继续保持肠道内含有可帮助消化乳糖的物质（即我们所说的乳糖酶），对于早期的人类来说其实没什么意义，因为那时候乳糖唯一的来源就是母乳（除了母乳，大自然中只有一些热带灌木中才含有乳糖）。所以在断奶之后，人类体内产生的乳糖酶就很少了。因此，在古代只要是过了断奶期的人喝了奶，就会胃胀或是腹泻。而事实上，在对中欧和东欧发掘出来的石器时代的人类骸骨进行研究时，就已经发现了这一点。研究表明，10 000 年前，人类在断奶期之后就不具备任何能够形成乳糖酶的基因了[123]。

直到人类“发明”了饲养牲畜的方法之后，情况才有所改变。时至今日，我们都知道，对于中老年来说能够吸收乳糖对身体是很有益的。能够从乳类中获取更多的蛋白质，会使妇女生育能力大大提高，会使孩子们在断奶期后更健康地成长，也会大大提高生育质量，降低婴儿的死亡率。当人类饲养牲畜后，经过大自然漫长的优胜劣汰，人类对于乳类的消化吸收能力也逐渐发生了改变。其结果就是：那些没有饲养牲畜传统习惯的部族和群落（例如很多非洲部落，亚洲的一些国家和地区以及所有的土著人，直到被欧洲人殖民之前，他们都以采集和狩猎为生）根本就喝不了动物的乳汁。而那些发明饲养牲畜的人，他们的后代却将乳类作为他们一生中重要的营养来源，而这些人中包括绝大多数欧洲人和一部分非洲人。

越往北，乳类的重要性就越大。对于这种现象有一个有趣的解释：人们所能获得的阳光越少，乳类对于他们就越重要。最终乳类将不再是辅助的营养源，因其含有丰富的钙质而成为人们强壮骨骼、促进成长的重要食品。在那些缺少光照的地区尤其显著，因为乳类食品能帮助那里的人们强壮骨骼，摆脱佝偻病的威胁。例如所有的斯堪的纳维亚人对乳类食品都有很好的耐受力，相反在欧洲南部，却只有 2/3 的人能消化乳糖（在亚洲这个数字则更低，几乎只有 5%的人能够适应乳类食物）。

对于中欧和北欧的孩子来说，牛奶是一种非常“合适”的食品，他们在 7 个月大的时候就开始喝牛奶了（对于更小的婴儿来说，牛奶因其蛋白质和矿物质的含量而并非是最佳的食物）。

对于奶制品“过敏症”，特别是针对因牛奶和由牛奶制成的婴儿食品引发的过敏症，对儿科医生来说已经是一个比较熟悉的问题了。大约有 3%的婴儿会对牛奶过敏，表现出来的症状是腹泻甚至是便血，而且会出现发育迟缓的情况。这时，只有让这些孩子远离牛奶和奶制品，直到他们长大成人（长大后，奶制品过敏症的问题一般都会自动地有所改善）。

很多人怀疑，婴儿和儿童喝牛奶会导致过敏，但是这一怀疑并未得到证实。此外，也没有证据可以说明，那些针对牛奶特别制作的“抗过敏”食品，真的可以抑制或减轻过敏反应[124]。而事实上，牛奶本身似乎也并不是引发过敏症的“罪魁祸首”，而只是对本已潜伏在孩子们体内的过敏症倾向提供一个“用武之地”罢了，也就是说牛奶只是过敏症的一个诱因，而并非其产生的根源。

儿童食品中所含的酒精——是否是一个隐患呢？

在那些针对父母们出版的杂志中，酒精一直以来都是一个老生常谈的问题。长期以来人们会给孕妇酿造比较淡的大麦啤酒（尽管如此，这些孕妇专用啤酒中酒精的含量还是会达到 0.3%~1%）。现在我们的孩子也已不再安全了。据说葡萄汁并不适合孩子们饮用，因为其中不仅含有农药，而且其中酒精含量高达 0.4%。除此之外，发酵后含酒精的酸奶（酒精含量达到 0.5%）、葡萄巧克力、杏仁泥、巧克力夹心糖以及红酒软糖对孩子们来说也是不安全的。即使是苹果汁（酒精含量可达到 0.2%）也被列在了黑名单之上，更稀奇的是白面包也因其日益升高的酒精含量而不适合孩子们食用。也许这些食物中的酒精不会让孩子们一大早就醉醺醺的，但是“极有可能会使孩子们酒精成瘾”[125]。我们也许会安慰自己说，还好那些松脆的饼干、块状和棒状的点心是不含酒精的，即使不配果酱它们也是很美味的。遗憾的是，实际上这些点心同样含有酒精……

其实从进化生物学的角度来看，对于这种剂量的酒精含量我们大可不必如此恐慌。成熟的水果中一般都会含有一点酒精，因为水果中的一部分糖分会发酵。而在孩子们的日常食品中，总是不可避免地会含有这种酒精。但是我们完全不必如此紧张，因为孩子们的肝脏是有解毒功能的，完全有能力处理血液中如此小剂量的酒精。

认识与展望：
孩子为什么不好好吃饭

每个儿科医生都可以证明一个事实：小宝宝的食量其实与父母所希望的相差甚远，更不用说能与爷爷奶奶的殷切希望相符了。为什么会这样呢？

原因之一是婴儿们可爱的样子，也就是我们常说的婴儿肥。这些皮下脂肪是为了应付孩子们出生后头 2~3 年中，大脑急速成长所造成的巨大能量消耗。当孩子们学会爬来爬去，直到他能跑来跑去时，他们体内的这些脂肪就一直处于不断的消耗之中。最后，当孩子们在玩耍、练习、熟悉自己的身体机能、或者尝试着倒立的时候，这些脂肪反倒成了身体的累赘，最终会导致极大的能量浪费。

孩子不好好吃饭的四个原因

与婴儿相比，大一点的宝宝吃饭就不那么乖了，因为他们的大脑成长已经不需要储备那么多的能量——即我们上文提到的脂肪。

还有一个原因：与婴儿相比，大一点的宝宝的成长速度很明显要慢一些。如果孩子一直保持着初生时的成长速度，那么到了上小学的时候，他的体型就可以超越大象了！所以，2 岁大的孩子只需要比 9 个月大的婴儿多 25%的能量就足够了[126]。

有些孩子似乎在吃饭的时候表现特别不好，究其原因，很有可能是他们对食物的吸收效率更高一些。从婴儿期就有这种现象，比如有些孩子只需要较少的食物就能与其他孩子一样健康成长。有些 1 个月大的婴儿每天能喝 400 毫升奶，而有些则需要 800 毫升；但是他们的生长状况完全是一样的。因此，有些 4 周大的婴儿比 6 个月大的婴儿食量更大，也就不足为奇了[127]！这种区别在大一点的孩子们中间仍然存在。所以，期望所有孩子在吃饭的时候都能有好的表现是非常不现实的想法。

还有一个原因可以彻底推翻上述不现实的期望。正如我们在第一章中曾说过的，有一部分孩子不仅对于蔬菜极其抗拒，也非常不喜欢吃油腻的食物。这些超级挑食的小家伙经常使他们的父母无计可施，甚至濒临崩溃。

众所周知，与婴儿不同的是，很多大一点的小宝宝都不喜欢吃东西，这反而使他们有机会能接触一些不同的食物。那么他们会选择哪些食物呢？是的！根据之前我们经常提到的选择程序，他们当然更喜欢吃高热量的食物，例如巧克力饼干、果汁、可可或是牛奶点心。那么，当我们看到这些孩子在吃正餐时根本对食物毫无兴趣，也就不会觉得有什么奇怪的了。如果我们仔细观察这些不喜欢吃东西的孩子，搞清楚他们“东一口，西一口”究竟吃了多少东西，那么我们就会得出这样一个结论：这些孩子们可能只是在餐桌旁对食物没什么兴趣，而这恰巧是父母们关注孩子吃东西的唯一地方。

儿科医生的实际经验也为上述观点提供了佐证。那些被家长抱怨“不好好吃饭”的孩子，他们的体重和那些因为咳嗽、流鼻涕或者因碰伤了膝盖而到诊所来看病的普通孩子根本就没什么区别。

进化论的视角

其实有些父母往往是根据孩子们的一个习惯，从而做出他们“不爱吃饭”的判断。即孩子们往往都不会将自己盘子里的食物全部吃完。让我们仔细观察一下这一现象吧。

人类何时才会停止进食呢？一般大家都会回答：当然是吃饱了的时候。但是下面这个实验将会带给我们全新的答案[128]。54 名被测试者，每人都得到一盘汤。其中在一半人的盘子下面连着软管，测试者通过这些管子可以不停地向被测试者的盘子中加汤。当然，被测试者对此毫不知情。最后我们得到的结论是：73%的盘子下有机关的被测试者会喝更多的汤！令人惊诧的是，当这两组被测试者被问到是否吃饱了的时候，他们的回答都是一样的：“吃饱了！”

孩子们的行为则各不相同。在类似的实验中，3 岁大的孩子对食物的分量并没有什么印象——不管盘子里有什么，他们吃的都一样多。而 5 岁大的孩子则不一样：盘子里的食物越多，他们吃的也就越多[129]。另外还有一个有趣的发现：如果人们给婴儿的食物热量较低，他们就会吃得比较多。相反对于那些“能量丰富”的食物，他们就吃得较少了。但是当他们再长大一点，这种对卡路里敏锐的感觉就消失了。不管食物所含的热量是多还是少，都不会对他们的食量产生任何影响，成年人也是一样[130]。

从进化论的角度来看，这种根据食物所含热量的多少来预先调整食量的行为是有一定“原因”的。当孩子还不能自己吃东西的时候，他们只需要依靠妈妈充沛的乳汁就能获得足够的营养。这时的婴儿不需要通过吃东西来进行能量储备。对于这些小宝宝来说，他们似乎都知道一件事：只要能通过母乳获得足够的能量，他们就不必为了储备能量勉强自己吃东西。只要不想吃了，就可以停下来！

当孩子们渐渐变得独立、并完全脱离依靠妈妈哺育的生活方式的时候，上述情况才会发生改变。在此之后，充分利用每一次进食的机会，才会显得比较有意义。当我们依靠采摘和狩猎而生存的祖先们找到一大片蓝莓时，他们绝不仅仅是摘几个尝尝，而是会尽可能多吃，尽量将这些富含营养的水果“吃光”。天知道什么时候才能再享受一次这样的饕餮盛宴呢？

第四章
安眠处方

在白天，孩子们会带给父母许多的欢乐，但是到了晚上，情况就会发生一百八十度的转变，他们会变成父母的梦魇。因为这时会上演一出出闹剧。孩子们为了不睡觉会哭闹、会乞求，而父母们也开始怀疑自己，甚至为了处理这个烂摊子而相互争吵。所以，《每个孩子都能学会如何睡觉》这样的书会畅销也就不足为奇了。

等一下，学习睡觉？难道孩子们不是天生就会这些基本的生活技能吗？我们都知道，随着孩子们渐渐长大，不用经过任何“训练”，他们也可以学会爱干净的生活习惯，难道连睡觉这种简单的事情也得父母来言传身教吗？

值得注意的是，在西方社会，儿童在睡眠方面的问题才刚刚引起了人们广泛的关注；而在其他地方，人们很少去操这份心。德国人如此关注孩子们的睡眠，是否是因为只有孩子们睡着了，大人们才可以拥有自己的时间呢？或者只是因为父母已忘掉了如何招来周公的诀窍？又或者孩子对睡眠的抗拒仅仅是因为不喜欢那件时髦的家当——他们的婴儿床呢？

让孩子更好地入睡

在孩子出生后的最初两周似乎一切都很容易：新生儿随时随地都能睡着。但在二三个星期之后就开始发生变化了，从这时开始，要想让宝宝睡着就必须得满足以下这些条件：

第一个条件是疲倦。或许这会让很多人感到意外，疲倦常常正是症结所在。至少瑞士苏黎世儿童医院的睡眠专家早已通过研究得出结论，许多孩子会出现“睡眠障碍”，原因其实非常简单，因为当他们被放到床上的时候一点都不困！

第二个条件是放松。每个父母都知道，要满足这一点并不太容易。因为只有孩子们自己才能感觉到放松，而家长并不能通过任何方式强行使孩子放松。那么，我们该怎样做才能够帮助孩子们在睡前放松呢？其实很简单：当他们的需求得到满足的时候，就会放松下来。当他们玩累了、也吃饱了、穿的也比较暖和了，同时父母也给他们一种安全的感觉的时候，你会发现他们已经睡着了。有节奏的动作，比如将宝宝抱在怀里，慢慢地摇晃、摆动，也会帮助孩子们放松，这时你也许会惊喜地发现他们已经奇迹般地睡着了。

这也说明了，为什么母亲的怀抱会有催眠的魔力，因为宝宝可以感受到妈妈的节奏，比如她的呼吸、她的心跳、她的动作……同时，孩子们在母亲的怀抱里也会感到很温暖，而且很快就会吃饱，吃奶会让他们感觉到有点累。这是一个完美的放松过程，稍后只需要将他们从妈妈怀中“摘”下来就万事大吉了。

第三个条件是同步。孩子的疲劳感是波浪式出现的，在一天中，小宝宝每 50 分钟会有一次由活跃到安静的转换过程。

当睡意袭来，孩子的小手就开始揉眼睛了，也可能会打哈欠。如果这时没能让他入睡，那么短短几分钟之后他将再次活力无限。如果让孩子自己决定何时睡觉，那么他们可能会在“极度困倦”的时候去寻找妈妈或其他大人的怀抱。

睡眠的前提是安全感

在这个帮助孩子入睡的三步程序中存在一个缺陷：要满足孩子上述每一个要求，父母就必须一直陪在他们身边，主动给孩子提供帮助。比如给他们喂奶，或是抱着孩子摇晃。

这一点尽管在操作上有一定困难，但是从进化生物学的角度来看却是非常有意义的。在人类历史早期，没有成年人的保护，孩子们睡觉肯定会必死无疑。例如没有受到保护的孩子们很可能在睡梦中被鬣狗拖走、被熊吃掉或者被蛇咬伤。毫无疑问的是，晴朗的蓝天或者满天星辰都不能让孩子乖乖地入睡，他们需要的是一位熟悉的大人——因为这个人有许多孩子们熟悉的标记，这才能够让他们安然入睡。比如说，皮肤的接触、摇晃的动作、动作的节奏、熟悉的声音等等……

这个进化生物学的研究发现确实有些振聋发聩。它告诉我们，孩子们不会自觉地去睡觉。在这方面，我们的孩子需要帮助，至少是在一定时期之内。

这一点还让我们联想到另一种同样比较棘手的、造成孩子们缺乏安全感的原因，即他们对黑暗的恐惧。这种恐惧从儿童开始学步的时候就已经产生了。它就像一根无形的绳子，当黑夜降临后将孩子们和值得信任的大人们紧紧地捆在一起。

对于三四岁的孩子来说，被可怕的怪兽从睡梦中吓醒，也是经常发生的事。即使到了今天，孩子们仍然害怕会有怪兽埋伏在他们床下或房间的黑洞洞的角落里，许多孩子甚至得在睡前先四处查看，确定没有怪兽之后才敢上床睡觉。有趣的是，由于给孩子断奶，宝宝们不能在妈妈身边睡觉，才会产生对怪兽的恐惧。因此，他们聪明的对策就是在入睡之前先查看床下有没有藏着凶猛的怪兽。

捷径

在以打猎和采集为生活方式的原始社会，人类有一个习惯一直保留至今：如今的孩子们仍需要紧紧依靠在父母的身旁才能安稳入睡。而现代社会却制造出许多捷径，帮助父母们完成哄孩子睡觉这项艰巨的任务，母亲摇晃的臂弯被摇篮、婴儿秋千所取代。最新推出的还有自动震动婴儿床，也可以将孩子放在小汽车里，载着他围着街区兜圈，直到宝宝睡着。母亲的声音被玩具熊和婴幼儿光碟所取代，而橡皮奶嘴和固定在宝宝枕头上的奶瓶则成了妈妈乳头的替代品。婴儿安抚巾、泰迪熊和小夜灯则给宝宝们带来安全感。通过睡前的一些活动，孩子们可以得到很好的放松，例如在20世纪60年代，人们习惯在睡前给孩子们洗个澡。除此之外，睡前讲故事也是个好办法。有些儿童医生甚至常备有镇静剂[131]。

不同的文化，不同的期望

对于某些文化来说，孩子跟着母亲睡觉再自然不过了，就与夫妻同睡一张床一样天经地义（但对另一些文化来说却并非如此“自然”）。如果有人问我们的曾曾曾祖母，她会这样回答：孩子当然应该在摇篮里睡觉，当他们再长大一些睡不下摇篮了，就去和哥哥姐姐一起睡！如果有人问一位在波士顿生活的美国母亲，她很有可能这样回答：婴儿当然应该在他们自己的房间睡觉，这有利于培养他们的独立性。绝对不能让他们和成人一起睡，这有时甚至会带来危险！

个人观点

事实上，我们对于孩子睡觉这件事的观点也反映出了儿童的天性和最有可能的发展趋势。各种不同的“睡眠模式”都或多或少受到家庭教育的影响。玛雅人认为，孩子晚上待在父母身边最有利于他们的成长。巴厘岛上的父母认为，单独睡觉的孩子有被偷去灵魂的危险[132]。与此相反，西方社会的父母们却担心让孩子与父母一起睡觉会“宠坏”他们，这是现代社会对失去灵魂的一种理解。有些父母认为，一边给孩子喂奶，一边哄孩子睡觉是一种很有效的方法（这样大人和孩子的心情都还不错），但是同时父母会不断地听到内心发出的警告：虽然一边喂奶一边哄孩子入睡看起来再自然不过，但是这会不会给孩子们日后带来麻烦？虽然我们很喜欢随心所欲，但是这样做究竟会产生怎样的结果呢[133]？

睡眠是一种社会习性

在那些我们认为很不错的以及在我们的文化中被定义为“正常”的事情背后，往往都隐藏着社会和经济的发展因素。要弄清楚小宝宝是否在自己的房间里才会睡得更好，先决条件是有足够的房间，才能给宝宝一间自己的婴儿房。长期以来，孩子的睡眠还会受到母亲的工作地点和工作方式的影响。直到在过去的 8 000 年间，定居的农耕生活方式传播开来之后，人们才习惯于住在安全的房屋里。孩子们留在家中，由亲属或女仆照料，而母亲们则在花园、马厩或田地里干活。孩子们如今不再像狩猎时代那样睡在母亲身旁，而是睡在摇篮或者婴儿床里[134]。

自由式睡眠和程式化睡眠

即使在今天，孩子的睡眠方式也是一种我们的生活方式和文化内涵的写照。除了西方社会之外，在一些南方的邻国中，孩子们晚上也会参与到社会生活中去，因此他们的睡觉时间并不固定。他们睡在母亲身旁，长大一些之后则会在其他熟悉的成年人的陪伴之下入睡[135]。我们称这种睡眠习惯为“自由式”，或者更科学一点地称之为“社会习惯式”。这种方式没有固定不变的套路，因此显得比较灵活多变。

与此相反的是，大多数中欧和北欧的父母，以及美国的父母都认为独立的程式化睡眠才是正确而健康的。孩子应该在自己的床上睡觉，并且通过相同的步骤、在相同的地点，并尽可能在相同的时间。

那么，哪种方式更好呢？对这个问题我们无法笼统作答。每种睡眠方式都与其主要的生活方式紧密相连，而且都有自己的优缺点。在那些习惯于晚上进行社交活动的国家，因为基本上整个家庭都会参与到这种活动中去，所以想让孩子们坚持“程式化的睡眠”是不大可能的。到了孩子们上床睡觉的时间，他们就会吵闹不休。相反，在习惯于晚上享受二人世界或私人生活的国家和地区，想让孩子适应“社会习惯式”的睡眠则不太现实。只有孩子没有养成必须在父母身边睡觉的习惯时，父母们才有可能在晚上享受一场二人音乐会！

是什么对如今的父母造成了更大困扰

处在哺乳期的母亲和婴儿，他们对睡眠的需求总的来说差别不大。尽管如此，许多父母还是会坚持原则，不让孩子和妈妈一起睡觉（我们将在后文中继续探讨这个问题）。这是因为，一般在晚上家里还有许多事要做：大人们得处理网上银行的账单，安排第二天的事务。在这些方面，孩子们无法提供任何帮助。在休息时间，孩子和大人则更容易不合拍。虽然有些父母可以通过和孩子嬉戏放松自己，为自己充电，但是大多数父母都认为：只有睡着的孩子才是好孩子。

即使是现在家庭的规模越来越小，但是父母和孩子们在睡觉问题上的冲突并未因此得到缓和。以前奶奶可能会帮忙带孩子睡觉。就算没有人带，孩子们还可以带着泰迪熊和婴儿安抚巾钻进哥哥姐姐的被窝。而如今，许多父母最担忧的一点则是："孩子们一旦上了父母的床，就会永远赖在父母的床上"，这种想法因为一些现实因素已成为一种主流思潮。

陷入怪圈

因此也可以说，如今的父母正处于一个进化论的怪圈之中。不错，我们有一副所谓的"安眠处方"，但是这副处方所需的药材却早已没有库存了，或者说变得非常"昂贵"。将孩子抱在怀里虽然可以让他们安然入睡，但是对于今天的居住和工作条件来说，这种做法就不那么现实了，而且长时间抱着孩子也是个沉重的体力活儿。虽然吃奶对孩子来说就像服用麻醉剂一样有效，但是在断奶之后，这种安眠药就失效了。所以有些母亲怀疑，是不是从一开始就得注意，最好避免孩子养成在吃奶时睡觉的习惯[136]。睡眠已逐渐变成了一门科学，这也是情理之中的事。

营造“安全”睡眠环境的六大建议

从进化论的视角来看孩子们的睡眠问题，其结论对于如今的父母来说，可能并不那么令人欢欣鼓舞。从进化论的观点来看，那些毫无畏惧、喜欢一个人睡觉的孩子肯定活不长！因此，孩子们喜欢睡在熟悉的大人身旁，是大自然的安排。因此，我们也明白了一点，即孩子“自发”地学习睡眠（就如同他们自己学习走路和保持清洁一样）并不是天生的技能。在这个过程中，父母和孩子之间的摩擦是不可避免的。有专家表示，婴儿天生就会在母亲的胸前或怀中睡觉，而“独自”睡觉则需要经过后天的学习。父母所希望的睡眠方式偏离其“初始版本”越远，孩子们所需的学习时间则越长，甚至很可能还会引起他们的抗议。

如今，让孩子们睡觉变得越来越困难，这种情况完全可以看作是孩子对父母为他们睡觉所作的安排的自卫性的反应，因为在孩子们看来，这些安排并不能给他们营造一种“安全”的睡眠环境。

回归原始?

但是，是否只有原始的方式才是正确的呢？从进化论的角度所考虑到的安全因素已经众所周知：如今的孩子们无论是在自己的床上，还是在母亲的怀里，都不会再害怕睡觉时会被猛兽吃掉。

问题是，如今的小宝宝是不可能“感受”到我们生存的环境是多么的安全：厚实的墙壁，无比坚实的三层玻璃窗，即使是狂风或者猛兽也对此束手无策，但是这些对小宝宝来说根本毫无意义。他们唯一能感受得到的安全信号就是，是否待在熟悉的大人身边。可惜他们越想要在今天的环境下获得安全感，他们得到的安慰就越少。

那么，是否还是该将疲倦的宝宝抱在怀内或是让他们躺在妈妈胸前呢？父母们是否应该过一二年再去享受二人的音乐会之夜呢？

如果有人想从进化生物学的角度找到理论支持，那么他肯定会非常失望。当孩子们收到上床睡觉的命令时，他们会想让爸爸妈妈陪在身边，这是很“合理”的要求。而父母想要做自己想做的事，本身也是无可厚非的。找到解决孩子睡觉难题的方法，对于父母来说是生死攸关的大事。从进化论的角度来看，父母们的“健康”并未受到什么关注，这可能会让许多父母愤怨难平。“正确”的做法是：在决定给宝宝采取何种睡眠方式时，必须要考虑所需的成本以及父母的承受力。如果不顾家庭关系恶化的可能性或是父母的身体承受能力，盲目地为孩子选择一种自认为是完美的睡眠模式，这绝对不是一种明智的做法。

有的人会说，从前所有的事情都是那么完美，即使是在孩子睡觉这件棘手的事情上，父母和孩子都是处于一个双赢的局面，这种想法也是不对的。虽然以前当宝宝还在妈妈身边或是还处在哺乳期时，在睡觉这件事上，他们和身边的大人并不会发生任何的冲突。但是当他们断奶后，或是妈妈又生了一个弟弟或妹妹之后，这种和谐的局面就一下子被打破了，孩子和父母之间的潜在冲突就开始爆发了。而且正如我们所见到的，这种冲突会一发而不可收，不容忽视。

另一种观点可能实用性更强一点：其实无论是哪一种睡眠模式，都会使人觉得不快，要么是孩子，要么是父母。即使是从进化论角度出发的“最初的睡眠模式”也是这样的。虽然这种方式可能是为孩子们“量身定做”的，但是对于今天的父母来说可行性并不大。对此的抗拒和反对，并不是从根本上反对父母们尝试各种让孩子能好好睡觉的新方法。虽然父母们一直以来都习惯根据自己的喜好，将各种各样的东西强加到孩子身上，还认为这样做完全是为了孩子好，例如让孩子去上学、去学游泳。将一些“非自然”的事强加给别人，其实是人类的一种本性，而且这一点与我们人类进化论的“程序”并不矛盾（对此我们将会在第九章进行详细讲解）。

无论如何重要的是，父母们必须尽力认识各种方式的优缺点，以及个别情况下所必须付出的总“代价”，并认真地思考这些问题。通过以下的这些建议，希望能够使冲突各方，在能力范围内互相迁就、互相谅解。

建议 1：根据孩子具体的成长情况进行思考

家长们习惯于从孩子们的睡眠情况来推断他们的成长状况。如果孩子能独自睡觉，并且睡得很安稳，那么父母就会认为孩子一切正常，并以此向别人骄傲地炫耀。而当孩子没有做到这一点时，很多父母就会认为他们在睡觉这方面有障碍。

在这一章节中，我们将对视角进行一个转换：孩子不能独自睡觉，其实并不是因为他们有什么缺陷或问题，而是一种因为缺乏来自父母的安全感而产生基本的、正常的反应。因此，能够“独自”睡觉并不能作为孩子们成长过程中的一个里程碑。虽然无法独自睡觉的孩子会使家长感到身心俱疲，但是我们都不应该忽视这样一个事实：这些孩子和其他那些乖乖自己睡觉的孩子一样，都会健康地长大！

建议 2：弄清楚偏见是如何产生的

对于很多父母来说，晚上的时间是用来过成年人的生活和二人世界的。因此，这时他们和孩子之间很容易产生冲突和矛盾。而出现问题之后，双方又需要尽量相互谅解，重新言归于好。但是在这个过程中，家长们经常会产生一些偏见和先入为主的想法。很多父母都坚持认为，如果孩子们习惯了在父母的帮助之下才能入睡，那么他们长大以后就不具备独立生活的能力了。但是这种观点既找不到科学的理论依据，也得不到进化论原理的理论支持。在母亲的怀里或是臂弯里入睡，其实是很久以来孩子们生活中必不可少的组成部分。如果这种行为真的会妨碍孩子们独立性的形成，那么我们人类可能在很多很多年之前就已经灭绝了。（因为这种对于独立性产生威胁的言论在教育界被多次提及，所以我们将在第五章的“认识与展望”中将其单独拿出来再行讨论。）

而对于那种认为和妈妈一起睡觉会“惯坏”孩子的言论，我们必须批判地一探究竟。有一点是很肯定的，即孩子们很快就会“适应”在妈妈的怀里或臂弯里入睡，而基本上这种“习惯”是孩子们一出生就已经有了的。但是让孩子和妈妈一起睡觉，是不是真的会“宠坏”他们呢？回答是否定的。因为只有在妈妈的怀抱里，孩子们才能得到睡觉时所必需的一切——一点不多，一点不少。

建议3：考虑孩子们的节奏

孩子们的睡眠节奏和成长节奏不仅会受到光明和黑暗的影响，而且还可能取决于他们所处的环境的“社会”日程。例如何时吃饭、何时会发生“什么事”、何时周围会安静下来。孩子是否应该一直都严格地按照规律的节奏成长，每天都准时上床睡觉呢？

针对上述问题，很多事实都给出了否定的答案。例如即使是最井井有条的家庭，也不可能像缝纫机一样精确地运转，而且孩子们也不可能百分之百一直都保持着同样的生理节奏。因为每天的具体安排和过程都会有所不同，所以孩子们感到疲倦的时间也或早或晚略有不同。据长期观察，我们发现这个误差值大约为50分钟。因此，爸爸妈妈们不应该定时让孩子上床，而是应该通过观察孩子们所发出的信号来判断，何时让他们上床睡觉。因此，如果我们不再将具体时间和孩子们睡眠的需要硬扯上关系，那么情况可能将会有所改善——这不失为一个解决孩子睡觉问题的好方法。

苏黎世儿童医院的睡眠专家们根据多年的经验得出了一个结论：大部分父母们给孩子们设定的上床时间都太早了[137]。当我们谈到孩子的“生理节奏”这个话题时，有一个现实性的考虑是不可忽视的：有关孩子睡觉时间早晚的讨论其实根本没什么意义，因为睡得晚的孩子起得也晚。

建议4：一直都陪在孩子身旁

在人类的历史上，对于99%的孩子来说，独自睡觉都是一件可能危及到生命的事。独自睡觉往往都是和恐惧联系在一起的，这一点大多数人都能理解。而事实上，儿童心理学家们也认为，入睡困难和孩子们的恐惧心理是有一定关系的。因为孩子们整天都和父母保持着密切的、可靠的联系，一旦要睡觉了，就意味着要和爸爸妈妈分开了，这就是恐惧的根源，也是孩子们睡觉"不好"的原因所在。因此，那些胆小的孩子往往比胆大的孩子更难以入睡[138]。

根据上述理论，在处理孩子们睡觉的问题上，我们切不可一刀切。有的孩子在睡觉时需要多一些安全感，所以对于这些孩子父母应该尽可能满足他们在这方面的要求。因此，让这类孩子单独睡觉可能是对他们的一种苛求（对这个问题我们将会在后面的章节进行阐述）。当我们采取所谓的"让孩子叫喊，不去管他"的策略时，父母就从孩子面前完全消失了。孩子们既感觉不到父母的存在，也看不见他们的样子，听不见他们的声音——爸爸妈妈"就这样不见了"。对于那些需要更多安全感的孩子来说，使用一些必要"温和"的替代方法，效果可能会更好些。比如让孩子能够继续感受到爸爸妈妈的存在，或者至少想办法让孩子能够看见父母的样子或听见他们的声音[18]。

建议5：不要太过频繁地走捷径

在哄孩子睡觉的时候，妥协和捷径一直以来都是被广泛接受的辅助方法，例如安慰奶嘴和穿着衣服的玩具熊——只要它们还能起作用并且没什么很大的坏处。当我们最开始使用这些替代性的安慰品时，即使它们真的有效，人们也都会采取比较谨慎的态度。

只要安慰奶嘴能像妈妈的乳头一样带给宝宝安全感和满足感，并且不超出这个“使用范围”，没有人会对它提出异议。在孩子 3~4 岁时，为了安慰他们或者哄他们睡觉而使用安慰奶嘴也是无可厚非的。（吃母乳的婴儿，在出生后前 6 周内不应使用安慰奶嘴，以便他们能够学会熟练地吃奶。）从进化生物学的观点来看，没有婴儿会长时间保持吮吸动作（而且这也是不可能的）。此外，这也会很容易造成牙位不正。

在这里介绍一种基于进化生物学理论的、非常有趣的“投机取巧”的方法：就是让孩子上床睡觉的时候，给他套上一件妈妈穿过的 T 恤衫。因为大家都知道，妈妈的味道可以帮助宝宝安静下来。（这种方法是否适合除了新生儿之外的其他孩子，在实际使用时是否真的很有效，针对这些问题都还未进行过系统的研究。）

建议 6：使孩子入睡的正确条件

大多数人都认为，给孩子一个远离所有刺激源的环境，对他们的入睡是最有帮助的，例如没有噪音、没有亮光、没有触碰。然而，从进化论角度来看却恰恰相反。根据进化论的观点，婴儿在睡觉时应处在一个充满“不间断的各种刺激”的环境中，也就是说充满了各种感官的刺激[139]。

因为婴儿的发源地从来都不是那么安静的。在母亲的子宫里，胎儿可以感觉到母亲的动作以及子宫的收缩，可以听到血液在母亲体内的主血管中奔流，可以听到妈妈的心脏在有力地跳动，甚至可以隐隐约约听到食物在妈妈肠胃中被消化的声音。因此，当研究表明婴儿在“感官的刺激下”更容易入睡，睡眠的时间也更长，而且哭得更少了，也就不难理解了。所以当小宝宝被紧紧抱在怀中时，就会很快入睡，即使环境再嘈杂也没关系。人们甚至用“白色噪音”（即：将各种频率的嘈杂声音混合在一起）来做实验，在这种环境下，小宝宝反而更容易入睡了。其实，有些妈妈已经有了类似的经验，当她们将吸尘器或是电吹风打开时，宝宝会睡得更好。又比如当孩子不安分或是哭闹时，如果父母发出长长的“嘘”声，可以帮助孩子们安静下来，因为这种声音和妈妈子宫内的“声音合奏”很像。

触摸也可以达到同样的效果。在哄襁褓中的婴儿睡觉时，轻轻拍打可能是一个有效的方法（在后面的章节中我们会再提到这一点）。最后我们还要提一提目前最流行的来自于哈维·卡普（Harvey Karp）医生的方法，即多感官刺激法。在这个方法中，脉搏的跳动、有节奏的摇晃以及吮吸动作，都可以对孩子的睡眠起到决定性的作用（在第六章中，我们将详细讲述卡普医生发明的这个方法）。

具体来说，虽然那些孩子们不熟悉的声音会打扰他们的美梦（例如手机铃声），但是那些他们熟知的声音却不会对他们的睡眠产生很大干扰，因此父母们完全不必在孩子睡觉的时候蹑手蹑脚，太过谨慎。

是不是非得一片漆黑呢？当孩子们在晚上睡觉时，的确应该关掉所有的灯，不让孩子受到光线的干扰。这么做的原因其实很简单：睡眠过程中，人类大脑中的松果体会分泌一种名为褪黑素的激素，而亮光则会抑制褪黑素的分泌。而这种激素对于孩子们的生物钟有着至关重要的调节作用。如果任由小宝宝在睡觉时受到光线的干扰，那么本应在他们 3~4 个月时，就应该形成的“生物钟”则会推迟一段时间才会出现。

但这并不是说，孩子睡觉时非得弄得家里一团漆黑。如果爸爸妈妈能陪在孩子身边，那么他们开着灯看看书或是做些家务也是可以的。而且从进化论的观点来看，火光也经常陪伴着人类的美梦（人类的祖先在 80 000 年前就学会了如何使用火。因为火拥有诸多优点，所以它一直陪伴着人类走到了今天）。此外，因为褪黑素在午夜时分才会开始大量分泌，所以当孩子入睡后还是可以让房间里保持着比较温柔的灯光。但是千万不要整夜都亮着灯，这样做可能会对孩子的睡眠造成一定的干扰（这一点我们会在下面的章节中详细分析）。

适宜的温度。还有一种环境的刺激我们不得不提。无论在地球上哪个气候带，到了晚上温度都会有所降低，而房间里的温度变化也应与自然环境的温度变化保持同步。有一种民间流传的说法，虽然可能是出于善意，但是却完全没有理论依据：婴儿睡觉的房间应该尽可能保持温暖舒适。而实际上，如果房间里的空气被加热，宝宝的黏膜也会变干，这就会导致他们鼻塞或是着凉。甚至当婴儿发生猝死时，人们会将“孩子包裹得太紧”视为可能的元凶之一。

总是吃得饱饱的？哺乳期的孩子一般都会在吃完奶后睡觉，宝宝们也都为此做好了准备。那么，爸爸妈妈们应该怎么做呢？有一项研究显示，如果将晚上喂奶的时间尽可能地推迟，婴儿在晚上睡觉的时间就会更长。慢慢地他们会适应这种生活，甚至很快就不需要在晚上加餐才能入睡了[140]。

婴儿食品工厂企业也抓住“吃得饱饱的”这一点大做文

章。这些制造商们打出“请勿打扰！今天晚上我睡得很好！”的广告语，给小朋友们提供了一种“有助于睡眠的流食”。这种食品的配料是：健康的营养牛奶、酥软的全麦饼和饼干。虽然这类食品有可能有助于孩子们的睡眠，但是长期吃这种食品，也可能会让孩子太过肥胖。

喂奶的问题。对于那些吃母乳的小宝宝而言，当他们断奶后，之前所熟悉的睡眠模式就会遭到彻底的颠覆，这一点我们在上文中曾经提到过。那么孩子们是否从一开始就不应该养成一边吃奶，一边睡觉的习惯呢？

这种想法似乎是太过于多虑了。大部分孩子在断奶之后都会很快形成一种新的睡眠习惯。比如他们会在睡前用小手在胸前玩一会儿，或是玩玩安慰巾“自娱自乐”一会儿。

哺乳还有一个毋庸置疑的缺点：对于吃母乳的孩子来说，只有妈妈才能将他们带入梦乡，其他任何人都无法完成这项任务，就连爸爸也不例外。从上述事实我们可以得出一个结论，对于我们经常讨论的一个问题：孩子们的生活方式是否应该“顺其自然”呢？其答案是否定的，因为父母们并不一定总是能满足孩子们这种“顺其自然”的要求。

费伯尔睡眠法

孩子睡觉最好应该采取什么样的模式呢？对于这个问题一般都会有两种建议：一是父母们可以尝试尽可能满足孩子们天性中所“期望”的各种要求，特别是与父母保持直接近距离的接触。或者采取截然相反的方式：父母尽量避免和孩子接触，而且必须狠下心肠冷对孩子们的抗议行为。除此之外，还有其他的一些方法和尝试，来帮助孩子们更好地入睡，但是其宗旨都是避免从一开始就强行让孩子完全“脱离父母的怀抱”[141]。

这种有计划地让孩子离开妈妈怀抱的做法是由美国睡眠研究专家费伯尔所倡导的，因此被命名为费伯尔睡眠法。这种方法是为了尽快拆除孩子和父母之间与睡眠有关的“桥梁”。简单来说，就是要求父母将孩子放在他自己的床上，然后必须在说好的时间内决然离开孩子的房间。即使是孩子会哭闹或者呼喊着要爸爸妈妈，父母也必须逐渐减少在孩子房间逗留的时间。费伯尔睡眠法在美国几乎是家喻户晓了，而且已经成为幼儿教育中被普遍接受的一个组成部分。而上文中提到了有节制地“任由孩子叫喊，不去理他”的方法在欧洲也相当流行，只不过在实际操作中演化出了各种各样的具体方法。

从进化生物学的角度来看，在实行上述方法时必须注意以下几点：

根据进化论的观点，在危险来临之际父母都先入为主地以为孩子们一定会被吓得泪汗横流。很多父母之所以给孩子采用费伯尔睡眠法，只是因为其他所有方法都不能奏效，而这是他们最后的武器。这种做法本身也是无可指责的，因为只要孩子能安然入睡，父母们就会像从地狱来到了天堂。至于这种方法本身会不会给孩子带来损害就管不了那么多了[19]。

在采用这种方法时，家长们对孩子们将会遭受到的极大的恐惧的问题，应该有足够的认识，而且必须对孩子们的眼泪和绝望有精神准备。费伯尔睡眠法对孩子情绪的副作用究竟会持续多久，没有人能找到一个统一的答案。这需要看孩子本身的性格以及孩子与父母之间的关系如何。但是有一点是肯定的，费伯尔睡眠法并非是对所有孩子都适用的灵丹妙药。因此在给父母们建议时，应强调这种方法只有在迫不得已的情况下才可使用，而且必须掌握好尺度。此外，父母也得提高警惕，注意不要让孩子受到过度的惊吓等负面影响。还有一点也必须注意，即不要因为使用费伯尔睡眠法而将孩子从睡眠障碍这个极端推向“绝望入睡”的另一个极端。

我们也必须注意另一点，费伯尔睡眠法绝对不可在哺乳期实行。有节制地让孩子哭闹的方法是20世纪80年代在美国逐渐发展起来的。在那时，这种方法的对症儿童都早已过了哺乳期了(根据费伯尔的建议，费伯尔睡眠法针对的都应是半岁以上的孩子)。大部分哺乳期的孩子们都习惯睡前先趴在妈妈胸前放松一下。费伯尔睡眠法对于哺乳期的孩子来说有三大弊端：首先，使孩子们失去了上述一贯的放松途径；其次，孩子们也失去了寻求安慰的对象；最后，就是孩子们失去了父母的陪伴——这正是孩子们在睡前忐忑不安时最最需要的——在其他任何情况之下，父母的重要性都没有如此明显。因此对于哺乳期的宝宝来说，费伯尔睡眠法是不适用的。也就是说，只有当宝宝适应了离开妈妈的怀抱也能入睡之后，才能考虑使用这种方法。

是否应该将孩子的睡眠问题纳入教育学范畴呢?

现在对于孩子睡眠习惯的培养问题也有了一些批评的声音，是否应该将这个日常生活中的问题上升到教育学范畴呢?上文中提到的有节制地让孩子哭闹的方法，可能在实际使用中会有不错的效果，例如家庭又回到了正轨，父母们终于可以松口气了，而对于许多家长来说，能达到这一目的花再多的代价都是值得的。而上述方法往往会被视为是针对某些教育目的而设置的，在这一点上我们要保持谨慎。因为费伯尔睡眠法所谓的教育学方面的成效其可能性很小，而且到目前为止根本没有任何证据能表明它的存在。至今为止，还没有事实能证明通过使用费伯尔睡眠法“学习”怎样睡眠能够对孩子的成长起到一定的积极作用。在孩子们逐渐变得独立的成长过程中，从来都不是一帆风顺的，而与父母朝夕相处的日子以及孩子们形成“自我意识”的过程，都是属于孩子们成长历程的一部分（这一点我将在第五章的“认识与展望”中详细讲述）。很多家长都希望在培养睡眠习惯的过程中亦能培养孩子在其他方面的独立性，但是这种想法既没有成长心理学方面的理论依据，又不符合学习理论的思想（因为对于大部分设定好的“睡眠程序”来说，其具体的实施条件都是特定的）。可能对于父母和家庭来说，孩子能自己睡觉是一个很大的进步，但是对于孩子来说，除了能证明他能很快睡着之外，这并不代表他有什么能力方面的飞跃。

从教育学的视角来看，费伯尔睡眠法是建立在承认了产生冲突的可能性的基础之上的。很多父母每天都花大量的时间来培养孩子的自信心，这样一来孩子们就不会太过于天真，并且可以控制自己的情绪了（孩子们经常都是被迫的）——而且孩子们通常都是处于恐慌的状态之下。在实行上述有节制地任孩子哭闹的方法时，孩子们正是在入睡前这种充满恐惧的心理状态之下，其情绪上的安全感和他们内心的需求荡然无存[143]。

睡眠——在未来也会产生的问题

如果我们仔细观察如今十分普遍的睡眠问题，我们将会发现，它与另一种“有问题的行为方式”是很相似的，即孩子们自己上厕所的问题，这个问题曾一度对二战之后的两代人造成了困扰。在这个问题上，父母的期望远远超过了从生物学角度分析得出的孩子们实际的能力——父母们对孩子憋尿能力的“训练”实在是过早了，而且要求也过高了（参见第八章）。那么，当孩子们“学习”睡觉时，是否也像他们的先辈那样不得不面对苛刻的教育呢？

揠苗助长是绝对行不通的，当我们都明白这个道理时，我们对孩子们的苛求才可能会有所收敛，而孩子们的膀胱才有可能得到放松。因为父母们强迫孩子憋尿的行为肯定会影响他们膀胱的发育。但是并非只是因为这一个原因，导致“培养孩子们自己上厕所的习惯”问题逐渐淡出家长们的视野。一直不断运转的洗衣机和方便实用的一次性纸尿裤，都为解除父母的压力提供了很大的帮助，当然也减轻了宝宝膀胱的压力。在这一点上我们应该感谢帮宝适公司，正是他们的产品给我们带来了便利。

对于下一代父母来说，孩子们的睡眠问题仍然十分棘手。与孩子的膀胱功能正好相反，在睡眠问题上，家长对孩子的影响是实实在在的，例如上文介绍的获得了巨大成功的费伯尔睡眠法。更重要的一点是孩子们上厕所的问题已经得到了一定程度的解决，因为随着一次性纸尿裤的发明，解决这个问题的“成本”大大降低了。而在处理孩子们的睡眠问题上，家长所必须付出的相关“成本”则一直在不断增加。对于父母都有工作的家庭，夜晚的时间总是显得颇为珍贵，而那些曾经成功解决了孩子睡眠问题的亲朋好友也越来越少。因此，孩子的睡眠问题仍将继续存在下去，仍旧会对父母们造成不小的困扰。

一觉睡到天亮

许多父母将孩子们“能一觉睡到天亮”视作他们成长迈出的一步，就像长牙和学会走路一样。虽然人们普遍认为3~4个月大的婴儿就可以做到这一点，但是至今为止仍未有哪一项研究能证实人们的这一想法！事实上，大部分哺乳期的婴儿在出生后的第一年都会在晚上醒来，最少会醒来一次，大多数婴儿都会醒来好几次[144]。

如果我们用摄像机记录下婴儿们晚上睡觉的情况，就会发现，3个月大的宝宝在晚上醒来的平均次数是2~3次。而9个月大的宝宝甚至会在一个晚上醒来5次。而到他们长到1岁大时，情况又会回到9个月之前，每晚醒来2~3次。即使是再大一点的孩子都不可能一觉睡到天亮，1/3的孩子即使到了2岁半的时候也会在晚上醒来[145]。

尽管如此，很多父母还是将能否“一觉睡到天亮”作为婴儿正常成长过程的一个标志。就像他们的爷爷辈曾坚信“正常的”2岁大的孩子就应该自己能上厕所一样。

那么，上述想法产生的根本原因是什么呢？主要原因之一是父母们最喜欢对孩子的长处津津乐道。例如：在一群满地到处乱爬的小宝宝中，小丽萨的父母会骄傲地宣称他们的小丽萨“昨晚一觉睡到天亮”了。可是当丽萨在第二天夜里突然醒来了，这时她的父母会将注意力转向孩子的另一个值得骄傲地进步上（“丽萨学会翻身了！”）。但是还有许多专家在大力宣传与上述意见相左的观点，例如安娜·瓦尔格伦在她那本偶有新意的儿童读物中曾提到，对那些还不到1个月大的婴儿来说，如果他们能一觉睡到天亮，那么这些宝宝就需要专家的“帮助”了，以便于让这些宝宝知道“白天和黑夜的区别”。书中还写道：“3 个月大、最迟 4 个月大的宝宝每天都可以睡大约 12 个小时了。”这简直就是神话[146]！

要想睡好觉必须具备哪些因素

实际上，没有哪个小宝宝能从天黑一觉睡到天亮，这只是那些不能安枕的父母的美梦而已。父母们都希望孩子们睡觉的时间更长一点，而宝宝们一次最多也只能睡 6~8 个小时而已。而且婴儿和小宝宝明显没有青少年和成年人睡得深。就算是“睡觉很乖”的小宝宝在晚上睡觉时也会不时醒来。只不过他们在醒来后总是又会自己睡着，不会打扰爸爸妈妈，因为他们醒来后马上就会吃奶（这一点很多妈妈们都记得不是很清楚了）或是自己能够安静下来。其实很多所谓的“一觉睡到天亮”的宝宝并非真的能做到这一点！

吃母乳的孩子往往在晚上醒来的次数更多，而且更晚才能一觉睡到天亮[147]。这可能是因为母乳更容易消化，所以宝宝们饿得更快，因为吃母乳的宝宝在白天吃奶的次数也更多。此外，因为吃母乳的宝宝总是依偎在妈妈怀里，所以他们入睡会更容易一些[148]。

事实证明，宝宝们睡觉不深可能是因为他们总是想“喝东西”。此外，不论他们来自哪个国家和地区，所有的宝宝都会因为成长的原因而在晚上醒来。而到了三四岁的时候，孩子们就会“自发”地调节睡眠，这时他们就会睡得更深了，而这时的孩子们大部分都已经断奶了（参阅第二章）。

睡眠不深其实也可能源于对安全方面的顾虑（比如睡前父母会恐吓孩子：快点睡觉，不然熊就来了！）。在远古的时候，当人类的安全得不到很好的保障时，孩子们在晚上会经常醒来，看看自己是否还是处于强大的成年人的保护之下。

为什么高质量的睡眠也是一个问题呢？

为什么如今有这么多父母会抱怨孩子们的睡眠质量问题呢？其原因之一，是孩子们在晚上经常会醒来。但是有一点却发生了改变：如今的孩子一旦在晚上醒来，让他们再入睡就比较困难了。只要宝宝还在妈妈身边，那么就不可避免地会有很多下意识的干扰，使他们很难再次入睡。而如今大多数孩子都不能和妈妈一起睡觉，一旦他们在晚上醒来，可想而知会爆发出怎样的哭喊和嚎叫。

当孩子从睡梦中醒来的时候，要想让他再次入睡，必须得再重复一遍他所习惯的上床睡觉的模式。也就是说，孩子们在清醒状态和睡眠状态之间有一座起衔接作用的“桥梁”，而且无论在何种情况下，只要孩子们想睡觉，这唯一的一座桥就是必经之路。睡眠专家称这座桥为“入睡联想”。如果宝宝习惯于一边吃奶一边睡觉，那么每天晚上要睡觉的时候他就会寻找妈妈的怀抱。而当宝宝习惯被大人抱着睡觉时，他就会在睡前寻找父母的臂弯。如果他们找不到这些桥梁，因为妈妈想给孩子断奶，或是爸爸妈妈晚上太累了，没力气抱着孩子在房里走来走去，那么宝宝肯定会提出抗议。

如何应对孩子晚上经常醒来

我们可以将进化生物学对此的看法总结为以下三点：

◎ 第一点：宝宝们睡觉时不可能像土拨鼠一样保持高度的警觉，而应该处在一个比较放松的状态。除此之外，还应让他们在晚上醒来时能看到爸爸妈妈，当他们想喝奶时也应满足这一要求。其实宝宝在晚上醒来是再正常不过的现象，每个孩子都会这样。

◎ 第二点：就我们目前所掌握的知识，我们发现睡眠的深浅与孩子们的成长状况根本毫不相关。那些 6 个月大就能“一觉睡到天亮”的宝宝和其他宝宝相比，既不会显得特别“成熟”，也看不出有什么能力上的超群之处。

◎ 第三点：当婴儿和小宝宝在晚上醒来时，如果他们发现身边没有人，就会哭喊着表示抗议，这是很自然的反应。孩子们睡觉时需要父母的陪伴，根源于他们对安全感的需要。

也就是说，家长们总是认为，孩子们经常在晚上醒来是一种不正常的现象。如今人们将这种现象草率地诊断为“睡眠障碍”或是一种疾病，其实很有可能根本不是这么回事。

但是我们也必须看到，如果孩子们经常在晚上醒来，有时也会演变成真正的问题。因为孩子们对父母陪伴的要求往往和爸爸妈妈们对此的理解有一定的出入。这样一来很快就会形成一种恶性循环：因为父母对孩子的要求反应过度，导致孩子们更害怕与父母分开，这时无论是父母还是孩子都会觉得神经紧张[149]。

原则上：两条路

父母们应该怎样做才能避免上文中的恶性循环，并且尽量让孩子们不受干扰、睡个好觉呢？

其实孩子们睡眠问题的症结之所在就是上文中提及的“入睡联想”，也就是宝宝们可笑的习惯。比如当宝宝晚上醒来后想让他再次入睡，就必须重复第一次睡觉时的行为，从同一扇门走进同一个房间。解决这个问题其实只有两条路可走：

第一种解决方法是尝试着让孩子养成自己睡觉的习惯，使他们在没有父母陪伴的情况下也能睡着。只有这样，当宝宝在晚上醒来时才能自己再次入睡（对于孩子自己睡觉的利和弊在前文中已经进行了讨论，这里就不再重述了）。

第二种解决方法就是每天晚上宝宝醒来时，父母就得将孩子第一次睡觉时的程序再重来一遍。而父母们所要做的其实恰恰相反，他们应该衡量自己在晚上是否有足够的精力完成孩子睡觉的这一套流程。如果宝宝已经适应了一种固定的睡眠模式，而在晚上这项艰苦的工作会带给父母较大的困扰，那么父母们就应该耐心地、但是必须坚决地改变孩子的这种睡眠习惯。

举个例子：有些宝宝喜欢睡觉前被抱着四处溜达，针对这种情况父母们可以尝试做一些调整，采取不是这么“机动”的方式哄孩子睡觉。很多宝宝喜欢一边吃奶一边睡觉，对于这种习惯人们也提出了质疑，同时也找到了一些解决方法，但是必须具体问题具体分析，不能一概而论。有些妈妈决定在晚上多给孩子喂奶，并且尽可能将宝宝放在自己身边睡觉。而有些妈妈则想尽快给孩子断奶，以便晚上能清静清静。

这里我们还需要考虑到一点：断奶可能会导致一个新的冲

突——不到半岁的宝宝大都需要在晚上吃一次奶。解决这一矛盾有一个方法，但是必须付出比较大的代价。很多父母都会在晚上起来给宝宝冲一瓶牛奶，虽然这种方法很普遍，但是很可能会由此而产生一个新的、代价昂贵的“入睡联想”。更聪明的办法是在孩子断奶之前一直都耐心等待，直到宝宝不需要在晚上加餐为止，这时可以尝试给宝宝使用安慰奶嘴。

折中的方法。如果孩子已经比较大了，但是还是会在晚上经常醒来，那么家长则可以尝试一下尽可能“悄悄地”对孩子做出一些让步。对于有些父母来说，让孩子晚上和自己睡在一起，是完全可以接受的。有些父母则会给孩子做一个“乌龟床”，就是在爸爸妈妈的床旁边放一个床垫，到了晚上宝宝们可以在上面睡觉。对于其他的孩子来说，给他们点一盏小夜灯（参见下文）或是让他们和哥哥姐姐一起睡可能会有所帮助。

孩子们晚上需要喝点什么吗？对此并没有一个绝对的答案。半岁之前，一般来说宝宝们在晚上都需要喝奶。而吃母乳的孩子可能会将这一习惯保持得更久（因为大约从3个月大开始，喝牛奶的宝宝比吃母乳的宝宝食量要大，详见第二章）。对于那些很容易饿的宝宝来说，在1岁之前想给他们戒掉晚上的一餐奶几乎是不可能的。对于任何年龄段的孩子来说，都没有必要在晚上给他们吃稀饭或“真正的食物”。也没有必要给他们喂果汁或水，因为在一般情况下，孩子们白天所摄取的水分足够他们度过一个晚上了。因此，我们得出这样一个结论：大部分宝宝在晚上都会想要喝点东西，父母们应该满足他们的这个要求，因为他们习惯了含着奶瓶入睡。

小夜灯是否也有所帮助呢？稍大一点的孩子都会害怕黑暗和所谓的“怪兽”，因此点一盏小夜灯至少可以让他们稍微放松一点。回顾人类的进化史，火焰曾陪伴我们远古的祖先度过了无数个夜晚。但是从另一方面来说，即使是微弱的光亮也会影响人们“调节生物钟的激素”——褪黑素的分泌。因此从这一点来看，最好不要整晚都让灯亮着。理想的办法是买一盏带定时装置的灯，到了下半夜这盏灯可以自动关闭[20]。

“脉搏的跳动”对于宝宝的睡眠有帮助吗？在18世纪的欧洲，人们习惯于将婴儿用布料紧紧地包裹起来或是用带子裹紧，而这一做法在今天又重新流行起来；另一种普遍的方法是上文中曾经提到过的卡普（Dr. Karp）医生的“和孩子耳语”的方法。事实证明，在孩子出生后的前几个月将他们包裹起来，这种做法会使宝宝们睡得更好，而且睡眠时间也更长。有人也曾做过尝试，发现只要不让宝宝趴着睡，他们就都能睡得很好。我们将在第六章中再次讨论这个问题[150]。届时大家会发现，睡觉时其实应该尽量使宝宝们的腿保持在放松状态。

到户外去。白天的活动也可以对夜晚的睡眠起到一定的促进作用。在苏格兰，人们曾经做过一个研究，结果发现日光可以促进睡眠。根据这个研究人们猜测：在白天接受过阳光充分照射的孩子，在夜晚就会分泌更多的褪黑素。这项研究发现：在中午充分沐浴过阳光的孩子，在晚上明显会睡得更好[151]。因此，在白天尽量让孩子多在室外活动，肯定会对他们晚上的睡眠有所帮助。

认识与展望：为什么需要睡觉

所有的高等动物都会有规律地进入无知觉的状态。有些在白天，有些在夜晚；有些会关闭一半大脑，有些则让整个大脑都处于休眠状态；有些会保持站立的姿势，有些则采取躺卧的姿势。这种行为的“成本”非常之高：在睡眠状态下既不可能寻找食物，也不可能保护自己。可是我们为什么要睡觉呢？而孩子们的睡眠时间为什么要长很多呢？对于第二个问题，德国儿童心理学家普雷耶（Prerey）曾经给出过答案，尽管这个回答可能有失偏颇。那是在 19 世纪末，普雷耶曾经因为自己的儿子阿历克斯太喜欢睡觉而感到十分惊诧，并将阿历克斯诊断为“睡眠上瘾”。为了让孩子们摆脱这一嫌疑，我们有必要对这个问题进行详细的研究。

首先，让我们将注意力集中到睡眠的原因之上。低等动物，例如昆虫和其他虫类都不需要睡眠，因此科学家们推测：睡眠是为了脑部更好地接受外界信息的一种必要的准备，也是大脑能够完成学习这一复杂任务的前提条件。在睡眠过程中，身体细胞也同时在进行自我修复，而且在晚上免疫系统制造的免疫物质会特别的多。就连孩子们长高所必需的生长激素基本上也是在晚上才会分泌出来。因此，我们可以肯定地说：孩子们长身体的时间的确是在晚上。

我们应该什么时候睡觉？

动物的睡眠时间取决于它们的食物以及在自然界中的敌人。因物种不同，动物的睡眠时间也各不相同，这一自然现象是调整森林生物圈的重要法则。人类虽然拥有极其发达的大脑，但是与其他动物相比，他们在黑暗中辨认方位的能力确实非常差。因此，人类习惯于在黑暗中一动不动地进入睡眠模式，这种行为方式的益处也就不言而喻了。因为在黑暗中人类不仅会错过甜美的水果，更有可能直接撞入喜欢在夜晚捕食的猛兽的利爪之中。

幼儿会一步步地进行自我调整，以适应这一曾经大大提高了人类祖先生存几率的日夜交替的生活节奏。

◎ 在母亲子宫中的胎儿，其睡眠时间分布是比较均匀的，无论是在白天还是在夜晚。

◎ 即使是在出生后的前几周，婴儿的睡眠也很少受到白天和黑夜交替的影响——他们一天会睡 5~8 次觉，但是根本毫无规律。

◎ 3~4 个月大的宝宝就可以找到自己的睡眠节奏了。他们每天会睡三觉，而且睡觉的时间比较固定。

◎ 什么时候宝宝可以“一觉睡到天亮”？他们何时才会将自己的睡眠时间调整到晚上呢？每个孩子的情况都不一样。有极少数婴儿在出生后的第 1 个月就可以做到这一点了，而有的宝宝则需要大约 5 个月时间才能完成这项工作。大部分婴儿都会在出生后的第 3 个月掌握这项技能。

尽管如此，我们所说的婴儿能一觉睡到天亮并不是指他们真的能像大人一样在晚上不会醒来。睡眠专家认为，我们所说的婴儿一觉睡到天亮是指他们晚上能在 6~8 个小时之内保持安静。

其实很久以来人们就已经知道这一点了。通过记录了宝宝们睡眠情况的监控录像我们可以发现：婴儿每晚会醒来 1~3 次，每次清醒的时间大约为几分钟。大部分情况下，他们都能够在醒来后自己再次入睡。

睡午觉

并不是所有的孩子都习惯睡午觉。极少数的孩子会在 1 岁半的时候就不再睡午觉了。8 个孩子中就有 1 个孩子在 2 岁半大的时候不会每天都睡午觉了。但是大部分孩子还是要等到 4 岁大时才能不睡午觉。即便如此，还是有 1/10 的孩子会在 4 岁以后坚持睡午觉[152]。

对于这一过程，进化生物学是这样解释的：在原始社会，和强壮的大人睡在一起是最最安全的。但是当孩子们逐渐长大时，他们就渐渐远离父母，远离了父母的保护，他们就不再需要午睡了。因为当他们脱离了父母的怀抱后，还有谁可以确保他们不会在睡梦中遭受猛兽的袭击呢？

睡眠的需求

自出生伊始，每个孩子的睡眠状况就存在很明显的差别。

大部分新生儿每天会睡14~18小时，少数新生儿的睡眠时间是每天12~14小时，而其他的宝宝每天可能会睡20个小时。1个月大的宝宝们睡眠时间甚至可能会相差一倍！当孩子们长到半岁时（婴儿每天睡大约10~13个小时），他们睡眠时间的差异会缩短，即使是上学之后，孩子们睡眠的时间都可能会相差2个小时[153]！

孩子们习惯的入睡时间也是因人而异。大部分宝宝都是“夜猫子”，他们在晚上大都精力充沛[154]。值得注意的是：很多婴儿晚上入睡的时间并不比成年人早，特别是那些已经找到自己睡眠节奏的宝宝，也就是说那些3~4个月大的宝宝。

每个孩子对睡眠的需要也不尽相同，而且还会受到文化的影响。非洲的基普西基人，他们的宝宝就比美国宝宝平均每天要少睡2个小时，但比荷兰宝宝要少睡4个小时[155]。

尽管如此，所有的人类都有一个共同点：年纪越小，睡得越多。这里我们可以回溯一下本章开头的观点：睡眠是大脑的润滑剂。在大脑迅速成长的时期，神经细胞之间会建立起联系，并且会抓住每一个学习的机会，难道还会有其他时期比这时更需要睡眠吗？

第五章

孩子是否要和父母一起睡

虽然人类的诸多文化之间存在着巨大的差异，但是在这一点上却是一致的：晚上小宝宝应该待在父母身边[21]。唯一的例外就是现代的西方世界，因为那里的父母都认为孩子们到了晚上应该独自在自己的小床上睡觉，否则将会变得缺乏独立性。就连儿科医生们也对这种观点提供了理论支持，他们认为：和父母一起睡觉对于孩子来说是有一定危险性的，甚至有可能导致孩子猝死！

究竟哪种观点是正确的呢？对于宝宝的成长来说，和父母一起睡觉究竟是有利还是有弊呢？

让我们先来关注一下下列数据：据估计，在德国有10%的孩子经常和父母一起睡觉。如果下列来自美国的数据可信的话，那么这种西方社会的普遍现象应该是有所改观了。据调查，在10年前的美国只有21%的孩子和父母一起睡觉，而现在这个数字增加了1/6[156]。

选择孩子睡觉地点的依据是什么？是孩子们自己的愿望吗？还是父母们想睡个好觉的要求呢？那么从人类

“自然天性”的角度出发，来探讨这一原因将会有怎样的发现呢？

什么是所谓的“正常”？

在上一章中，我们已经详细地向大家介绍了，由于安全方面的原因，孩子们在睡觉时会特别“期望”待在父母或熟悉的成年人身边。和大人一起睡觉似乎会给宝宝带来直接的肢体方面的影响。通过睡眠试验研究，我们发现：那些在妈妈身边睡觉的哺乳期婴儿与那些自己单独睡觉的同龄婴儿相比，他们在晚上吃奶的频率要高出一倍（而且时间要多出两倍）。研究人员詹姆斯·麦克肯纳（James McKenna）表示：在母亲身边睡觉的哺乳期婴儿在晚上所获取的热量比自己单独睡觉的哺乳期婴儿要多1/3！即使是从最新的观点来看，这多出的一部分热量无论是对于宝宝的营养状况还是对他们的免疫系统都是非常有益的。

待在母亲身边，对于宝宝们其他重要的身体机能来说都是有一定促进作用的。在第十二章中我们将会详细谈到在母亲身边睡觉不仅会帮助宝宝保持稳定的心跳和呼吸节奏，而且会有助于他们保持自身的热量。在出生后的前几周和前几个月之内，婴儿还不能自己调节自身的温度，因此他们会受到气候条件的影响。在没有暖气的时代，寒冷对于婴儿来说是一个巨大的威胁。据观测，独自睡觉的宝宝比在母亲身边睡觉的宝宝体温要低——从这一现象我们发现，母亲的身体对于婴儿来说还是一种“物美价廉”的能量源[157]。

因此，孩子和母亲就像是一种连体的恒温器，互相调节着体温。当孩子和妈妈依偎在一起的时候，妈妈的体表温度会首先升高，在接下来的 1 小时内，宝宝的体表温度也会慢慢升高；当它达到一定温度时，妈妈的体表温度会首先下降；当宝宝体温下降时，妈妈的体表温度将会再度升高[158]。这一现象证实了一点：对于出生时并未发育完全的婴儿来说，母亲通过这种方式对他们的成长给予了极大的支持，以帮助宝宝们更快地完成身体机能的发育。

但是，和父母一起睡觉是否可以促进孩子们的全面成长，对这一问题仍然很难下一个定论。至今为止，仍未有哪一项研究表明，和妈妈一起睡觉的宝宝会发育得更好一些（因为具体操作方法的局限，所以这种研究是不可行的）。大家都知道，至少对于早产儿来说，在妈妈身边睡觉会对他们的成长起到很明显的促进作用。不仅会有助于他们至关重要的身体机能，例如心跳、呼吸、体温自我调节、氧气供应等方面的稳定，而且会让宝宝们更健康，长得更快，此外对于他们神经系统的发育也益处多多。也就是说，和妈妈一起睡觉会使早产儿更早到达他们成长过程中的每个“里程碑”[159]。

妈妈和孩子——亲密无间的睡眠团队

就像上文中提及的体温调节一样，出于本能，妈妈和孩子在睡眠深度上也保持着同一节奏。根据晚上的测量结果，我们发现宝宝和妈妈在各个睡眠阶段的节奏几乎是完全同步的[160]。这并不稀奇，因为除了大脑活动之外，他们的心跳频率、肌张力以及呼吸节奏几乎都是完全一致的。

这一发现甚至被应用到了医药领域，用来帮助早产儿提高睡眠质量。因为妈妈不可能和孩子一起躺在保育箱里，所以人们发明了一个“会呼吸的泰迪熊”，它的呼吸节奏和宝宝是完全一致的。抱着这种泰迪熊睡觉的宝宝和与抱着一般的泰迪熊睡觉的宝宝相比，他们的睡眠则更规律，也更安静[161]。这些实验也证实了一点，即宝宝们在睡梦中会下意识地寻求和这种“会呼吸的泰迪熊”的接触，对于那些由普通泰迪熊陪伴的宝宝来说，并没有这样的现象[162]。因此研究人员断定：节奏的刺激对于孩子们大脑的成长是很有帮助的。甚至有人指出：即使是对出生时就发育得很好的宝宝来说，在半岁之前让他们在这种“会呼吸的泰迪熊”的陪伴下入睡，对提高他们的睡眠质量都会有不小的帮助[163]。

用红外线摄像机记录的视频资料向我们展示了这样一个秘密：妈妈和孩子各自的行为动作会下意识地互相协调一致。实验中的一对对母子，在睡觉时几乎整晚都是采取面对面的姿势[164]。而且母亲会经常性地对孩子做出一些保护性地或是安抚性的动作。例如在睡觉的时候，妈妈会经常改变自己和孩子的位置，让孩子睡得更舒服！有趣的是妈妈总是会让孩子们仰卧——这是一种对于妈妈和孩子来说最为安全的姿势，这么做的原因可能是因为这样比较方便喂奶。睡觉时，妈妈总是会观察孩子的情况。妈妈们经常会轻轻地拍打、爱抚、摇晃或是抱抱孩子，而且会和孩子说说悄悄话。

这些持续地、实质性地交流对于孩子的睡眠结构也会起到一定程度的影响：与那些独自睡觉的婴儿相比，那些和妈妈一起睡觉的婴儿的深度睡眠时间更短，而且经常会短时间回到浅度睡眠的状态。

错综复杂的脑电波

以下的内容可能听起来和我们常说的能让人从疲劳中恢复

过来的睡眠没什么关系。睡眠学家莎拉·摩丝科（Sarah Mosho）针对睡眠质量的问题做了一系列试验[165]。在试验中，被测试的4名几个月大的婴儿在第一天晚上由他们的母亲轮流抱到床上，宝宝们和母亲一起睡觉。而在第二天晚上，宝宝们得自己独自睡觉。整个过程中研究人员记录下了孩子们的脑电波曲线，并通过红外线摄像机对孩子们的睡眠进行了观测。这项试验得到的结论是：当婴儿和母亲一起睡觉时，虽然他们在晚上醒来的次数会更多，但是每次醒来的时间都比较短，因此总的来看他们在晚上醒着的时间其实更短，而且哭闹的次数更少些。而对于母亲们来说，当宝宝在身边时，虽然她们醒来的次数会更多，但是平均来看她们的睡眠时间根本就没受到什么影响[166]。

还有一个有趣的现象：睡在一起的母亲和孩子，他们睡眠的阶段和做梦的阶段大部分都十分地契合。而且和宝宝一起睡觉的母亲在深度睡眠状态下醒来的次数会少很多。

在妈妈床上睡觉的宝宝，其表现则完全不同。他们的睡眠质量会更高。虽然孩子们晚上醒来的次数更多，但是他们会很快又睡着。独自睡觉的宝宝则正好相反。虽然他们醒来的次数更少，但是一旦醒来，他们就会彻底清醒并开始哭喊，以示抗议。

妈妈们的情况也很相似：当她们和自己的宝宝一起睡觉时，虽然睡得不深，但是并未因此而影响睡眠质量——因为她们会下意识地根据宝宝的睡眠节奏调整自己的睡眠，所以妈妈们很少会从深度睡眠中惊醒。

孩子和父母一起睡觉的利与弊

孩子们是应该和爸爸妈妈一起睡还是应该自己睡呢？那些赞成孩子独自睡觉的人给出了以下四个理由：

◎ 父母所渴望的私人空间或“二人世界”会因为要带孩子一起睡觉而受到威胁。

◎ 在自己床上睡觉更舒服。

◎ 孩子们应该在自己床上睡觉，否则会影响他们独立性的形成。

◎ 最后一点：孩子和父母在一起睡觉会有危险！

让我们一条一条来解读这些所谓的理由吧。

孩子和父母一起睡觉会影响父母之间的关系吗？

在那些以夫妻关系为中心的家庭，如果孩子要和妈妈一起睡觉，势必会带来一些负面的影响。因为在我们所处的文化范围内，床不仅被解读为夫妻间亲密交流的场所，同时也是他们从身体和精神上增进夫妻感情的私密空间。但是如果我们将目光投向其他文化时将会发现，很多传统文化在睡觉时将父亲排除在外了（比如在非洲西部，当宝宝和妈妈一起睡觉时，父亲则被赶到了自己的小屋里）。尽管如此，有一点还是非常正确的：只要有需要，人们还是可以通过现代的建筑手段和睡眠用具的技术手段找到解决睡眠问题之道，至少可以解决睡觉时位置不够的问题，例如曾经有人就设计了与父母的床连在一起的婴儿床。

而从感情方面来看：自从孩子一出世，父母之间的关系就会面临各种各样的障碍——从疲劳到精力不足，以及许多新的感觉方面的混乱。许多父母会有这样一种感觉：他们的二人世界彻底被破坏了，因此不得不寻找一个新的感情基础。孩子是否和父母一起睡觉，与父母能否找到新的感情基础根本毫不相干。许多父母都曾抱怨过，孩子的出现对他们的性生活造成了很大的影响。而事实上，孩子们所造成的干扰微乎其微，真正的原因是在分娩后的前几个月妈妈们对性生活通常都会毫无兴趣（有关这一点，我们将在第十二章有关产后家庭矛盾的部分再行讨论）。

如何安排对睡眠更有利呢?

我们在上文中曾经提到过：父母和孩子一起睡觉不会影响到睡眠质量。不仅如此，事实还恰恰相反，当妈妈和孩子一起睡觉时，双方的睡眠质量都会因此而提高。与那些不和孩子一起睡觉的妈妈相比，那些和宝宝一起睡觉的母亲自己都感觉到她们的睡眠质量更高了[167]。

那么是否就意味着，每个妈妈都应该和宝宝一起睡觉呢？答案是完全否定的。上述结论只是针对那些“自愿”和孩子一起睡觉的父母，那些完全发自内心地决定和孩子一起睡觉的妈妈们。而对于那些“别无选择”才将孩子放在自己床上的父母来说，则会在和孩子一起睡觉时明显地感觉受到了干扰。而对于后者来说，和孩子一起睡觉会逐渐成为困扰他们的一个难题[168]。

遗憾的是，在相关研究中并没有听到父亲们的意见和想法。我们只能猜想他们的睡眠状况应该和母亲的差不多吧。如果他们积极地看待和孩子一起睡觉这件事，那么父亲们可能会睡得更好些。相反，如果他们对此采取反对态度，那么他们将会感觉到压力，并可能会因此而产生家庭冲突。

家庭教育中的错误信号?

在西方文化中，家庭成员之间的亲密关系其实是有两面性的：一方面，它代表着夫妻之间以及家庭成员之间“和谐”的关系；另一方面，家庭成员之间过于亲密也被看作是一种心理上不健康的表现，被视为自暴自弃或是丧失独立性的一种信号。我们都想在拉近家庭成员之间关系的同时，还能拥有自己的私人空间。其实，孩子们也是这样：父母都想尽可能给孩子温暖以及感情上的支持，并同他们保持亲密的关系，但是同时又认为培养孩子的独立性也是极其重要的，所以也不能“娇惯”孩子。因此，当我们发现父母们这种自相矛盾的观点对于宝宝和妈妈一起睡觉这件事其实是起着决定性作用时，也就不会太过于惊诧了[22]。

睡眠方式对于孩子们情感的培养其实并没有多大的影响。事实上，无论孩子是否和妈妈一起睡觉，最终他们之间的关系都是各不相同的，而正是由于这一点使得与孩子睡眠有关的研究变得愈发困难。我们曾提出这样一个疑问：孩子在妈妈身边睡觉的这种习惯到底对于母子之间的关系能产生怎样的影响。对此我们至今仍未找到令人信服的答案。我们只是通过对在以色列不同的集体农庄长大的孩子的研究发现[170]：与那些在父母身边长大的孩子不同，这些在集体农庄长大的孩子们与他们的父母之间的关系并不是那么密切，即使是他们长大成人以后，这种与父母之间疏离的关系仍然十分明显[171]。

对于另一个问题我们似乎已经能够作出解答了：那些和父

母一起睡觉的孩子，是否会在长大后缺乏独立性呢？从进化论的视角来看，答案已是呼之欲出了：将孩子独自睡觉看作是培养他们独立性极其重要的、必不可少的一步，这完全是无稽之谈（详见第五章的“认识与展望”）。也没有研究可以证明，可以独自睡觉的孩子长大后在社交能力或是心理上有什么特别之处。不久前，美国加利福尼亚大学的一项研究表明：和妈妈一起睡觉，既不会影响孩子们的独处能力，也不会影响他们适应新环境的能力[172]。在这一研究中，那些和妈妈一起睡觉的孩子甚至比那些独自睡觉的孩子在上述两方面的表现更为优秀[173]。

在以前的研究中我们已经发现：那些“按计划”和父母一起睡觉的孩子，在上学之前都会显得非常自信[174]，即使是上了大学，他们也会表现出高出同龄人的自我价值观[175]。虽然我们不能将孩子们长大后的表现和他们小时候的睡眠习惯硬扯上关系，但是这一研究至少为一个合理的观点提供了证据支持：能够独自睡觉的孩子并不一定因此就能拥有很强的独立能力。

即使是对睡眠这件事本身而言，那些“学会的东西”也不会一辈子都能保存在人们的大脑里。62%的美国成年人目前都有睡眠问题，而他们中的大多数正是在信奉“睡个好觉，但是必须自己独自睡觉”这一座右铭的父母培养下长大的一代[176]。

让孩子们独自睡觉会不会危害他们的健康呢？

早在中世纪，人们就担心将婴儿放在母亲或保姆身边睡觉会导致他们窒息而亡。在有些时代，因此而导致婴儿死亡的事件如此频发，以至于人们专门为此发明了一种木质的支架，并把它安装在熟睡的婴儿周围，以便将孩子和被逐出教会的保姆隔开[177]！但是这种方法并没有对婴儿的死亡事件起到任何抑制作用。今天历史学家和行为学家发现：18世纪时曾一度广为流传的“孩子在大人身边睡觉会窒息而亡”的说法其实根源于一系列的婴儿死亡事件，以及因此而产生的生育低谷。在那个时代，大多数婴儿都是交由保姆照管，而很多保姆则不具备相应的知识和能力，因此最终导致了婴儿因窒息而死亡的惨剧，而在孩子们身边的保姆则理所当然地成了最重要的嫌犯（对此事件的详细记录请参见著名行为学家莎拉·布拉菲·赫尔迪所著的《母亲天性》一书）。

当我们在今天重提旧事时，不会再说和父母一起睡觉的孩子可能会因窒息而亡，而是会将注意力集中在“婴儿猝死”这一话题上——即我们常说的SIDS（婴儿猝死综合征）。在德国，每1 000名婴儿中就有2名会死于SIDS，特别是在他们3~6月大的时候。导致婴儿猝死的原因至今未明。但是有一点是肯定的：孩子们的窒息绝不是由外力挤压而导致的。更为流行的一种说法是：因为宝宝周围空气循环状况不佳，导致供氧不足，因而导致了婴儿窒息而亡的惨剧。而如今大多数的父母会让孩子在睡觉时采取仰卧或侧卧的姿势，因此婴儿猝死的事件减少了近70%（而在斯堪的纳维亚甚至减少了90%）。

还有一件事是众所周知的：在习惯让孩子独自睡觉的西方工业国家，婴儿的猝死事件比那些习惯于让孩子在身边睡觉的父母所在的国家要多得多[178]。其原因可能是当宝宝和父母一起睡觉时，爸爸妈妈可以帮助孩子调整睡眠姿势，这对于宝宝们尚未发育完全的呼吸系统来说确实是一个很大的帮助。而且在给孩子喂奶时，妈妈会自然而然地将躺在身边的宝宝调整成仰卧或侧卧的姿势。我们都知道，与那些和爸爸妈妈睡在一个房间里的宝宝相比，在婴儿房独自睡觉的宝宝猝死的危险性会更大些。

那么究竟是什么原因，让人们将孩子和妈妈一起睡觉的习惯与婴儿猝死联系在一起的呢？难道是因为某些儿科医生、甚至是久誉盛名的美国儿科学会一直以来都反对婴儿和父母一起睡觉吗？

具体情况具体分析

在特定的情况下，和父母一起睡觉对于孩子来说的确会有一定的危险性。而这些具体情况在我们的文化范围内其实并不少见。例如当妈妈在宝宝身边吸烟时，对于孩子来说，这比让他们独自睡觉更容易产生猝死的危险。对于妊娠期的母亲来说，抽烟同样会对她们体内的胎儿造成极大的威胁。据估计，在德国每年发生的大约 300 例婴儿猝死的事件中，最少有 1/3 得“归功于此”[179]。

对于那些染上了毒瘾或酒瘾的母亲来说，她们的孩子也同样面临着危险。其原因可能在于：上文中提到的母亲们下意识地保护孩子的行为在这些妈妈来说是不可能实现的。在美国的阿拉斯加州曾有人进行过一项研究，该研究的结果曾轰动一时：对于那些在和妈妈一起睡觉时猝死的婴儿来说，母亲滥用毒品的行为无一例外都是造成他们死亡的罪魁祸首[180]。另一个危险因素是宝宝的床太软了或者不平整（例如沙发或水床），以及使用枕头不当，或是让孩子躺在毛皮或其他太过柔软的东西上。人们猜测，在这种睡眠条件下，可能会导致空气不流通，从而引发宝宝们呼吸不畅。如果妈妈太过于肥胖，对于宝宝来说也会产生不利的影响。

与此相关的还有一点不得不提：在那些没有给孩子哺乳过的母亲身边睡觉的婴儿，其猝死的可能性会高得多。因为这些没有哺乳经验或是很久没有给孩子喂奶的妈妈，她们在和宝宝一起睡觉时很少会做出那些下意识的保护孩子的动作。这一点也印证了我们的另一个发现：和爸爸以及哥哥姐姐一起睡觉的宝宝，他们猝死的几率也会高一些。

如果我们仔细看看这些导致危险的因素，就不难发现，婴儿猝死事件在处于社会底层的人群中发生的频率要高得多[181]。在一项新的调查中人们发现：婴儿猝死事件中，3/4 的孩子的母亲属于最低收入人群，其中 85%的母亲在妊娠期都有抽烟的习惯，而且其中只有 26%的母亲曾尝试过给孩子喂奶。

这种社会影响给有关婴儿猝死危险的科学研究带来了极大的困难。因为婴儿和母亲在一起睡觉时，其所处的环境和条件差别极大：例如有些母亲很容易就可以给孩子喂奶，而且宝宝睡觉时的环境既健康又舒适；而另一些孩子就没那么幸运了，因为他们的妈妈有着非常不良的生活习惯（抽烟、酗酒、吸毒），而且这些孩子们睡觉的环境也不合适（沙发、水床）。但是最重要的是：这些妈妈根本不给孩子喂奶。因为这些关系错综复杂、差距极大，所以在处理统计数据时必须特别小心[182]。

最终结论：如今，只要能够采取一定的安全措施，无论是在自己的婴儿床上还是在爸爸妈妈的床上，宝宝们都能安然入睡。当孩子和妈妈一起睡觉的时候，妈妈必须保持健康的生活方式（不抽烟、不酗酒、不吸毒或是服用镇静药物）并坚持给孩子喂奶。当然不可能有这样的研究，将孩子置于上述恶劣的环境之中，来测试其对孩子的负面影响。

而让宝宝单独睡在另一间房中，似乎也有可能会带来不利的影响。总而言之，根据统计数据，这些独自睡觉的孩子猝死的几率确实比较高。

总的来说，让稍大一点的孩子和父母一起睡觉确实会比较安全一些。在这个年纪，让他们和哥哥姐姐一起睡也没问题，这在许多文化中都是很正常的事。

决定孩子的睡眠方式其实就是一种相互妥协

尽管在我们这个时代，人们住在更安全、更温暖的房子里，已经没有从前那些客观原因迫使孩子必须睡在妈妈身边，但是孩子们的主观愿望却不容忽视——早在石器时代孩子们就多少会有类似的情绪。对于孩子们来说和父母一起睡觉是“再自然不过的事”了。

那么从进化论的观点来看究竟何种选择才是正确的呢？为了满足孩子的“愿望”而让他和妈妈睡在一起是否总是最好的选择呢？这一问题其实也涉及到了我们前面曾经涉及过的话题：父母们有自己的兴趣，而对此的顾虑并非从一开始就是坏事，因为这些也是进化论中正常的现象。父母应该对可能会出现的负担和相应的回报有一个清醒的认识，然后借此寻求和孩子之间的相互谅解，而且必须同时考虑到他们的生活环境、他们的精力，以及对未来的计划和蓝图。

认识与展望：

培养孩子独立性的困惑

如今，父母们都陷入了两难的境地。一方面他们想尽可能地将宝宝带在身边，将其置于自己的保护之下。只要孩子需要，爸爸妈妈就会立即出现。父母都想无条件地满足孩子们的所有需要，成为他们最值得信赖的依靠。但是另一方面，父母们又担心这样会“宠坏”孩子，而最后会适得其反。因此，很多父母认为在某些方面保持一定的强硬态度是非常重要的，这样孩子们会很快学会自己照顾自己。

父母希望同时达到两个效果：孩子们在感情上和他们保持亲密的关系，同时孩子们还得学会独立。于是爸爸妈妈们就有了这样一些疑惑：我们是不是该把刚出生的小桑达拉放在父母身边睡觉？这样晚上就能离她近些，而且一旦她有什么需要，爸爸妈妈可以在第一时间有所察觉。但是这样一来会不会让她再也离不开父母的身边，从而影响她独立性的形成呢？我们是不是该让凯一边吃奶一边睡觉呢？这样他就会在舒适的环境下渐渐入睡，而且肯定会觉得很有安全感。但是有些睡眠学家不是说过，这是孩子们睡眠出问题的第一个阶段吗？最后还是得让凯在几个月大的时候学会不吃奶也能睡着！

计划好的背叛

对于大一点的孩子的父母来说，他们经常会有种背叛了孩子的感觉。每个人都想随心所欲地做自己想做的事，但是这是正确的吗？而这样做会有怎样的结果呢？其实上文中父母们所面临的矛盾有时也可能不那么明显：从教育孩子这方面来看，父母和孩子之间的亲疏关系都属于家庭教育的一部分。和孩子们保持亲密接触的目的是能够直接满足他们的需要。而与孩子们保持一定的距离则是为了培养他们的个性，并帮助他们更好地适应这个世界。对这个矛盾，心理学家们同样束手无策，几年之前有的心理学家曾建议父母们毫无保留地为孩子奉献一切。但是今天他们却说："父母们应该学习怎样和孩子在精神上保持一定的距离"（这一论调来自于心理学家艾娃·策特勒［Eva Zeltner］）[183]。

孩子的天性

这些让父母们分身乏术的相互矛盾的教育目标究竟从何而来呢？而那些各种各样的、对于孩子们究竟需要什么的看法和意见又是源自于哪里呢？

无论是现在还是过去，在这些问题背后其实一直以来都存在这一冲突。而这一冲突又归结为一个表面上看起来似乎是很简单的问题：孩子们的"天性"究竟是怎样的？人性究竟是"本善"还是"本恶"？从学术界对这个问题的争论中我们发现，这个问题的答案可能会对孩子们的日常生活产生巨大的影响。假定“人之初，性本善”，那么父母们就可以松口气了，让孩子们按照自己的天性发展。父母可以完全放心地满足孩子们的各种需求，而且孩子们也会在这种情况下健康成长。但是如果我们认为“人性本恶”，孩子们都有着这样或那样的问题和不足之处，那么父母们就得改变孩子们的这些问题和不足，及早对他们进行“教育”。而对于孩子们的需要和愿望，父母就不得不首先采取怀疑的态度，谨慎对待了。

自古以来就存在的冲突

如果我们回顾历史，就会清楚地发现，这个几千年以来困扰着父母和教育家们的冲突是多么的激烈。古希腊人和之后的古罗马人认为，孩子都是野性难驯、粗鲁不堪的。因此在那个年代，孩子们很早就已经处于大人的控制之下，并按照大人的意愿被改造，直到他们都变成“文明人”。理所当然在那个时代的孩子们，都必须遵守近乎苛刻的纪律。

宗教信仰中，对于儿童的看法也不尽相同。孩子们曾经一度被认为是“纯洁的”，耶稣基督甚至要求他的信徒：“让我们像孩子一样吧”。但是在接下来的岁月中，因为人们对孩子天性的怀疑，许多宗教中都认为婴儿是带着罪恶来到这个世界上的，而正是神“净化”了这些邪恶的小生命。即使在今天，在美国这样的发达国家，清教徒的余毒仍然存在。他们认为，孩子都是可怜的罪人，必须通过严格的管束将孩子们从罪恶的深渊中拯救出来。

到了启蒙运动时期，曾一度出现了与传统宗教完全相反的激进思潮。哲学家让·雅克·卢梭（Jean Jacques）就认为孩子的天性是善的。他说："凡是从造物主的手中诞生的事物，都是本善的。只不过在人类的影响下而日益堕落了。"以这句话为开头，卢梭写下了他著名的教育小说《爱弥儿》，这部巨著影响了一代又一代人的教育观。按照卢梭的观点，教育只会使孩子们日益堕落，而父母们最好的选择就是让孩子们自由发挥自己的个性。

两面性形象

一直以来，孩子们的形象都是有着两面性的，而在时代的更迭中，这两个方面一直都在互相转换之中。一方面，孩子们的形象是非常正面、非常积极的。他们被看做是天性善良、高贵的人群，因此根本不需要受任何的教育。而对孩子们持负面看法的人却认为：孩子生来都是有罪的，或者是自私的，因此他们只有接受教育的熏陶才能长大成人[23]。而人们一直都在这两种截然相反的偏激观点中摇摆不定——直至今日。

也许通过一个引起人们注意的、令人羞愧的事实可以使我们对上述现象稍作解释：如果我们回顾一下最近几十年以及上百年的历史，我们会发现很多父母都曾一度狂热地信奉以下这些观点和看法：如果父母经常帮助孩子，会将他们惯坏的；打是亲骂是爱；让男孩子玩洋娃娃会让他们变成懦夫——而也有人认为，这样会让他们成为好男人；禁止孩子做他想做的事，因为这会伤害他们幼小的心灵；让婴儿多哭喊可以锻炼他们的肺活量。

各种教育目标都是来自人们的"精心设计"

父母对于孩子的行为和需要都能娓娓道来——有时甚至是

下意识的。

全世界的父母，无论他们对待孩子的方式如何地千差万别，都能找到很好的理由来解释他们为何采取这种而不是另外的方法来教育孩子。父母们采取的教育方法看起来都是如此“正确”、如此“合乎逻辑”。例如父母得和孩子多聊天，这样孩子才能更好地学习说话，并了解这个世界；父母必须经常表扬孩子，让他们树立信心，这样他们才会有充分的自信；孩子必须独自睡觉，这样才能培养他们的独立性。这些方法都是非常理性的，简直就和亚马孙原始森林中的亚诺玛米人的做法一样“合乎逻辑”。到了一定年纪，男孩子的生殖器会被朝上捆扎着，据说这样可以让这些小男孩儿更快成长为男人。

对于教育孩子方面的纷繁猜测已经到了无以复加的地步。绝大多数西方社会的父母都遵循一种名为“认知教育模式”的教育法。也就是说，这些父母以提高孩子们的理解能力、培养他们的理性作为教育目标。他们通过语言交流给孩子们相应的刺激，通过让孩子重复他们的话语来向孩子们解释这个世界，通过表扬和鼓励来帮助孩子树立自我价值观。在我们的文化范围内，父母对于孩子们来说更像是老师或是教练。不少父母都相信如果不经常纠正孩子们的发音，并有目的地对孩子们进行鼓励，那么他们就根本不可能学会说话。在这些父母眼中，连环画其实就是教科书。与此截然相反，在一些原始文化中，甚至将上述父母们的部分行为看作是对孩子有害的。而对于我们的祖先来说，孩子们和父母之间的触摸和身体接触才是更深层次的交流[184]。

关于独立性的争执

对于教育基本框架的理解也存在着许多差异。但是无论是来自哪个时代、哪个国家，父母们在这一点上均保持了高度的一致：他们都希望自己的孩子能变得独立坚强[185]。居住在南非的说班图语的文达人，会在婴儿出生后划破其皮肤，并在伤口里揉入磨碎的狒狒骨粉。因为他们希望借此让孩子变得和小狒狒一样动作迅猛，并能独立生存。即使对于我们这些文明社会的人来说，培养孩子的独立性也是幼儿教育最重要的目标之一。很多父母都坚信：只要让宝宝尽早习惯一个人睡，他们将来就会变得更坚强、更独立。可是他们都忽视了，像文达族的小婴儿在遭受酷刑（这也是为了让孩子以后能更加独立）时一样，这些被孤零零地被遗弃在婴儿房里的小宝宝经受了多大的折磨，流下了多少泪水。我们的祖父母那一辈则认为，培养孩子独立性得从尽早培养他们独自上厕所的习惯开始。

小宝宝是怎样变得独立的呢?

虽然对于具体方法争论不休，但是父母们对于孩子的重大教育目标都是一样的——无论孩子身处何种社会之中想要取得成功，就必须具备自信心、独立性和持之以恒的毅力。

但是，孩子们怎样才能变得独立呢？在这一方面，人们产生了分歧。

在西方国家大部分父母都认为，必须通过教育才能让孩子们学会独立。上文中提到的“认知教育模式”正是针对父母们的这一观念应运而生的。孩子们必须从头开始学习怎样独立！人们认为，可以先让孩子们完成一些简单的小任务，借此培养他们的独立性。当他们完成这些任务后，就会逐渐学会如何面对挑战。当孩子们能够独自睡觉了，也就有了重要的经验，也就是说他们认识到没有妈妈也行。家长希望通过这些方法培养孩子的自信心。除此之外，通过让孩子完成其他“任务”，父母还希望能让他们变得更独立、更成熟。简而言之，也就是说谁如果想培养孩子的独立性，就必须提高对宝宝的要求。如果毫无选择地满足孩子们所有的要求，孩子们就会“不思进取”、原地踏步、没有进步——这种想法已经得到了很多人的认可。

但是与上文相反，很多原始的社会在孩子的教育方面则采取了一种截然不同的模式。孩子们不是通过尽早“克服”对大人的依赖来培养其独立性，而是会得到应得的一切，通过这种方式培养他们的独立性！在西方国家，当孩子吃奶的时间太长时，家长就会担心这样会将孩子“宠坏”。而在很多传统文化中，哺乳却被看作是培养孩子独立性的一个跳板。生活在中非的富拉尼人相信，太早断奶会养成孩子对父母的依赖性，这样孩子们永远学不会自己独立完成一项任务或是达到他们的目标[186]。孩子应该长大一些后再给他们断奶，这也是孩子们所希望的，同时也是正确的做法。这时，孩子们必须在短时间内完成自我社会定位，并尽力使自己能够融入其他孩子的群体之中（我们将在第十三章的“认识与展望”中详细论述此事）。

到底谁是对的？

当孩子们所有的愿望都得到满足之后，他们是不是也能变得独立呢？进化生物学给出了肯定的回答！因为正如我们在本书的开篇几章中看到的一样，在原始的生活条件之下，与父母保持身体上与精神上可靠的联系，是每个孩子生存的必要条件。与父母保持紧密的联系，直接寻求父母的庇护，对于原始社会的婴儿来说就像是生存的保障。大人经常将小宝宝抱在怀里、母亲经常长时间地给孩子哺乳、晚上母亲会将孩子放在身边睡觉，所有的这一切都是当时人们正常生活的一部分。因此，我们不应将这些生活方式看作是培养孩子独立性过程中的阻碍。如果有人认为应该将宝宝从父母身边抱走，或者完全"戒除"他们有事就找爸爸妈妈的习惯，这样才能培养孩子的独立性的话，那么从进化论的科学观点来看，这种看法是完全错误的。

是不是说，小宝宝"只是"需要和父母"黏在一起"呢？答案绝对是否定的，而且我们也可以从进化生物学中找到依据。为了变得独立，宝宝们也需要空间，来测试自己的能力。因为对于未知事物，孩子们除了会本能地感到恐惧之外，还会有与生俱来的新鲜感，甚至还会有一种"效用本能"（这一点将会在第七章再进行详细的解释）。就连现代的依附理论的创始人约翰·鲍比（John Bowlby）也曾指出：没有哪个孩子想一直黏在妈妈身边。孩子们天生就有一种探险精神。正是因为这种与生俱来的本能，孩子们才会去探索周围的世界，才会尝试去接触别人的生活，并借此明白自己的"作用"。也许这些天性会因为孩子们认生而受到一定的压抑，但是如果有人因此认为如果不督促孩子"向前发展"，他们就会退步，那就大错特错了。虽然看起来在培养独立性的过程中，孩子们似乎都是"从零开始"的，但是其实他们早就已经具备了所有的条件，并且会逐渐变得独立。

西方社会的教育模式似乎在这一点上出了点问题。一方面，孩子们想待在父母身边的要求受到了质疑；另一方面，孩子们截然相反的要求，即不想受到约束的愿望也受到了限制。

安全只是一种感觉

在培养独立性的过程中，将两种不同的元素——感情上的安全感和足够的自我空间联系起来，似乎是很有必要的。

让我们首先将目光投向第一种元素吧。小宝宝们的安全感从何而来呢？答案是：完全来自于他们的感觉！当人们还是婴儿的时候，“自己”完全没有认知的概念，直到他们长到2岁大的时候才会有自我意识。之后他们才会懂得，即使没有父母的帮助，他们也可以完成一些任务，也可以自己“筹划”具体的行动。婴儿没有完成逻辑推理的能力，要知道自己是否安全只有凭感觉，而不是通过思考得出这个结论。“妈妈晚上总是很忙，所以我必须耐心地等待，直到她来抚慰我。”如果有婴儿会这样思考，你会有什么反应呢？婴儿所收集的所有经验都是即时的，不会脱离他们生活的范围，“而这些经验正是他们内心思想和情绪的根源”（芭芭拉·希特曼［Barbara Sichtermann］）。

因此我们可以说，婴儿是不可能学会独立的，因为他们不知道该怎样“面对挫折”。如果人们任由婴儿哭喊，那么他们就不能对自己所处的环境做出系统的评估，也就不能做出他们能力范围之内的进一步反应。“是的，就是这样！或许就这样接着哭喊会更好，如果我把拇指塞到嘴巴里……”，对于婴儿来说，要形成上述想法是不可能的，他们缺乏所有必要的条件。对于压力，婴儿们的反应都是通过不自然的肢体信号表现出来的，而不会试图对面临的困境进行解释或是寻找到合乎逻辑的解决办法。虽然通过语言对宝宝进行鼓励，或是告诉孩子，他们已经可以自己完成某项任务了，其出发点都是好的，但是在孩子们对父母的依赖逐渐消失时，并不代表他们自身的独立性就形成了。恰恰相反，孩子们在这个过程中会产生很多负面的情绪以及危机感。宝宝们必须首先有安全、踏实的感觉，然后慢慢发现自我，才能逐渐形成真正的独立性。

安全感产生于社会网络中

让孩子对周边的环境有一种确定感和安全感，这似乎不仅需要父母们的努力，还需要孩子们身边的社会“网络”发挥功效。许多不同国家（如以色列、荷兰以及肯尼亚）的研究都得出了相同的结论：如果孩子们除了和父母之外，还能和其他成年人保持安全的联系，那么他们就会更早地表现出他们的交际能力和处理新鲜事物的能力。在这些研究中人们还发现：与孩子和母亲之间关系的亲疏程度相比，孩子们身边的整个“社会关系体系”的状况对于他们的社会性和感情的成长影响更为深远[187]。因为当孩子接触更多的人时，他们就必须不断适应新的社会性的观点和看法，并且在一个安全的空间里学会怎样改变自己、适应他人。

独立性不可能通过强行灌输或是教育而形成，它来自于一个“合适”的发展环境。在这种环境下，宝宝们才有可能对自己提出独立性的要求。当他们感到害怕或是有压力时，这种环境可以让他们感到安全。当孩子们准备好对新鲜事物一探究竟的时候，这种环境会给他们一种“自我效力感”。简而言之：大人不应该让宝宝们在一次又一次的挫折和失败中戒除对父母的依赖性，而应该让他们自己逐渐适应没有父母在身边的生活。当然，前提是宝宝们能够从身边庞大的社会关系网中汲取适合他们成长的各种经验。

独立性的文化对比

与许多落后的传统社会相比，虽然接受了“独立性教育”，但是西方先进国家的孩子离开妈妈的怀抱、独立生活的时间反而更晚。生活在马来西亚的孩子们平均在 21 个月大的时候就可以离开妈妈的怀抱了，而德国的孩子却需要 36 个月的时间才能做到这一点[188]。我们的孩子到了适学年龄会进入学校开始学习，而在以狩猎和采集为生的原始部落，这个年龄段的孩子会被送到没有成年人看护的孩子群里，并成为一个小猎手。他们可以拜访其他家庭，并在那里过夜。在原始社会，2~4 岁大的女孩儿和男孩儿每天的大部分时间会和其他孩子待在一起，而不是黏在妈妈身边[189]。

当我们将生活在卡拉哈里沙漠中昆族人的孩子和生活在伦敦的孩子直接进行比较时，发现虽然昆族人的孩子吃奶的时间很长而且经常待在妈妈的怀里，但他们的社交能力和独立性反而更强一些。虽然在刚开始的时候，昆族宝宝和妈妈的关系非常密切，但是当他们长大一些之后，这种关系会淡化很多，其转变的程度比现代西方社会中母子关系的转变要大得多。昆族宝宝之前对妈妈的依赖不会使他们黏在妈妈身上。即使可能会这样，但是他们都很清楚这种亲密关系何时必须结束。

在孩子们独立性培养的过程中，除了和父母亲密的关系之外，大孩子们的群体与不分年龄的孩子群体都起到了十分关键的作用。我们将在第十三章的“认识与展望”中更详细地讲述这个话题。届时我们将会发现，在这些关系复杂的社会化小团体里，孩子们在离开父母的怀抱之后是怎样发现新鲜事物的，以及在不断变换社会角色的过程中，他们是怎样培养社交能力的。在与妈妈分开之后，孩子们并不是被扔到了真空中，而是面临着一个新的社会关系网。

为什么总是会失败呢?

虽然对于许多父母来说孩子的教育目标是第一位的，但是似乎今天的孩子越来越难养成独立的性格，这究竟是为什么呢?

一个重要的原因是：我们对于培养独立性的理解完全是错误的，而且根据进化论观点这些错误的看法对于小宝宝来说根本就是不可能完成的任务。父母都希望宝宝能够尽早迈出成长的第一步，但是这种心理很可能会改变宝宝们的行为方式——有时甚至会让宝宝朝着我们所希望的错误方向发展。但是这并不会使孩子们变得更强，也不会让孩子们拥有新的能力。虽然孩子们可能会越来越快地达到父母所给出的目标，但是这并不意味着他们成长得更快了。

是该对西方国家一直铭刻着行为主义[24]烙印的日常心理思维进行反思了——当这些思想使孩子的成长之路变得错综复杂的时候，我们就会发现，它们根本就不足为信（详见第十二章的“认识与展望”）。有的父母认为，通过奖励可以强化孩子的某一种特定行为，反之通过惩罚会减少这种行为。但是对于让孩子尽早学习来说，这种想法似乎是太简单了一些。如果父母对于孩子的喊叫迅速地做出反应，他们反而不会变成喜欢大吵大闹的孩子。大多数的孩子都只关心一个问题，身边的世界能不能给予他们所需要的东西。总的来说，孩子们的抗议行为会越来越少，就像我们将在第六章中看到的那样。

僵化的二人关系

在现代社会，人们会对生活进行安排和规划，而孩子们的独立性也因此受到了限制，这很可能会使孩子们自立能力的培养受到阻碍。家庭教育的参与者往往仅限于家长和孩子双方，而且这种教育关系在孩子的整个童年都比较固定。与现代社会相比，在原始社会或传统文化中，孩子会经常接触到更多的成年人并和他们保持稳固的关系。当孩子稍大之后离开父母加入其他孩子组成的群体时，就在这一过渡期，上述关系网的作用就自动显现出来了。而现代社会的孩子相比之下就显得与社会脱节比较严重了，而且在青少年时代他们只会以父亲或者母亲为他们的偶像和奋斗目标（即使是在组合家庭里，孩子们的社会关系也只是仅限于家庭内部而已）。这种两难的问题非常明显：孩子们对他们和父母之间亲密的关系体会越来越深，因此就会对父亲或是母亲越来越依赖；但是他们又不得不尽早摆脱这种依赖。因此，不少家庭在这种所谓的“情绪的高压锅”中陷入了进退维谷的境地。在高高飘扬的培养孩子独立性的大旗下，造就出来的却是没有安全感的、依赖性更强的孩子。

不同的孩子拥有不同的经历。从前，让孩子们生活在由不同年龄的孩子混杂而成的、社会关系错综复杂的群体中，并且没有父母监管的社会化过程中是非常正常的事。但是如今的孩子一般都只会和同龄人接触（虽然在这个由父母精心规划一切的生活环境里这种接触就已经足够了），就像在幼儿园里一样。

就连今日孩子们在父母的感情世界里所起到的作用，也会对其独立性的形成产生一定的负面影响。在有的家庭，孩子就是一切，是家庭的中心。他们不仅是父母感情的寄托，也是维持家庭关系的纽带。但是这样一来，父母的“爱”反而会成为孩子们成长的“绊脚石”。当孩子们想探索周围的世界时，父母会因为害怕他们受到伤害而拉紧手中的缰绳。例如：我们家的小约瑟夫可能会夹伤他的手指吧；可爱的小海克要是摔倒了怎么办啊，诸如此类的事情。父母们的这些担忧会给孩子们撑起一把保护伞，让他们没有机会遭受挫折、面对逆境。但这样对孩子会非常不利，因为他们无法体会亲近和疏远的区别，也看不到个人的愿望和现实世界之间的差距。

结语

从进化论的角度来看，独立性并非是孩子们与生俱来的一种特性。为了看护孩子，我们总是会待在他们身边，这也是进化论中提及的“保护孩子的措施”之一（一直和孩子保持近距离接触，久而久之父母们就会形成一种直觉，凭借这种直觉他们就能知道孩子们有什么需求），而这种做法并不能培养孩子们的独立性。只有当宝宝们稍微再大一点，他们才会在和身边的人们交流时渐渐形成我们所希望的独立性。这时，这些被妈妈娇惯的宝宝们就得面临“适应身边社会环境”的重任了，也就是说，他们必须尽最大努力融入周边人群的社会网络之中。在此阶段，最重要的是怎样融入不同年龄阶段的孩子所组成的群体中。在这个广阔的学习空间内，孩子们将会尝试各种行为模式，体验各种行为底线，从而学会了解各种情绪并培养与人交往的能力。从上述论断我们是否可以这样推论：独立性并不是仅仅通过父母的“教育”就能形成的，孩子们必须在与别人的交流中自己学会如何独立地面对生活。

第六章

哭喊也是成长的一部分

当孩子开始哭闹时，身边的大人就立即进入紧张状态，女性甚于男性，为人父母者甚于那些还没孩子的人。当然，最紧张的肯定是这个孩子的父母。他们的脑电波自动发射出“有危险”的信号并传递全身。我们之所以对孩子的哭闹如此重视是因为这一信号非常重要。它可以使“接收者”（比如父母）开始关注这个小人儿，看看他是饿了还是哪里疼了，或者是情绪有什么不安的地方。

那接下来就来谈谈这个问题，婴儿们是不是仅仅为了哭喊而哭喊？是因为他们无聊吗？还是为了引起关注？当人们听到哭喊声把他们抱起来时，会不会让婴儿错误地以为，用哭喊就可以达到自己的目的呢？

猫或仓鼠之类的小动物就不会有这样的问题，窝里的幼兽只在感觉到妈妈在附近时才会小声哭喊，太大声可能会让敌人发现巢穴的位置。在大自然中，“哭喊”这一信号同时也被估算成付出的高额代价。那么这种计算得失的方法能不能帮助我们更好地理解人类孩子的这一现象呢？

生而为哭?

假设我们自己还都是婴儿，那简直和一个偏瘫病人没什么区别。饿了不能自己去喝奶，冷了也不会自己盖被子，更不用说告诉成年人自己的尿布湿了这种高难度的任务了。他必须学会提醒身边的人来关注自己的需要。为此，他手头有一堆“武器”可以使用：首先是无法用语言描述的萌态，一个小小的懒腰或者略微咧开嘴角，都可以让身边爱他的人了解目前的需要。如果不奏效，那接下来孩子还会使出打哈欠、发出唧唧咕咕的声音、扭动脑袋、做鬼脸、吧嗒嘴巴等一系列方法，动静越来越大。如果以上的方法都不见效，那他就会拿出最厉害的一招，哭叫。安置在婴儿床上方的摄像头记录下来，婴儿开始是用自己的语言和动作来表达需要，整整半个小时之后才开始哭喊[190]。因为他以为身边有人会看懂他的需求，一旦确定没人响应，这一“终极武器”才会被投入使用。

这个武器的确奏效。在婴儿出生后不久，妈妈就能把自己孩子的哭声和其他孩子的区别开来，甚至在睡眠中也是如此[191]。别人的孩子哭了，妈妈会不受打扰继续安睡；一旦是自己的孩子，妈妈会马上惊醒[192]。母亲的天线似乎只调到了自己孩子的频段。

为什么如此大声地哭喊?

如果认为婴儿要跟父母“说”点什么时会立刻哭叫起来，这种观点是不太正确的。如果不考虑因为疼痛所引起的哭喊，可以说哭叫是个延迟信号。与一向以来观点相符的是婴儿的另一个特性，哭喊一般都很大声。测量显示，婴儿哭喊可以达到

82分贝，几乎和电钻的声压相符。这很清楚地表明，哭喊原本就不是为了两居室的房间而创造的。

为什么哭喊得如此卖力？也许是因为小婴儿觉得，妈妈可能不在身边，所以必须得发出大声警报，这样信号才能传达，甚至在世界的另一头都能听到。

很多种哭喊的原因

不论是小猴子的呜咽还是婴儿的哭泣，都是因为他们的生活发生了某种改变，而为了应付这种改变他们需要成年伙伴的帮助。毫无疑问，哭泣和眼泪可以及时把妈妈召唤到身边。听到哭声，妈妈会及时赶到宝宝身边并抱起来抚慰，80%的哭泣会通过这种方式止住。所以，人类的哭喊从某种程度上说是有助于对更有能力同伴的召唤。

接下来的问题就有点棘手了，在哭喊背后隐藏着的到底是什么？可以列出一个长长的单子：婴儿哭泣是由于受惊、饥饿、口渴、疼痛、太冷或太热、环境太吵或者光线太亮，也可能只是因为太累，感到害怕或者孤独。当然，生病或者受到外界刺激过多时，孩子也会哭喊。我们还将继续致力于总结所有导致孩子哭喊的原因。

不同的哭喊类型

把哭喊的孩子抱在怀里时，我们都想搞清楚一个问题，到底是因为什么原因引起这样的哭喊。因为害怕？饥饿？尿布湿了？还是孩子仅仅只需要安抚？这些可以通过哭喊的类型来分辨吗？

值得推荐的是一种售价 90 欧元的“为何哭泣”的电子仪器，据说它可以读出不同哭喊的频段，分清孩子到底是因为饥饿、疼痛、劳累，还是感受到压力而哭，然后会通过不同的图示显示在仪器的屏幕上。

可问题在于，这一仪器的准确率并不太高。这倒不能怪罪于仪器的声卡不够灵敏，而是孩子哭喊的差别往往非常细微，难以分辨。充其量也就是疼痛引起的哭喊声在某种程度上听起来与饥饿导致的哭喊有所区别，实验中，2/3 的母亲都能从录音中正确地分辨以上两种哭喊[193]。另外，生病时孩子的哭声也会有所不同，显得更无力、更累一些。

在现实生活中，有一点是仪器无法测量的：哭泣前后状况的联系。比如说，如果婴儿有 3 个小时没喝奶了，那哭喊的原因肯定是饥饿。如果不小心撞到了头，那么哭喊就是因为受了惊吓或者引发的疼痛。

哭喊的详细原因

让我们再回顾一下刚才那张哭泣原因的单子，是不是缺了点什么？比如湿尿布，这是孩子哭喊时很多父母首先考虑的因素。但研究发现，给一部分的婴儿重新穿上湿的尿裤，而另一半孩子已经换上干净的裤子，两组孩子相比一下，哭泣程度的大同小异。比换下湿尿裤更重要的，是妈妈在不在身边。

那么无聊会导致哭喊吗？有些婴儿只是因为没别的事情可做而开始哭喊，从进化论的角度来说这个说法未必正确。因为哭喊会消耗很多能量，而这些能量对于婴儿的成长和大脑的发育来说非常重要——越小的婴儿体现的越是明显。但是是否他们哭喊只是为了跟人交流呢？这倒是很有可能，因为事实上很多婴儿的哭喊是想寻求交流和安抚。行为学家约阿希姆·本泽尔（Joachim Bensel）曾经研究了婴儿的哭喊，并把这种寻求交流的哭喊称之为“交流饥饿”。对于婴儿来说，身处亲人身边并与之进行交流是一种非常重要的体验，这几乎和母乳提供的营养一样对孩子的成长有极大帮助。他们为什么不能够为了争取这种“社交营养”而大声呼喊呢？

婴儿的另一个哭喊原因成为了最近研究的关注中心：哭喊显示了父母和婴儿在交流中的误区。就像我们即将在第十四章中看到的，婴儿会帮助父母在日常生活中找到正确对待孩子的方式。这种方式符合婴儿直观的期望或者与他当时的发展状况相符。如果不相协调，孩子就会通过哭喊来表达。所以，今天的“爱哭宝宝”其实是在尝试改善和父母亲之间的沟通交流！

还有一个原因不得不提，婴儿间的哭喊也会“传染”。一个孩子哭了，旁边的其他孩子也会跟着哭起来。是出于同情吗？肯定不是，根据对双胞胎的母亲调查所知，新生儿就会和兄弟姐妹一起哭泣，这个时候婴儿还根本不具备感情识别能力。另一种说法更有说服力：当孩子跟着一起哭泣时，由此获得食物、保护、甚至抚慰的几率会大大增加。这更像是一种搭便车的行为。

公平地说，孩子哭喊的另一个动机是，其他表达愿望的手段都没有奏效。打哈欠、伸懒腰等等方法都不能引起关注的时候，就只剩下哭喊这一招了。

总而言之，哭喊是为了更好的生存。事实上研究也证实，至少在恶劣的生存条件下（例如非洲的马赛），哭喊声音最长、最洪亮的婴儿会获得最好的生存机会。

关于哭喊的传奇

有种说法认为，婴儿哭喊并不是坏事，哭喊可以增加婴儿的肺活量。名医胡斐蓝（Hufeland）曾认为，通过哭喊可以使肺部力量增强，并改善其功能。相反，在哭喊的时候抚慰孩子可能会导致“肺部力量不够，甚至会引起某些疾病”。出于一些其他原因，哭喊对于孩子来说也是一件非常有益、必不可少的事情。它会促进血液循环，使体液分布均匀，并能促进消化和营养吸收，有助于成长。另外，还可以缓解便秘症状，分解排泄物，尤其缓解皮肤脱水[194]。在日本，人们甚至认为，哭喊可以增强婴儿对疾病的抵抗力。在那儿有非常受人欢迎名为“Nakisumo”的婴儿大哭比赛，比赛中由相扑选手把婴儿引哭，哪个婴儿哭得最久最响亮，哪个就是冠军。

经常哭喊和不常哭喊的孩子

如果你在德国某个城市的住宅小区散步，那你肯定会时不时听到某栋房子里传来孩子的哭声。全国到底有多少婴儿在哭，这当然没人知道。但从英国和芬兰的调查数据中可以得知，德国一两个月大的宝宝每天平均哭 2 个小时，3 个月以上的宝宝每天就只哭 1 个小时左右了。但很多在非洲的游客觉得很奇怪的是，在那很少听到孩子的哭声！民族学家梅里迪特·斯莫（Meridith Small）甚至写道，她在去巴厘岛的几次旅游中，一次都没听到过婴儿的哭声[195]。还有去安第斯山脉和亚洲旅游的人也觉得，在那些地方几乎听不到孩子的哭声。

研究者严格记录下了不同国家婴儿的哭喊时间，甚至包括仍然以石器时代方式生活的中非卡拉哈里。他们的研究发现，不同国家婴儿的哭喊程度截然不同，那些生活在离赤道较近的热带地区，并且和妈妈生活在一起的新生儿相对来说要哭得少一些。

但是这并不仅仅和气候有关，在中非有两个邻近生活的部落：一个部落成员主要是猎人，他们的婴儿总是由亲人背着，这样的孩子就很少哭；另一部落以农业为生，他们的孩子总被单独留在家里，所以相比之下就会哭得更为频繁[196]。

在多久啼哭一次这个问题上，不同国家不同种族的新生儿差异并不是很大。我们即将谈到，一般 4~6 周大的孩子哭泣时间最长。而在不同文化中成长的孩子差别最大的，应该是哭喊的时间长短。

普遍常数

就全球范围来看，哭的时间最长的应该数 4~6 周的婴儿。2 个月大的婴儿哭的时间会有所减少，那可能是因为这个时候妈妈和孩子彼此之间更加熟悉与了解了。孩子不需要再哭那么长时间，才能使别人明白自己的意思。很多证据表明，比起习惯和经验，哭泣更多是由婴儿自身发展决定的。因为：

◎ 观察所有婴儿哭泣的过程——无论母亲有没有带孩子的经验。

◎ 调查不同文化下的孩子——有的妈妈家里家外都和孩子在一起，有的和孩子交流很少。

◎ 早产儿中的“哭泣高峰值”也受到特别关注，这一数值不取决于他的出生日期，而是取决于比预产期提前多久。也就是说，如果一个孩子早产 4 周，那么他并不是和其他孩子一样在 4～6 周大时最会哭，而是要推迟到 8～10 周大时才会如此[25]。

◎ 在我们哺乳动物的近亲猴子身上，也能看到类似的现象。

另一个特征似乎是以生物学为依据的，几乎所有的婴儿哭泣的时间都在深夜。在德国，孩子一天的哭泣有一半发生在下午 5 点到晚上 10 点这几个小时之内。

这种随夜晚而来的不安是孩子与生俱来的，还在妈妈肚子里时，小家伙就最会在夜里折腾。出生之后，孩子晚上也最好动、夜间心跳最快、体温也最高。

这种晚上的活动有什么意义吗？最有可能的原因是：现在睡觉会影响到深夜睡眠——这使人类的宝宝要到深夜才肯睡觉有了个好理由（参阅第四章中的“认识与展望”）。

父母终究会等到回报：在最初的几个月，孩子最爱哭的阶段过去之后，等来的是最省心的一段时间——孩子开开心心地和家人一起玩耍。

个体差异

关于孩子哭泣时间的长短，不仅仅发生在不同文化下成长的孩子身上，在同一文化下成长的孩子也存在个体差异。现在有些妈妈一定很好奇吧，一些孩子哭泣所表达的意义比其他孩子少三倍[197]！

原因在于什么呢？我们所知道的只是构不成原因的因素。不是因为性别，不是因为出生顺序（不管是先出生还是后出生的孩子），母亲的年龄和社会层次也对此没有影响。但是研究还是找出了一些可能能够解释清楚哭泣时间长短差异的原因。

婴儿和照顾者的亲近程度很重要。如果观察一下身体距离对于各项身体功能的影响（详见第十二章），这点就不奇怪了。经记录，躺在妈妈肚子上的新生儿很少哭泣。反之，要是躺在自己的小床上，平均每隔5分钟这些小家伙就要哭上30秒[198]。在开始几个月，那些出生后在妈妈身边度过最初几天的孩子，比起那些在托儿所长大的孩子哭得少得多。还有，那些对生孩子感到害怕的妈妈，她们的孩子会被过多的身体接触“宠坏”，以后就会变成“哭鼻子大王”。不同的养育方式也会影响孩子的哭泣。新生儿的父母如果可以及时对孩子的需求有所反应，并经常把孩子抱在怀里，宝宝就不会感到不安，当然也较少哭泣（上文中非洲两个不同部落的例子也说明了这一点）[26]。实验中，经常被父母抱在怀中的6个月大的孩子平均要少哭43%[200]！所以，以石器时代方式生活的卡拉哈里90%以上的宝宝哭泣不超过30秒。但在现代社会中，妈妈和孩子距离反而相对较远，很多交流不是面对面进行，所以孩子会更频繁地哭泣。

家庭中的紧张气氛似乎也是原因之一。如果妈妈处于压力之下，那么孩子也会感到不安，睡得少，当然会经常哭闹[201]。可以设想一下，紧张状态下的妈妈对孩子的感受不够敏感，对孩子那些充满感情的信号也无法很好地理解[202]。在这种情况下，还是“粗鲁”的交流方式更能奏效，比如哭喊。

喂养方式？我们即将了解到，宝宝是吃母乳还是用奶瓶喝奶，这与孩子哭喊习惯没有关系[203]。但是，喂奶的频率似乎和哭喊方式有关[204]。经常喝奶的孩子不常哭泣，当把按时间喂奶改成按孩子需要喂奶时，哭泣也会随之减少[205]。

生产时受到哪些影响？是否早产会有些影响。有些早产儿在最初几个月会经常哭泣，但仅限于那些比预产期提前了 2 个月以上出生的婴儿才是如此。剖宫产的孩子和顺产孩子相比也差不多，但是那些紧急进行剖宫产手术的婴儿（往往是生产时母亲或者孩子的状况不太好），在最初的几个星期里会显得更加不安，更常啼哭。

三个月“剧痛”之谜

就我们目前所猜测的，哭喊可以给孩子带来安全感、所需的食物和照顾，这些都有助于他更好地生存下去。但是当孩子得到了这一切之后，是不是就会停止哭喊呢？父母们都知道，事实并非如此，有时情况甚至更糟。很大一部分新生儿在出生 3 周至 3 个月之间一直会哀哀哭泣，父母根本无从下手，更不用说知道他们为什么而哭了！这段时间父母充满了挫败感。这一精神上的负担可能会带来严重后果，90%以上受虐新生儿入院是发生在无休止的啼哭之后。所以，这种持续的哭喊并不是为了更好地生存。

这里所谈到的是“三个月的剧痛”。“剧痛”这个词表明涉及的不仅仅是作为传递信息的啼哭，那究竟是什么呢？如果问问儿科医生，回答您的可能只是医生一筹莫展的摇头。甚至对于“剧痛”这个肠胃领域常用词，也不被大部分医生接受，他们更愿意使用精确的表述，例如“持续的晚间啼哭”，或者更进一步“原发性无节制啼哭”。到底跟肚子疼有没有关系呢？谁也不知道。

在这方面，研究已经有了一定进展，起码已经知道哪些因素和这种“剧痛”无关，一个孩子是否在忍受啼哭“剧痛”的折磨，并不在于以下几点：

◎ 孩子是否已经喂过奶

◎ 婴儿是男孩还是女孩

◎ 母亲是否有育儿经验（尽管生育第一胎的妈妈总是觉得自己的宝宝哭闹得最厉害，但是从日记记载中可以看出，其实啼哭频率和别的孩子是一样的。）

西兰花等

现在让我们来谈谈蔬菜。有些妈妈在孩子陷入无休止的啼哭中时，会觉得罪魁祸首可能是洋葱、西兰花之类的蔬菜。这完全是错觉！事实上，当哺乳期的妈妈不吃西兰花、葱或者洋葱之类气味较重的食物时，在最初的几天里的确会觉得似乎孩子更少啼哭了。但是持续观察下去，接下去的几天其实与前几天并无区别。还有一个说法是放弃碳酸饮料，其实这也没带来多少改变。幸好是这样，要不然，科学家还得面临一个难题，那就是得解释碳酸是如何从瓶子里跑到母亲的乳房中去的。事实证明：矿泉水、可乐和西兰花之类并不能导致孩子陷入啼哭的“剧痛”，就像巧克力不能导致长痘痘一样。

那是不是婴儿牛奶导致的呢？换种口味也许在开始几天会使啼哭状态有所缓解，但很快又一切照旧了。

在这种恼人的啼哭背后是否有过敏的原因存在？可能，但非常罕见。大概有3%的“爱哭鬼”会对牛奶蛋白及食物中的某种成分过敏。但是，这些孩子除了啼哭之外往往还伴有腹泻、消化不良等其他症状。当孩子啼哭变得越来越不寻常时，可能与过敏有关，但孩子在前3个月无休止的哭闹则与此并无多大关系。所以毫无疑问，把婴儿牛奶换成“低过敏度”的并不能缓解啼哭[206]。

那是不是由于某种并发症呢？有些替代医学家认为，可能这些孩子在出生时颅底颈椎关节脱臼，从而导致头关节诱导性不对称障碍（简称 KISS）并发症。这一名称听起来似乎煞有介事，但这种说法对于思维缜密的医生而言并不可信。而且实验证明，相关治疗并不能让婴儿减少啼哭[207]。

心理学层面的探究

看起来爱哭的宝宝和他们父母的身体健康状况并没有问题，那精神上呢？有个比较简单的解释：感情脆弱的妈妈更容易抱怨孩子的哭声，这样会导致孩子更爱哭。问题是，如果询问一下爱哭宝宝的父母，的确会发现他们会比其他孩子的父母更紧张、情绪更不稳定。但这是宝宝无休止的啼哭所导致的结果，而并非导致啼哭的原因。

孩子天生的个性也不应该对此负责。虽然爱哭孩子的父母会评价自己的孩子难带，但当要求他们在调查问卷上作出客观评价时，其实这些宝宝的行为和“正常”宝宝并无不同[208]。

孩子是不是通过提高哭喊的声音这种极端的方式来表达对妈妈“过冷”的态度、照顾不够、过少的亲近，以及家庭中的紧张气氛等等的反抗呢？

其实在本章开头我们就提到过，和新生儿的相处方式会影响到孩子的啼哭程度。但是，对于无休止的哭闹而言，这种关联并不适用。在实验中，对孩子采取不同的养育方式来比较区别，从中发现总是被抱着并且睡在妈妈身边的婴儿总的啼哭时间会比较短，但是单看晚上的哭闹，和其他孩子并无区别[209]。

真正的不解之谜

让我们再来看看这种无休止的啼哭现象。儿科医生认为，如果婴儿在长达 3 周以上的时间内，每周超过 3 天，每天啼哭超过 3 个小时，就可称之为“三个月剧痛”。民间把这样的孩子称为“爱哭宝宝”。这种在很多文化中都有提及，日本称为“夜间哭闹”，中国、韩国分别称之为“百日哭”和“百日狂欢”。在越南，人们似乎计算得更精确，将之命名为“三个月加十天的哭闹”。

在德国，每 7 个新生儿中就有一个受此折磨。一般来说，婴儿从出生后第 2 周开始，6 周左右的时候就能达到最严重的状态。对于 90%左右的婴儿来说，这种折磨会在 3~4 个月大的时候突然自动消失。在此之后仍然哭闹不止的孩子，就会被冠以“好哭鬼”的名号，或者人们认为这是“非常规剧痛”现象，这一点我们下面还会继续探讨。

录音显示，这些爱哭闹的宝宝其实并不比其他孩子哭得频繁，他们只是哭的时间更长。这意味着，一旦当他们开始哭闹后就很难安静下来。所以在这些孩子身上记录下来的哭闹高峰的时间和其他孩子一样是在晚上，3/4 以上的孩子在 17~20 点之间开始哭闹。有些研究者把这种“剧痛”看作是平常哭闹的最强表现形式——就像冰山上的尖顶[210]。

肚子在其中扮演的角色？

其他的一些研究者和父母坚持认为，爱哭的宝宝一定是有什么不对劲，这些孩子除了哭闹，还会有肚子疼的症状。当小肚子鼓胀的时候，小家伙就会把腿蜷缩起来，似乎想把疼痛赶跑。另一方面，导致这种无休止啼哭的与腹部有关的原因，到目前为止尚未发现。但是也不能就此下定论说，啼哭和腹部问题并无关联。一方面可能是这些宝宝在平常的哭喊中吸入了空气，而他们又对此反应特别敏感，所以就从普通的啼哭转变成了无休止的哭闹。也可能是有些孩子的肠胃对于日常生活中的一些刺激很敏感，比如说晚上的劳累或者饥饿。事实上血液检测说明，爱哭宝宝的肠蠕动会更加频繁，在他们身上控制肠胃活动的胃动素浓度特别高。但是到目前为止，并无确切证据表明这些到底起到了正面还是负面的作用。

对原因的推测

似乎再也找不到替罪羊了，包括妈妈在内，谁也没做错。既不是洋葱，也不是碳酸，甚至连亲子关系的疏离都不需要为此负责。到底为什么世界上有那么多孩子哭闹得如此厉害呢？最后再让我们来看看三条有趣的推测，讨论一下对与错。

褪黑素理论。第一种推测把原因归于这种人体生物节律激素——褪黑素。这一理论是由儿科医生马克·魏斯布卢特（Marc Weissbluth）提出的，为什么孩子的哭闹在 3 个月后就会停止呢？他认为，宝宝出生后，他们体内调节生物节律的激素之一，羟色胺达到了很高的浓度。这会导致肠蠕动，并使得宝宝顺利排泄。另一重要的调节人体节律的激素是褪黑素，但它在宝宝出生后的前 3 个月几乎还没形成。这种激素的主要作用是调节睡眠，放松肠道肌肉。在阳光较充沛的地区，至少 3 个月后褪黑素才会大幅增加，这个时候孩子的睡眠才会比较有规律。根据魏斯布卢特医生的学说，这两种激素——羟色胺和褪黑素的不均衡在开始的3个月内容易导致婴儿肠痉挛。支持这种学说的论据是，在早产儿身上，无休止啼哭的时间取决于受孕的年龄而并非出生年龄。事实上孩子的睡眠节奏受到外界光线的影响，这一点在母体中就已经形成了。

这一学说也解释了，为什么在赤道附近生活的孩子更少啼哭。因为那儿阳光充沛，使得宝宝在出生后的几周之内就有较高的褪黑素[211]。但这一学说还需要更多证据支持。

肠道理论。第二种解释的主角是肠道，当然这种理论也未经证实。以罗纳德·巴尔（Ronald Barr）为代表的专家指出，与其他人相比而言，新生儿的肠道更适应较少量的牛奶喂养，为什么呢？

在炎热的非洲，新生儿的营养摄入主要由液体组成。虽然由于干渴，新生儿经常喝水，但是每次量并不多。赤道附近地区的婴儿肯定比我们这的婴儿更常喝奶，在那儿也很少发生孩子无休止啼哭的状况。实验也证明，经常喂奶会有效预防这一麻烦的产生[212]。

另外一个原因也使这一论点显得更有说服力。从节约角度而言，婴儿常常出现吐出食物的现象也需要一个解释。婴儿不可能为了吐出一部分食物而填饱肚子。这一现象也可以解释相对较冷地区新生儿的喂奶量，一个新生儿一顿饭要喝200毫升，这一消耗量大概和成年人4升的消耗相符！

第四学季理论。这一说法认为，人类的婴儿在出生的最初3个月内比其他动物的幼兽要不成熟得多。母体内胎儿的大脑发育快速，但为了适应产道，婴儿必须在身体机能发育完全之前落地（关于婴儿出生所面临的种种问题会在第十二章中详细说明)。他们离开了这个温暖的环境，来到一个对他们而言动荡不安的世界，他们还不具备足够的适应能力，也没有防御和保护自己的能力。也许他们需要第四个学季，也就是3个月的时间来学会成长，在这段时间里他们可能会非常想念在妈妈子宫中的温暖感觉。

很明显的是，通过拥抱、声音等方式很容易使新生儿安静下来。美国儿科医生哈维·卡普根据观察创造出了对婴儿耳语的办法，这一方法建立在对母体环境的模拟基础上。把宝宝紧紧包在毯子里，轻轻摇晃，然后在宝宝耳边轻声低语，这样能很好地安抚孩子。另外，孩子从出生3周起就应该多练习吮吸动作（比如使用奶嘴）[213]。

这种方法从进化论角度看来也有道理，很多哭泣的孩子对这种方法都有很好的反应。从历史上看，直到19世纪，在欧洲大部分地区，都是用卡普医生的这种方法对孩子加以安抚的。但是缺乏证据说明，这种方法在对待哭闹不休的孩子身上有何不同[214]。就像上文所提到的，这种对待新生儿的方式在减少哭泣上成效甚微，把孩子紧紧抱住也没多大作用[215]。目前为止，还没有一种方法能够真正奏效，以至于日常生活中的尝试层出不穷。

持续性的哭闹

有的孩子在最初3~4个月的哭闹期之后还会不停地啼哭，这一部分占了前3个月爱哭宝宝中的5%，在所有孩子中的比例为1%~2%。

这种持续性的哭闹给家庭带来的烦恼要甚于前 3 个月。一来是因为这种哭闹让人看不到尽头——往往这样的孩子在幼儿时期也比其他孩子爱哭；二来这些孩子不仅仅在晚上闹，在任何时段，比如深夜或者吃饭等其他时候，只要他们觉得累了或者有什么愿望没有得到满足，就开始哭闹。让父母头疼的不仅是哭闹的时间长短，还有这种毫无理由的随时爆发，让家长得全天 24 小时随时待命。

因为这些孩子总是在哭闹，所以他们白天睡得很少，就导致了休息得不好。那么在晚上呢，这些爱哭闹的孩子也很难入睡。所以孩子的这种睡眠节奏混乱，导致了整个家庭弥漫着紧张的气氛。毫无疑问，父母与孩子之间的情感联系也会受到影响。也可以理解为，我们还需要对这些爱哭的宝宝们在其他方面的调节问题进行观察。除了睡眠障碍，他们还会面临喂养问题，甚至到了上学的年龄也会有一系列的行为障碍，比如无法集中注意力。

众所周知，要找出持续哭闹的原因并不容易。因为，虽然在这样的家庭可以找出一些常见的压力因素，比如伴侣间的矛盾、缺乏支持、经济窘境以及其他一些心理上的压力，但这些也都可能是面临孩子哭闹压力带来的一系列负面影响，有说服力的论据到目前为止尚未发现。

应对哭闹的有效策略

在巴厘岛，如果一个孩子哭闹得特别厉害，那人们会认为他是在对自己的名字提出抗议。名字太“重”或者太“轻”，都会让孩子的灵魂失去平衡。当地土著的治疗师会给孩子重新取一个名字，让他停止哭闹[216]。

这种“治疗”方式会让有些人嗤之以鼻，给孩子取个新名字的方法毫无道理可言，就像放弃碳酸饮料、不吃全麦面包，给孩子吃缓解胀气的小药丸（例如萨博 simplex、Lefax 等）等毫无逻辑的理论。虽然我们不愿意承认，但事实上，父母对付孩子哭闹的很多方法都是无效的。

◎ 断奶不是办法，因为哭闹不是母乳导致的。

◎ 给宝宝换种牛奶喝也没用，几天之后一切又恢复原样了。

◎ 把婴儿食物换成低过敏度或者水解的，但这一方法的有效性未经科学标准证实。

◎ 给宝宝服用缓解胀气的滴剂也没有作用[217]。

◎ 只有除了哭闹之外出现例如腹泻、贫血、不寻常的呕吐或者发育障碍时才可能确定是过敏导致的。

◎ 气功等其他治疗方法只起到安慰作用[218]。

究竟什么会奏效?

不要去假设孩子有过敏、颅底关节脱臼或者其他的一些疾病，父母做到这一点就是对孩子的极大帮助，因为孩子的哭闹在出生 3~4 个月后会自动逐渐减少。但爷爷奶奶、阿姨甚至是邻居们常常由于怀疑而产生自以为是的“诊断”。如果父母认为孩子“难带”，那么孩子就真的会变得难带。当哭闹期过去以后，如果父母还是觉得孩子过于敏感脆弱，这对孩子的人生之路来说并不是一个好的开始。

现在让我们来看看经科学证实的有效策略：

◎ 如果孩子是早产儿，那么通过经常的身体接触和照顾，可以很好地缓解孩子的不安情绪。

◎ 对于足月出生的孩子而言，身体接触也是有必要的。把孩子抱在怀里，而不是把他放在婴儿车中，可以让这个小人儿更加安静（详见第十二章）。

◎ 家庭成员戒烟也很重要，事实证明，尼古丁会导致肠痉挛[219]。

很有意义的是，把孩子成长的整个环境作为考虑因素。也就是说，除了父母之外关注孩子的所有人，比如朋友、看护、亲戚等。家里如果有个经常哭闹的孩子，那晚上肯定需要有人帮忙照顾。需要有人来安排生活，鼓舞家人士气，用巧克力、酒或者承诺来使家庭成员团结起来。只有这样才不会使父母在这难熬的 3 个月里失去希望。

把孩子紧紧包裹起来是否有帮助，这一点还存在争议。在有些研究中，在婴儿出生的前几个月里，把他用小毯子紧紧裹起来会让孩子安静一些[220]，但是孩子对此的反应就不太相同了。有些喜欢盖得薄一些，另外一些要包得厚实些才会哭得少一点[221]。大人们可以尝试一下，但一定要在适度范围内，因为孩子需要活动自由才能够发展身体上的感觉，所以把孩子包起来的同时，应该尽量把屁股和腿露在外面。

还有，多喂孩子几次奶也会起到预防作用，因为这会让孩子更加安静[222]。

对于不喝母乳的孩子来说有一个新的办法，就是喝含益生元的婴幼儿配方奶粉。这种婴儿牛奶含有促进肠道菌群调节的成分（益生元），健康的肠道菌群可以使肠道不那么容易过敏。初次尝试会带来积极作用，但不作为推荐广泛使用[223]。

那么作为放松用的茶和按摩油效果怎么样呢？就像很多母亲认为的，茴香、八角、香芹、黄春菊等，但有关这方面的研究成果很少。但是在一次实验中发现，从茴香、八角、黄春菊和香脂中提取的精华对于减少哭闹有很明显的效果，所以植物方面的辅助手段很可能是有效的[224]。

紧急情况

在19世纪的英国往往用一种由莳萝油、小苏打和酒精混合而成的饮料来治疗孩子哭闹。据说疗效不错，尽管要以损伤部分脑细胞为代价。在19世纪，热门的父母指南《妈妈手册》中甚至建议一种暴力手段：在孩子深夜大声哭闹的时候不要把他抱起来，就耐心让他哭吧。但是如果在4个月后孩子还是这么任性，那就有必要采取一些强硬的手段，比如在小屁股上打上几下。但有的时候，帮他翻个身，用严厉的语气命令孩子保持安静也就够了[225]。

今天，这些容易导致孩子上瘾或者其他简单粗暴的方式已经被法律所禁止，所以父母必须得费尽心力摸索出一套适合自己孩子的策略。

当孩子哭闹不休时，马上给他喂奶会有帮助。但如果他只是匆匆喝了几口，那就不要频繁地给他喂奶。有些孩子含着奶嘴也会安静下来。

有些孩子喜欢被大人抱在怀里或者把他们包裹起来，也能使他们安静。另外一些孩子可能需要声音的帮助，比如耳边的低语、电吹风甚至是吸尘器的声音都可以让他们停止哭闹，这一策略主要是让孩子转移注意力，从而安静下来。

节奏感也可以起到镇定作用，比如说走路的节奏也会影响到婴儿。有些妈妈在前3个月就会带着孩子一起散步。当孩子感受到有规律的心跳（每分钟80～140次，大概每秒2次）时，也会让他情绪稳定。如果把宝宝放在婴儿车里大幅度摇晃，或者让他骑在橡皮球上蹦蹦跳跳[226]，那只会让孩子手忙脚乱，带来片刻的安宁。

有些时候父母会不太确定，自己的孩子到底真的很爱哭还是哭的那几分钟显得特别漫长，在这种情况下最好写写孩子的成长日记。父母把孩子哭闹的具体时间记录下来，再拿去和儿科医生探讨。

宝宝无休止的哭闹会打击父母的自信。他们的主要任务就是抚养、保护和安抚孩子。如果有一点没有做到，就会让他们产生深深的挫败感，这甚至会使整个家庭处于自责和自我怀疑之中。幸好，现在这些一筹莫展的父母可以向专门的咨询中心求助。在这些所谓的“儿童哭闹咨询中心”有专门的儿科护士、助产士或者儿科医生。他们对儿童哭闹这方面很了解，用他们的专业知识可以给父母提供帮助，重新建立起父母与宝宝的沟通交流。

对父母来说，要在哭闹的小家伙面前控制自己的愤怒是极大的挑战。比起抱着孩子不断摇晃直至筋疲力尽更好的方法是，把哭闹的孩子放下，走出房间（因为婴儿还不能很好支撑头部，不断摇晃可能会导致严重的脑出血）。

认识与展望：
眼泪会说谎吗

1926年官方就正式指出，父母不该在孩子的眼泪面前让步，要不然就会给孩子一种错觉，他们可以通过哭闹得到自己想要的一切。持这一观点的美国劳工部还进一步指出，这样会培养出家里的“小皇帝”，无休止的要求会让妈妈变成奴隶。

今天，我们倾向于相信孩子们，并试图理解他们的哭闹。我们会认真对待孩子的需求并提供可靠的帮助。

但是父母仍然无法摆脱一些怀疑，一些婆婆的看法也正是问题的中心：那些在眼眶中打转的眼泪是否只是企图操纵父母的工具，从而获得他们所需要的关注、食物和游戏？

昂贵的广告

让我们从新的角度来观察一下老问题，并利用一下进化学家最爱用的信号学说。这一学说的出发点是，生物会通过一张信号网来使自己为众人所知。比如，雄性萤火虫会在夏日的夜晚嗡嗡飞行，通过自己的荧光诱惑力来吸引异性。看起来似乎浪漫，但实际却很危险，因为用这种荧光告诉对方“我在这儿!”的方式也会引来猎食者。信号越有吸引力——雌性萤火虫迷恋于那摇曳的萤火——越容易引来饥饿的敌人。生物学家萨哈·里维斯（Sara Lewis）说，每个夜晚萤火虫都在性和死亡之间走钢丝。

再来看看孔雀，羽毛边缘好似眼睛的花纹越多，它就越能吸引雌性的目光。但是有个问题，需要位置来安排这种能散发出荧光的蓝色花纹，这就需要羽毛数量的增加，同时也意味着负担的增加。羽毛当然好看，但是它会妨碍日常行动，尤其是面对饥饿的狐狸时，会影响逃跑的速度。所以浪漫总是和危险并存的。

一切都是谎言?

萤火虫和雄孔雀的例子说明，为自己做宣传可能会付出昂贵的代价。有什么比撒谎这一做法更安全、代价更小的呢？可以这么说，只是把脖子后的毛发梳理整齐肯定比展示一身肌肉所付出的代价小。雄狮的鬃毛就是一种很明显的廉价“伪装”。还有，再瘦小的猫也会拱起背来吓唬敌人，他们用来坑蒙拐骗的招数层出不穷。田鼠在遇到响尾蛇时会使劲摇动尾巴，形成的热量会让蛇以为面前站的至少也是只美洲狮。还有狡猾的布谷鸟，把自己的蛋放到别的鸟巢中，自己就完全不用为哺育下一代操心了。他们确信，自己孩子的红色大嘴一定可以骗过养父母，让这些养父母把自己的孩子喂得饱饱的……

真实的信号和虚假的信号

这就提出了一个非常现实的问题：该如何分辨谎言和真实

的需求呢？谁能保证这一信号不是个骗局呢？谁能保证，雄孔雀那一身羽毛只是为了美丽而安排的呢？谁又能担保，眼泪不是谎言，不是鳄鱼的眼泪呢？

信号学说给出了一个令人惊讶的简单回答，人们可以从这一信号所付出的代价来区分。真实的信号对于主人来说首先有一点昂贵。而用来骗取某种好处的信号往往比较廉价。简单地说，一个信号的真实性是与其所付出的代价成正比的。因为一个信号要付出的努力和风险越大，也就越难被复制或伪造。这一学说建立在生物学“不利条件”的基础上，也就是说想证明自己的真实性，必须得承担某种不利条件。

以鹿为例，必须投入更多的能量，才能拥有高高的鹿角，只有非常厉害的鹿才能做到这一点。黑色小鸟的羽毛上如果有红色的花纹，那肯定更容易被敌人察觉，面临的危险更大，这就意味着这样的鸟会更有力量。如果通过自我宣传的信号会获得很大的风险，那就说明这是真实的。

回到孩子哭闹的主题上来

这种“不利条件”的理论让人类显得有点特别，为什么厨师的围裙是白色的？为什么女性会自愿给自己加上高跟鞋这样的障碍？为什么经纪人可以在炎热的夏天忍受西装革履？为什么那些能从某种程度上证明社会地位的品牌——从 Gucci 的手包到钻戒都如此昂贵（其实只有专家才能分辨出钻戒和玻璃仿品的区别）？

现在让我们来仔细观察一下孩子的哭闹。根据刚才谈到的理论，如果有眼泪，那就是真的，因为这让孩子付出的力气更大。事实的确如此吗？

绝对正确。因为哭的时候不仅挥动双手求助，还可以张大嘴巴来引起关注，从进化论来看，其实哭喊是很危险的。所以有些孩子只有感觉到妈妈不在身边时才会哭，没有妈妈的保护，被野兽发现的几率就大大增加了。

对于孩子来说，哭闹是很费力气的。这些力量对于孩子很重要，所有的卡路里都要用来成长，越小的孩子需要的能量越多。在最初的几个月里，孩子会把食物中 1/3 的能量储备起来用于成长，2 岁的时候这一比例就降到了 3% 以下。所以，第一年用来哭喊所花费的能量比以后要付出的代价大得多。

小宝宝在 1 岁以内为这种哭喊信号要付出额外多的能量，因为他们不知道妈妈离开得有多远，所以每次都声嘶力竭地哭喊，这会提高“成本”。从信号学说来看，新生儿无理由的哭喊是不对的，因为能量损失过大。

哭喊给一个正在快速成长的孩子带来的额外能量耗费说明了为什么孩子哭闹之前会有这么长的准备时间。我们在第六章已经提到过，孩子在哭之前其实已经进行了一系列不是那么大的能量耗费的“信号展示”，比如打哈欠、咳嗽、哼哼唧唧等，都不奏效才会最后选择哭闹。

随着年龄的增长，能量成本的耗费也在变化，哭闹会变得比较“廉价”。所以，哭闹更有可能是一种虚假信号，只是为了从妈妈那儿得到自己想要的。大家都知道，上幼儿园的孩子在被批评责骂时会马上哭起来，这只是为了转移注意力，使自己更快忘掉这痛苦的时刻。这种哭闹就有弄虚作假之嫌！

关于“代价”说

信号学说的观点在本书的很多部分都被用来作为理论工

具，在关于断奶的争论，关于孩子睡眠的讨论和孩子叛逆期的愤怒等一系列问题中都有提及。在这些例子当中，如果参考“代价”这一理论，那么可以帮助父母去伪存真，培养辨别力，分辨什么时候是孩子在真正表达需求，什么时候只是胡闹而已。

父母的信号？

信号学说也可以帮助父母更好地了解自身。因为孩子其实也有明确的感觉，什么时候父母是认真的，什么时候只是说说而已。孩子们的感觉很敏锐，他们可以区别“不，你不能吃糖！”背后隐藏的到底是微笑还是愤怒。

这和父母的经验相符。9个孩子的妈妈安娜·瓦尔格伦说，孩子们会接受那些对父母而言有必要的东西。孩子们也了解“代价”一说，如果付出小小的努力就可以说服父母改变主意，那孩子们就会坚持自己的立场。但当他们察觉到，涉及到的是重要并且无法和父母协商的事情时，就会做出让步。

毫无疑问，很多父母发觉，当和孩子开诚布公并且坦诚告诉孩子自己的真实想法时，这样的相处会很轻松。换而言之，父母首先要真实。在这一点上，实际的生活经验会加强理论，孩子会相信真心对待他们的父母。

这在小事上也会体现出来。当孩子不再依赖奶嘴、到了上幼儿园的年龄时，父母在一些小事上还是没有信心、犹犹豫豫，或者只听从专家朋友的建议处事，那就会导致孩子经常哭哭啼啼。要是能像约翰·韦恩（John Wayne）一样，迈着坚定的步伐踏进酒吧，充满自信，那一切都能成功。

第七章
孩子的“反抗期”

就在几周以前，一个转移注意力的小伎俩（“宝贝，看那边!”）还能让孩子安静下来，但是从 1 岁多起（通常是 15~18 个月），他经常会哭闹到声嘶力竭。这说明孩子进入“反抗期”了。这一时期是整个世界历史进程中最可怕的改变时期（安娜·瓦尔格伦）。它常常困扰许多家庭整整 1 年，甚至直至孩子上幼儿园。有些孩子甚至一直未能摆脱这一“反抗期”，当成年后，一旦有什么事情不顺心，他们就会暴怒。

“反抗期”在所有文化中普遍存在，而且出现的时间大致相同。就连黑猩猩也要经历“反抗期”，而且毛茸茸的小猩猩和孩子所经历的“反抗期”大同小异。“反抗期”可谓是成长的必经之路。

但是，突然爆发的怒气到底从何而来呢？难道甜食不比哭闹更合孩子的心意吗？

不同的经历，因人而异

并非所有孩子经历的“反抗期”都是一样的——有

些孩子的逆反行为可能只是“水杯里的风暴”，而有些孩子的逆反行为则是真正的暴风骤雨；有些孩子的逆反行为有一定的规律可循，而有些孩子则反复无常，让人猝不及防。尽管女孩更容易逆反，但是与男孩相比，她们发脾气的时间相对较短。虽然女孩和男孩一样也在 1 岁半左右达到“生气的巅峰”，但是她们通常要到 2 岁半的时候才完全渡过“反抗期”[228]。恼怒的程度与孩子的智力发育或智商基本上没有关系，而更多的是取决于孩子的脾气。安静、胆怯的孩子明显比好动、顽固的孩子少些暴怒。

我们为什么不像绵羊一样温顺?

我们马上就回到“为什么”这个问题上来。一般来说，哺乳动物之间的区别在于它们何时失去“保护伞”。如果某一种群居的成员之间存在领地或等级之争，那么它们通常比不注重领地分配和等级差别的种群更容易攻击和暴怒。例如，黑猩猩通常会因为严格的等级秩序而彼此攻击，但是许多群居动物却“性情温和”。

从生气的尺度来看，人类可能紧随黑猩猩之后。尽管人类因为受行为准则和情感反应的约束而合作，但是也为社会地位、名誉以及具体的利益而相互竞争。

众所周知，发脾气是人类情感外衣下一层闪亮的薄纱，它可能是一个信号，但也可能诱发危险的行为。人类必须在儿童时代就学会内敛、节制，并且用批判的眼光看待不好的行为，从而控制自己的怒气。

自我情感体验

人们必须在儿童早期就学会控制自己的暴怒，这似乎是上天注定的。因为只要孩子还未形成自我意识，也就是说他不是自己行为和情感的操纵者，那他的情感空间就一直由别人控制。孩子在哺乳期的吃喝拉撒和情感关怀都依赖于外界，即自己的父母。他们反映并控制自己的情感，给孩子带来幸福，使孩子保持情感的平衡。

而当孩子在 1 岁半左右开始慢慢形成“自我”时，这一切就变了。父母渐渐地就只为孩子提供“风”，而孩子则开始学习借助“风”的力量向前翱翔。如果父母在孩子早期就担任“感情加油站”，“恸哭墙”或“年货市场里供人们用锤子敲击的玩物”这些情感抒发的角色，那么孩子也会逐渐认识到父母情感的作用，并开始操纵这种情感[27]。

儿童逆反的目的何在?

心理学家对儿童逆反的一致看法是：这种逆反情绪合理而且完全可以理解，但也存在问题。这种情绪似乎更匹配大人的“思维”，却不适合孩子的成长世界。让我们先看几个常见的理论：

◎ 成长矛盾理论：孩子逐渐地想靠自己探究这个世界。但由于他们还不够成熟和机灵，所以他们通常无法成功。这可能导致了他们的沮丧和生气。

◎“废王位”理论：过了哺乳期后，儿童就到了“相信自我的顶峰”（安娜·瓦尔格伦）的阶段。现在，他们的意志力慢慢变强，所以他们当然也想做一些父母不喜欢的事情，想

“逾越雷池”。这种绝对权力无法得到满足会让他们感到沮丧和生气。

◎ 孩子想要的东西有很多，但是无奈他们还没有成熟的时间观念。所以当他们想要什么时，就想立刻得到它。一旦出现偏差，他们就会难过不已！

◎ 处于这个年龄阶段的孩子的语言表达能力一般不太好，亦没有掌握正确对抗失望情绪的方法。当大人遭遇不顺或者意识到自己犯了错误时，可能会骂骂咧咧。而孩子却只能用身体语言来表达自己的情绪：要么摔倒，要不就使劲打自己。

◎ 因为孩子渐渐获得了自我，所以他们现在也能更好地设定目标，并以此来衡量自己。一旦达不到自己的目标，他们就会感到难过。

◎ 在大脑研究时代，以下说法也备受青睐：不成熟的大脑还不能很好地控制自己的情绪。如果孩子经历了令他沮丧的事情（而且这是在儿童初期出现的），那么他的大脑就会像海啸一样狂风骤雨不止，然后开始大发脾气。

◎ 不管怎样，还是有一个积极的说法：发脾气有可能帮助孩子学会如何达到目的。或许他们需要通过发脾气来获得强大的意志力吧。

进化生物学对此的观点如何呢？

许多心理学观点都是从孩子的缺陷这一角度出发。认为孩子还小，这也不会那也不会，缺这又少那，或者说大人给孩子提出的要求过于苛刻。正如我们在第一章的“认识与展望”里面所读到的，这些观点基本上与进化不相符。因为从发展的角度看，每一个成长阶段的孩子很可能具备他们下一步成长所需要的素质与能力。在大人的眼中，孩子可能不够成熟，但并非如此。如果孩子们对于成长没有做好充分的准备，那么也绝不会长大成人！进化生物学用“足够好”这一理论模型取代了在许多心理学理论模型中占主导地位的“缺陷”理论模型。该理论认为：孩子其实非常清楚怎样做孩子，完全懂得怎样成功有效地经营自己的童年生活。

关于“反抗期”：如果不发脾气可以让孩子更顺利地度过儿童时期，那么父母可能就不用与发脾气的孩子打交道了！进化生物学认为，一个高代价的特征或者行为产生的原因之一就是有助生存，至少目前还没有人能用确凿的论据反驳这一点（详见第六章的“认识与展望”部分）。因此，进化生物学提出的第一个问题就不属于缺点，而是某一特定的行为给孩子带来的优势[28]。

其实，我们不想探究爱发脾气的孩子到底缺少什么，我们更想知道，到底是什么让这个“反抗期”的孩子爱发脾气：孩子希望从这种引人注目的行为中得到什么？到底是什么好东西激励孩子一下子爆发出如此多的能量？发脾气能怎样帮助他成长？

我要先声明一下：其实就连进化生物学对此也并非只有一种答案，但同时运用两种说法却可以使问题变得更加清楚明了，我们将会在后文中尝试将两种说法进行融合。

猩猩……

为了更好地理解第一种说法，我们最好还是亲自近距离接触一下查尔斯·达尔文。1838 年 3 月，在一个阳光明媚的春日里，他和一大群游客一起参观了伦敦动物园，就是为了一睹动物园不久前引进的一只名叫詹妮的猩猩的风采。詹妮穿着顺应时节的衣服，但是在达尔文看来，它的动作举止才让它真正像一个人。因为当动物饲养员拒绝给它想要的苹果时，珍妮就摔倒，仰面躺在地上，脚乱踢，还大声喊叫——“就像一个调皮的孩子”，达尔文在他的日记中如是记录。后来的观察者简·古达尔（Jane Goodall）也在她的日记中记录了有关黑猩猩的情况，这也可能引自网上的父母交流论坛：“它大声喊叫，手臂胡乱挥舞，然后用手一直不断地击打地面。有时它用头撞击地面，用手臂环抱一棵树或者是两手交叉于胸前。然后又摔跤，还一边喊叫着……”她认真地观察了一只十分大胆的黑猩猩，观察它是怎样将自己的脚挂在树枝上，好像马上就要头朝下掉下去了。简·古达尔评论道：“与此同时，它还不断地瞟自己的妈妈，看妈妈是否已经为它感到心疼了……”[229]。

为什么希望妈妈心疼？

当小猩猩觉得自己受到亏待时，它们就会不停地发脾气。比如它们没有得到极其想要的苹果，或者妈妈不再将它们放在胸前哺乳，或者妈妈不再让它们“骑在”身上。许多这种发脾气的现象都较为严重，一般被称作“断奶之争”。这一成长阶段以两个鲜明的变化为特征。其一是哺乳妈妈将自己的关注力慢慢地从已经“长大”的孩子身上转移走。随着断奶期的到来，吃奶孩子的“哺育特权”时代就结束了。比如说妈妈的怀抱、与妈妈的亲密距离、妈妈的肚子、皮肤和胸部都为下一个孩子腾出来了。其二是先前的婴儿就像肥肉里的小虫子一样悠闲，现在却马上就要和即将诞生的弟弟妹妹们争夺一切，而弟弟妹妹却在各个方面受到偏爱。毫无疑问，在这场撤退战役中，孩子会裹着硬绷带，要尽一切小把戏来挽救一切！

回到人类

许多事实表明，孩子发脾气与“断奶之争”有一定关联。但是这对于“现代的”父母可能说不通——因为小婴儿在第一次发脾气之前早就已经断奶了。正如我们在第二章中所读到的，这并不符合人类原始的生活状况。在石器时代，孩子一般被哺乳到2~4岁。到了断奶的年龄，孩子会在与妈妈的直接身体接触上，失去比现在的孩子更大的生存空间——因为他们必须将这个空间留给自己的弟弟妹妹。很显然：断奶期对于人类来说也是一个“分离期”，那么断奶之争也就是分离之争。从进化生物学的角度来看，以下说法也是合理的，即发脾气是孩子在成长过程中获得的反作用力，用以在日常的“降级赛”中射中某个球门，在某方面赢得关注，并确保自己在目前已变化的状况中受到适当的关注。因此，发脾气就是以退为进的手段，以下说法说明了这一观点：

◎ 其一是时间变化：处于“自然”断奶期的孩子最容易发脾气，而且在弟弟妹妹出生以后更容易生气。

◎ 其二是人们通过观察发现，断奶给孩子的日常生活带来的变化越大，孩子发脾气的频率就越高、程度也愈烈（参见第二章）。

◎ 孩子发脾气几乎无一例外都是针对自己的父母，也就是针对应该对“财产分配”负责任的大人（现在更多的是针对妈妈）。

◎ 尽管数据有限，但是人们仍然发现孩子似乎对自己的弟弟妹妹，尤其是很快就出生的弟弟妹妹，发更大的脾气29[230]。

◎ 一般来说，孩子在“艰难”的生活环境下更容易发脾气[231]。这一点完全可以理解：如果孩子在一个并不富裕的环境下长大，那么他会持续“要求”获得关照和资助。科学调查表明，长时间的脾气烦躁与较差的生活条件以及较低的社会地位是密切相关的，这丝毫不令人感到惊奇30[233]。

第二种说法

按照第二种理论，发脾气是“逆反心理”的一把利刃。这种说法正确吗？完全正确，只是这个观点需要一个说明。

大约2岁多快到3岁的时候，一种“自我控制欲”在孩子心里慢慢产生，这是一种想靠自己做事的需求。这一需求也被称作“渴望优秀的欲望”、“功能欲望”，或者在英语里面被人们称之为“控制欲”（自我控制欲）。感情依赖研究表明，这种欲望可以帮助孩子系统地认识和探索他所处的环境。因此，这一欲望是获得“自我责任意识”的先决条件，同时也是实现上文进化论观点中与妈妈的分离以及过渡到孩子群体世界的先决条件。由于断奶而被迫“离开”婴儿生活的孩子现在必须在人类原始的生活条件下，快速适应大人们很少观察的生活环境[234]。

孩子用经常说“不”给自己营造了一个所谓的“小王国”，在这里他可以用自己的拳头来探究一切，可以积蓄自己的力量，并能不受外界阻碍来发泄这些力量。正是说“不”赋予了逆反心理这一概念以内涵——归根结底逆反心理就是不停说“不”的代名词。

此外，说“不”也是完全可以理解的。因为孩子并不能做所有事情！不太灵活的小手还需要变得更灵活，小脚还需要走得更快，小脑袋还需要变得更聪明。因此，最开始有的拉链会被拉错，有的图画册会被揉皱，有的水龙头会被扭开。孩子必须主动维护这种自由，最后才会逐步地变成更加能干的大人。也就是说：如果没有清晰的“自己做”的意识，不灵活的孩子“决不会”有所成长。如果孩子不能通过发脾气来使自己的意愿更加清晰，他们有可能永远被困在“爱的城堡”里！那么谁将会拉上拉链，关上水龙头，翻开画册呢？妈妈、更小的弟弟妹妹或者是另外一个手指有力而灵活的人……

比说“不”的程度更甚的是什么呢？对，就是发脾气。如果一个孩子想要按照自己的意愿行事并维护“自治”的话，那就必须做好受点小伤的准备去战胜自己父母！

现在，让我们再回到段首：发脾气就像一座名为“自我意志”的冰山之巅。

谁是谁非？

也有一些重要的论据来证明后一个理论。许多父母认为，他们的孩子发脾气可能与明确的利益并没有关系，而是与“按照自己的意愿行事”有关。我们再来看看一些更为积极的说法：冲突的起因在于孩子认为自己丧失了对事情的控制权。当他们觉得自己“没有影响力”时，就会沮丧。

如果这两种理论都合理呢？实际上这两种观点有相通之处。二者都认为，孩子可以通过发脾气来保护资源：一方面，他们保护的是明确可见的资源；而另一方面，他们可以保护对自己十分必要的成长空间，他们在保护所谓的“成长资源”！

为什么总是全套方案一起实施?

孩子发脾气也像哭泣一样，似乎总是按照火灾报警器的原理进行。当孩子决定要发脾气时，即便只是一件小事，也会实施一整套方案。不管导火索是什么，他们照样执行方案，就好像遇到极其严重的事件一样！

如果人们亲眼看见了儿童的这些情况，可能会更好地理解这种“豁出去的态度”。如果妈妈决定，现在将精力转移到弟弟妹妹身上的话，这对孩子来说，不仅意味着将失去自己早已习惯的生活方式，也意味着一种真正的“匮乏”。在当今的发展中国家，断奶期仍然是一块致命的礁石。它可能使孩子营养不良甚至遭遇更多的不幸。“按自己的意愿做事”也是与一个明确的利益相关联的——这无关乎超市收银台旁的一颗或几颗糖果，关乎的是孩子的生活必需物，而这些东西却很有可能被弟弟妹妹抢夺了。

孩子发脾气的高成功率暗示了“如果……那就是正确的”这一策略完全有效。无论是因为父母想让孩子“赶快听话”，还是为了在超市里获得片刻的安宁，孩子通常能得到更多东西，就仿佛他们掌控着“阀门”。

应对孩子“反抗期”的良策

有些妈妈常常看着发脾气的孩子，暗暗地问自己：“这是几周前那个温顺听话的孩子吗?”是，绝对是！反抗期是成长进步道路上必不可少的环节。这既不是行为上的缺陷，也不是因为家教失职而造成的。

此外，发脾气和侵犯并没有立刻完全掩盖孩子可爱的一面。进化生物学认为，生气这一“工具”的产生与儿童发展爱慕和同情之类感情并没有太大关系[235]。孩子可以既爱生气又讨人喜爱，就像一个突然遭遇危机的大人，在危机过后又变得十分友好，而且通常可以成为家庭中的一名重要成员。

应对反抗期孩子的最好方法可以从以上观点中略见一斑：父母应该试着不要太在意孩子喜欢说“不”和爱发脾气的习惯，以免影响了日常生活。要不然孩子就很容易在成长的必经阶段中形成一种“家庭逆反心理”。处于反抗期的孩子常常会让父母变得神经质，让他们以为先前温顺听话的孩子突然变成了“难”应付的“小魔王”，并采取相应的强硬手段来对付他们，结果导致父母与孩子的关系愈加紧张。

如果孩子有弟弟妹妹诞生了，这种情况通常会愈演愈烈。因为一方面，年纪大些的孩子通常会发更大的脾气（原因在前文中已经阐述）；另一方面，新的家庭成员恰好又带来了强烈的角色对比：这边是讨人喜欢的小宝宝，那边是难以应付或者说烦人的孩子，这样一来，大孩子就只有输的份了！

向“不”欢呼

我们可以一起尝试着给“烦人的孩子”减压。孩子有“逆反心理”是很正常的，而且是很重要的。这一说法经得起实践的检验。因为孩子现在宁愿说“不”，也不愿说“是”，这却有助于他们的成长！孩子已经不小了，他们早晚都得在短时间内掌握各种能力，凭借这些能力他们才能在母体以外的世界得以存活或者说至少可以“很好地继续生活下去”。难道有哪个孩子想因为自己不会穿衣服而被幼儿园里的其他小朋友嘲笑吗？

给予空间……

给予孩子足够的空间，让他能够独立自主，也可以说让他可以按照自己的意愿成长。当然，这也是一个充满失败、会摔破膝盖以及与父母分离的“空间”。因此，许多父母很难给予孩子足够的空间。因为“放手”和“让孩子自己做”也同时意味着，孩子在婴儿时期的情感共同生活正在慢慢消失，而这种共同生活对于父母意味着喜爱以及满足。

扮演强加于他的角色并没有使孩子在成长过程中的必经之路上更轻松。因为想要有所成就，就一定要品尝失败的苦果。父母出于好意仍然一如既往地帮助孩子整理情感、控制情感甚至帮助他们保持情感平衡。这些事情会让父母负担过重。因为只有孩子自己才能最终从自己生活里的失败中获得或强行夺取积极的成长。

如果父母不能跨出这一步，那么孩子的哺乳期可能会延长，而且可能产生各种各样的后果。孩子非常需要情感关怀，他们不会在探索世界的过程中形成自我价值观，而只能在操纵父母的过程中实践自己的意志，这样他们就变成了我们通常所描述的小暴君。“这个妈妈到底犯了什么错”，这种家庭里的成员通常会这样扪心自问，“她竟然任凭孩子这样对待她？”不，她并没有做错什么，她只是因为太宠爱自己的孩子，以至于错过了让孩子从婴儿过渡到儿童时期的最好机会。并因此成为一个不幸的孩子情感上的“踏脚垫”。

设界限……

相反，当处于“反抗期”的孩子在成长路上遇到新的但不太危险的“障碍”时，他们需要的是指导、保护以及必要的限制。可是许多家长没有做好这项工作，就因为他们单纯的对爱的奢望，他们极其渴望获得孩子的认可，至少就像希冀得到身边朋友的认可一样。“因为我爱你”，这句潜台词在许多家庭上演，“所以你想怎样对我就怎样对我……”难怪许多该说清楚的话都由于担心孩子生气、哭闹而埋在了心里。

父母很难设界限的另一个原因在于，有时真的找不到一个合理的“说不”的理由。在超市付账时，孩子顺手从收银台边上拿一根巧克力棒，对德国大多数父母的经济状况并不会有所影响。为什么要因为让孩子整理房间而与他大吵大闹呢？反正家庭保姆到时候会把家里收拾得井井有条。其实如果抱着保护自身利益的目的，那么设界限可能会变得更容易。

现如今，父母与孩子的关系比以前人类历史中的关系要亲密得多，所以更加难以把握“松紧”之间的平衡度。以前，弟弟妹妹一旦诞生，孩子就立刻远离母亲的怀抱，并被“驱赶”至儿童的圈子里。与其说是妈妈此时在给孩子设界限，倒不如说是圈子里的其他孩子所带给的。与此同时，亲爱的妈妈并非是唯一与孩子争吵的人，哥哥姐姐、家族或村子里的其他孩子都可能成为他的争吵伙伴。如今，妈妈担任了所有角色：爱他的人，对他提出要求的人，惩罚他的人同时也是安慰他的人。妈妈可谓是天使与女巫的集合体。妈妈设界限，同时又鼓励孩子战胜由此而来的沮丧。这一饱含潜在压力的角色使许多慈母心力交瘁。

是否应该百依百顺?

在翻阅各种建议时，我们可以读到一个建议者们一致推荐的方法：当孩子发脾气时，大人不应该百依百顺，而应该坚决反对。读到这一条建议时，我们觉得这是理所当然的。但是如果真像我们所想的那样理所当然，那为什么要如此详细地探讨关于孩子“反抗期”的“正确”回答呢？

至少在初次阅读建议的相关阐述时，我们还是觉得合情合理。如果大人顺着孩子的意愿做的话，那他们就会得寸进尺。可想而知，今后他们就会更加随意地耍生气的诡计。

这听起来很合理，希望您不会有似曾相识的感觉。心理医生就曾经建议父母，宁愿让小宝宝哭闹也不要盲目地对他百依百顺；否则他们就会“得寸进尺”，并一再使用这种“手段”。现在我们知道，这一观点有一点牵强（参见第六章）。其实孩子发脾气并非如此简单。

而事实上：许多父母在不明事实的情况下就采取折中的方法，他们有时对孩子严厉斥责，有时又溺爱无度。不然又会是怎样的情形呢？许多父母不忍心让自己的孩子在游戏中输，那么当孩子只是在超市想要一颗糖果时，他们又怎么会拒绝呢？

至少黑猩猩妈妈是凭借自己的直觉来判断自己在小猩猩发脾气时，是应该“反驳”还是“顺从”。观察显示，这取决于小猩猩的营养状况：如果小猩猩发育良好，那么反对对它们毫无用处。黑猩猩妈妈能够轻而易举地判断，小猩猩什么时候是“当真的”，什么时候只是在碰运气而已。而这一点非常有意义，在黑猩猩的非自然栖息地里，争夺妈妈乳房的斗争并非“游戏”，而是十分残酷的。黑猩猩妈妈在哺乳期间体重大减，而且死亡的几率比平时更大。过渡到我们人类，也就意味着：

如果孩子的要求实在过分，那么妈妈也会倾向于反对。如果口袋里没有足够的钱，那么在收银台旁的糖果柜前说“不”就会更轻松些。

关于安慰

如果说有什么事情是徒劳的话，那就是在孩子发脾气时安慰他了。他发脾气时就像一座喷着火焰和灰尘的火山，还带着一点鼻涕，在这种混乱的情形下，“安慰”不可能使孩子冷静下来。火山必须靠自己才能真正安静下来。那么以下这一观点就是合理的：父母不应该承担帮助孩子“整理”混乱内心的任务。因为安慰是孩子此时最不想要的。孩子不是想通过发脾气而获得外界情感的慰藉，他们是想达到某个目的。而且当他们发完脾气后，必须自己找到一条返回正常状态的路。这种“撤退战役”对于孩子来说也是一种难得的经历。

总的来说：当孩子获得成就时，如果父母总是不停地夸奖或是兴奋不已，这对孩子并没有什么帮助；同样，当孩子遭遇失败时，如果父母满怀同情，这对孩子也没有什么帮助。孩子在童年时就应该学会自己处理事情。

孩子是否会受伤?

许多孩子发脾气时，父母担心不已。因为孩子们要么将自己的头往墙上撞，要么就摔倒在地上。在这种情况下，父母担心孩子受伤是情有可原的。但是儿科医生认为，发育正常的孩子在发脾气时是不会受重伤的[236]。身上碰出一个包倒是有可能，但是不会出现内出血或脑震荡等重伤状况。从进化生物学的角度来看，这种自我伤害也是不存在的。究其根源来说，孩子发脾气是为了获得某种利益，而将自己弄伤则与这一目标背道而驰。

最根本的问题

那么父母到底应该怎么做呢？可以猜想，其实孩子在生气时并不在乎周围发生了什么。不管父母是采用建议者们的良策，以淡然的微笑“亲密地”支持自己的孩子，还是父母自己也发脾气；只要父母的行为没有火上浇油或者酿成家庭暴力，那么就基本上不会产生影响。对于孩子来说，一个真实的、符合父母天性的反应肯定要比照搬教育书籍的内容更“容易理解”。只要父母清楚自己的界限，那么即使他们有时“顺从”，也不会有太大的影响。只要他们给孩子明确的信号，并且保持良好心态。

更重要的是：当孩子的怒气消散了，他又会重新找到一个敏感可靠的伙伴。如果孩子“发火”了，而且这一天一直心情不好，父母也应该表现出“一切正常”的样子，切记莫对孩子发脾气。

认识与展望：

孩子的需求是幼儿教育的指引吗

孩子的需求通常都被列下来。而父母的任务似乎十分简单：他们只需要将列在清单上的需求逐条打钩，并以此确保孩子健康成长。就好像人们为外出旅游的邻居照顾养鱼缸一样。

然而当人们努力将看似完美的清单付诸实践时，问题就产生了。此时，孩子的需求无疑与其他人的需求相冲突——比如说父母、或者邻居。

那上学又是怎样的情形呢？在那里真的会迁就孩子的需求吗？在孩子的需求清单上，数学学习又在哪里呢？哪些是需要，哪些是愿望？此外，孩子的需求清单上甚至也包含了实际上对孩子并无益处的需求——比如对甜食的需求。

关于需求

人类生存的基本条件可以分为三类：一类是直接的生存必需物，比如供呼吸的空气，或者说正常的体温。我们甚至完全没有觉察我们拥有或者我们“想要”这类生存必需物。我们从未在呼吸上有“需求”。反正我们一出生就会呼吸。

第二类是间接的生存必需物。我们需要它们，但它们并不是首要必需的。比如吃、喝或性。我们自身意识到我们“需要”这类生存必需物，通过感觉能感知它们的存在，比如饥饿、口渴或者性欲。这样很好，因为我们必须主动地发现自己的需求，无论是现在还是在将来。

第三类“需求”是最难理解的。虽然这类生存必需物对我们的生存没有起到至关重要的作用，但对我们却“有好处”，并能改善我们的生活。我们认为许多这种“需求”十分人性化，比如奖励、爱或者属于自己的自由空间。我们无法用确切的“感官语言”来描述这类需求。但在大多数情况下，萦绕在心间的不愉快告诉我们，缺少了些什么。

有哪些需求？

直到20世纪70年代，教科书还只敢承认在实验室的小白鼠身上所测量到的“需求”，即吃、喝、睡，还有性，以及避免受到伤害的本能。

从进化的观点来看，这些不过是一个笑柄。人们要生存就必须与其他人处理好关系，将自己融入社会，并在同胞面前展示和证明自己。如果我们的需求里面没有包含这些，那才真是奇怪！如果一个人独自流落到孤岛上，那他的愿望肯定和随他一同划桨来的老鼠不一样！

心理学家亚伯拉罕·马斯洛（Abraham Maslow）在他的理论划分中已经对人类的需求做出了如下总结：

◎ 对安全、保护和稳定的需求；

◎ 对归属、爱以及“同他人的情感联系”的需求；

◎ 对奖励、自尊、地位、名誉和尊重的需求；

◎ 对真实性、自我目标的实现、成就和能力的需求。

有趣的是，这一划分中并没有十分准确地描述人们的进化目的，即组建家庭以及养育后代。此外，还有一些其他的动机也是在后来的划分中才出现的，例如求知以及解释世界的需求[31][237]。

主动还是被动？

为什么从进化的观点来看，传统的对待需求的看法听起来像过时了呢？可能也是因为被动接受者的角度占了主导地位。我们有获得奖励的需求，同时也有被尊重的需求。这似乎总是与其他满足我们需求的问题产生共鸣。

人们的生活比以往更紧张刺激了。满足需求并不像单向行驶的车道，而是一个互动的过程，人们应该全身心地投入其中，带着我们的个性和我们所处的社会网络。这不仅是一种索取，也是一种给予。我们不想获得承认，而是想对他人的生活具有意义。

幸福研究也证实了这一点：我们只会被我们自己所做的事情“感动”！被爱并不能使人幸福，而给予爱却能带给人无比的幸福感。（乌尔里希·伦茨［Ulrich Renz］）[238]。

孩子呢？

正如美国心理学家威廉·詹姆斯（William James，1842-1910）所说，世界对于婴儿来说不过是“充满喧嚣的混乱”。

无疑，孩子被看作是一种有生命力的蔬菜，大人们只需要“照料”它，定期给它施肥和浇水。这样看来，“幼儿园”一词完全合乎逻辑。

如今，孩子也想扮演主动的角色。正如大人一样，他们也有“追求真实性的欲望”（我们在第七章已经遇到过）：孩子想感受靠自己做事的感觉，他们想知道自己能做好什么，他们也希望能够改变自己周围的世界。这样看来，我们完全可以理解他们每次说“我要自己做！”时就像命令！

那么孩子最终会和成人有一样的需求吗？基本上可以这么说。我们可以看到，几乎所有我们所熟知的大人的需求在孩子身上也以某种形式存在。有些需求随生活阶段不同而不同。孩子的玩性会随着青春期的到来而明显减轻[239]。相反，人们在年少时对群体的需求要少一些。但是，总体上来说，大人和孩子都生活在同一个有需求的世界里。

需求带来的问题

在日常生活中，矛盾开始产生了。需求并不是像拼图一样存在，拼图只要按照图像完整地拼起来就行了，而需求则相互纵横交错。这也是为什么人类生活的精神支柱如此强大而具有活力，以及我们总能为小说、戏剧和诗歌提供足够素材的原因之一。孩子也是同样如此。孩子对亲近和保护有需求，那么还有什么其他的需求如影相随呢？正确，就是对“自治”的需求，对“自己做”的需求！毫无疑问，孩子一会儿向东一会儿向西，有时真的让人精疲力竭。

如果人们设立一个进化标准的话，那么孩子的大多数的需求就彻底成了“废物”。如果孩子毫无理由地不让父母晚上去电影院，那可能是因为在很久以前曾经有土狼在它的兽穴四周虎视眈眈地徘徊过。对于小家伙来说，有值得依靠的大人在身边要感觉安全得多。此外，活动欲望对于今天的孩子来说也不太实际了，因为他们必须尽可能安安静静地坐在课桌前。简而言之：我们的需求是在早已不存在的世界里形成的。

现在需要为一件让人恼火的事感到惋惜：需求本就是一个天然模糊的概念。真正的满足和替代性的满足是很难区分的。孩子很爱玩，也想发挥作用，而他们恰好可以从如今的电脑游戏中获得这些！他们想强大，也希望能证明自己的价值，而他们正好可以在喝了一大口伏特加后获得这些。这些其实并不是真正的满足。

愿望与需求

需求，与愿望的差别甚小。吃对于我们来说是一种需求，因为我们想要身体健康强壮的话必须吃东西。那么，孩子一直在我们旁边唠叨他喜欢吃的甜食呢？喜欢吃甜食也是一种需求吗？孩子怎么知道哪些是真的需要，哪些只是愿望？

很显然，他们其实并不知道，我们大人也很少能正确区分。我们可能更清楚自己对什么有兴趣，但是却不知道我们真的需要什么。正如我将在第九章谈到的，其原因在于大自然的教育理念，乐趣无外乎放在鼻子前面的胡萝卜，它应该激励生物做有助于自身发展的事情。喜欢甜食、油腻的食物和咸食不过是为了保持身体强壮。

在原始的条件下，这种教育策略通常可以得到很好地实践。人们通过实现自己的愿望来更好地满足自己的需求，使得需求与实际相符，婴儿的“甜牙”就是为了避免它过多地吸吮母亲的甜乳汁。

过犹不及

如今却是另一番景象，尽管人类的需求并没有改变，驱使我们发现自己需要的需求也并未改变。只有提供给我们的东西改变了[240]。以前的孩子想吃成熟的浆果，现在的孩子对超市货架上的垃圾食品更感兴趣。

第二个不良行为一直存在于人类的需求中，它迟早也会成为一个问题。也就是人们总是要求比实际需要更多的东西！让我们对此仔细探讨一下吧。

将不足极端化

我们最基本的生理需求似乎一切正常。除极端情况之外，我们总是得到实际所需的氧气，不会太多也不会太少。但在我们间接的（也就是通过感觉感知的）生理需求就不同，因为人们必须考虑到将来。就以饥饿为例，身体本身并不知道，它在今后的几天里具体需要多少食物，也不知道在下次的打猎中是否再有这么好的运气。唯一确定的就是，要摄取超过正常量的食物需求，使自己顺利度过饥饿的寒冬。

事实上，我们的胃口就像“工厂”，生产的要比需求的多一些，所以我们总是吃得比实际的需要多一些。在需求方面，远古时期人们艰苦的生活条件也作为了考虑因素之一。和打猎需要运气不同，如今我们在超市购物时总是很幸运，可以买到想要的东西，但是越来越多的人胖得已经很难看到自己的脚了……

深入地思考一下我们会发现，其实还是存在矛盾的。有些需求之所以存在，是因为它们并不是总能得到满足！我们的身体也会估计到这一点。

当人们仔细观察时，就会发现一些需求背后隐藏的东西，对需求容易感到满足的人，也必定能忍受期间的损失[32]。

足够同样意味着不够

对社会需求度的把握没有说明书可以参考。

因为孩子已经会用自己的需求反抗竞争者，比如自己的兄弟姐妹。什么比稍微夸张点的要求更好呢？请妈妈一天 24 个小时只关心我！孩子的社会需求与工会每年的加薪要求遵循相似的原理：首先提出最高的要求，然后再作出相应的修改。

这个原理贯穿人们的整个生活中。就以人们对受到肯定或地位的需求为例：人们何时会足够富裕，何时会有足够高的地位？这似乎与其他人的比较有关。如果从一个乞丐的角度出发，百万富翁当然什么都不缺，但这并非是亿万富翁的想法。越是往上观点也会随之改变。获得成功而成为百万富翁的乞丐就不会再将自己与以前的乞丐兄弟相比较，而是与其他百万富翁比，然后又会突然觉得自己很“一般”，甚至很穷。就如同在噩梦中，我们离目标越来越近，而目标却和我们渐行渐远。

这种对幸福的不断追求以其超现实性作为我们进化遗产的一部分。总而言之，我们所做的与其他社会成员是密切相关的。我们拥有的能力和机会，也只是与其他人相比较而言的。如果其他人努力前进，那么我们也不能落后的太远。可以说，我们的标准总是由他人这个恒温器来调节的。

这一令人沮丧的原因恰好阐释了我们的社会需求在根本上

是超过实际要求的，并因此从未得到过满足。所以说足够也意味着不够。

幼儿教育可以针对需求吗？

我们终于得向幼儿教育求助了。大部分的建议者都会给父母独特的建议，即教育孩子有“适当的需求”。也就是说，父母应该重视孩子的需求。这一建议是从某个假设出发，即孩子的需求与需要是一致的。也许我们以前对人类需求持怀疑态度。那么，教育应该与需求分开吗？

满足需求像一场拔河比赛

传统心理学将满足需求看作是“全自动化”的——抬起鸟喙，小虫子就掉进嘴里。但是现实却更加复杂。因为我们对待孩子的方式并没有按照激素或直觉所预设的模式，也没有参照“一把钥匙开一把锁”的原则。我们的行为在很大程度上由我们的地位、需求和资源决定。除了“什么对我的孩子有好处？”这一问题外，似乎还存在第二个问题，“我能负担得起什么？”

这意味着不够确定，我们教育孩子的方式可能就是对孩子需求的一个回答。但可能不是，或者可能在石器时代就不是。这也是为什么尽管全世界的孩子有相似的需求，但他们成长的方式却各有不同。

需求要定量配给吗？

全世界的孩子的需求都大同小异。一个财大气粗的基金会经理的孩子要什么就有什么。他也带着“过多”的需求来到这个世界，就如同在石器时代饥饿的寒冬时分诞生在猎人家中的孩子。怎样继续满足这两个家庭中孩子的需求，这也需要一再权衡，从而使之保持“平衡”。孩子并不知情，而且是父母有意识地设置界限。

对于一部分生活无忧的父母就有这样一个问题：我们是否应该对孩子隐瞒，我们在对他们的需求进行所谓的“定量配给”呢?

答案：肯定和否定。至少在多余的生物需求方面，父母总是在目前的条件下一再踩刹车，不让孩子实现所有愿望……只有父母才会管着孩子，例如只让吃一块饼干，而不是一整盒。

那么社会需求呢?如果孩子总想成为他人关注的中心，而且父母也允许他这么做，那会产生什么坏影响呢?如果孩子在婴儿时期就已经在家里称王称霸呢?如果孩子是家中唯一的中心，他在每场游戏中都赢，并可以达到自己的每个目标，他自然是乐在其中。但是他的人格却也在一个与其他人的需求相对立的环境中形成（参阅第三章)。比如说，其他孩子也想射中球门，赢得比赛。与父母总是完全满足孩子的需求相比更严重的是，父母可能按照自己的意愿不让孩子经历成长必要的事物，也就是说他们不愿放手让孩子去体验真正的生活。

正如我们已经读到的，作为父母既不能意识到也不能满足孩子的一些重要的需求，因为这只能靠他们自己做到。只有孩子自己选择的道路才能给他们带来真正的快乐。

过分的要求

如下的观点也说明了父母的“控制需求”这一功能，各种互相矛盾的需求在儿童期普遍共存。孩子会突然开始对其他人提出十分矛盾的要求。就如同让钟摆摆动的人，在不久以后也会自己旋转起来的道理一样。显然，快到进入幼儿园的年龄时，孩子有一种与家人亲近的强烈需求，这个时候的孩子同时还要寻求独立。妈妈的需求在这就不重要了。

此外，正如我们所读到的，社会需求通常被以最大化的要求提出来。这种要求也必然会遇到其他人的最高谈判立场，比如兄弟姐妹的。只有父母才会让利益保持均衡。为了使孩子安心，父母就会坚持互让原则，从而不会让任何孩子吃亏。当然需要在一定程度上满足孩子的需求，但并不是满足得越多，对他们就越有益处！

关于正确的度——“一切都是相对的”？

这就意味着我们通常应抱着怀疑的态度来对待孩子的需求吗？或者因为父母了解得更多而放任孩子哭闹吗？到底怎样把握正确的度？

也许一个在其他问题上对我们有用的视角也能在这一问题上帮助我们，也就是“代价”学说。如果孩子要付出很大代价来说明自己的需求，他们就不敢冒险，他们发出的信号都是真实的。正如我们在第六章“认识与展望”中所读到的，这尤其适用于哺乳期，而且这对孩子有好处。孩子在这一时期最为脆弱，他迅速地成长，尤其是他的大脑需要持续不断地供给能量。同时，孩子总是十分无助。无疑“需求机制”在这一时期基本上可以完全得到满足，事实上，这一时期的需求也十分符合自身的需要。所以婴儿不会在妈妈的怀里吃“过多的”

母乳。[33]

此外，在哺乳期出现的需求从本质上来说基本上不会与兄弟姐妹的相冲突。因此，这一阶段的需求并不会过剩。只有到了断奶期，需求才会开始慢慢转向竞争和妥协。

准确地说，孩子年龄越小，我们就更应该满足他的需求。

孩子真正需要什么

正如我们在本章中所读到的，孩子已经知道怎样去谨慎享受那些会给他带来好处的做法。好的幼儿教育不会为了使孩子满意而完完全全满足孩子的需求。只有父母会偶尔想想，孩子未来需要什么。是的，这也许就是好的幼儿教育的秘诀，即父母已经从中形成了敏锐的直觉，他们知道孩子最需要的是什么，他们同时懂得灵活地处理。有些时候，是以最迫切的需求为准则（例如婴儿时期），但从某一时刻起，不仅仅是满足孩子的需求，就可以帮助他们更好地融入现实世界。就这方面而言，父母并不是冷酷无情的父母，他们会强加给孩子一个方向，让孩子进行妥协和“整理”矛盾的需求。父母了解并重视孩子的需求是正确且十分重要的，但是仍然存在一个亘古不变的疑问，那就是：孩子真正需要什么？[34]

第八章
孩子如何保持清洁

回顾一下过去 50 年间关于如何使孩子保持清洁的指南，我们会发现所占用的篇幅越来越短。一方面，这要归功于洗衣机和一次性纸尿裤的发明，使得宝宝的小屁屁更容易保持干净，现在家里有个裹着尿布的小宝宝并不意味着家务工作量的增加。另一方面，是心理学作出的贡献。以前心理学家认为，越早能自我控制排便的孩子就越能控制自己，而现在大部分的心理学家认为括约肌承担的只是生理功能而已，对心理并无影响。

这种争议的解除使得在宝宝个人清洁方面的教条主义全线失利。20 世纪 90 年代进行的比较研究证实，过早的锻炼宝宝自己排便，并不能使他更早地学会保持干净清爽，反而是种拔苗助长的行为。

排泄物是怎样形成的

从怀孕的第 3 个月起，宝宝的肾就开始工作了，他会有规律地排尿。可以说，组成羊水的一大部分都是这个小人儿的尿液！

但是，大肠要出生之后才开始运转。最晚在出生后第 2 天，婴儿会排空黑绿色的“胎粪”，这是由脱落的大肠细胞、吞咽的细小绒毛和胆汁组成的混合体。接下去就是有规律地排便了，母乳喂养的孩子可能一天会排泄 10 次，这一现象使荷兰生物学家麦达斯·德克尔斯（Midas Dekkers）做出了讽刺性的评论：“尿布刚换就又脏了，假如人们用同样的耐心来对待猪或者鸡的排泄问题，那孩子这种随时排泄的行为早就该阻止了。”但有些新生儿不属于这一类，他们的尿布可能 5~7 天才需要换一次，这在孩子的排便功能尚未成熟时也是正常的，同时可能伴有腹痛。

在新生儿时期，大小便通常是同时排泄的，而且往往在刚喝完奶之后。就算是刚出生后的几个月里，宝宝也会通过一些行为来告诉大人，自己要“上厕所”了。比如他们会哭叫几声、轻声嘟囔、猛一蹬腿或者转动身体，其他诸如呼吸节奏的变化，脸色突然变红、不安分、脸上出现专注的表情，表情暂时凝固或者短暂的颤抖都是他们要“有所动作”的迹象[35]。

如果能及时发现这些信号，那么可以马上抱孩子去上厕所。事实上，全世界成千上万的母亲在抱着孩子时，都会利用宝宝这些自己的“语言”来使其保持清洁。但是，这种形式的清洁依赖于父母的反应，而不是孩子。孩子在出生后 1 年内对自己的这一需要是无法控制的。上面所描述的这些关于排泄的信号在几周后就会消失，儿科医生雷默·拉格（Remo Largo）推测，这可能是因为父母对此毫无反应[241]。我们会在下面的章节中进行讨论一下，是否可以利用这些信号，使孩子可以不裹尿布健康成长。

自我学习

15~18个月大的孩子会表现出换尿布的需要。紧接着，18~36个月大的孩子会向妈妈发出信号，甚至告诉妈妈，尿布脏了。但也有极少数孩子（大部分是女孩）在1岁左右的时候就能搞清楚这一状况[36]。

在1岁半左右，孩子已经可以忍住大小便，直到大人及时把他们脱掉裤子放到便盆上去。大部分的孩子愿意学习怎样逐渐控制排便。2岁半到3岁的时候这些小大人可以自己脱裤子，完全具备了独立排便的所有条件。

绝大多数的孩子在三四岁的时候已经会让自己保持干净了，大小便也都可以自己控制，只有个别孩子在控制小便上还有点小问题。

首先解决的是白天的问题，4岁时97%的女孩和88%的男孩都可以整天保持干爽。晚上的自我控制要来得慢一些。4岁大的孩子中有一半晚上可以不让人操心，但到了6岁还是有10%的女孩和25%的男孩会尿床。这并不是一种疾病，而是和家庭模式有关。如果父母中的一方曾经有这个问题，那么孩子同样也会有。

有时候也会出现暂时的倒退。在长牙期、生病的时候或者有些其他不寻常的压力时（例如弟弟妹妹的出生），孩子也会对排泄再次失去控制。但是在状况过去之后，比如长牙或者发烧后的两三天，一切又都会恢复正常。

一场战争

很多时候，教育对于孩子而言并不是一件愉快的事情。当和保持干净有关时，父母在孩子眼里会变得很讨厌。16 世纪英国出版的一本教育指南中，针对尿床这一问题作者推荐了一个方法：用鸡的喉管把孩子的“小鸡鸡”夹住！随着世纪之交电的发明，又出现了新的办法：把电池放在孩子身边，电极的一端放在肩上，另一端和一块系在“小鸡鸡”上的海绵相连。一旦孩子晚上尿床，海绵就会变湿，从而会引起电流流动，然后……得意洋洋的发明者说，这种办法甚至可以用来治疗病人。这些方法已经够残酷了吧？事实远远不止。历史上还有过其他的一些方法，比如在“小鸡鸡”上放上荨麻；还有一本关于儿童医药的书中曾提到，用硝酸银腐蚀尿道口，这样尿尿的时候就会感到疼痛，从而防止尿床[242]。

传统文化对孩子的清洁问题也过于敏感。在西非孩子每天要接受两次灌肠，来避免弄脏妈妈[243]。德国的孩子一直到 18 世纪也要时不时接受灌肠。在 17 世纪甚至还建议人们在每次喂奶前都给孩子灌肠，防止牛奶和大便混在一起！

清洁在人生之初就被列入议事日程。20 世纪尤其注重这一点。孩子还不会坐的时候就被按在便盆上，这可不是用来骑着玩的小天鹅玩具，而是冰冷的金属制品。然后就是无止境的等待，当孩子顺利“完成”任务，父母就会露出笑脸或者给块饼干作为奖励。如果没有排便，那就继续等下去。

为什么这么早就开始训练孩子保持清洁？

为什么我们的祖父母这么小就开始保持个人清洁的训练呢？除了已经提到过的实际原因：家里裹着尿布的孩子越少，洗洗刷刷的苦活也越少。另外一个原因和所提倡的时代精神有关，干净被视作性格发展的一个重要阶段。要想孩子成为有自控力、体面的人，那首先得从学会控制大小便开始。这种对括约肌的过度重视方面，弗洛伊德（Freud）的理论要承担一定责任，他认为孩子的生殖系统和排泄系统是发育的最重要领域。所以，有些儿童心理学家把对括约肌的控制和自我控制混淆在一起。

对上厕所时间的掌握

今天我们已经知道，父母让孩子坐在便盆上，然后一直等待的做法是毫无意义的。这一观点要归功于瑞士的儿科医生雷默·拉格，他和他的同事在长达 50 年的时间里，对被调查的父母进行了系统研究，例如他们何时开始对孩子进行清洁教育，而孩子又是什么时候真正对此有概念的。结论是，虽然在这 50 年中，父母对孩子进行清洁教育的时间越来越晚，但孩子学会这一概念并能真正保持干净的时间点却并无区别。1974 年之前，几乎有一半的父母都在孩子不到 7 个月时就开始进行训练，而 1974 年之后出生的孩子，半数父母都在孩子 21 个月的时候才开始这方面训练。这两组中，80%的孩子都在 4 岁左右解决了晚上尿床的问题。所以，第一组中，提前的这 14 个月可以说是徒劳无益的[37]！

拉格的发现也符合现代神经学家对于排泄功能发展的了解。排泄要求具备控制大小便的能力，并且能按照自己的意愿排泄，这是感觉中枢、自律神经和运动神经的完美合作。这些是无法通过练习获得的，只有当神经系统发育完全时才能具备。一切取决于身体的发育，与孩子的年龄也息息相关[38]。不过令人惊讶的是，全世界的孩子几乎都在同一时间开始对干净有了明确的概念。

为什么正好是3岁?

为什么大自然安排孩子在3岁左右开始学会控制大小便，为什么不是1岁或者5岁？

由于我们无法发现人类的构造图，所以没办法很确切地回答这一问题。当我们从进化论的得失角度观察，会产生以下解释，对清洁感的发展产生于“断奶变革期”（详见第二章）。以前在妈妈怀抱中得到照顾的孩子，慢慢得要适应孩子们自己的圈子。他会从一个总是抱在手中的小家伙变成圈子里孩子的同伴。现在他必须面对生活的挑战，并且可以从某种程度上独立处理一些危险情况。能控制排泄会带来很明显的优势，快速完成这一生理上的重要任务是有好处的，不然，一旦自然中发生些意外情况，就会妨碍行动。

从进化角度出发的建议

那些整天被母亲留在巢穴中的幼兽，只在妈妈舔它们的时候才会排泄。这避免了其他猛兽察觉幼兽的气味[245]。

人类的父母在很长时间内都认为，没有他们在身边，孩子的排泄问题就无法进行。但事实是，清洁建立在成熟的基础之上。而关于成熟，父母其实什么也不需要做。那么他们该放弃对孩子进行“清洁训练”吗？

并非如此。虽然父母无法对孩子进行清洁教育，也不能在这一点上强迫孩子，但他们可以对孩子提供支持。比如，给孩子树立榜样。当孩子看到爸爸妈妈怎么做时，他们也会乐意坐到便盆上去。有些孩子甚至会很认真的向“榜样”学习，甚至会区别男女厕。锁上的厕所门对孩子而言像是一个巨大的问号，会阻碍他们的发展。孩子们还很乐意互相学习一些生活经验，在各种年龄孩子组成的小圈子里，无论在家里还是幼儿园，都会更加容易学会干净。大一点的孩子怎么做，孩子也会跟着模仿（在混合年龄的孩子圈中孩子会更容易学习，这一点会在第十三章中讲解）。

最好给孩子准备专用的厕所和上厕所专用的衣服，这样会让孩子更容易独立。当孩子为自己终于能独立上厕所感到自豪时，解不开的皮带扣会让他无比沮丧。如果孩子在厕所中发现一张方便他们垫脚的凳子，或者是一个舒服的马桶垫，甚至只是一个扶手，都会让他们感觉舒服很多。

当孩子一旦开始自己上厕所，那就不要再给他用尿布了，这也有助于孩子独立性的培养。即使有的时候会漏点出来也没关系。如果父母出于好意还给他们裹上尿布，那这些孩子就会习惯继续拉在尿布里了[246]。

父母首先要帮助孩子认识到，什么时候孩子真正做好了准备。每个孩子由于排泄功能发育程度不同，做好准备的时间也不一样。孩子知道自己的需要，并且可以用表情、手势或者语言表达出来。他会对坐在便盆上感兴趣，并且知道裹着脏的尿布很不舒服。这一时刻就可以开始培养他的干净概念了。

如果情况出现倒退，需要冷静面对。一方面，倒退只是发展过程中微不足道的一部分；另一方面，可能会出现逆反心理。孩子们开始学会干净的这个阶段，也正是发展中必要的“反抗期”（这点我们在第七章中已经了解到了）。父母越是逼迫孩子，孩子就越会对自己上厕所产生反感情绪，甚至会完全不愿意去。

很多时候游戏会变成“事故”。孩子会沉溺于这样的游戏中，以至于他们会尽可能长时间地忍住排泄的需要，直至这种需要过于强烈（有时还会变成顽固性便秘）。这时就要提醒一下孩子，并且想尽办法让他们去上厕所。

认识与展望：
可以早点摆脱尿布吗

我们在前面一章中已经看到，就算是小婴儿在感到有排泄需要时也不会无声无息，他们会用种种信号尽可能地告诉父母自己的需要和感受。事实上，成千上万的女性天天抱着孩子，也并不会经常被弄脏。

德国有越来越多的父母对“直觉清洁”感兴趣，他们提出，能不能利用这些早期的信号，自然而然地使宝宝早点摆脱尿布？

甚至在一些专业的医学刊物中也有类似的讨论。医生罗斯玛丽·安东尼-皮莱（Rosemarie Anthony-Pillai）在英国一份著名的医学期刊中说：“现在是时候认真考虑已有 40 多年历史关于清洁训练的理论了。”她的论据是，这不仅可以节省大量尿布，而且还可以避免健康上的风险，孩子常见的便秘可能就是由传统的清洁训练引起的，男性不育也可能是幼时连续几年裹着潮湿的尿布所致[39]。原因何在？

嗯……

根据“排泄交流”信号，父母在孩子的婴儿期就可以使孩子保持“自主清洁”，当然，他们得注意孩子发出的信号。当孩子发出某个属于排泄的信号时，就该赶快把他放到便盆上去。现在孩子就可以开始“工作”了，父母在一边加油（比如发出“嗯……”这样的声音），鼓励孩子。渐渐地就算孩子没有发出明显的信号，也会在起床后或者吃饭后被放到便盆上，同时父母在一边加油，很多婴儿用这样的方式成功排便的[248]。

自觉清洁原因是什么?

这一理论的提出并不是空穴来风。事实上，德国的确有父母并没有给孩子用尿布。另外一个事实是，在很多传统文化中，父母怀中的婴儿至少在 3 个月或 6 个月大时是“干净”的[249]。

但这并不意味着孩子已经可以控制排便，更多的时候他们是在与亲人的互动中了解到，可以用某种信号来表达需要，并且在固定的时间开始排便[40]。甚至晚上的尿床也会有一定规律。这种情况受限于“母子空间”，它以婴儿和亲人的亲密合作为前提。在传统社会中，婴儿几乎不会离开妈妈的怀抱，所以这种自觉性很普遍。但是如果孩子是由不同的人照顾，只是偶尔由妈妈抱着，那这种交流是否能成功建立就很难说了。

另外，如果想除了出生后最初几周之外，其余时间都不用尿布，这一方法也得建立在配合良好的整套程序之上。如果孩子一会儿被包在小被子里，一会儿又放在儿童座位上，那肯定不行。另外，天气情况也可能构成阻碍。有的地方一年中绝大部分时候都得把孩子的衣服层层剥开，才能让他顺利排便。

人们不必过分倚重这种做法。有些没有给孩子用尿布的父母会宣称，这样的方法才是真正对孩子的尊重，这种说法是没有道理的。

值得一提的是，除了要考虑到气候等种种外在因素外，这种不用尿布的养育方式还可能会带来巨大的压力，绝对不会成为亲子关系中的润滑剂。一位母亲在一份亲子杂志上谈到："要是我们可以百分之百地关注孩子，那他当然可以不用尿布长大！"但在目前的情况下，要做到这一点得投入多大的精力啊！

医学上的观点呢？事实上，便秘是孩子经常出现的状况，有很多因素会导致便秘，比如断奶就是其中之一。吃母乳的孩子大便会比较软，而换成配方奶或开始吃辅食之后，孩子的消化功能可能会受到影响[251]。

关于何时能取下尿布，这和便秘有关，还和没养成定时排便的习惯有关。有些孩子会尽可能地忍住便意，从而避开一些陌生的环境。是不是不用尿布的孩子在这方面会少些问题呢？有可能，但并没得到科学证实。

再来看看不育症，有证据显示，用尿布会使睾丸温度升高（包尿布的方式不会形成差别），而睾丸温度的升高会影响到精子的数量和质量。这种情况是否在儿童时期就存在有待商榷，但无论如何这一说法并非毫无凭据[252]。

结论：自觉保持干净意识是件好事，可以节约精力，节约尿布，当然也可以省钱。但是这得有相应的前提条件，这一前提条件在现在的社会很难存在。如果父母可以百分之百地关注孩子，那么不给孩子用尿布也是可行的办法。

第九章

插曲：了解进化论

进化论是生存的历史。

——伊莱恩·摩根（Elaine Morgan）

前面几章阐述了对孩子生存非常重要的几种情况，比如喂养、睡眠、清洁等。这些情况在过去的条件下是怎样进行的，为什么今天这些自然的习惯会出现问题。现在是进一步了解进化的时候了。它究竟是什么？怎样发挥作用？它的目的是什么？

从进化论的角度解读当代生活

回想一下童年，会不会觉得就像走进了一家博物馆，有手机、电脑、学校食堂、快餐店。错！对人生最初阶段的回忆会走得更远，那是一个还不存在所谓博物馆的世界。没有大人不让孩子吃的糖果，没有那些大人们尽量想做得可口点的有机蔬菜，甚至没有我们今天所知道的任何蔬菜。

就是这个遥远的世界，形成了进化论的基础构想，也是我们孩子的遗传装备。这个世界影响了孩子的身体和行为方式。在这样的世界中孩子形成了基本的好恶，以此为基础开始新陈代谢等生理现象，以及培养感情。

真的是这样吗？已经是 21 世纪了，人类的生物学还没有进步吗？

日常生活中的进化

让我们来仔细观察一下 21 世纪现代人具有代表意义的一天。进化历史会对其产生影响吗？在现代化的外表下是否还隐藏了古老的因素？让我们陪伴梅拉尼·穆勒（Melanie Müller）女士走进办公室。

起床，做早餐。今天，穆勒女士仍然选择低热量的早餐，这和皮带上的小孔有关，一不留神就会往后挪一格。德国大部分人都有体重过重的烦恼。这就和进化有关系：所有幼兽（人类也一样）会摄入比实际需要更多的食物。这在过去会帮助我们更好地熬过干旱期或严寒。那今天呢？今天麦当劳黄色的大写“M”即使在冬夜也在城市街头闪烁，我们不会面临食物短缺的问题，但我们仍然吃足够多的食物，就好像下星期的一场暴风雪会逼得我们去打猎一样。对进化论的现实意义还有所怀疑的人，看看自己鼓鼓的肚子就会明白的。

对于这种非理性行为（当然从进化角度看来是很理智的）有种流行的解释，现代人已经失去了直觉（所以才会吃下太多的食物）。根据进化论这是完全错误的。在进化过程中，这些有用的本能永远不会丢失。问题在于，正因为我们没有失去这种本能，所以在现在这样的快餐时代还是和远古时代作为猎人时一样，吃得太多，偏爱油腻和甜食。

去上班，红灯时停车。穆勒女士能发现红色这一信号并作出反应（不是在超声波或者红外线领域，那是蝙蝠和蜜蜂等擅长的）的原因在于，最初的食物来源和人类在自然界的敌人都是通过光的不同色段来标志的。红色在自然界中意味着成熟和丰盛，发现红色的果实能让人类和其他动物更好地生存。相反，对红外线的感知对人类生存并没有多大帮助，所以就没有隐藏在人体的基因内继承下来。

大概有6%的男性是红绿色盲，原因是X染色体变异（因为女性的X染色体有两组，所以这一问题不太会出现在女性身上）。那这些人怎么辨别对生存至关重要的信号（红色）呢？为什么这个“障碍”没有随着进化而消失呢？其实进化已经做到了用其他的优势来弥补视力缺陷。比如红绿色盲的人对声音会比较敏感，这在过去会有助于他们更快地找到食物[253]。

在电梯前等着穆勒女士的好朋友珊德拉（Sandra）。她看起来似乎心情不太好，一直在抱怨整个星期都觉得恶心，尤其是在早上……她抚摸肚子的手势很清楚地表示，她怀孕了。孕吐和在怀孕期间对特定食物以及气味的反感在所有文明中都会出现，不仅是人类，动物怀孕时也会有相似症状[254]。人们往往对可能有毒或者容易腐烂的食物有特别强烈的反感，比如香料、酒、鱼、肉等。这背后隐藏的原因是什么？从孕吐的不同阶段可以得到一些启示，最初3个月反应最强烈，因为这一阶段是宝宝器官形成的重要时期，所以对有毒物质反应最剧烈。对特定气味和食物敏感度的增加，迫使妈妈摄入相对安全的食物，这样可以保护宝宝不会受到有毒物质或者病菌的侵害。

一起待在电梯里。坐景观电梯到七楼，往下看会让人感觉很不舒服。很明显，这30米对于穆勒女士而言，比在马路上走30米要长得多。根据进化论的观点，我们所感受到的外部世界，并不是现实世界一比一的反映[255]。更多时候我们是通过一面哈哈镜来感受世界，哈哈镜歪曲夸大了真实的世界。生存的经验告诉我们，掉下去就惨了，所以这30米的深度对我们来说感觉远远不止30米[41]。因此，进化论告诉了我们哪些对生存有利、哪些不利。

晚上回家。虽然穆勒女士对这条路非常熟悉，她还是喜欢把家门口的灯点亮。因为夜晚总是显得让人害怕。这种不舒服的感觉是因为，对于人类而言，白天的明亮比夜晚的漆黑安全。让人惊讶的是，很多其他生物并非如此，很多动物都害怕亮光。

橄榄的味道如何？

和其他生物一样，人类擅长用某种能力来适应环境。这同样适用于感受。即使我们认为，感知到的就是“现实”，我们还是会用各种感官把其中一部分再感受一次，眼睛只能分辨光谱中有限的一部分，涉及到光的物理特性，比如偏振，眼睛就不够用了（但是蜜蜂可以，它们可以利用这点来辨认方向）。

还有我们的思维能力。人类的成就完全受到它的限制。现实的很大一部分我们都无法想象，只能了解四维空间，长度、宽度、深度和时间。其他物理学证实存在的“维”，我们只能通过公式来计算得出结论（您能理解五维空间或者歪曲的时间轴吗?）[257]。是的，现实生活中的很大一部分我们都无法描述，不然，您试试能不能说清楚橄榄到底是什么味道!

但是起码我们知道，为什么会有这样的局限性。人类的大脑是经过千万年测试的工具，它擅长的是让人类更好地生存，繁衍后代。类似五维空间的思考，或者跟别人交流复杂的味觉体验，这并不是生存所必需的[42]。

探究起源

如今，地球上已经诞生过 1 500 亿人类婴儿，虽然每个宝宝都不相同，但是他们的生理构造基本一致。人类婴儿在母体内待上 40 周才能为出生后的生活做好最好的准备。所有的婴儿都是赤裸着出生，几年后学会和妈妈一样的语言。让人惊讶的是，几乎所有的宗教都认为，上帝创造了第一对人类夫妻，所有的孩子都是由此繁衍而来的。

在起源问题上有些哲学家走得更远。法国的自然科学家乔治·路易·勒克莱尔（George-Louis Leclerc）在 1767 年就震惊于人类和猴子的相似之处，并谨慎地提出了他的观点：人类是不是和猴子有着同样的起源？但很快他又回到了规则当中，即“上帝的启示已经告诉我们，所有的生物都是由神圣的主创造的”[258]。

达尔文的极端观点

22 岁的达尔文也有同样的想法，在神学和自然学的大学学习结束之后，他开始了科考之旅，乘坐贝格尔号船向南美洲进发。五年之后，经过对动植物世界的细致研究，他带着采集到的几千份证据结束了这次考察，同时也坚定了最初的想法。他对于人类和其他生物的起源有了一个非常大胆的解释，这个解释他在 23 年后出版的著作《物种起源》中才提到[259]。

那么达尔文的观点是什么呢？他认为，生物目前所具有的“形态”是逐渐发展而来的（所以进化等同于发展），而不是被事先“创造”好之后再投放到这个世界上来的[260]。但是如何进化的呢？

通过优胜劣汰来进化

厄瓜多尔海岸前加拉帕戈斯群岛的 14 座火山岛上生活的燕雀给了达尔文启示。这些雀类和生活在厄瓜多尔大陆上的同类完全不同。大陆上的燕雀的嘴的形状都一样，而生活在贫瘠群岛上的鸟类就很不相同。那些以小种子为食的鸟长着细长的喙；另外有些鸟的嘴硬而弯曲，可以砸开很硬的种子壳；还有其他以仙人掌或者以蜥蜴身上寄生虫作为食物的鸟，鸟喙形状也各不相同。差异如此之大，达尔文花了很多时间才把它们分辨清楚。这种多样性从何而来？为什么在岛上会分得特别清楚呢？

达尔文认为，这些生活在加拉帕戈斯群岛的燕雀，原本生活在南美大陆，也许是因为一次强风暴把它们带到了这些岛上。这些外来者发现岛上食物充足，而且没有竞争者。当时它们的确是从 1 000 公里以外空降到了加拉帕戈斯群岛上唯一吃种子的鸟类。

但是燕雀们繁殖得越多，食物就越紧缺，竞争也越来越残酷。现在只有那些具备一定优势的鸟儿，才能吃到更多的食物。比如，那些一出生就拥有比较坚硬鸟喙的鸟儿们，就可以选择较硬的种子。如此它们就可以得到更多的食物，有更强的生殖繁衍能力，也就能留下更多的后代。下一代会继续这样的生存游戏。在条件艰苦的环境中拥有坚硬的鸟喙意味着能繁衍更多的后代。因此，带坚硬鸟喙的燕雀在整个族群当中的数量就慢慢增加了。在这个例子中，“坚硬鸟喙”这个标志被优选出来了。

除了坚硬的鸟喙，其他形状的鸟喙也可以适应另外一些食物，比如仙人掌、蜥蜴皮肤上的寄生虫等。拥有这些形状鸟喙的燕雀也可以在严酷的生存压力下成功存活并繁衍一定数量的后代。于是最初的燕雀逐渐分成了不同的分支，不同分支的燕雀会有截然不同的生活领域。现代分子遗传学研究也证实了达尔文的观点，这些加拉帕戈斯群岛上的不同种类的燕雀，最初都是源于同一种族。

进化的补充

上面这个燕雀的例子也说明，生物并不是按照计划或者设定好的目标来变化，而是随生存条件的不断变化而进化。如果环境起了变化，那么生活在这个环境中的动植物都会发生相应的变化。进化建立在环境和遗传相互影响的基础之上。

◎ 进化的出发点是生物的不同（进化生物学家称之为生物多样性）。每种生物虽然有相似之处，但是总能通过某个标志加以区分。今天我们知道（由于当时对基因一无所知，所以达尔文无法预知这一点），生物存在这种多样性是因为，每种生物的遗传物质以不同的形式存在，在每次繁衍后代的时候都重新组合（所以每个人起码有 15%~30%的基因与他人不同）。另外，“复制错误”或者某些物质影响导致遗传物质发生变化，由这些因素引起的基因变异，也是物种差异的原因之一[43]。

◎ 具有某些特征的生物体会具有一定的优势，可以生存得更好，也能繁衍更多后代。用达尔文的话说，他们拥有更好的活力（这一点在下文中还会详细讲解）。

◎ 通过更好的“成功繁衍”，这种成功的特质会得到继承，也就是说他们是被“挑选”出来的。

◎ 进化论最重要的概念其实已经提到了：被选出来的特征证实，它们能够更好地适应环境。这种特征的载体，或者简单地说，这种适应性能够让生物更好地从环境中获取能源，并尽可能多地繁衍后代[44][261]。

强者生存?

虽然“活力”这个词今天听起来更像是用在体育领域中，但达尔文当时要表达的是另外的意思。对他而言，活力意味着个体对外界环境有更强的适应能力。活力强的个体可以最大限度地利用环境的能源，扩大种族数量。达尔文喜欢引用的一句英语“survival of the fittest”，其实并不是“最强者生存”的意思，而是“适者生存”，也就是那些能最好地利用环境条件的生物会存活下来。当然，这种特质可以通过身体的强壮表现出来（比如发达的肌肉、更强的力量、更快的速度等），但有的时候也会通过其他方式体现，比如动物通过留下黏液或者散发刺鼻的气味来驱赶猎食的敌人。在达尔文的观点中，特质不存在“好坏”之分，区别只在于，有些特质可以让生物更好地适应环境，有些则不能[45]。

还有一些特质，虽然也能帮助个体更好地适应环境，但和进化并无关系。比如某类成员的共同协作。

竞争还是合作？

把进化和竞争联系起来，已经是件习以为常的事情了。在过去对进化的描述中充斥着这样的画面：生物为了生存而互相斗争，猛兽吃掉小动物，强者压迫弱者等等。诗人阿尔弗雷德·丁尼生（Alfred Lord Tennyson）描述道，自然就是“齿缝和利爪上的鲜血”。

最初是由生态学家提出，合作也是一种让有限的资源得到最佳利用的方法。研究显示，生物都通过合作的大网联系在一起。蜜蜂采蜜的同时也给花授粉。植物的根会保留有细菌的枝干，因为这可以帮助它从土地中吸取有用的矿物质。今天人们已经知道，人类和其他动物归根结底都是不同形式的生态循环系统，首先需要的就是身体的健康运转[46]。

但是，同类生物间的合作也可能是使自身适应性达到最强的一种策略。他们会有效利用有限资源，共同保护巢穴，共同狩猎，甚至共同养育后代（这点会在第十四章的“认识与展望”中提到）。“残酷”的自然可能比我们想象得要更加多元化，竞争和合作都是生活中不可分割的部分。

直接和间接的适应

和蚂蚁一样，蜜蜂间的合作也非常亲密无间，它们之中的

99%都放弃了自己的后代！这不是有违于进化中的社会模式吗？当然不是，接下来会做详细解释。

进化生物学家把适应能力分为两类。一类是直接适应，它可以通过后代的数量和质量来衡量。适应的另外一种形式，所谓的间接适应，相对较难理解。这一概念要考虑到一个事实，即同类生物在某种程度上拥有相同基因（确切地说，复制了相同的基因）。兄弟姐妹间有50%的基因是相同的，表亲之间基因也有25%的相同率。这意味着，每个个体的繁衍对其他亲缘个体而言也意味着基因的扩散。

从进化意义上说，即使个体没有后代，也能通过这种间接适应达到成功。例如，如果姨妈没有孩子，她资助自己的侄儿侄女，其实也是在帮助自己。在侄儿侄女身上有25%的基因和她相同，所以她帮助的其实是“部分的自己”。简而言之，所谓间接适应是通过个体对另外具有相同基因个体的支持而实现的[262]。

性和选择

当达尔文撰写《物种起源》时，他认为适应性只在于对现存环境尽可能好的适应。但在随后几年，越来越多的例子让他觉得，这个模式并不完全成立。比如那些带有沉重美丽羽毛的雄孔雀会赢得更好的繁衍机会，而这样的羽毛对于觅食或者逃避敌人来说都是沉重的负担，所以并不能更好地适应环境。很明显孔雀之谜让达尔文有点不知所措，他只能解释为，“观察孔雀尾巴上的羽毛让我觉得恶心”[263]。

对极乐鸟的了解可能让达尔文更沮丧，这种鸟用它们五彩斑斓的羽毛对“适者生存”这一法则进行了无情的嘲笑。这种羽毛降低了他们的回旋能力，耗费大量的能量，黄昏时也更容易被敌人发现。这种没有意义的装饰在动物界随处可见：红色的斑点、黄色的鸟喙、脑袋上的帽形花纹、雄壮美丽的鹿角等。达尔文很快发现，他的自然选择学说需要改进。他把驱动进化的第二种力量称为“性选择”，也就是为了能尽可能多地繁衍后代，生物不仅需要食物、保护和健康，还需要尽可能好（或者尽可能多）的伴侣[264]。

昂贵的自我宣传

为了获得最好的伴侣，生物需要对自己的“质量”进行宣传。女士们（几乎在所有生物中都是雌性作为被追求的对象），看这儿！这是一个基因完整的生命体，同类中罕见的精英，跟他在一起可以拥有最优秀的后代。雄孔雀在自我宣传上做得很成功。实验证明，如果把它羽毛上的眼睛状的花纹剪掉150个，那么它求偶的成功率会大大降低[265]。

有得必有失。大雁在求偶期的舞蹈不仅可以吸引伴侣，也有可能引来灌木丛中的狐狸。孔雀得天天带着它那身羽毛，再破的车都要护理，就别说那么精美的羽衣了。所以为了求偶而做的自我宣传就像一场障碍赛跑，谁能负担得起最大的障碍，谁就是冠军。

很有趣，这一原则也适用于时尚界。有一点一定是Gucci的手袋比其他不知名品牌突出的：价格昂贵，只有少数女性（或者她们的伴侣）可以买得起。但是在日常时尚领域，障碍和价格无关，随着购买力的增强和商品价格的走低，几乎所有的女性都能买得起时尚品牌服装。现在的障碍重新回到了身体本身上。对于女性而言，今天还有什么比保持身材苗条，小腹扁平更困难的呢？越来越多的女性抱怨扣不上皮带，扣不住上衣纽扣，所以在这样的时代，“饿肚子”就是障碍赛中最残酷的口号！

这两种选择以不同的策略进行。“自然选择”与适应和效率相关，当然目的是为了生存。在“求偶选择”中，重要的是吸引力，通过宣传自己而获得伴侣。“自然选择”中，生物过河时要选择河流最窄的部分（因为这样可以节省能量，并且降低溺水的风险）。而按“求偶原则”，就要挑选河流最宽的部分，技巧纯熟的跳跃可以引来异性的目光，并成功找到伴侣。

选择的其他形式

其实，今天我们已经知道，在一代代遗传基因的变化中发挥作用的不仅仅是这两种选择，这两种是传统的选择或者说是淘汰的形式[47]。

有的时候，偶然因素也会起一定作用。比如动物在迁徙时可能会有新的发现，如会发现新的环境。还有“频率性”选择，这很可能与不同特征的构成有关。某一群体中，较罕见的变异总是比常见的变异传播得更快，这种罕见的变异就不太会遇到竞争对手（至少在它还算罕见的阶段是如此）。

选择也可以说是一种群体现象。有些特质在利用群体性的前提下会传播得更快。比如一群松鼠，通过警报声来提醒同伴可能有敌人入侵。长此以往，这一群体肯定比什么都不做的另一群松鼠生存得更好。即使不是出于成员的个人兴趣，这一行为也会贯彻下去。这种通过依靠群体进行选择而产生的行为方式在很多动物身上都有体现。在鸽群中，总有一只鸽子保持清醒，担当同伴睡眠时的守卫。企鹅在-60℃的严寒中都能生存，是因为它们“发明”了一种协调的周期性波动。每只企鹅总会在某个时间段站在所有企鹅的外围，然后渐渐转移到温暖的圈子内部。人类的很多行为也可以用这一理论解释（关于人类典型的“利他主义行为”会在第十六章的“认识与展望”中涉及）。

人类和动物不同，就算是“自然选择”也会受到非自然因素的影响。人类总在改变环境，然后这种“人工环境”又会反过来影响基因。比如乳糖不耐受症就是随着畜牧业的发展而产生的。避孕也是选择的一种。我们还需要继续了解文化和科技对人类进化的影响。

“自私”的基因

英国生物学家理查德·道金斯（Richard Dawkins）对进化的感受比谁都深，他在 1976 年出版的《自私的基因》一书中得出结论，在选择的背后隐藏着“自私”的基因，生物利用这一基因，尽可能多地传播自身的复制品。他总结道，我们的出生就是自私的，慷慨和无私与自然相悖[266]。

虽然这种悲观主义今天只是被一些“门外汉”所津津乐道，但从历史角度看道金斯的模式很有趣。因为建立在这一模式上对基因的了解已经发生了根本的变化（我们会在第十五章的“认识与展望”中说到这一点），根据今天的了解，选择所发挥的作用比道金斯在 35 年前认为的要复杂得多[267]。

与“自私”的基因相反，最近描绘的草图是“合作”的基因（正如弗莱堡的心理医学家约阿希姆·鲍尔［Joachim Bauer］所言）[268]。虽然有很多证据证明了基因的彼此“合作”，但争论并没有停止。因为在不同的条件下，基因发挥的作用很不相同，可以说既不自私也没合作。无论竞争还是合作都是进化的表现，这不在于基因本身，而是在于它们在哪些条件和哪些环境下起作用。

就这点而言，关于基因的争论就像是争论人性是否本善，或者争论行为到底是天生的还是后天养成的一样，很难得出一个确切的结论（就像我们在第五章和第十五章的“认识和展望”中了解的一样）。

进化的时间范围

有哪些过去写的程序现在还在运行？什么时候出现了人类？哪些环境对他影响最大？进化到底以怎样的速度进行？

让我们先来看最后一个问题。说到进化的速度，很多读者可能都会想到一个词：非常慢。不管是对化石文物还是对遗传物质的研究都显示，进化是以很慢的速度推进的。相对慢速成长的后代，比如幼兽，在过去几百年甚至几千年中几乎没有发生什么明显的变化[269]。

毫无疑问，高等生物的进化速度太慢，以至于他们无法应对突然的环境变化。这就解释了为什么过去在地球上生存的生物种类的99%都灭绝了。外界环境的变化比进化的速度快，而且外界环境在过去和现在都对人类历史产生了深刻的影响，这些生物无法适应外界环境的变化，所以就被淘汰了。

> 人们不仅仅得想到火山爆发、陨石坠落及冰河纪的冰川这些自然变化。最近100年来由人类引发的全球气温变暖，已经使一些在当时严苛环境下都生存下来的物种，例如北极熊，面临着灭绝的危险。

另外一方面也有足够的例子说明，进化会导致生物产生快速的变化。比如英国工业的发展导致空气污染，空气污染又使桦树皮染上了炭黑色。几年后大型工业中心的蝴蝶，当然是经常生活在桦树上的蝴蝶，它们的翅膀也会相应从亮色变成深色。罪魁祸首并不是空气中的烟灰，而是基因的变化。如果桦树颜色很深，而蝴蝶的翅膀很明亮，那么就很显眼，也容易被鸟类发现而丧生。这种颜色的变异可以很好地保护自己，所以会迅速在种群中传播。

还有，在医院病菌对抗生素产生越来越强的抗药性也说明了这一点。微杆菌甚至通过基因变异可以在发胶中生存，这在以前是无法想象的。人类也在禽流感的病例中观察进化产生的影响。这种目前看起来似乎只会侵害动物的病毒会不会和感冒病毒一样同样侵害到人类，产生危险的变异？

人类属于繁衍较慢的种族，与一开始的设想相符，变化进行得比较缓慢。在找出新的解决方法之前，消逝的只是几十代人，而不是成百代人。而且出于现实因素，绝大部分的特质在几千年里都不会有变化。

我们仍然生活在石器时代？

假设有个生活在公元前3 000年甚至5 000年前的原始人，突然推开了我们的房门，进入了现代人的世界，他的很多感受和现代人其实并无不同。他会在同样的情况下感到害怕，觉得某些设备让人感觉舒适，甚至会追求和现代人类似的目标，找到伴侣、用各种方法解决生活中的困难、赢得肯定和声望等等。当然，要把现代社会的一些巨大文化差异转移到这位石器时代老先生的大脑里，至少需要几年的时间。但是就像进化生物学家伦道夫·奈斯（Randolph Nesse）所说，假如把我们的孩子通过时光隧道送到未来去，他同样也能在一个家庭长大成人，可能会成为一名成功的律师、或者农场主、运动员，当然也有可能成为一名瘾君子[270]。

> 即使我们无法详尽描述发色、肤色等，但这位石器时代访客的外貌和现代人有明显差异。现代人类群体（由80 000年前非洲的一支族群繁衍至今）中外貌的巨大差异说明，人类外貌承受着“选择压力”。外星人可能很难相信，大城市中的金发女郎和澳洲女土著属于同一物种。基因学家认为，人类外貌的很多差异是在最近几千年才形成的。最新的基因研究发现，蓝色的瞳孔颜色是在6 000至10 000年前才出现的[271]。

细微的差别

除了外貌，还会存在一些其他的差异，这些差异也很明显，就是类似于不同民族间的差别。比如，我们这位石器时代的朋友肯定不能喝牛奶，因为他不能消化牛奶中所含的乳糖，喝牛奶可能会导致腹胀甚至腹泻（详见第三章）。如果他和我们生活在一起，用不了几年就会发现，他的新陈代谢也和我们不同，今天这些随处可见含丰富碳水化合物的食物可能会让他得糖尿病[272]。

大致说来，这位石器时代的客人和现代社会的主人之间最大的差别就是新陈代谢和免疫系统的不同。自从人类开始狩猎生活（开始于10 000年前的东南欧和4 000年前的北欧），对食物的摄取和病原的抵抗就受到“自然选择”的影响。所以，人类基因不得不在很短的时间内“被逼”发生相应变化。

众所周知，欧洲人体内所含的能促进铁元素更好储备的基因（血色病基因），在青铜器时代就已经传播开来了。当时人们主要以农业为生，食物当中肉类很少，所以潜伏着缺铁的危害，而血色病基因就可以改善这一状况，提高当时人的生殖能力。类似的还有镰状细胞贫血，它可以使病人产生对疟疾的抗原，今天这一基因也已广泛传播[48]。

结论：保留了石器时代的本质

大致说来，在我们时尚的外表下的内在和远古人并没多大的不同。和石器时代相比，虽然我们的新陈代谢和外貌有所不同，但绝大部分还是和那时的人一样。虽然生活条件大不相同，但我们基本的感情反应、需求和生存的基本模式，都与几千几万年前的祖先大同小异。我们和他们的不同之处并不在于大脑的构造，而是在于大脑的使用方式。

只有一点很明确，在人类历史中影响最大的环境变化阶段（也就是自工业革命以来的历史）还没有在我们的基因中显示出来。越来越便捷的交通，越来越明亮的灯火，充斥着各种食物的超市，以及干净整洁的现代居室，这些都没有反映在我们的基因中，在可预见的将来也不会出现。

进化的“观点”

总结一下，人类之所以是这个样子，很大一部分原因是，这种状态更适于生存。行为学家萨拉·布拉菲·赫尔迪说：“每个生物体身上都有过去生命留下的痕迹”[274]。

这些痕迹的产生，可以用进化的观点来解释。每个生物体都在某种环境中出生，只有一个生存的机会，所以得尽可能地适应环境。一只出生时羽毛呈褐色的鹧鸪，很可能没办法生存很久。

尽可能确切的预言会更受欢迎，每个生物出生后，所生活的世界会变成什么样子？为了回答这个问题，得充分利用一下过去的成就，那些已经得到证实，会保持下去并传承到下一代的成就。在不断尝试和失败中总结的适应能力是解决生活中各种困难的指南。对人类来说也是如此。我们也是遗传物质的载体，这些遗传物质至少适应那些进化可以预见的环境。

进化有目的吗?

很多人认为，自然是和谐的。进化也会最终造就一个和谐、健康、完美的世界。但这些只考虑到了与大自然的联系，而没有遵循自然的游戏规则。

仔细研究进化的影响，会看到另外一幅画面。在生物和环境的相互影响下，进化是没有计划也没有方向的，它更像是没有目标的自我组织过程，就这么自然而然地发生了。具体而言就是，如果人们可以让进化重来一遍，那么世界就会完全变样[275]！

进化没有方向，也不会使世界更美好，这一点让我们很难理解，也很难接受[276]。在日常生活中，我们做的每一件事都有原因和目标。毫无疑问，神创论中生物是由更高等的神创造的。在自然界所有有意义的现象方面，我们会想到是怎样设计的，结构怎样，意义和目的分别是什么。

> 进化和量子物理学有一点类似。“即使要耗费很多的时间精力，这些概念也可以用我们的智商来理解。但是总感觉有什么不对劲的地方[277]。”本书也会经常用一些容易理解的语言表达，让人觉得进化是以逻辑为基础。只有通过这些人性化的描述才会让阅读显得不那么艰涩。

最佳答案?

据说福特汽车制造商亨利·福特有一次问一家报废车场的老板：“我们那款 T 型号的车，哪部分是从来不会坏的?”答：“先生，方向盘从来不会坏。”福特先生马上转身对总工程师说：“重新设计一下，如果有一样东西从来不会坏，那我们投入的钱就太多了。”

进化遵循着同样的逻辑（但我们在上文中已经看到，其实进化既不会“遵循”什么，也不会有逻辑），它会找到答案，这个答案足够好，但永远不会是最完美的。因为完美意味着昂贵，这不适应自然界有限的资源。沉重的四肢不容易折断，但是也会给生物带来负担。这两者是无法妥协的。

当生物不得不适应周围环境的变化时，它不能完全不顾以前的方法，一切从头开始。在进化中，最好的办法是改进已有的策略，而不是直接找到最理想的方案。所以鸟的翅膀是由陆地爬行动物的前肢进化而来，幼兽的中耳软骨是由爬行动物的颌关节骨发展而来！生物学家奥托·纽莱特（Otto Neurath）对此有段优美的描述："我们就像海员，行驶在漫漫无边的大海上，得在海面上改建船只，不能在码头停泊，也不能对它进行最佳组合[278]。"

> 每个人都知道，从计划意义上看，"最好"不一定是真正"好"的。我们还知道，身体构造会互相妥协，比如呼吸道的交叉口。这一交叉口就是进化计划的一部分，在陆地上生活的我们的祖先和淡水鱼类都发现了这个位于口腔上方的小口子，通过这个小口子他们在水下也可以呼吸和狩猎。

出生困境

据说母猩猩懒洋洋地躺在灌木丛后，顺便吃个香蕉，宝宝就诞生了[279]。但对于人类来说，生育却是铭记一生，甚至是痛苦的经历。这是进化妥协中一个很典型的例子。

人类近亲的祖先在400万年前就学会了直立行走，这对它们很有好处。但是劣势要到二三百万年后才会出现。由于直立行走对骨盆造成影响，使得产道变窄。当人类祖先的脑容量和现在黑猩猩一样时，并不会有问题。但随着人类的大脑越来越发达，留给肚子里宝宝的时间也越来越不够用。女性的骨盆越来越宽，直到达到"设计"的最大值[49]。所以人类的宝宝只能在身体发育尚未成熟，连大脑也还没发育完全时出生。由于这超出了人类的构造极限，所以大脑的发育会在母体外继续进行。发育不成熟的孩子很容易受伤，但这是值得的，因为人类会享受到一个高速发展的大脑所带来的好处。

另外一个代价是出生带来的并发症。这一现象并不会出现在其他动物身上。撒哈拉沙漠南部国家（除南非之外），每13位女性仍然有1个可能会由于怀孕生子而去世[280]。根据历史学家的研究，在18世纪中叶仍然有1.3%的女性面临着难产而死的危险50[282]。

> 这种出生面临的困境也是人类身上的特殊之处，动物在生宝宝时会很实际，首先找到栖身之处。而人类的本能首先寻找的是情感支持。所以在所有的文化中，生孩子不是一件私人事件，有时甚至是社会性事件（农夫的妻子可以轻松地在田里生孩子，这听起来更像是民间的虚构）。

短期目标和长远目标

让我们进入进化论的内部世界。据说进化是没有目标的，它是通过选择过程而产生的。但这怎样与我们的观点相符呢？因为作为进化的载体，作为生物，生存是遵循一定目标的，这一点我们人类最清楚。我们想要找到生活和感情的伴侣，想要事业有成，更想在社会上有一定声望，享受乐趣等等（这些人类的需求，我们在第七章的“认识和展望”中已经提到了）。

仔细观察会发现，这些非常主观的目的其实也是进化客观原理的一部分。进化心理学家朱迪思·哈里斯（Judith Harris）说，自然使我们有需求，我们为了需求去做事，并从中获得乐趣[283]。反过来自然也通过一些痛苦的感受，比如难过、羞愧和恐惧等，让我们不去做那些不该做的事。

那么请问，按照自然的逻辑，我们到底该做些什么？没错，只有一件事，尽可能有效地繁衍。不然生活在这个世界上就太孤独了。为了顺利完成这个最终的自然目的，自然给所有生物都设置了愉悦的近期目标。性可以让生物感觉愉悦。被人肯定也是如此，我们希望在异性面前光彩夺目，也会为了社会阶层、美丽或者好名声而奋斗。从中也隐约可以看到远期目标，找到伴侣，生下孩子，也就是繁衍。

为人父母的狂喜、母爱和对自己孩子的自豪，这些都是适应力的任务。幼儿园的其他孩子也很可爱，但是我们会觉得自己的孩子最特别，最爱的也是自己的孩子[51]。

原理很简单。生物的所有行为都遵循两个目标：一个是目前生物能感受到的，并和各种情绪联系起来的短期目标；另一个是我们没有意识到的长远目标，也就是不断提高我们的适应能力。

我们的孩子也有这两种目标。比如说怕生，表面看来是一种离开母亲怀抱的恐惧，但其实这种恐惧有助于孩子的自我保护意识的建立和适应能力的提高。

短期目标的解除

在很多方面，短期目标和长远目标间并无联系。我们的文明和所拥有的自由决定了，日常生活和繁衍这一进化决定的远期目标已经脱离开来了。性并不意味着下一代的产生。人类文明的发展，可以使人们在亲密接触的同时，不用承担生育之苦。领养这一行为证明，母爱也不只是和生育绑在一起的感情。

尽管有这些自由，但人类仍然受到进化原则的驱使。和10万年前一样，我们被眼前的回报所诱惑。我们踏实苦干，也免不了吹嘘炫耀；我们会爱也会恨，偶尔也会责骂抱怨。虽然今天我们仍然不会主动地提高适应力，但一直遵循着进化这一游戏规则。

主观和客观的角度

摇滚音乐人皮特·汤森（Pete Townshend）很悲观，他说："人们要是好好打量一下自己，会想，这真是一个笑话……"事实上，如果人们把人类和动物园的猩猩放在一起，理智地观察一下，的确会陷入沉思，为什么一切是现在这个样子？

问题是，我们对自己行为的洞察往往不够理智。因为观察自己时，眼光总是模糊的。我们总觉得自己的感觉才是正确的。比如，正在生气的人，即使 10 分钟后他会自嘲地笑了起来，他仍是易怒的。陷入爱河的人会相信白头偕老，虽然几年后面对离婚律师他可能都不愿回忆这一点。

这一点同样适用于孩子身上。只有他们直接感受到的，才对生活和发展有用。他们寻求情感上的亲密，驱逐恐惧，所有这些感觉都能使孩子们有安全感。今天即使家人不在身边也可以保护孩子。比如婴儿对讲机，安装在婴儿床边的联网摄像头，双层玻璃和安全睡衣都让婴儿的生活比以前更加安全。从客观上来看，婴儿没有任何理由在晚上感到害怕。但是从孩子角度而言，他们用"进化触角"所感受到的是另外一个世界，他们感到害怕，希望能和熟悉的家人在一起。安全设备对他们来说只是冰冷的安慰，他们不能接受没有感情的保护设施。孩子也需靠色彩、声音和触摸来生活。对成年人适用的，同样适用于孩子。生活中重要的不是目标，而是通往目标的道路。生活的目标其实就是生活本身。

对于人类来说什么是“合理的”

我们在谈到过去的那些生活条件时，产生了一些困惑，哪些过去？哪些条件？进化在哪些生活条件下改变了人类[284]？

200 万年中，人类的生活条件在不断地变化。当人类的第一位祖先脱去野兽的毛发，作为直立人漫步在非洲大草原上时，他面临着非常极端的气候条件和各种各样的动植物。同时越来越聪明，越来越有创造力的人类也在改变着生活条件。比如，已证实 80 万年前人类学会了火的使用。被解剖学定义为现代人的人类，由非洲直立人后代逐渐进化而来。非洲直立人是今天整个人类的祖先，他们当时的生活环境也动荡不安。80 000 年前他们开始由非洲向世界各地散布，却遭遇了冰河期的欧洲。直到 15 000 年前寒冷才散，大概距今 8 000~10 000 年前才形成了适合农业革命的气候条件。原始人用了 200 万年的时间才实现了生活方式的转变，从狩猎和采集时代过渡到了农业和畜牧时代。

人类的自然环境不存在

可以说，完全属于人类的环境是不存在的，只能说存在一些自然环境。所以也不存在由自然所预见的生活方式，人类必须自己改变生活方式，来应对不同的挑战。

人类的生活条件差异如此巨大，所以人总会遇到一些麻烦。相比较而言，人类自身发展的社会条件变化不大。直至 5 000 ~ 6 000 年前的中欧，绝大多数的人们都是靠狩猎和采集生活。由于狩猎区域不固定，所以人们以小团体（大概 50~

150 人）的形式共同生活，主要采用游牧式的生活方式，定期更换居住地点。人们共同承担繁重的体力劳动、合作狩猎和哺育下一代（这两件事情没有别人的协助是无法进行的），并分享不算丰盛的食物。因此，各种年龄段的孩子混合在一起，而且孩子们具有较长的哺乳期。

无论是对化石遗迹还是对石器时代生活群体的研究，都支持以上的这些猜想[285]。可得出以下三点不同的观点：

◎ 以狩猎和采集为生的人们的活动范围取决于环境中食物的可持续性，这个活动范围可能很大。在贫瘠的条件下，比如卡拉哈里的昆族，一个背着孩子的妈妈，在几年之内走过的路连起来会有 6 500 公里之长。

◎ 菜单很多样化，而且随着季节的不同而变化。今天的澳洲土著仍然享用超过 200 种的动物和鱼类食物，能吃的植物种类也有 100 多种。上文提到的卡拉哈里土著居民的情况也与此类似。

◎ 出土的骨骼化石证明，大部分猎人和采集者营养状况良好。成长发育和健康中的问题只在进入农业社会之后才出现。4 500 年前青铜器时代的开拓者要比他们的祖先矮 12 厘米，这些祖先们在身高上甚至都不逊于现代人[286]。

传统的观点认为石器时代的生活“肮脏、野蛮和短暂”，还有一个证据可以对此提出反驳。米迦勒·古尔文（Michael Gurven）在玻利维亚 Tsimane 的调查数据显示，虽然石器时代儿童死亡率较高，15 岁以上的人中只有 40%可以活到 65 岁。但是 70 岁老人的预期寿命和现在的美国差不多。更多数据显示，有 15%的猎人和采集者活到了 70 岁[287]。

通用预设：灵活性

进化的效用原则也可以做如下描述：进化可以帮助生物更好地解决在生存环境中一再遇到的问题。在这一点上人类也不例外，但有点特殊。因为人类对环境的适应更多是运用智慧，也就是基于文化的解决方法。这一点赋予了人类和其他生物的最大不同——巨大的灵活性。其他生物，就算是和人类最接近的灵长类，也只能在已经适应的环境下生活；而人类在这点上很成功，最晚在5万年前就可以生活在各种气候下，甚至可以在外太空生活。原因是，其他动物都受到行为模型（本能）的控制，而人类可以运用智慧掌控一切，并使之与现存的条件相适应，也就是他可以不断地进行学习。人类的发展空间有多大？从世界范围来看，任何生活方式都会存在，有些人每天在冥想，而另一些人可能每天忙忙碌碌的。为什么其他生物不能像人类一样操控环境呢？答案只有一个：文明。

> 人类进化过程中，文明使人类的行为方式较少受到基因的影响，而更多的是从其他人身上获得。人们拥有了适应环境的新工具。进化生物学家达尼尔·巴斯（Daniel Buss）说："文明使人类在一些原有的适应问题上找到了新方法。"这也解释了，为什么人类起源时在截然不同的生活条件下照样可以繁荣发展[288]。

不匹配的危险

弹簧能跳多高？人类可以在多大程度上离开他成长的生活条件？很清楚，影响人类基因的生活环境随着工业革命而消失。我们的身体和精神领域的很大一部分是按照一个已经不存在的世界来“配置”的。这是否意味着，人类是一种和环境“不匹配”的生物？我们的孩子在成长过程中，是不是在为解决一些根本不存在的问题而做准备？

肯定和否定回答都有可能。

一方面，适应环境的问题依然存在。我们的思维和感受是对过去挑战的反映。心理学研究证实，当人类和让他们觉得舒服的人在一起时，当他们在某个团体中能够发挥积极作用并能展示自己的能力时，他们可以发展得很好。这种“团体意识”其实是过去作为猎人和采集者的生活方式潜伏在了现代人的血液中。籍籍无名、与世隔绝、失业等对于人类而言很难接受，因为他的基因中不存在这些经验。就这点而言，我们现在的居住、工作和生活条件都是不匹配的。孩子需要与人亲近，需要感情上的关注，还需要游戏、活动空间和与其他孩子的交流。所以今天孩子们仍然会面临适应环境的问题，不要把这些问题和多动症、抑郁和行为障碍联系起来。

身体机能也显示，我们并不能完全适应目前的生活条件。德国越来越多超重和新陈代谢疾病的出现就是一个很好的证明。

另一方面，人类对环境的适应总是借助辅助手段。例如，为了适应严寒，人类不是长出厚厚的毛发，而是用火来取暖，或者穿上更厚的衣服，后来还学会建造房屋、发明暖气来御寒。至少，我们的适应能力不是完全来自于基因，它还来自于后天的学习，来自于人类创造的文明。人类可以运用智慧设置陷阱，也可以用智慧学会书写，甚至学会阿拉伯语、西里尔语、摩尔斯电码等。我们适应能力的很大一部分不是本能，而是在儿童时期的成长过程中“获得”的。

这种通过智慧后天形成的适应能力，使人类有可能把起源时的环境抛在身后，跳出那个进化的小环境而生存。还使得孩子在一定的范围内，从现有生存条件中找到最好的过去从未存在过的发展环境。以前没有城市，孩子从未在城市中生活过，而现在的孩子在城市环境中可以健康地成长！

取决于所付出的代价

悲观的说法认为，人类所创造的现代环境会自动制造障碍，这一点其实是说不通的。如果人类离开他们的起源环境，会带来哪些负面因素？

以语言为例。语言是人类在进化过程中发展出来的交流工具。毫无疑问，在睡梦中我们也能学会母语。书写是另一种文化的适应方式，必须要下工夫才能学会。我们大脑中的程序虽然乐于接受这些交流的方式；但同时也会付出代价，学写字会让有些孩子身心俱疲，在一些孩子身上，学习的压力如此之大，以至于出现了一些严重的后果（在德国的有些小学，人们对有书写困难症的孩子施加压力过大）。

以运动为例。观察一下课间休息时的孩子，我们第一眼就会发现，孩子的运动是基因“预设”在体内的。所有的孩子都喜欢跑跑跳跳、玩游戏、嬉闹（后面我们会讲到，这点并不一定适用于成年人）。与此相反，要孩子们长时间保持安静坐着会比较困难。当然，孩子们可以慢慢适应。但是这种适应也会带来代价：孩子们睡眠状况会变差，有些孩子会出现行为失衡，有些孩子还会感觉到压力。然后他们就开始捣乱，成为学校里的问题学生。

还有一些有趣的现象：石器时代的人平均每天要走30~40公里，但今天的大部分人都做不到。这不是因为我们的祖先具有天生的而现代人没有的运动细胞。恰恰相反，人类和其他生物一样，只在不得已的情况下才会活动。狮子虽在狩猎时快如疾风，但如果它没饿，宁愿懒洋洋地躺在太阳底下[52]。今天的人类很少运动，和狮子懒洋洋地躺在太阳底下不必去狩猎的道理是一样的。

以新陈代谢为例。很明显，现在人类不再像猎人和采集者那样摄入食物，也不再像祖先那样每天走30公里，也可以生活得很健康。但是，当他们离进化给予的圈子太远，完全不运动，或者一直摄入一些垃圾食品，那么就会付出诸如体重超重、高血压或者新陈代谢疾病（如糖尿病）的代价。

结论

关于存在人类进化指南这种说法是不可信的。从进化角度出发会有一些建议，按照这些建议行事多多少少会有些作用。我们没必要为了更好的生活，模仿我们的猎人祖先，或者仿效某种文化模式，也没必要效仿当时猎人的方法来养育孩子（这是第十七章的主题）。

但是我们也应该明白，即使身为人类，也有一个进化所限定的范围。如果离开了这个范围，就要付出相应的代价。仔细斟酌之后才能那么做。

所以在目前的生活条件下，一种固定的生活方式并非正确的选择，因为这种方式是由进化安排的，而不是由进化所决定的。生活方式也未必就是错误的。人类的眼睛最初的任务是向远处眺望。很多研究证明，长时间的近距离看书会导致近视[289]。那是不是说，人类要停止阅读呢？当然不。只是在如今的环境下，我们需要用眼镜来作为辅助。

人类与进化

让我们再回到进化“逻辑”上来。很简单，一句话就能说完：每个生物都试图尽可能多地传播自身的基因，繁衍生息。最能适应环境并且在选择伴侣上最有优势的生物，就能最好地完成这一任务。

对绝大部分生物来说就是这么简单。但是对人类来说，“适应环境”还意味着别的。因为其他生物得不时“创造”新基因，也就是通过不断改变遗传物质来更好地适应环境，而人类不需要这些生物学上的变化就可以与环境和谐共处。人类可以在基因丝毫不改变的情况下与环境相协调。如果感到冷，人就会把房间的暖气开大，或者穿上羽绒大衣；如果感到热，就把空调打开。

换而言之，其他生物需要变化“硬件”来提高自己的适应能力；而人类所要改进的只是“软件”，因为他会运用文化工具，他会“创造”新的习惯、新的工具和新的思维方式。自从人类开始快速改变世界以来，人类的历史其实更多地受到了文化的影响。

自然与文明

文明的进化是否是“非自然性”的呢？绝对不是！人类

在自然中，才能创造文明。

问题是，人类到底是继续臣服于进化，还是已经从进化的“压迫”中解放出来了呢？这个问题很难回答。我们清楚的是，和其他动物不同，人类可以通过文明用非基因的方式来创造更加有利于生存的条件。比如，人类可以储存积累资源，不依赖遗传物质传承下去。比起基因来说，一份遗产或者一位有影响力的亲戚，可以更好地帮助人们适应环境。所以，和其他动物相比，自然选择对人类的影响更小。

> 还有，很久以来，人类的生存优势就不再表现为进化中的适应优势。一个人能留下多少后代和很多因素有关，这些因素中，生物学的作用得退居二线[290]。

自然与文明是一对矛盾体吗？

我们创造的文明最终会以基因方式传承下去。文明扎根在自然中，扎根在人类的需求和局限性中，也建立在我们的学习能力之上，这些都受到生物学的限定。也就是说，文明让我们的行为方式更灵活，但不会让我们的情感反应、判断力、期望值和学习程序失效。文明给我们开拓了很多新的道理，从禁欲到海洛因成瘾，但是驱使我们去这么做的动机还是和以前一样。

完全不同的文明并不能使我们成为截然不同的人。我们可能会决定不生孩子，我们甚至有可能做到改变基因。但我们遵循的动机和几千万年前的祖先并无差别。

> 有种偏见认为，进化创造了人类，而文明使之自由。

行为的生物学部分受到怀疑，而文明，也就是后天习得的部分被高度重视。还有一句格言：好的文明控制坏的文明。就像第十七章中还要进一步解释的，对于文明的这种赞美其实并不完全合理。人们在高度发展的文明中也会使自己遭遇不幸，比如逼婚，还有一些文化上的发明诸如生殖器切割。这些使得进化生物学家托马斯·雍克尔(Thomas Junker)得出结论：有些情况下，文明的损失是和人性的增长联系起来的[291]。

人类的特权

虽然文明的很多形式都是人性化的，但文明本身并不是人类的特权。其他相对聪明的动物也有文明，并且通过非基因方式代代相传。有些猩猩族群会把土里挖出来的植物块茎放到河里洗干净，但另外一些族群却不会这么做。送奶工往往把牛奶瓶放在门口，英国的蓝山雀很快就学会了怎样把牛奶瓶上的盖子啄开。这种技巧也会在种群中代代相传。

但是人类运用文明来适应环境的程度是无与伦比的。从基因上来看，今天的人类和原始人的差别微乎其微。如果5 000年后的考古学家发现了巴黎的遗迹，并且拿来和今天生活在亚马孙河流域，过着石器时代生活方式的Yanomami人作比较的话，他们会发现这两支种族只是在能力、兴趣爱好和需求上截然不同而已！

人类有多自由?

想要了解进化给人类打下的烙印？这样很可能面临指责，

也就是把人类看作是受历史操纵的一种傀儡。根据计划的逻辑，人类是一种非常杰出的生物，虽然人类在争取更好生存条件的战争中运用了很多完美的手段，但最终还是遵循着生物的本性。

甚至连有些进化生物学家也忍不住尝试，把人类的每种行为都看成是对环境的“适应”，也就是认为这些行为都是为了更好地生存和提高适应能力。今天在一些进化生物学的文章中，人们可以怀着某种恐惧的心情读到，为了解释人类的行为，我们要把果蝇这种低等生物拿出来做研究。

但是本章所述的绝不仅仅是这些纯生物学的迹象。“生物属性是命中注定的”这一说法对人类来说完全不适用。因为人类必须能够适应各种环境，所以他的行为不能由命运来决定。为了成功，他会努力学习（我们会在第十五章中看到，这点也适用于儿童发展）。

当然，这并不意味着，人类的大脑和创造文明的能力，可以使我们学会所有想学的东西。人类可以学会很多东西，有些简单，有些难。但是在原始的感情领域，爱、伴侣关系和对待孩子这些方面，还是由生物属性决定的，哪些可以学会，哪些不能通过学习获得[292]。对有些人来说，看懂象形文字比控制嫉妒心要容易。

也许我们应该考虑把以下这点作为结论，因为这同样适用于对孩子的教育。我们拥有一个会思考、会感受情绪、会学习的大脑，但它并不会随意进行学习。我们可以设置一个远远超越进化框架的目标，但是进化的力量还是会产生深远的影响。我们在一定范围内是自由的。

第十章

亲子关系的新画面

为人父母是份累人的体力活。小鸟的父母必须不断地外出觅食，将蠕虫一条接一条地喂给小鸟吃。人类的父母必须给宝宝换 4 000 次尿布，才能听到小家伙第一次说出“谢谢”。人类的本性是如何激励父母为他们的子女努力奋斗的呢？

答案是：亲子关系。亲子关系是一种神秘的力量，它让父母无条件地丢下一切去照顾他们的小宝贝。

真的是无条件的吗？事实上并非如此。当燕子父母给他们巢中的幼仔喂食时，它们首先会飞向那些有着艳丽色泽的小嘴，因为黏膜中蕴含的橙色叶红素是生命力和健康的象征。

这些小事也会出现在人类身上。无论如何，母亲和孩子之间的关系并不总是那么紧密，有时候甚至一点也不融洽。

补充问题

那么原因何在呢？亲子关系需要哪些补充？幸福平

安的妊娠期？母体激素？宝宝出生后神奇的第一个小时？为什么父母与领养子女之间也能建立起亲子关系呢？总之，亲子关系与母爱之间有何种关系？父母如何才能增强亲子关系呢？

众所周知的亲子关系

在战后时期，动物权益保护者呼吁开展的一项实验开创了一个新时代。1958 年，行为主义者哈里·哈洛（Harry Harlow）在试验中将猕猴幼仔从他们的母亲身边带走，让他们在人工“母亲模拟物”的照看下成长。有的猕猴仔的笼子里被放入一个装有木质脑袋钢线支架，而在其他猕猴仔的笼子里放入一个类似的模型，但是用柔软的长毛绒填塞。长毛绒模型不能提供任何食物，而钢铁支架在胸部位置装有奶瓶，猕猴幼仔可以依据自己的喜好使用。几个月之后哈洛将这些猕猴置于一个恐怖情境中：把一只敲着鼓的机器熊放入了笼子中！那些由长毛绒假人带大的猕猴仔们一边尖叫一边寻求它们“长毛绒妈妈”的庇护。相反，那些由会喂奶的钢铁母亲带大的猕猴仔们则会蜷缩到角落或者被吓得呆在原地。尽管那位钢铁母亲曾给它们喂奶，但幼仔和钢铁母亲之间显然没有建立起亲子关系。

这一实验动摇了心理学的基础。毕竟实验结果与当时心理学主流学派的观点，即行为主义理论产生了尖锐的矛盾。根据行为主义理论，每种行为都是被灌输而产生的，无论是通过惩罚还是奖励的形式。相应地，这些行为学家（他们对于人类的原始认知主要来源于在老鼠和狗身上进行的实验）认为，婴儿会与照顾他们的人建立亲密关系，是因为这些人持续用美味的奶水“奖励”他们。

尤其是一位年轻的英国医生约翰·鲍尔比曾受到这个实验的启发。最终，他帮助阐明了其同事勒内·斯皮茨（René Spitz）在孤儿院里进行的一次观察。尽管这些孤儿院里的孩子“并不缺少什么”——不缺少安身之处、可靠保障、整洁的生活环境，也不缺少食物、水和阳光——他们却并没有茁壮成长，并且大批量地死亡。鲍尔认为或许婴儿生来就有对亲子关系的需求，而且亲子关系对他们来说就像每天喝的奶水一样重要。

亲子关系众所周知。人们惊奇地再次发现，在育儿中重要的不只有奶瓶的温度，而且还有关系的温度。长期被视为过时的做法又得以复兴了，例如将新生儿的婴儿床搬入母亲的房间，用20世纪60年代的话来说就是“同室育婴”。而且母乳喂养也开始重新时兴，要知道在经济高速发展的时期，比起喂奶，母亲的乳房更重要的是女性魅力的象征。

一个简单的概念

第一眼看上去，亲子关系的功能非常简单，“试图与你的抚养者建立一份尽可能稳固的亲子关系”。自然似乎催促着所有的新生儿这么去做，“因为如果不这么做，你便会饿死或者被一只饥饿的猛兽吞噬。”每个新生儿降生后都会先环顾这个又大又冷的世界，谁保护我、给予我温饱的抚养者究竟在哪？对此，鹅遵循一套非常简单的步骤。破壳而出后，它们会紧跟着见到的第一个会移动、能够规律发声的物体。在自由的野外那当然是位鹅妈妈，但是也可能是位如康拉德·洛伦兹（Konrad Lorenz）般的动物学家，或者它们也可能会不小心碰上一台割草机。这种根据钥匙与锁原理执行的，只接受相同刺激的亲子关系程序被称为印记行为。

（虽然本能在人类婴儿的亲子关系中也起到了一定的作用，但却远没有鹅那样十分确定的效果。）至少人类婴儿在降生后最初几个月内能够灵活选择依赖对象。他们会选择和那些最能够受其支配的人建立关系。他们首先主要通过嗅觉“记住”这些人，不久后也可以借助视觉进行记忆。假如有越来越多的人来照料自己，那么婴儿也知道该如何利用这些人，与最常出现的人建立最稳固的关系，这些人将成为他们的主要依赖对象。但是，他们也接受其他熟人的喂奶、安抚和照料。而且，即使主要的依赖对象发生变更，这种（亲子）关系在婴儿降生后最初的几个月里起码还会得到效仿重建，这就是说，婴儿对新的保护与照料人做好思想准备是没有什么大问题的。

这种依赖，就像被称为婴儿和照料者间的（亲子）关系，被视为地球新居民的第一份生命保险。毫无疑问，这份依赖在宝宝出生后立即出现，并且毫无例外。婴儿并没有设立任何选择条件——是的，他甚至和那些相当不可靠的父母打成一片，“就像是他自己从成千上万的人中选出这两个人”（瓦尔格伦）[53]。

成为难题的亲子关系

亲子关系确实会成为问题。婴儿依赖那些最能够受其支配的人，这与照顾的质量并无关系。关于这一点，哈洛已经满怀震撼地在猕猴实验中做了描述。在一次实验中，他对产仔后的猴妈妈进行了观察，这些不是在猴群环境中长大的猴妈妈还没有学会怎样照看猴宝宝。“有一个现象深深触动了实验组长，那便是这些猴宝宝们绝望地尝试与那些不寻常的猴妈妈们建立关系。这些猴妈妈却打了它们，推开了它们。猴宝宝们坚持不懈地一次又一次地尝试着建立关系。这些猴妈妈把猴宝宝的脸摁到了地上。猴宝宝们奋力挣脱出来，并且立马再次尝试建立关系。这种力量、毅力和努力来自于猴宝宝们的需求，而随之而来的惩罚给并不总是那么敏感的实验组长留下了如此深刻的印象，以至于他们几乎没有坚持继续观察这不自然的行为。”

这也正是那些被忽视的孩子所熟悉的问题：母亲对孩子的感情可能会完全消失，而孩子对母亲的依赖则不会消失。孩子对照料自己的依赖对象的关系不是一种恋爱关系，而是一种天生的约束关系。

亲子关系有什么作用？

世界充满危险。活泼可爱的小生灵，不论是人类还是动物，都被一种精神牵绊给牢牢地约束着，这种牵绊像橡皮筋一样，保证他们没有一个会在原始森林里走丢。每当这根橡皮筋被拉得过长时，握着橡皮筋两头的人就会开始害怕。如果孩子拉着橡皮筋走得太远，那么母亲就会因为恐慌而向孩子移动。如果是母亲走得太远，那么孩子会为了和母亲再次相聚而将皮筋拉向自己。他哭泣，发脾气想尽一切办法吸引母亲的注意力。

之前对孤儿院中孩子们的观察已经表明，亲子关系不仅能起到保护作用。孤儿院的孩子拥有安身之所，但因为缺少亲子关系却不能茁壮成长。那么，亲子关系还有什么作用呢？

成长在巢穴里的哺乳动物给出了提示。如果不是母亲非常卖力地照顾子女，这些小家伙就无法长大。只有当鼠妈妈舔舐小老鼠时，小老鼠才会排空它们的膀胱和肠道。如果它们没有被定期的舔干净，它们便会死掉。实际上对于所有哺乳动物来说，生长依赖于母亲的触摸（我们将在第十二章中看到，这一点对于人类来说也是如此）。除了单纯的照顾之外，身体接触似乎也对情感发展和脑组织有所影响[294]。对于所有调查研究过的哺乳动物物种来说，抚摸会减弱应激反应。不常被母亲舔舐的猕猴容易变得紧张焦虑[295]。这也适用于人类的孩子：缺少他人关注的宝宝在其今后的人生中可能不会很好地克服压力[296]。因此，亲子关系不仅是一份人身保险，也为孩子的身心发展建立起了防护栏。

亲子关系的作用远不止这些。孩子可以在亲子关系体系中认识到自己在社交世界中的坐标。宝宝会从亲子关系体系中觉察到，他的社交网络是否可靠或者他周遭的人对自己是否友善。而且，他会学会该如何和这些人相处，才会得到他们的尊重和照料。因此，亲子关系也是一个社交关系学习的平台。

亲子关系——从父母的视角观察

然而，从母亲的角度看亲子关系又是怎么一回事呢？母亲是如何和她们的宝宝建立亲子关系的呢？

这种关系恰如其名，常常被视为孩子依恋的反映。如果准妈妈在生产后不是心甘情愿地和这个小家伙建立亲子关系的话，那她们为什么还要那么费力地分娩肚子里的宝宝呢？大自然是不是也应当像为宝宝一样，为他们父母的驱动硬盘上安装一个强大、直观并且没有任何条件限制的亲子程序呢？

事实似乎并非如此。让我们环顾大自然，和父母的关系并不是总能温暖我们的心。大熊猫常常会生产双胞胎，但大熊猫妈妈常会忽视其中瘦小的那只，而对另一只却“充满慈爱地”百般呵护。老鼠妈妈则直接将它最虚弱的小老鼠移出老鼠窝，之后虚弱的小老鼠便会渴死。狗妈妈会一直不给虚弱的幼犬喂奶，从而摆脱它们。鹳会杀死生长最慢的雏鸟。对于小乌雕来说，幼仔们得自己考虑降生之后人口控制的问题，最虚弱的小乌雕会在父母的眼皮底下被最强壮的小乌雕逐出巢穴。在动物王国里，幼仔们刚出生后的那段时间就像是被送到了集市上，接受检验、测量、称重，然后依据自身的“价值”获得父母的投资。

有时限的亲子关系

对于一些物种来说，亲子关系甚至是有时间限制的。母羊会非常细致地呵护小羊羔，但是这仅限于出生后的第一个小时[297]。这之后，母羊便会推开要喝羊奶的小羊羔。对于群居动物来说，这种行为是非常有意义的。母亲在同一时间怀孕，而且幼仔出生后就能够走路。如果亲子关系之窗“敞开”的时间过长，情况恐怕就会乱作一团糟，成批量新降生的小羊羔跑到别的妈妈那儿去喝奶。

老鼠和其他在巢穴中生产的物种不会了解群居动物常常弄混的问题。如果我们将陌生的小老鼠放入鼠妈妈的窝，它也会待其如己出！

迟疑不决地投入？

对此有些读者一定会提出那个令人恐惧不安的问题：这些“非人类”父母的亲子方式也适用于我们人类吗？我们该如

何、又能在何时实现父母对子女的亲子关系呢？建立这一关系需要什么前提条件吗？义卖规则也适用于人类吗？

为了寻求这些问题的答案，我们必须先回答另一个问题：究竟如何衡量人类的亲子关系呢？

如何衡量亲子关系？

当我们问一位母亲，她觉得她和宝宝之间的关系有多么的紧密时，她可能会耸耸肩回答道：这意味着什么呢？她是否爱她的宝宝？她是否愿意为她的宝宝付出全力？有意思的是，类似的耸肩行为在今天的研究中仍然常见。亲子关系是种感觉吗？是种态度？或者是某种行为？

鲍尔比的一位女同事玛丽·安斯沃思（Mary Ainsworth）一生致力于对亲子关系的“测量”。这期间，她始终坚持采用进化的观点。她认为，当模拟出一种典型的“危险情况”时，亲子关系可以得到最全面的检验。对于婴儿来说，这种“危险情况”与生俱来：独自被丢弃在一边，或者被留给一个陌生人！这就是玛丽设计出的约 20 分钟的测试情景，陌生人-情境-测试：一位母亲抱着她大约 12~20 个月大的宝宝来到一个陌生的房间里，屋里堆满了各种玩具。然后，一位陌生但却友善的女士进入了该房间。母亲在 3 分钟后离开了房间，这就是说，她让宝宝和一位陌生人独处。又过了 3 分钟，她回到了房间。这种分离和重聚的变化一共进行了两次。宝宝的反应被记录了下来，然后我们由此推导出了宝宝各自的亲子关系类（亲子关系类别）。

测试得出了四种亲子关系类型：安全依恋型、不安全-回避-依恋型、不安全-矛盾-依恋型，以及不安全-迷茫-依恋型[54]。在调查中，大约有2/3的宝宝属于安全依恋型的亲子关系类型。

这样的测试也有其缺陷。根据日程和年龄的不同，宝宝们对人为环境和离开母亲的反应也有很大差异。也有些宝宝比起其他的宝宝更有与母亲分离的“经验”。宝宝面对分离的反应还和他们的性格有关，有些宝宝看到妈妈转移视线时就伤心欲绝了。因此，这项测试受到了亲子关系研究者的一些怀疑，也不足为奇[55]。

现实生活中的亲子关系

总之，实验测量得出的亲子关系类型和宝宝在现实生活里的行为大致相符，即使宝宝的性格往往具有同样分量的发言权。“安全依恋型”的宝宝在幼儿园的社交环境中显得更有信心，他们会去适应学校的课堂。与此相反，“不安全依恋型”的宝宝在幼儿园里更愿意一个人玩耍。“不安全-矛盾-依恋型”的宝宝常常想控制那些依恋对象，并且需要持续获得关注。同龄人之间的冲突在学校里是常见的。

各种不同的亲子关系模型都是如何出现的呢？各种不同的亲子关系模型意味着慈爱的父母和狠心的父母的存在吗？如果“安全依恋型”是正常情况，或者说是理想情况，那么“不安全依恋型”是不是就是病态呢？这些观察得出的区别是否意味着，“安全依恋型”的宝宝将来可以成才，而“不安全依恋型”的宝宝相反就不能成才了呢？在此，欢迎您加入亲子关系大讨论。

亲子关系大讨论

“亲子关系”是意识形态的雷区。亲子关系的理念将工作女性定位成家庭主妇，并且需要进一步扩大托儿所的规模。有一些人认为，宝宝是因为在妈妈的怀抱里缺乏专业人员的训练而变得迟钝的；另一些人则觉得，宝宝是在托儿所里受到了缺乏爱心的阿姨的管教而导致情感发育迟缓。因此，我们需要小心谨慎地接触这些敏感点。现今的科学对亲子关系的认知到了什么程度?

宝宝会依恋谁?

正如我们所见，在研究初期，亲子关系的研究首先是建立在对猕猴和黑猩猩观察的基础之上的，对于这两个物种来说，只有母亲照顾幼仔。一般来说，它们在照顾幼仔时采用的是一种众所周知的全心全意的奉献，即“溺爱”。黑猩猩因为整天随身带着它们已经夭折的幼仔而闻名！因此，不难理解在研究人类时，为什么亲子关系研究者也首先将母亲视作宝宝“天生的”、可能是唯一的亲子关系对象。

而人类学家的报告却与此不相符。在中非的俾格米人那儿，一个婴儿由许多母亲哺乳，照料宝宝的人每小时会更换4~8次[300]。当我们合计出“照看时间”时发现，婴儿母亲对孩子的照看时间常常不及其他女士对宝宝的照看时间。在其他民族，宝宝也不可能只由母亲一人照看，自然也会得到其他人的共同照顾——父亲、兄弟姐妹、祖父母或者其他的家族成员。对人类亲子关系的新看法离我们已经不远了，特别是已经出现在西方的家庭模式中，这种模式与传统的母亲形象没有太大关系。

灵活的宝宝

正如我们所确定的一样，新生儿至少相当地灵活，在头几个月里，他们会喝其他女人的奶水，并且会接受周围熟人的安慰。人类婴儿的亲子方式与猿类的有些不同，人类不依赖于唯一一位依恋对象。这一点具有生物进化意义。因为与黑猩猩不同的是，除母亲之外另有他人来照顾并教育自己的幼儿，这对于人类后代而言是至关重要的（参阅第十四章的“认识与展望”）。

与照看者的关系不同，宝宝的类型也可能完全不同。一个安全依恋型的宝宝可安全地依恋母亲，但可能无法依恋他的父亲，反之亦然[301]。（还得强调的是，笼统地区分宝宝是“安全依恋型”还是“不安全依恋型”是多么得麻烦啊！）

但这并不意味着人类婴儿的亲子方式是盲目随意的。因为，在婴儿成长的过程中，当他们疲倦、生病或者受到压力而紧张时，宝宝就开始选择一位照看者。这个人常常是和宝宝相处时间最久的人，通常便是他的母亲。

当宝宝长大些后，似乎又再次制定了更严格的标准。大概从7个月大开始，宝宝也会反感他之前所喜欢的照看者。宝宝现在只愿意接受其主要依恋对象的照顾，并且只愿意让他一个人抱自己。这时起，分离就变得越发困难了。在初生的几个月里，宝宝会在不错的“替代照顾”下迅速地从与主要依恋对象的分离中恢复过来，但对于年龄更大一点的宝宝，大概从8~10个月开始，即便得到了其他人最细心的照顾，他们也会持续显示出抑郁迹象。

那么父亲呢？

从父亲们的身体反应已然能看出，自然也预先将男人设定为婴儿的“依恋候选对象”。在伴侣怀孕期间，他们血液中的催乳素明显增多，与此同时，“男性荷尔蒙”睾丸素则会减少。在对那些父亲也要参与照料后代的（非常少数的）灵长类物种的观察中，我们也发现了同样的现象，例如绒猴和狨猴。在宝宝出生后也是如此：父亲对宝宝照料得越投入，血液中催乳素的浓度就越高；而且在宝宝出生后，男性的睾丸素会足足下降30%[302]！

照看者的性别也不会让宝宝们犯迷糊。宝宝也会选择男人作为依恋对象。如果在宝宝的视线范围内最可靠的照看者是一个男人，那么他们也会将他“选”为主要的依恋对象。

亲子关系需要哪些补充？

首先，这一研究并不能具体说明为什么亲子关系在不同的情况下表现得不一样，但是本次研究成果主要是亲子关系的影响因素，结果简述如下。

补充1：本能

成年人生来就对小宝宝有不同程度的兴趣。

这种兴趣的一部分是建立在深深根植于人类本性（同样也存在于其他动物本性）之中的某种反射的基础之上的。成年人就是认为小宝宝天生“可爱”，并且觉得自己充当了他们的保护者的角色。其中，外表在这里起到了有利的作用，特别是所谓的“惹人怜爱的样子”（参阅第十章的“认识与展望”）——婴儿肥、略带稚气的大眼睛、大大的后脑勺和小巧的鼻子。

试比较男性与女性，我们可以得出结论，虽然不是次次都成立，但女性对宝宝的兴趣比男性要强烈。对于一些人（女性再次多于男性）来说，这种“本能的照顾意愿”如此强烈，以至于这些人将照看婴儿视为一种让人满足的经历，并且也很喜欢照看陌生的婴儿。

这可能和以往的经验有关，那些小时候常和婴儿一起玩耍的人通常会觉得和婴儿相处不那么费神，而且会因此“获益”（参阅第十四章）。实际上，小女孩尤其会积极地寻求这种以往的经验，和洋娃娃玩耍正是这种行为的预兆。

这所体现的就是时常被提及的“母性本能”。但是这既不仅限于母亲，也不能作为亲子关系的唯一补充。

补充2：激素

母亲在怀孕的过程中，其体内的激素会做好分娩与哺乳的准备。她们的骨盆变松，乳房做好了产奶准备（前面已经提到过，在母亲怀孕期间，父亲体内的激素也会有所反应）。此外，从哺乳类动物身上，如老鼠，我们知道，激素还会直接激发“母性”行为，通过注入人工激素可以使一只任性的鼠少女成为一只亲切慈爱的鼠妈妈[303]。

大自然这种古老的激素伎俩对于人类来说，作用似乎微乎其微。无论如何，“母性”行为与血液中的激素浓度并无直接关系，单是激素变化不足以促发“母性”的行为。一个女人能否成为一位母亲，是不受“激素条件”的限制的！领养孩子的案例显示，亲子关系即使缺少怀孕期间的激素前提也是可以完全实现的[304]。那么“激素”到底有什么作用呢？科学还未给出明确的答案。然而，我们至少可以这么说：哺乳似乎是亲子关系进阶过程中的关键步骤（关于这一点我们将会马上展开讨论）。至少激素在这儿起到了“有益”或“加强”的作用。

补充3：共同经历

对亲子关系最重要的补充是共同的经历。这是指那些源自母亲和宝宝日常相处过程中发生的情感经历。有两样东西持续奏效：身体接触和哺乳[56]。激素的影响有助于激发上述情感遭遇的“深度作用”。频繁的皮肤接触和哺乳不仅有助于提高催产素的含量，也能增进宝宝与父母间的感情[57]。

当然：单凭亲密接触是不能建立亲子关系的，但它有助于创建亲子关系。在泰国的一个医院，很长一段时间内大约每300个新生儿中就会有一个被其生母在其诞生的那天遗弃。而当这家医院采用让婴儿产后立刻与母亲团聚，并鼓励孩子吃母乳的做法后，宝宝被遗弃的现象几乎不复存在[306]。同理：在巴西的一个贫民窟，几百个被遗弃的宝宝之中没有一个接受过母亲哺乳[307]。行为主义者萨拉·布拉菲·赫尔迪甚至认为：“一旦实现哺乳，母亲便完成了生理上和情感上的转型，这使得她无法想象自己会离开她的宝宝[308]。”当然，没有哺乳行为也可以达成亲子关系，但是这一过程是比较艰难的。如此便不难理解为什么吮吸第一口母乳被视为人类生命真正开始的标志。

补充 4：社交网络

让我们暂时将视线从母亲和宝宝身上移开。亲子关系是否达成与其“背景”也有密切联系。一项又一项的研究表明：母亲在生产后的生活状况越不轻松，和宝宝建立稳定的亲子关系就越难。心理问题或者不寻常的负荷，如和孩子父亲的分离，都会成为压力，这只会轻易建立起一份模糊的、不稳固的亲子关系，一份没有真正的共同“核心”的亲子关系。因此亲子关系也始终反映着母体资源：她和丈夫之间的关系、她的其他社会关系，以及她的经济保障。婚姻幸福的母亲和孩子之间的亲子关系更加稳固，这并不令人惊讶[58]。

很正常，当母亲必须在经济上或是心理上挣扎求生时，对孩子疏于照顾的情况便会越来越常见，充满问题的亲子关系也会越来越多。早在中世纪，“育婴堂”的分配就一直是衡量人民大众苦难的标准。

补充 5：相互适应

是否当我们添加了所有配料后，糕点就会发酵起来呢？通常情况是这样的，那些生活过得一帆风顺的并且可以信赖其社交网络的母亲们大多与宝宝有稳固的亲子关系，但可能也存在例外。因为当成人互相交往时，他们常会花几年的时间相互试探和考察。在日常交往中，他们所得的信息常常足矣。和宝宝交往时，父母则别无选择。宝宝会带有自己的脾气，而他的脾气可能和其父母的或者其兄弟姐妹们的完全不同。这就难怪一位母亲和她的宝宝有稳固的亲子关系，而和宝宝的堂兄的关系就不那么亲密了[310]。这表明，母亲与宝宝间的亲子关系取决于二者相互适应的程度如何。母亲可能可以很好地适应一个宝宝的脾气，但却不能很好地与那位小堂兄相处，尽管倾尽所有的“母爱”。事实上，母亲们常常会说，她们对一个“具有挑战性的”婴儿会无所适从，又或者她们无法与一个性格羞怯的宝宝融洽相处59。亲子关系研究者也表示认同，天生羞怯的宝宝非常需要肢体接触与保护，这样可以使自己感到安全并可以减轻压力[312]。

亲子关系是一种途径！

亲子关系既不是单靠激素，也不是单靠本能而得以实现的，和身体准备同等重要的还有精神准备和“社交”准备。人类的亲子关系就像一条纽带，在怀孕之前就将母亲和宝宝连接起来了，而且通过和宝宝的日常相处，这条纽带连接得越来越紧。其中，肢体接触和哺乳起到了重要作用。

父母也常常觉得与宝宝的这种亲子关系是一种“经历”，是一种几天、几周甚至更长时间的亲近。这份经历中也存在着障碍，从母亲生产后，宝宝不停“哭号的日子”到睡眠缺乏再到这类疑问：为什么我丈夫恰好这会儿非得去上班？

我们很容易解释，为什么每位母亲对于相同的经历会有不同的感受。一些母亲在怀孕期间就已觉察到了自己和宝宝之间紧密亲近的关系。而对于其他的女性而言，这种为人之母的感觉直到生产几周之后才伊始，或者她们得花费整整一年的时间来逐步形成这种感觉[313]。经验似乎也有所作用。在一项调查中，40%的新手妈妈承认，她们在生产后并不觉得自己对宝宝有特殊好感。这样的观点在已经生育过的妈妈那儿只占 25%[314]。

再见，圣母玛利亚

那些设想一个“安全依恋型”宝宝的人常会自动联想起，像中世纪的圣母玛利亚那样典型的、温柔的、慈爱的、善于观察宝宝需要的母亲。

我们来回想一下上一节，其中探讨了对亲子关系的“补充说明”，值得注意的是，其中并未提及某些可能对亲子关系有作用的母亲（或父亲）的“素质”。这并不是编者的疏忽。

亲子关系研究直至今日还是难以将亲子关系类型与某些母体“素质”联系起来。在超过半数的这一主题的研究中，母亲的“关怀”或者“温暖”与和宝宝的亲子关系之间的清晰关联不只一次地显现出来[315]。母亲的其他特性，例如积极的态度、可靠性或适当的激励，也不足以解释，为什么这个宝宝是安全型的，而另一个宝宝是不安全型的。至少，母亲的善解人意似乎在一定程度上与亲子关系的质量有关[316]。然而，能决定这一切的也不只是这些母亲的特性。

母亲作为世界的一面镜子

我们很容易解释，相比其他因素，依恋对象是否善解人意何以显得无足轻重。这是因为，可以通情达理地和宝宝相处并不是一蹴而就的。这需要积累经验，而且是有条件的[317]。每位母亲都想善解人意，但只有当她们不必担心下期的分期付款，或者她们亲爱的丈夫更愿和他迷人的秘书、而不是与哭闹不停的宝宝一起过夜的时候，才会更容易通情达理[60]。

亲子关系似乎不只是两个关系密切的伙伴之间的对话，它更关系到二者所生活的整个社会体系。因此，亲子关系不仅仅与固有的母体“素质”有所关联，它还与以下这些因素有关：父母生活得怎样、他们对自己处境的满意程度、他们极其繁复的人际关系、他们拥有多少支持，以及他们和宝宝相处得有多么融洽。

而且，由于亲子关系自身就是一个“体系”，我们不能帮助父母列出“正确的”行为或者恰当的“亲子关系技巧”。亲子关系产生于“适宜的”生活，但何为适宜的生活对每位父母亲来说都有所不同[61]。

相应地，从亲子关系研究的角度来勾勒某种生活方式是很困难的，但用亲子关系来概括会好一些。事实上，我们到今天都还未能证实，对比在家相夫教子的母亲，有工作的母亲会对宝宝的方方面面产生不利的影响。只要有品质良好的家庭护理，只要母亲的工作不会引起“关系真空”，母亲的照顾安排对于亲子关系质量的影响便难以得证了。（我们将在第十一章的“认识与展望”中做更详尽的说明。）简而言之，亲子关系远远超过家庭的范围。亲子关系投射出的不是宝宝眼里的母亲形象，而是宝宝所生活的整个世界的影像[62]。

亲子关系是没有通用公式的。亲子关系即使没有生育也能实现。确定的是：亲子关系绝对不能缺少需要媒介的肢体接触，这里的媒介是指眼睛、皮肤、眼神、气味、触碰、情绪信号。我们面前睡得正香的宝宝可能会在 30 年后从月球上的一间酒店发出一条短信，“妈妈，我和你如此接近”，宝宝这里所指的接近和石器时代时所指的仍然一样，身体接触。

亲子关系不只是“基本信任”

然而，在另一个方面，经典的亲子关系理念得到了恰当地拓展。亲子关系理论最早便是源自于此，亲子关系是通过“安全基础”的经验而产生的。父母值得信赖又善解人意的照顾促生了基本信任，并且告诉了宝宝，他们有人疼爱保护而且也很“安全”。

我们会渐渐明白，成功的亲子关系也是宝宝自身的成就。只有当他可以独立地创造经验并且在探索环境的过程中感受到自己是“有能力的”时候，他才能感到自己有安全的依靠。

亲子关系并不是“抚养义务”，它不供人们“支配”，而是出现在一个相互的过程之中。宝宝在这个过程中能够学会兼顾安全感与自主性。当宝宝在需要与人亲近的情况下得到肢体接触时，当宝宝在想要自我实现的情况下得到亲自探索的自由空间时，一种“受限的自主性”就产生了[63]。安全感则源自保护和自立，亲子关系和自我独立不是对立的，而是一块奖章的正反两面[320]。

通过观察可以得出结论，父亲比母亲更积极地和小家伙们玩游戏。由此可以确定，母亲更可能代表亲子关系中的“安全港湾”；与之相反，父亲则更能增强探索的渴望。事实上，观察显示出当宝宝玩游戏时，母亲更愿意在一旁陪伴、组织安排并且给予评价，然而父亲则常会自己参与其中，尤其是当进行消耗体能的游戏时。虽然父母之间存在显著差异，但实际上，父母双方的共同配合促进了宝宝的全面发展，每个家庭都会有所差异[321]。

（出生后的）第一个小时有多重要？

对于许多哺乳类动物而言，都有着一个“关键的”时间窗口。在这段期间，宝宝要么和母亲相处融洽，要么遭到母亲的驱逐，羊的例子已经提到过。早期的亲子关系研究者如马歇尔·克劳斯（Marshall Klaus）认同这一观点，对于人类而言可能也存在着这个关键的时间窗口，仅为出生后的几个小时。今天，即使有 1/3 的孩子是通过剖宫产出生的，但这一问题仍旧和当时一样，剖宫产可使母亲与婴儿在生产后立即相见。

让我们放眼全球，有一些文化似乎可以很从容地应对这所谓的出生后“神奇的”第一个小时。在中非的俾格米人那儿，新生儿在出生后的最初几个小时内会交由父母的女性亲戚照料而无法马上见到母亲。他们认为如果不这么做，婴儿可能会遭受伤害[322]。全世界有记载的文化中，至少有 92%的文化同意，母亲并不是第一个接触自己宝宝的人！（在一些传统文化中，新生儿甚至会先接受另一个部落的女人的哺乳[323]。）

首个 60 分钟的魔力?

现代研究对此有何见解？事实就是：顺产的婴儿在出生后会出现 1~2 小时的“高度警觉”状态。他们的肌肉状态活跃，瞳孔扩张。如果人们将他们放下，他们自己便会开始沿着母亲的身体挪动，以找寻乳房。母亲也为宝宝的出世而“高兴”，这是首次见面的最佳前提条件。

正如上面所提到的，大自然的恩泽并不总能得以使用。在医院里，首先接触新生儿的常常是要检测、称量和清洗他们的医务人员。在许多传统文化里，也是得先进行清洗和欢迎仪式[324]。但母亲似乎也并想马上和新生儿进行亲密接触。在一项比较早期的研究当中，发现只有半数的母亲愿意主动接触自己的宝宝，而不是由别人将宝宝给她们[325]。

宝宝一出生就被放在母亲身旁由母亲亲自照顾，这有非常积极的作用。那些一出生就可以马上躺在母亲身旁的宝宝，3个小时后就会平静得多并且很少哭闹了。如果他们入睡了，会睡得更久更香[326]。

早点接触孩子可能也对母亲有利。研究表明，和那些生产过后很久才“接收”自己宝宝的母亲们相比，初为人母者在接下来的日子里，至少会更频繁地抱自己的宝宝，更多地和他们讲话[327]。对于“危险母亲”而言，这种额外的亲近对亲子关系的质量有长期积极的影响。这里的危险母亲指的是那些生活条件艰苦，并且正在考虑是否放弃自己宝宝的母亲[328]。然而，对于绝大多数的母亲而言，无论她们是生产后立刻就给予宝宝“关怀照顾”，还是稍晚才给予，几周之后，我们已经无法看出她们对宝宝的关怀照顾有何差别了[329]。

人类出生后，母婴是不会立即“融合”的。早点接触可能会使结识更加简单，但它并不能左右未来[330]。

从生物进化的角度所观察出的结果也可能会令人吃惊。在物种的繁衍过程中，分娩会给尤其是第一次生产的母体造成极度的生理压力。在这种情况下，将长期的生活定位取决于刚刚分娩完的母体精神状态便失去意义了。如果母体已经大量失血，需要马上休养，我们又能得出什么结论呢？如果母体在分娩时会阴严重破裂，以致其无法全身心地照顾幼仔，我们又能得出什么结论呢？

“敏感阶段”问题

人类是否和羊一样，没有亲子关系的敏感阶段呢？可能有，可能没有。可以肯定的是，人类的亲子关系不会在生产后几小时内“消失”，不会像母乳一样停止。这扇“亲子关系之窗”敞开的时间似乎长久得多，甚至永远不会完全合上，正如领养示例所说明的那样。

然而，还是有人认为出生后最初的几天十分重要。就算母亲并未马上开始哺乳，“哺乳激素”催乳素会维持约 4 天之久的高水平，之后才开始减少。母亲正好需要这段时间来接受对宝宝至关重要的哺乳过程。观察得出结论，选择哺乳的母亲事实上再也不会遗弃她们的宝宝，行为研究者萨拉·布拉菲·赫尔迪推论，出生后最初的几日对于亲子关系来说，可能并不那么关键，但对于宝宝而言，却是十分关键[331]。

亲子关系与剖宫产

我们可以通过观察原始民族得出结论，如果没有现代医学，至少会有 3%~4%的宝宝或母亲在生产中死亡。因此，人们将剖宫产视作上天的礼物，今天的女性与石器时代的女性相比，身体状况差很多。另外，现在越来越多的母亲患有肥胖症，这会促生大块头宝宝，但肥胖症并没有使母亲的盆骨变宽。在现在的产妇之中，首次生产的女性的比例越来越高。而且，这些第一次生产的女性已为痛苦的生产过程做好了心理准备。其中，高龄孕妇的比例也同样有所升高。所以越来越多的人选择剖宫产就不足为奇。节育失败和保健误导也会导致剖宫产的流行[332]。

剖宫产对于宝宝理解的亲子关系意味着什么呢？可能存在一种影响，这种影响可能不太明显。让我们来看看一次科学调查的结果。人们一致认为，剖宫产实现了母婴之间在出生后直接的身体接触，这绝对会影响宝宝的自我调节和健康（我们将在第十二章中继续讨论）。事实上，在第 1 个月里，剖腹出生的宝宝比顺产出生的宝宝更加急躁不安[333]。这可能与母亲对宝宝哭闹的反应有关。用核磁共振精确测量脑部供血的研究显示，进行顺产的母亲比选择剖宫产的母亲，在生产后不久会对宝宝的喊叫有更加强烈的反应。宝宝在出生 2~4 周后的发声会引起大脑各个区域的强烈反应，这与情感和动机有关（此外，情绪也会产生影响）[334]。一些科学家将这些发现视为剖宫产后亲子关系的障碍迹象。然而，这一体系似乎会逐渐趋于稳定。研究表明 1 个月后，至少在哭闹方面，顺产出生的宝宝和“剖宫产宝宝”之间就看不出区别了[335]。

对于母亲来说，剖宫产似乎不仅仅是身体上留下的疤痕。它会妨碍母亲和宝宝交流，而且损害母亲的自我形象[336]。然而，产后抑郁似乎与分娩方式没有多大关联[337]。

剖宫产后进行哺乳到底会不会影响亲子关系呢？有可能会，尤其是对于需要紧急剖宫产的女性而言哺乳会更难。即使做好了剖宫产的准备，哺乳问题也常会导致提前断奶[338]。如果剖宫产的产妇有条件做好剖宫产的准备，那么她产后的奶水不会比顺产的产妇少[339]。

结论：与母婴亲子关系有关的结论也适用于剖宫产。依据本章内容而言，开始的不足是可以弥补的。万事开头难，但是这个开端不会把一切搞砸。

亲子关系对接下来的生活有多重要?

对于许多动物而言，亲子关系会随着断奶而消失。那只刚才貌似还离不开母亲的小牛可能会马上离开牛群，从此之后，它与自己的母亲和兄弟姐妹们便再无联系，和它一起生活的将是其他的母牛。金仓鼠妈妈甚至会用细齿催促鼠宝宝离开，大约从宝宝出生的第 35 天开始，它们会攻击并驱赶自己的宝宝。社会物种的情况又有所不同，对于有等级之分的群居物种而言，亲子关系会伴其一生。这也适用于人类：一旦连接，永不断绝。

亲子关系理论之父约翰·鲍尔比认为，幼儿时期的亲子关系为人类创造了一种工作模式，未来所有的人际关系都取决于这一模式。“安全依恋型”的宝宝成人以后更容易与他们爱的另一半建立信任关系。

有些人赞同

我们几乎都注意到了开头描述的那个用钢铁支架进行的实验。没有母亲抚育的小猴子在与其他猴子的相处上真的有障碍，并且终身如此。和同类相比，它们要么冷漠，要么好斗。从开头提及的孤儿示例可以看出，亲子关系在幼儿时期具有多么强大的影响力。成长过程中，拥有多重亲子关系或者缺乏亲子关系的孩子，在其成人后几乎都无法与人建立起稳定又值得信赖的关系。

难怪早期的亲子关系研究者会得出这样的结论，幼儿时期会决定我们的命运。约翰·鲍尔比曾这样说：“我的学说核心在于一种紧密的因果关系，这种关系存在于个人与其父母相处所得的经验和他今后建立情感关系的能力之间[340]。”因此，亲子关系研究强化了弗洛伊德以来在心理学中占统治地位的假设。这一假设便是：心灵的基础建立于婴幼儿时期，但它只具备粗糙的结构，之后还得加以改进与完善。

有些人反对

人们所认同的看法在20世纪90年代受到了严重动摇。那时，一次大规模的调查公布了其首份结果。在幼儿成长至成年的期间，他们的亲子关系和人际关系接受了反复的调查研究。研究结果显示：婴幼儿阶段的亲子关系类型只是有可能对之后生活中的人际关系有决定性影响[341]。婴幼儿时期调查所得的初始的亲子关系类型与其成年之后的人际关系甚至没有任何关联，而且这类案例多得令人吃惊[64]！不安全依恋型的婴儿成年以后，完全可以建立起稳定的人际关系，反之亦然。从婴儿成长至成年的期间，如果“社会环境”没有改变，他周遭的关系也维持不变，他也极有可能会完成一次安全依恋的“转移”[343]。

心理学对此也显示出了怀疑：如20世纪最重要的发展心理学家之一的杰罗姆·凯根（Jerome Kagen）发现，比起上两代人，如今的婴儿得到了“更加友善的亲子关系的”照顾。尽管如此，人类的心理问题并未减少。德国女作家赫尔拉德·申克（Herrad Schenk）也在其值得一读的作品《人类多么需要母亲?》中注意到了类似的问题：“到目前为止，亲子关系的加深几乎并未导致儿童与青少年会比前几代更随和、开朗、平静或更重视社交。”

也有文化认为，不应当过分强调婴幼儿时期的亲子关系的深度。在绝大多数传统民族中，对婴儿和幼儿的期待不会令人失望。而且，这些民族之间存在着极大差异：一些民族胆怯、多疑并且好斗；另一些则相反，他们友好并平易近人。朱迪思·哈里斯还强调，那些挑起可怕战争的民族却“对他们的宝宝非常好”，所以不一定非得由一个更加善良的人来和婴幼儿建立可靠的亲子关系。这也适用于之后的夫妻关系。在许多国家“婴儿需由母乳喂养”，但与此同时，女性却受到压迫[344]。

韧性

婴幼儿阶段的亲子关系经验并没有自动一一地转化成成年生活，那么它是从何而来呢？太平洋岛屿之一的考艾岛并不是因为它白色的沙滩，而是因为它对科学的贡献而闻名于世。第一个答案便来自于这座考艾岛。女科学家艾米·维尔纳（Emmy Werner）在岛上进行了长达几十年的对大约 700 名婴儿的观察。想借此找出，是哪些因素决定了宝宝在成人后是否会拥有成功的人生[345]。那些她调查研究过的宝宝并未立即给予她满意的答案：绝大多数的宝宝来自社会弱势家庭，1/3 的宝宝在幼儿时期便失去了父母或者遭遇了社会动荡。

尽管如此，在这些经受了各种不幸的孩子中，有 1/3 的孩子后来拥有了成功的人生。他们辛勤工作、拥有稳定的人际关系，而且大都满怀信心和满意知足！这被称为“韧性”的面对生活逆境的抵抗力从何而来呢？答案是：它来自成功的人际关系，来自这些孩子在童年和青少年时期与家庭之外的成年人所建立的关系。孩子对社会了解得越多，他们就越能处理好生活中的人际关系。另一个惊人的安全因子竟然是：与亲密的兄弟姐妹共同成长[346]！行为研究者萨拉·布拉菲·赫尔迪由此推测，给孩子的成长打下了烙印的可能不是母婴之间的亲子关系质量，而是他与所有照顾过他的人之间关系的“整体”质量[347]。

三年又三年……

亲子关系至关重要，忽视婴幼儿的结果可能是灾难性的。除极端情况之外，早期的亲子关系经历似乎不会决定命运。最早的亲子关系经历可能会将宝宝引上一条道路，“这条道路上满是岔路和十字路口”，正如发展心理学家杰罗姆·凯根（Jerome Kagan）所指出的那样[348]。

这套老旧的看法已经过时了。依照这种看法，亲子关系被看作生活的免疫注射或者甚至是我们可以消耗一生的资本。亲子关系经历的效用是持续的，但是它的影响在不断减弱。这种影响冲击着每个新的生活阶段和我们迈入的每个新的生活环境。杰罗姆·凯根再次为我们解惑：“前三年之中经历的一切当然是非常重要的。然而，接下来再次为我们解惑的三年的经历也同等重要。”

进化的角度

进化生物学家从一开始就没有点明，孩子的依恋是一种生活模式。通过年幼时的经历来判定一个人，这究竟具有多大意义呢？人们所处的环境是不断变化的，他终将尝试一切，以便他不断重新布置生活场景，并去寻找新的位置、新的挑战和新的机遇。为什么那些历经磨难，一年后成功存活下来的孩子，在其未来的道路上，得要继续遭受其他缺点的“惩罚”呢？如果情况起了变化，孩子必须准备好把握自己的机会。从进化的角度看，发展必须朝着一个完全不同的方向，即尽量减少早期的压力和损伤。实际上，上面介绍的韧性现象所显示的正是如此。即使是极其弱势的孩子也能利用有利条件！

灵活的生活态度也得到了其他想法的支持：最早的亲子关系经验通常是由母亲传授的。现在，宝宝的生活依赖于母亲，而母亲也在逐渐失去其重要性。按照和母亲相处的经验来指导生活是一个相当可疑的模式。在此，一个实时方案似乎更好：我身边的人对我如何？我如何才能受到欢迎？我掌握着哪些资源？

一个机会

只将目光局限于婴幼儿阶段的力量就意味着低估父母的作用。沃尔夫冈·阿玛多伊斯·莫扎特（Wolfgang Amadeus Mozart），如果没有一位始终要求和支持他的父亲，他的盛名就不会流传至今了。我们眼中的莫扎特能成为一位生活得无忧无虑却又拥有无穷生活智慧的天才，这难道只是婴幼儿阶段积累的经验的功劳吗？在生命的许多阶段中出现的许多人和经验都会发挥作用，正如一首交响曲是由许多音符编写和许多乐器演奏而成的。

但是，我们还是应该积极地看待婴幼儿阶段有限的影响。不应该把它看成对母爱力量的质疑，而是把它看作痊愈的机会。即使宝宝所处的环境并不好，但他们还是能够很好地成长。这样也好，因为世界也并不理想。在婴儿阶段住过监护病房的人，在今后的生活中很可能不会造成人际关系伤害。小时候受过损失的人，也可能拥有丰富的人生。

亲子关系是为人生所做的准备吗?

亲子关系理论的初期阶段似乎很清晰地指出：只有安全依恋型是一份良好的亲子关系。第一批亲子关系研究者的信条是，信任他人的能力最终将帮助人们去迎接生活的挑战[349]。难怪安全依恋型被视作唯一"正常的"亲子关系类型，而亲子关系大讨论中的责任问题仍然悬而未决。直到现在，法官向罪犯提出的第一个问题常常还是他和母亲之间的关系如何。

这种看法使亲子关系研究面临着真正的两难抉择。如果宝宝的依恋那么强烈，那么为什么还有许多宝宝是不安全依恋类型呢？即使在今天较好的生活条件下，只有大约 2/3 的宝宝是安全依恋型。甚至在某些调查研究中，不安全依恋类型的宝宝占了多数[350]。为了建立人生保障而去建立亲子关系的做法，是很容易"失败"的，因此这样做也是毫无意义的。

亲子关系是一个社会学习的平台，及时出现在了这次讨论中。不安全依恋类型也会有优点吗？在某些情况下，它会不会不是压力，而是助力呢？

实际上，有些行为研究者相信，亲子关系类型也对应显示了人们的生活条件。萨拉·布拉菲·赫尔迪推测，缺乏信任和支持的孩子更容易会形成一种自私又缺乏同情心的生活策略。依据她的推测，这样的孩子会因此形成一些性格特点，这些性格特点会使他在一个不那么"复杂的"社会环境中，与他人和睦相处。他可能不会去尝试信任身边的人，而是选择信任自己[65]。与受惯保护的城市孩子不同，一个想要成功的贫民区的孩子可能会采取不一样的策略。

亲子关系的失败

我们已经了解了最初的情况。在生物层面，父母想要与子女建立积极的情感关系——关心、照顾和支持自己的孩子是他们的本能。然而，亲子关系不是一种分娩后立马会有“反应”的本能。亲子关系其实更需要一个支持框架。因此，成功建立亲子关系很容易；但是，在某些情况下，这种亲子关系也可能完全垮掉。本节探讨的便是亲子关系失败的情况。

人类全部曲目的一部分？

我们已经看到，各种情况下的亲子关系有多大的差异。不少孩子，尽管他们属于不安全依恋型，但在生命的长河里，最终都拥有了幸福结局。这得归功于他们的韧性，这些孩子才成长为社交成功的成年人（我们在上面已经描述了有影响作用的保护因素）。另外的一些孩子在这样的一段关系中长大，在这个过程中他们既没有受到保护，也没有安全感，甚至常常受到虐待。

对于许多人来说这绝对是“不正常的”。另一些人觉得，大多数忽视和虐待情况的背后都有着几乎一样恐怖的生活状况。虐待儿童或者杀婴可能会使我们震惊，这些做法可能违反了人性，但是我们必须尝试去理解。

让我们先来看看这些数据。在德国，每 6 年都约有 80~120 个孩子被他们的父母杀死，其中绝大多数是婴儿。据德国家庭事务部部长所说，约有 10%的孩子遭受了父母的漠视或者虐待[351]。

在很多案例背后都隐藏着引起悲剧性后果的冲动行为。在心理访谈中，即使最慈爱的父母也承认，他们曾经差点就因为盛怒至极或者无奈至极而虐待他们的孩子。在反复或者长期的情况背后，通常都有一份错乱或者完全断裂的亲子关系和一个错乱的“家庭体系”[352]。

并非如此罕见

根据当时的历史学家所说，罗马帝国的历史是由两名弃儿，罗慕路斯与雷穆斯开创的。历史上不确定的是，他们俩是由狼养大的，他们的命运本就是不寻常的。历史学家估计，在公元1~3世纪，在罗马约有20%~40%的孩子被遗弃！事实上，直至上个世纪，扩建孤儿院都是欧洲各国慈善服务的中心任务，大概类似于今天的保障房或汤厨房（分配公共食品）。即使是那位著名的教育大师卢梭也把他的5个孩子全部送入了孤儿院，在当时的医疗条件下，这意味着送他们去死[353]。

让我们看看那些在人类学家的笔下有所记载的人类文化，会发现，在一半以上的民族文化中，杀婴是被允许的[354]。在这些民族中不只有以其暴行著称的斯巴达民族，而且还有喜爱和平的民族，如生活在的卡拉哈里沙漠的昆族人。如果有孩子生来就有病、残疾或者体质虚弱，又或者他的出世时间与他仍在吃奶的哥哥或姐姐的相隔太近，他便会被“遗弃”。双胞胎和早产儿也常被遗弃，甚至被杀害[355]。在古代甚至有以“我们如何判断一个新生儿是否值得被抚养”（例如索兰纳斯的“妇科学”）为主题的生育自然疗法宣传册。阿拉斯加的爱斯基摩人常将女孩“放在冰里”，这是祖母的决定。

人类学家报告中的领头羊是巴布亚新几内亚的Eipo族，

在1974年至1978年期间，Eipo族里有41%活着出生的孩子被他们的父母杀害。经过与传教士多年的接触，这一比率有所下降，但还是高居10%。即使只是孩子生来就性别“错误”（大多是女孩），他们常常完全不被接受[66]。那些很难相信这些的人可以试着联想现在在亚洲国家盛行的数以百万计的堕胎，中国一些地区目前的男孩与女孩比例是60：40。

长期致力于此项研究的萨拉·布拉菲·赫尔迪在其值得一读的作品《母亲的天性》中简要地写道：“我们可以肯定，在人类整个历史过程中，杀婴行为曾是人类社会的标志，有时罕见，有时常见。”

谁会遗弃自己的孩子呢?

这种令人厌恶的行为真的可以得到理解吗？母爱是有条件的吗？如果有，又有什么条件呢？

我们首先来看看我们的近亲——猿猴。在自然的生存空间中对猿猴进行观察，我们发现遗留、抛弃或者驱逐新生幼仔的情况几乎从未发生过。黑猩猩妈妈甚至会牺牲自我，去照顾生病的或者畸形的幼仔。对于“亲子关系问题”，这个答案似乎是否定的。

猕猴似乎是个例外。在这种以家庭为单位生存的猴类中，常会出现将新生幼仔遗弃在野外的现象。“当它们的伴侣死去或者族群中没有了能帮助它们的年轻力壮的雄性时，母猴就会离开[357]。”我们目前所熟悉的绒猴，在某些情况下，也不会接受幼小的猴仔。在一次田野考察中发现，当猴群中有较为年长的、能参与照顾幼仔的哥哥姐姐时，大约有12%的新生绒猴仔会遭到驱逐。如果没有可以帮助母亲照顾幼仔的哥哥姐姐存在，新生猴仔的驱逐率会增加5倍。在此，有没有人支持母亲也是决定性的关键。

猿猴世界里的这些极端差异源自何处？谜底还是在于“照顾模式”。绝大多数猿猴种类中，只有母猴照顾幼仔。与绝大多数猿猴种类相反，猕猴和绒猴是“共同抚养的”动物类型。对于这种类型而言，猴爸爸、亲戚或者其他猴群的成员都可以参与抚养幼仔，猴妈妈并没有单独抚养幼仔的机会。

那么人类呢?

对于人类而言，如果有一件事是确定的，那么便是：人类属于共同抚养类型。为了成功拉扯大他们的子女，人类母亲得和猕猴还有绒猴母亲一样依赖于积极的支持。在所有的影响因素中，对于人类而言，是否会忽视孩子，和母亲是否得到支持（或者有没有希望得到支持）关系很大。因此，社交网络薄弱的单亲母亲比社会关系好的母亲更常忽视孩子，而且发生这种情况的几率常常高出很多倍[358]。抚养孩子的人，如赫尔迪所说，“是在押注，他会得到帮助”。如果赌输了，常常会好坏不分地一概否定，伴随着一切可怕的后果。

力所能及

从进化生物学的角度看，对于父母而言，没有任何生物会比孩子更加“珍贵”。在恶劣的环境下，孩子可以如此昂贵，以致超出了他的父母的能力范围。

我们还得考虑到，在婴幼儿时期，不少孩子的出世是出乎意料的，而且他们还给家庭带来了困难。有些条件标志着人类的崛起，并且直至今日还影响着某些方面。在这些有限的条件下，那完全是一种“人力所及的”反应，即在新生儿出生后，母亲祈祷的第一件事便是，这个小鬼该“上西天”。

孩子们喜爱的童话故事《糖果屋》告诉我们，贫困有哪些可怕的影响。故事开头是这么写的：“在大森林的边上，住着一个贫穷的樵夫，他的妻子和两个孩子，汉赛尔和格莱特，与他相依为命。他们家里穷得常常缺吃少喝。而这一年正好遇上国内物价飞涨，他们每天都得饿着上床。在这种困境下，夫妻俩决定，第二天早晨把孩子们带到的密林中去，把他们留在那儿。上帝会继续保佑他们的……”有一组数据正好符合这个童话里孩子的命运：18 世纪，在法国医院里，年复一年被遗弃的宝宝总数正好反映了城市市场上的粮食价格！那么今天呢[359]？今天，宝宝当然不会再因为面包太贵被遗弃了，但是隐藏在绝大多数悲惨命运背后的是赤裸裸的贫困、酒精、毒品、心理问题、堕落和暴力经历。

这并不是说，忽视是“人类特有的”。进化的可能性对于人类而言不再自动等同于正确性，这是本书的基本假设之一。人类在紧急情况下寻求帮助是一种可取的（同样也是人性的）方式。人性的方法也体现在，当看到或预料到母亲或者家人有困难时，及时提供帮助。这也体现媒体对忽视孩子案例的定期报道上。

建立稳固的亲子关系

成年人的交往遵循一定的规则、技巧和建议，因此成年人之间的关系往往只是“过得去”而已。同样，父母尽力尝试将一切做得尽善尽美，但他们与宝宝之间的亲子关系却也经常失败。要想建立稳固的亲子关系还得适应一些情况。我们并不一定能掌控这些情况，但我们可以影响、塑造这些情况。

索取和建立支持

正如我们上面所看到的那样，决定婴幼儿阶段亲子关系是否稳固的因素，不是母体“素质”，而是宝宝所处的关系网的质量。宝宝父母之间的关系以及和亲戚、朋友、邻里或者其他人的支持一起建造了这个支持网络。总而言之：亲子关系不只涉及宝宝和父母，还关系到其他人。

亲子关系的基石：父母/夫妻关系

如果父母之间的关系不错，那么亲子关系就会更加稳固。如果父母可以和睦相处，那么他们就很容易与宝宝建立亲子关系。

但让人惊讶的是，和宝宝一起生活一定会给夫妻关系造成压力。

怎样的压力？首先，有个生物会突然出现并且像黑洞一样吸取父母的精力。其次，在这个年轻的家庭里常常会出现一种紧张的关系，即使是精心准备的父母也会落入其中。这是怎么发生的？人们期待踏上一条期待已久的美好的共同之路——家庭幸福。丈夫陪妻子去做骨盆底肌练习，即使是无痛分娩，丈夫也可以在分娩时给她们加油打气。但是，产后妻子会出现疼痛，夫妻间感情开始变淡，而且身体接触一度变得相当有限。

在不少的传统民族中，哺乳期内是完全禁止性爱的。这段期间，丈夫不得与妻子同房。现代丈夫生活在新的概念之中。他明白，哺乳时什么时候轮到哪边乳房。他也清楚，这时妻子的精力受到了宝宝很强的牵制[67]。

夫妻关系破裂

这很容易形成一个恶性循环。在和宝宝建立亲子关系的同时，夫妻关系却会“破裂”。人们觉得自己不那么有趣，对对方的生活也不那么感兴趣。人们很快会对自己的伴侣感到失望，因其要求而感到紧张，这反过来又增强了不满情绪。一位父亲的原话是：“亲密接触变少了，性生活也成了过去式。我爱我的宝宝，但我觉得自己的地位正在以某种方式降低。我们现在没时间去做我们以前觉得重要的事情。我们没有多余的精力去经营我们的关系。我已经搞不清楚，我对我的妻子是否还重要。而且说实话，我最近也对她不那么有兴趣了。这段时间，她只关心小丽萨睡觉和吃饭的事！”

只有现实点才能帮助改变这一现状。和小宝宝一起生活是份极限工作，这对每段仍然浪漫的关系来说，确实也是一个定时炸弹。夫妻之间应该开诚布公（此外，这样做还有助于制止杂志将那些与新生儿的共同生活描述成天堂）。事实是：丈夫与妻子的兴趣，在孩子出世之后与在夫妻关系建立阶段，是完全不同的。然而，现在涉及到的是一个共同的“项目”，但夫妻关系却已远没有之前那么紧密了。因此，最重要的任务是尽可能地在生产之前做好准备（尤其包括培养友好沟通的能力）。还有，在性、外出游玩和其他一些事情上了解彼此的底线。每周几次将宝宝交给一位熟悉的保姆照顾，每次 2~3 小时，宝宝是不会受到伤害的，时间可以让夫妻明白生存的意义。

如果在生活中的某一时刻感到清洁妇或家政助理能发挥作用，那么现在便正是需要她们的时候了，也可以请亲戚帮忙(如果人们不得不请教烦人的婆婆/岳母，那么不要每天晚上去烦她，而是现在)。还有，如果人们必须得盖房子，现在真的不是时候。

一个常被低估的压力来源是过于雄心勃勃的生育计划。孩子越小，父母需要花费的精力就越多。如果孩子们之间的年龄间隔太近，最强的团队也可能会被压倒。从进化的角度看，如今极短的生育间隔是极端例外。(如果先后出生的两个孩子的出生间隔时间只有两年半到三年，母乳的正常时长将会变得异常。)

织一张网

在巴布亚新几内亚的特罗布里恩群岛上，第一次怀孕的女人会从阿姨或者堂姐那儿得到一件由香蕉叶纤维织成的白色外套，叫做 saykeulo。孕妇穿上这件大衣，在其女性亲友的带领下来到海边。这些女性亲友会在沙滩上站成面对面的两排并握手。孕妇顺着这座搭起的如同生命之桥的“软梯”进入水中。

这样的桥得被一直不断地重新搭建，在家庭、邻里、母亲氏族、社区和整个社会之中。所有人都能从中获益，尤其是孩子。因为他们被纳入了一个“部落”，除母亲之外，还有其他依恋对象，祖母、姑姨、教母、叔伯、玩伴、朋友……这对孩子很有益处。因为，如果孩子在家庭之外也能和其他成年人保持积极联系，那么他们会拥有更强的社会适应力（前文已做过说明）。孩子并不在乎房子有多大或者居住环境有多差，花园的大小也没有决定性作用。对于孩子而言，具有决定性作用的是，房子坐落在哪里以及那儿是否住着其他有趣的人（亲戚、朋友、其他的孩子）。类似的道理也适用于母亲：一个又大又漂亮的游泳池可以锦上添花；但是母亲更在意的是可以有朋友有时能帮她照看一下宝宝，让她放松放松。

因此，毫无疑问，父母会为孩子制定某种生活安排，以使他们的孩子“拥有一切”。他们自己也得拥有那些使他们生气勃勃的，又让他们活得精彩的事物。而这对第一位母亲可能意味着，她不久就得重新开始上班；对第二位则意味着，她在家照顾宝宝；对第三位则意味着，她和宝宝一起搬入居家集体。在考虑“宝宝的利益”之前，人们得首先考虑自己的利益。

从托儿所起？

这也能回答那个最佳“外来照顾”的问题（在第十七章的“认识与展望”中，我们会对这个问题做更细致的说明）。这里说的不是“正确的”决定（这毕竟不能表达本章所讲内容），而是更“合适的”决定。只有当照看者认为解决方案是值得追寻的时候，他才会取得成功。因为无论一位母亲决定支持还是反对托儿所的时候，她都会觉得自己没有发挥应有的作用或者气得咬牙切齿。这会损坏亲子关系，因为一位沮丧的、自尊心受损的母亲几乎不能积极敏感地接触她的宝宝，从而几乎不能向宝宝传递信任和可靠的感觉。在此，也得通过适应找出“确切的”方式，而不是去制定方式。

给研究空间

正如亲子关系研究今天所显示的那样，成功的成长发育的前提条件不仅仅只有亲密接触，还有自主性，有自己决定某些事情的自由。

在学会走路之前，宝宝就有了自立的欲望。他们会手舞足蹈、玩手指、伸懒腰、面带微笑或者咿咿呀呀欢叫，这些仅仅是因为他们体会到自己是“有作用的”。那些敏感的依恋对象知道宝宝什么时候需要照顾，什么时候更“想要独处”，但是他们的判断不是每次都准确。宝宝们常常找不到“独处”的空间——这儿一套立体声设备，那儿一只中式花瓶，躲到那儿又会撞头。刚刚还有一个宝宝稳稳地趴在大腿上，但是过会儿就没影了。

追求自主的宝宝常常不会轻易行动，原因不仅仅在于，如今的生活空间不全适合宝宝（对于“婴儿车”这个生活空间来说也是这个道理，许多宝宝在婴儿车里呆的实在太久，婴儿车将宝宝与他人隔开，并且限制了宝宝和他人一起玩耍）。许多父母缺乏和小宝宝相处的经验，所以他们觉得很难估计周围的环境有多么的“危险”。因此，有些宝宝是受到了父母之爱的牵绊。奔跑时摔跤或是跌倒都常被高估为危险情况，孩子摔得可比成年人轻。

我们必须掌控自己的问题?

心理学家称其为永恒的循环：父母将其童年的压力带入了自己成人的生活，他们又常常将其完全转移到孩子身上。地窖里的尸体会复活并且变成“婴儿床边的鬼怪”。这和著名的心理学家丹尼尔·西格尔（Daniel Siegel）的建议十分相似：如果我们想成为优秀的父母，我们必须先处理好自己的生活。

然而，这是真的吗？有许多证据对此表示反对：

◎ 正如我们所见，亲子关系对于有的人来说不是一条连接着母亲和孩子的线，而是一张由母亲和其他依恋对象织成的网。即使这条线松脱了，那张网常常还承载着一切。

◎ 人终将为人父母。那些在孩童时期被打过的父母往往不会打自己的孩子。学习好的品质“和伤痛一样容易影响下一代”（简·亨特［Jan Hunt］）。

◎ 如果只有没有问题的父母抚养的孩子才能发育健全，那么人类可能已经灭绝了。出于进化的考虑，心灵“不必是座玫瑰园”，尽管如此，孩子们还是可以创造丰硕的成果。人们无需拥有特蕾莎修女的素质，也完全可以对他们的孩子“足够得好”。

这并不是说，我们不该相形见绌。但是，每个人都得找到自己的方式，在这一过程中发现的优势也不必总被用在“心理冲突”上，在怀孕期间戒烟的决定对宝宝的作用比任何一次心理分析都重要得多。

认识与展望：婴儿肥之谜

宝宝们有时会使父母摸不着头脑。然而，科学家得解决这样或那样的难题，例如婴儿肥之谜。

宝宝出世后，其身体的 1/6 由脂肪构成。与人类有密切关系的约 200 种猿猴类动物之中，没有一种生来就有如此之高的脂肪含量[360]。难怪我们会觉得猴宝宝瘦得那么可怜！

如此一来，幼儿正好可以好好地使用其流线型的身躯了。所有的灵长类动物都必须通过挤压狭窄的产道来分娩。许多经受过苦难折磨的母亲都不禁自问，为什么大自然还给宝宝的肋骨裹上脂肪呢，这难道不是给本就狭窄的产道增添更大的困难吗？

婴儿肥有何作用？

一个发育成熟的新生儿看上去是“软绵绵”的。如果宝宝早产，首先引起人们注意的便会是他的肋骨。胎儿的脂肪直至怀孕的最后一周才会真正形成。这层柔软的包装可不便宜，母亲在怀孕的最后一个月里传输给胎儿的能量中的一半转化成了脂肪！

反正婴儿肥不是为了帮助在水下出生的宝宝去游泳的。那么究竟有何作用呢？脂肪是为了给它——一只从母体分离来到这个严寒世界的无毛猴子，形成保温层，以防其受冻吗？或者脂肪是宝宝的应急口粮，以防母亲在分娩时变得虚弱而且无法哺乳？又或者脂肪有助于大脑在生命初期快速发育？

事实上，上述理论中只有几条可以称其为理由：在最开始的半年里，新生儿正在发育的大脑所消耗的能量远远超过任何其他的灵长类动物。宝宝在静止时所消耗的近90%的能量都被用于大脑的发育和维持。如果宝宝生来就为此有所储备，是很好的。

婴儿肥用作自我宣传

行为研究者萨拉·布拉菲·赫尔迪对此另有解释。根据她的理论，婴儿肥是用来自我推销的。婴儿肥向母亲展示她所生的宝宝是多么的健康与强壮，她面前摆放的是一件多么精美的作品！她现在应该全心全意地为这个宝宝付出所有的奶水、关爱与保护[361]。这位女教授如是说，宝宝想用这些脂肪“说服”他的母亲，“他值得她付出20年的心血与精力。”

事实上，有一些证据支持着赫尔迪的理论：

◎ 如今，儿科医生仍然是由出生体重推断，宝宝有多健康，以及是否能实现生命健康的开始。

◎ 父母似乎为自己孩子的体重而着迷。出生登记里有哪些内容？不是眼睛的颜色，不是头发的颜色，也不是剖腹分娩或者产钳分娩。而是出生体重，并且精确到克。

◎ 那些脂肪生效了。我们一贯觉得丰满的新生儿比瘦弱的新生儿“更可爱”。早产的宝宝看起来特别可怜——他们那么瘦小，那么瘦骨嶙峋又干扁，多病又虚弱。

一个明智的策略

让我们首先从宝宝的角度来看这个问题。不少宝宝会赞美自己的优点。正如我们在第十章中看到的那样，事实上我们不能保证一个幼儿不会被其母亲之外的其他人所接受。特别是当时机艰难时，可供分配的食物很少或者宝宝在“错误的时间”出生时，母亲便会一再地证明自己是那个相当关键的接收人，在她们彻底陷入亲子关系之前，她们必须非常仔细地观望。

这就难怪宝宝力图展现自己的好状态！绝大多数的猿猴会尽可能少地依赖母亲。但是，人类的宝宝则得选择另一种策略：他必须想方设法促使母亲自愿迈出第一步。抱起他，给他喂奶，然后夜以继日地照顾这个无助的小家伙。他会用魔法将母亲引入一段恋爱关系中，而他所使用的魔法无外乎是自己的“可爱”。

提示

在许多物种中，幼仔的存活取决于父母的某些偏好。一些鸟类偏爱某种色彩特别艳丽的喙，它们会最先给那些颜色饱和度最高的幼鸟喂食。在另一些动物中，皮毛具备某些特性的幼仔会得到父母更多的关爱与照顾。许多猿猴类生来便身着一件毛茸茸的长袍，这种所谓的胎毛不仅会促使父母，甚至在某些情况下还会促使别的猴群的成年猴子去照顾幼仔。还有其他的动物父母偏爱某种头型、某种叫喊声（我们可以联想一下小鸡唧唧吱吱的叫声）或者身体某些部位的颜色（有趣的是，这些信号中的大多数也能对我们人类发挥作用——小鸭子也是如此，那只多次出现在本书中的小鸭子，明显比它发育成熟的父母“更可爱”，这可能便是它出现在书中的原因了）。所有这些信号的作用和标签一样，这些标签上写着：快看，我这么幼小又需要帮助，尽管如此，我却健康又活泼，麻烦你们关心我、照顾我吧！

一旦这些信号“正常发展”，就意味着幼仔实现了自己的额外利益。只要给斑胸草雀幼仔黑色的喙涂上一点点成年斑胸草雀的红色，那么从那一刻起，即使它不停叫唤，都再也不会被喂食蠕虫了。而对于小天鹅来说，失去它们蓬松的褐色羽毛就等于失去了它们作为幼仔的特权。

我们的孩子如何应对父母的偏爱呢？

样板宝宝

聚集了宝宝特质的“宝宝模型”最能得到我们成年人的青睐：我是一个孩子，请善待我！胖乎乎的脸蛋、又大又圆的后脑勺、凸出的额头、长长的睫毛、樱桃小嘴、小巧微翘的鼻子，以及那双大眼睛。我们漏掉什么了吗？是的，还有他们那肥嘟嘟的、柔软的身体。

我们来比较一下足月出生的宝宝和早产宝宝的照片，便会明白，样板宝宝的大多数特征都是以足月体征为基础的。我们可以从足月出生的宝宝身上看到软绵绵的身体、小巧微翘的鼻子、凸出的额头、又大又圆的脑袋，还有大眼睛。

即使人们可能认为这种样板宝宝是人造的，是为了使迪士尼电影更卖座。但从进化论的角度来看，这种宝宝代表了一种安全通行证：它使成年人愿意对它亲切关怀，并且变得不那么有攻击性。他们一定会陷入一种奇特的状态，在这种状态下，他们会用一种尖叫声规劝宝宝，并且一直不断地点头或者做出为难的表情。此外，几乎所有的高等哺乳动物都会使用这个万无一失的操作方案，小鹿和幼犬也用大眼睛和圆脑袋吸引它们的父母。正如我们目前为止所看到的那样，我们人类也会落入这些小家伙的圈套。是的，我们甚至常常觉得小鹿芭比、德国柏林动物园的北极熊克努特和纽伦堡动物园的北极熊福洛克比我们自己的宝宝更加可爱。

实验显示，样板宝宝也被视为一种用来赢得家长宠爱的手段。研究人员朱迪思·朗格卢瓦（Judith Langlois）让她的学生们根据“吸引力”来评估产房里的144位初生的婴儿。随后，她仔细观察了那些母亲是如何对待自己的宝宝的。结果是惊人的：最可爱的宝宝得到了更多的亲吻、拥抱和微笑[362]！（这结果反过来也能成立：心理学家艾伦·斯莱特（Alan Slater）的实验证实，就在新生儿出生的第二天，他们的面孔变得更吸引人，他们便因而得到了比之前更多的关注。）

然而，不仅仅只有母亲会受外貌的迷惑。我们给受访的成年人随机展示不同的宝宝，他们始终认为那些可爱一些的宝宝更加聪明、亲切、友好[363]。因此，我们也不会再对此感到惊讶，早产儿特别难被接受：就是因为他们看起来不那么“像宝宝”，他们往往受到一定情感距离的对待68[364]。

成长

没有什么比宝宝不好好吃饭更会使母亲慌乱的了。相反，当宝宝表现正常时，晴雨表上便会显示“晴朗”。行为研究者萨拉·布拉菲·赫尔迪竟说："成长难以与爱分离。"这与儿科医生的评估相符，相当大部分的发育停滞其实是源于关系障碍。如此看来，成长也是孩子的一种"宣传手段"[365]，他们借此使父母不放弃自己：瞧，你们花费的精力是值得的，你们的帮助得到了回报[69]！

眼睛

然而，什么也逃不过眼睛。没有什么比眼睛更重要。与恒河猴或者猕猴仔用手指抓住母亲的皮毛一样，人类宝宝会用眼睛牢牢吸引母亲的注意。"在生命之初的几个月里，人类婴儿的眼睛是完全睁开的，这和其他动物的幼兽不同"，人类学家梅尔文·康纳（Melvin Konner）这样说。这个观点是正确的，黑猩猩幼仔也对母亲的脸感兴趣，并且时不时地看看它。但是，人类宝宝会寻找母亲的目光，他们痴迷于她的脸，特别是在吃母乳的时候。"他们像恋人一样与她们对视"，萨拉·布拉菲·赫尔迪指出，她本身也是3个孩子的母亲[367]。这肯定不是巧合，因为宝宝首先会相当仔细地观察周遭的情况，在被喂食母乳的情况下，他们看见的通常是母亲的双眼！3~4个月大时，他们常会一边观察打量，一边露出令人心醉的微笑。当一位观察员避开了宝宝的目光时，宝宝马上停止了微笑；当观察员再次直视他时，他又露出了刚才的笑容[368]。

毫无疑问：分开的"眼部区域"也是一个"宣传空间"。通过眼神交流也能形成甚至巩固亲子关系。在成年人的恋爱关系中，眼神游戏也是宣传手段和魔法咒语。眼神交流真的可以实现奇迹：当宝宝看久了出现在婴儿床上方的那张脸，他便立刻会被举到空中，然后落在一个熟悉的人的温暖又柔软的怀抱里！那些缺乏与母亲肢体接触的宝宝更常试图建立眼神交流，这并不足为奇。如果人们将约 2 个月大的宝宝放置在一张与母亲稍远的沙发上时，他们便会开始用双眼搜索整个房间。如果他们看到了母亲，他们便会一直直勾勾地看着她的脸。

然而，眼部区域当然也是一个交流空间。感觉不会无缘无故地从人们的眼睛里流露出来，双眼几乎可以说是面前事物进入大脑的入口。我们可以通过眼睛识别意图，读懂感受并且评价某人的健康状况。自闭的孩子无法进行眼神交流。而且，天生失明的孩子在其今后的生活中可能更难与他人建立关系。

眼睛是我们面向他人的心灵之窗。我们还会注意到，大多数宝宝都会使用眼睛进行情感交流。

魔镜魔镜告诉我……

为了促使父母最大限度地关爱自己，宝宝似乎无时无刻不使用诱惑手段——甜美的长相，健壮的发育以及美丽的眼睛等。

但这远不是全部！他的魅力攻势带有自己的行为特点。以他的微笑为例。“他的微笑不仅能使我们短暂地高兴起来，还能真正地温暖我们的内心，并且能使我们对他好”，行为研究者奥托·科勒（Otto Koehler）这样说[369]。大脑研究证实，常微笑的宝宝拥有和毒品一样的作用，那便是激活母亲大脑的奖励中心[370]。

或者，以他“牙牙学语”为例。当 4~6 个月大的小家伙开始发出声音、欢呼雀跃或者咿呀学语时，父母就会觉得他特别惹人疼爱。即使父母一点也听不懂，小家伙也能将他们完全俘获。有证据证实，牙牙学语不只是为说话打基础，还是婴儿自我宣传的组成部分。一些猿猴也有“牙牙学语阶段”，即便它们一生都没说过话!

有趣的是，所有会“牙牙学语”的猿猴都属于绢毛猴科，其中包括上文提到过的狨猴和绒猴。它们的后代是由母亲和其他“教养者”共同照顾的，绢毛猴科的猿猴也因此比其他的猿猴更特别。特别的是，这些猿猴牙牙学语的阶段恰好开始于其接受其他教养者照顾的时刻。行为研究者赫尔迪疑惑道，牙牙学语会不会是需要被照顾的孩子专门用来吸引潜在教养者的宣传手段呢[371]？对于这个问题，我们之后将另作说明。

小宝宝的另一个举止也特别地像是在推销自己；有些猿猴类也有这个举止，像是黑猩猩、红毛猩猩和恒河猕猴[372]。出生 14 天后，宝宝就会无意识地模仿父母的面部表情，一旦父母全神贯注地看着他们，他们就会“反射”父母的表情[373]。这种自发的模仿可能会使父母提早获得一次“令人满意的”交流；但这种模仿将在宝宝 3 个月大时消失。这种现象出现的比宝宝形成有自我意识的情绪反应要早得多。这是因为宝宝的大脑需要大约 1 年时间的发育才能使其有意识地去模仿他人[374]。

自我宣传的好处

让我们再说说眼睛。难道那真的只是一双能催眠母亲以获取最大限度关爱的眼睛吗？也许，更有可能是，宝宝是转动双眼来搜集信息，并且出于自己的目的使用双眼。我妈妈对我怎么样？我该做些什么让大家都喜欢我？看看母亲，你就能够解答这些问题了。

行为研究显示，宝宝其实是面部表情专家。他们远比年纪较大的孩子或者成年人更能准确地察觉面部表情的区别！如果我们给成年人展示不同的黑猩猩的面部表情，他们必定会去适应这些差别。相反，宝宝却能准确无误地找出其中那张毛茸茸的脸[375]。就因为从面部读出的信息代表了他们的“生存资本”，宝宝这样做便是好的吗？

很多证据证明确实如此。当母亲们被指示忽视他们的宝宝时，并且摆出一副“僵硬的脸”（在某项实验中，母亲们甚至带上了特殊的面无表情的塑料面具），宝宝便会立马开始像往常一样对母亲“使眼色”，他们微笑得更多、一次又一次地手舞足蹈并且注视他们的母亲。如果母亲不为所动，他们会变得十分不安并且开始哭泣。另一项观察显示，宝宝“读取”另一端的母亲的面部表情是为了争取切实利益。如果母亲避开她的宝宝去和另一个宝宝或者和一个洋娃娃玩耍，宝宝便会使尽一切在前面的实验中提及过的手段，注视母亲、微笑还有手舞足蹈，去吸引母亲的注意力。如果我们不是让母亲玩娃娃而是看书，宝宝几乎无动于衷[376]！

回到婴儿肥

自我推销似乎是个明智的策略。它获得了母亲的关爱，并且使我们与兄弟姐妹相比较并没有受到忽视。难怪大多数哺乳类动物在自己幼小无助的时候，便会为自己大做宣传。在这方面，人类宝宝也不例外。他们会像其他哺乳类动物一样，可以说是运用自己成熟的体征，获取母亲的哺乳。

然而，人类宝宝还有另外的手段。当小鹿和毛茸茸的黑猩猩宝宝很快失去它们的可爱之时，人类宝宝会逐月越变越“可爱”！他的自我宣传会越来越积极，他的眼睛越变越大、越来越炯炯有神。他开始牙牙学语、微笑并手舞足蹈，这一切都让我们无法抗拒，不禁要问：他为何能使出如此顶级的宣传手法？是不是就是现在，宝宝与母亲（那些早已将自己的宝宝视为地球上最完美、最可爱、又最美好的生物的母亲）之间的亲子关系才得以巩固呢？

持续的心灵抚慰

让我们俯视孩子的整个发育过程。孩子生来还很不成熟并且无助。为了像其他的哺乳动物一样迅速地长高变强，宝宝并不用投入全部精力，而是首先开发复杂的大脑功能，因为这些大脑功能有助于宝宝用眼神交流、模仿、指示意图，以及读懂感受来影响身边的人。就连我们那些非常聪明的亲人也会轻易地放弃所有抵抗能力[377]！

首先，人类后代特别无助的处境可以解释这一现象。那"宝贵的"令人难以置信的人类宝宝天天向其照看者施加压力，直至最终将其逼到极限。人类宝宝尽可能地接近那位尊贵的捐赠者，几乎可以说不断地给他做心理辅导是很好的方法，并且从他那儿尽可能地获取关爱。

其次，这种强大的魅力绝对有助于完成第二项重要任务，即继续吸引更多的志愿者。因为，在进化过程中，母亲虽然重要，但还不够（参阅第十四章的"认识与展望"）。只有当这个幼小又无助的生命能够为自己赢得"社交网络（父亲、姑姨、兄弟姐妹、朋友、邻居）"时，他才有机会。

志愿者招募

时间会给我们答案。因为，当宝宝足够成熟，能够逐渐接受其他熟人的呵护和照顾时，他们才会散发最大的魅力。依据大自然的安排去分担照顾孩子的责任，独唱曲就此真正开始。现在开始便是无边无际的甜言蜜语，如果有也只是：为了奉承依恋对象以及保持好心情。

事实上，这一理论是建立在几项有趣的行为研究基础之上的。一次对动物王国的观察引起了大家的注意，最善于识别意图的动物，也就是说，可以体谅其他物种成员的动物肯定不是大脑发育最全面的动物。猩猩可以解出复杂的算术题，但是当谈到识别计划与意图时，它们却远不如狼。我们已经熟识的绢毛猴科的猴仔远比“聪明的”黑猩猩更能适应其饲养员的情绪和性格。这个被称为黑猩猩的动物种类又有什么不同呢？是的，它们如同人类一样得到同心协力的抚育，它们接受父母和其他种族成员的共同照顾。

移情的根源

人类宝宝不仅能自我推销，还能激发积极性。这在本章结尾促使我们进行一次有趣的推想，这个推想也得到了行为研究者赫尔迪的支持。人类是否要为拥有能够感受他人，共同分担并为对方担忧的这种能力而感谢婴儿，他们的生存很大程度上依赖于他们是否能建立起一张“社交网络”，或是取决于他们能否在自己的生活规划中涉及到他人。其实人类宝宝很早就开始练习如何识别他人意图以及读懂他人情感（英文中又称作读心）。根据一位大脑研究者的看法，这些是移情与社交能力形成与发展的基石。人类又掌握了这两种能力中的后者，成为“超社会的”、具有合作精神的、在复杂社会关系和大集体中也能取得成功的人。然而，依据这种观点，我们的极度依赖性可能正是我们的优势。

第十一章

孩子为什么会怕生

新生儿在第 1 个月里不会有强烈的个人崇拜的。虽然他们更愿意接受熟人给他们喂奶或穿衣，但是几个月后也会完全接受陌生人给他们穿衣服。而且当他们哭闹时，用不着每次都由母亲来安慰。这种开放性肯定不能以婴幼儿能不能区分身边的人为前提。出生后的第 1 周，他们便已经可以通过气味识别熟人，而从第 3 周开始，他们就可以通过面孔来区分他们身边的人。

宝宝在大约 4~5 个月大时，情况就会不同了。当他们被陌生人长时间地注视着，有些宝宝便会变得急躁甚至开始哭闹。宝宝在大约 5~6 个月大时，他们的反应就变得很明显——陌生的面孔会让很多宝宝害怕：他们会吓得哭起来并且找寻熟人庇护。从 8 个月大起，婴儿对陌生人的恐惧是十分明显的，以至于面对陌生人时，他们会完全地惊慌失措，并只能接受至亲的安慰。这种“怕生”的状况会从第 15~18 个月后开始逐渐减轻，但很可能持续到 3 岁。

所有孩子都怕生

在所有文明中，无论是在卡拉哈里地区以石器时代方式生活的民族，还是生活在柏林的德国孩子，“怕生”总会在同一时段引起人们的注意。单是怕生的显著表现就会因社会背景的不同而有所差异：常和他人待在一起的孩子就不会那么怕生，例如来自大家庭的或是来自以色列移民区集体农庄的孩子。孩子在熟悉的环境中就不那么怕生。孩子的性格对怕生也有影响。害羞的宝宝往往有较强的反应，而胆大的并且乐于接受新经验的宝宝则不那么怕生，就算是，时间也会短一些。

怕生——为什么怕生，为什么是现在？

当宝宝在爬行期内逐渐做好准备、自己去探索周围的环境时，那么他将面临新的危险。这时我们就得建立相应的保护程序：

◎ 对不习惯的食物恐惧，也就是所谓的用“新物恐惧症”来对抗可能发生的中毒情况，这种“新物恐惧症”我们在第一章中已有所了解。

◎ 这一时期已完全形成的恐高症使人们免遭高空坠落[70]。

◎ 与至亲分离的恐惧让孩子免于遭受黑暗森林的危险。当宝宝疲倦或者天变黑时，这种恐惧会特别强烈。

那么怕生防止的是什么呢？当然是用来抵挡陌生人啦。然而，情况似乎更为复杂。因为比起陌生的女人，宝宝们更怕陌生的男人，而面对比他们大的宝宝，他们即使心里害怕，也会表现得很友善[378]。我们可以在实验中证明，陌生男人是引起宝宝怕生的最主要的因素。例如，实验结果表明，男人引起宝宝惧怕的原因不单单在于他们的身高，更在于他们的性别[379]。也有观点认为，宝宝害怕的可能只是（他所不习惯的）男人的胡须，这一点在实际中也被推翻了。就算自己的爸爸留胡子，宝宝一样害怕男人（无论他有没有留胡子）[380]。

但是，陌生的男人真的危险吗？我们首先来回答另外一个问题，那便是为什么宝宝恰恰在七八个月时开始如此怕生。最有可能的解释在于他们运动机能的成长发展。他们即将面临一次真正的进化：目前为止，他们还不能独自前进一毫米，在刚开始爬行时会变得灵敏好动。这意味着：他们可以脱离亲人的保护。他们现在可能会悄悄地消失不见，可能会遭遇陌生人……

宝宝该和陌生人成为朋友吗？宝宝的天性似乎对此不以为意，正好相反，他们会有意地大声呼救，特别是当涉及到陌生男人时。这到底是否有意义呢？如果人们看神话、童话和童谣，会发现的确如此。被陌生男人带走会产生常见的惧怕心理。对较低级别文明的观察表明，小家伙们的惧怕是有理由的。在不安全的时代，一再有孩子被不怀好意的邻居所拐走[71][382]。宝宝们现在似乎还不太会考虑到正常关系，更愿意根据火警报警器的原则谨慎行事：宁愿无数次白白地大声呼救……

改掉怕生的习惯?

让我们来思考一下，怕生对生存起到了什么作用？对于孩子来说，怕生和恐高一样难以“戒除”。强迫孩子相信陌生人（“达戈贝尔叔叔是不会伤害你的！”）或者因为孩子怕生而笑话他，这些只会使孩子更加难受。在某一时刻惧怕戒备会自动消逝，因为小宝贝会渐渐地把恐惧转化成好奇心。经过观察我们会发现，（孩子）在妈妈双膝间时，会悄悄地向陌生人投去目光——这种受到保护的关系会渐渐破冰。

认识与展望：

把孩子送到托儿所是对天性的违背吗

如同往常一样，为了照顾孩子并且不耽误自己上班，一个母亲必须每天上演着如古罗马竞技场上一样紧张的画面：每天早上都要把9个月大的弗洛里安带到奶奶家，再把3岁的朱迪思送到日托托儿所，然后马上去上班。中午时又把这一幕幕场景倒过来演示一遍，下午把这两个孩子接出来，再送到一个保姆那里照看。看上去似乎这位母亲并没有把孩子照顾好……

社会上普遍有这么一个观点：只有一个24小时都围着孩子转的母亲才称得上是一个好母亲。特别是当孩子还是婴儿时，只有母亲才能和孩子最亲近，给孩子安全感。

最近，国家提高了托儿所场所的最低标准一事引起了社会上的广泛关注。想让孩子健康成长、全面发育，难道必须在他的母亲身边待尽可能多的时间吗？还是说也可以由一个陌生陪护者来照顾孩子？

照顾好了吗？

现在让我们讨论得更详细些：对婴儿或者小孩子来

说，怎样做才算是一个好的照顾？如何才能验证，孩子从中是否受益，或者恰恰相反，会受到伤害呢？

从后一个问题开始说起吧。在孩子早期成长时所受的照顾对其以后产生的长期效果很难做出科学评估。因为科学研究即使再精细也无法对苹果和梨子进行比较，那些由妈妈在家带大的孩子相对于托儿所的孩子而言，将来如果在另一个社会环境里生存，也有很大的可能性茁壮成长。至今为止，关于专人陪护这一问题进行了一个耗时耗力的研究，在这项对 1 364 个孩子进行的为期 7 年的观察研究中，得出这样一个结果[383]：不管是通过托管还是通过全职妈妈照料的孩子，二者的优势基本不相上下。更确切地说，不管是在托儿所还是在家里，真正起决定性作用的关键因素是照管孩子的质量。而由一个陌生人对孩子进行好的照管并不会对孩子的成长产生不利的影响[384]。

但是如何确保照管孩子的质量呢？在回答这个问题前，先让我们来看一下进化论的观点，哪些照管形式是顺应人类进化的？

进化论的观点

从第十四章的“认识与展望”中，我们能更清楚地得知，并不存在一种照顾孩子的标准模式，就连在传统社会中也有各种区别很大的模式，而母亲也不是一直起着中心作用。因为照管孩子一直以来是一项组合活动。

出乎意料的是：进化论的注意力并没放在孩子的兴趣上，而是更多地关注母亲和家庭的兴趣所在。进化论的解决办法在 20 世纪末出现了一次中和（请参阅第二章的“认识与展望”）：不从孩子的角度探索最理想的照顾模式，而是把照顾孩子可实行的管理性放在了首位。

遵循这个理念，我们能清楚地看到一个复杂的景象，而它不会适用于任何一个由陌生人照顾孩子模式的情况。

◎ 由专人照顾的孩子（也包括很小的孩子）比被妈妈带的能更为正常、健康地成长。从进化论的角度来看，人们通常认为母亲的时刻陪伴是孩子健康成长的条件这一说法是没有说服力的（参阅第十四章的“认识与展望”）。

◎ 这个说法不仅适用于年龄较大的孩子，也适用于婴儿。如今，特别是在西方国家中，有这么一个观点，即只有母亲才能给孩子真心的呵护与温暖，但实际上在对婴儿的教育过程中，其他的陪护者也同样能起到这样的作用（正如我们在第十章了解到的)。即使护理员不是孩子的母亲也能给予孩子体贴、专业的照顾，反过来妈妈在这方面也有可能失败。

◎ 在很久以前，婴儿不是由自己的母亲，而是其他护理员照管的（人种学者称其为“全能妈妈”），这样一来这些护理员通常都会成为这个家庭关系中的一员，这种类似的情况早就出现在了原始狩猎和采集的社会中。家长们熟悉孩子的护理员，双方也是通过责任连接在一起（通过物质和社会上的好处来给予“工资”）。由于护理员和孩子们长期生活在一起，因此他们将成为孩子们的行为榜样，在很长的时间里影响着他们的一言一行。

◎ 在人类早期的生命过程中，陌生人的护理工作会间接或直接地给婴幼儿创造一个熟悉的环境。事实也同样早已表明：婴儿在原始的生存条件下，通过与成年人的身体接触和所受到的贴心照顾来获得安全感。

反对原教旨主义

或许过去的那些焦点有助于在今时今地开展更客观和更多样化的讨论。

首先，家庭是各不相同的。他们拥有的资源不同，覆盖的社交网络也不具有可比性，所以没有任何一种托管解决方案可以适用于所有的家庭。母亲在孩子（或者孩子们）出生后的前几年停薪留职待在家里的家庭为数不少；同时也还有众多的家庭不愿放弃母亲的这份收入。

当然，我们允许有不同的声音存在：为了让孩子能够身心健康地成长，家庭（一般特指母亲）应该做出“牺牲”。然而有可能同时成立的是，这种牺牲对孩子也造成了心理负担——父母放弃了职业资格评审的机会或者在社会上的“升迁可能性”。从长远来看，这对孩子是一种不利的影响。因为家庭在社会上的成就感，对家庭内部所有成员都是有益处的。

随之也产生了母亲的观点：一位母亲认为和婴儿在一起的生活虽然孤单却奇妙无比；但另一位母亲觉得这种情况简直不堪忍受。那后者对孩子的耐心和宽容度将肯定比不过前者。

其次，有时候情况似乎是，托儿所的孩子们必须要彻底独立于他们的母亲。但托儿所并不是孤儿院。即使是母亲将孩子带到了托儿所，她们也毫无疑问是孩子们首要的照顾者，是她们陪伴孩子度过一天中的大多数时间。那种日托的孩子不能依赖自己母亲的说法完全就是无稽之谈[385]。

最后，在这个讨论中是绝对理想状态的家庭和不尽如人意的托儿所作比较；或者完全相反，是问题重重深陷泥潭的家庭和理想状态的托儿所作比较……这根本不忠于现实。不是每位母亲都有条件给孩子提供其成长所需的环境——在笔者所在地有大约10%的孩子处于被疏忽的状态[386]；而恰恰相反的是，目前有足够多的托儿所可以提供给孩子足够的条件，并促进他们情感的健康成长。

另外，按照进化论中的观点，“生态学问题”被置于了显著的位置。一些在终日封闭的家庭环境中被照料大的孩子——完全遵守父母的意愿——会与外部社会有些脱节。对这些孩子而言，托儿所给予的照管很明显是一种发展和成长的机会。相反，另外一些孩子即便是在家庭环境中，也能跟其他孩子或者成年人有紧密的接触与联系。

儿童托管的要求

因此我们面临着一个重大的问题。如今我们彼此已经不再狭隘地聚群而居，或在部落和大家庭中生活，对于孩子的照管可以考虑接受一些来自他人的帮助。那么怎样才算是娴熟的儿童托管呢？他人应该如何照管，才能给孩子提供他们成长所必需的东西呢？让我们从最原始的“关怀模式”中推导一下。

占据第一位的要求是可信赖的关注。当保育员以孩子的亲人或者以与母子关系接近的角度去仔细琢磨孩子脾性的话，其提供的照顾对孩子而言是效果最好的。这首先是一个人员分配的问题。能做到如此纯熟的教育工作者，其数量和能够单独照料四胞胎或者五胞胎的母亲一样少。

这种教育付出的“质量”并不由保育员的学术水平所决定。保育员能否在半睡半醒间嘟哝出最新的发展心理学理论，远不如他们在与孩子打交道时的技巧（关于这个概念我们将在第十四章详细讨论）重要。对婴幼儿来说，一个令其感到安宁、没有害怕和压力的氛围要比教育学上所谓的“理想式”

促进模式有意义得多。

一份让人信赖的托管最重要的标志是付出的延续性。保育人员的频繁更换，在孩子的“与外部联系系统”中是不被认可的。孩子的年纪越小，就应该尽量不更换保育员。幸运的是，在笔者所在地进行了一次小范围内的试验，以同龄的孩子为对象，试验结果表明：频繁更换保育员是与孩子们自身的期望背道而驰的。

遗憾的是，现如今托儿所在人才流动上有着很大的问题：因为托儿所没办法提供有前景的工作，所以频繁的人员变化也属于可以预见的结果。随着对托儿所从业人员职业要求更加得严格，这个问题也变得更加尖锐化了。当提供的薪金待遇没有明显好转时，托儿所将越来越难留住那些专业知识（也许只有在学业上）过硬的年轻人。

从几岁开始?

即便是从进化论的观点来看，这个问题也没办法得到确切的回答。如果有一位可信赖和可支配的、令人感觉安宁、技术纯熟、能灵活应对小宝宝需求的保育员，那即便是襁褓中的小婴儿也可以放心地交给他人照管。在一个托儿所里，孩子们应该得到与其生理节奏相符的照顾。只是按时地给他们喂食和照料是不对的，那种让工作更有效率的方式只适合于企业而已。

孩子适应的步骤非常重要，因为日托照管已经开始属于孩子“认生”的范围了（孩子对分离的恐惧在第12~20个月内达到峰值）[387]，空降到托儿所的过程总是不够温和。被托管的孩子必须首先跟新的托管地点以及那里的保育员建立一种联系，哪怕此时有首要的照顾者在场。只有这样，他才能一步步地适应母亲的离开（这里他可以试一下，例如“柏林适应模式”）[388]。

托儿所能把这些要求一一履行吗？太过频繁的人员分配和流动是否定的佐证。因此在大多数情况下，这种对婴儿或者孩子的照管更像是以保姆的模式在运行。

重新安排场所

本章的结尾已经重述了无数遍，并不是陌生人的托管违背了“孩子的天性”。更多的问题在于，如今已成惯例的托管安排在质量上总是不如追寻“自然标准”的好。

我们的讨论重点应该从理论的派系之争上移开，无论是在家托付给保姆，还是在托儿所托付给保育员都要关注到儿童托管的质量上。这其中不管是狭义上的儿童托管，还是整个社交网络，都要放到试验台上来看。因为最终的结果是一致的——需要有一个场所，来把孩子养大！只是，这个“场所”不存在于传统意义中的一个部落、一个氏族或者一个大家庭。在这个物质丰富的社会中，这项工作越紧急，就越要深思，为何在现有的条件下要重新建立这样的“房屋”。

因为能提供帮助的托儿所和优质照管的保姆毕竟只是少数。从长远来看，他们提供不了灵活多样的帮助，而“场所”则能在最开始就将一切都准备好。新的居住模式需要孩子在这个家庭式的“场所”中建立新的社交网络——这也有益于孩子的学习和生活训练。为什么学习和建立家庭会是互相矛盾的呢？儿童托管的研究机构不仅应该改善自身的条件，而且还要做一份新的工作，即通过邻里互助和扶助关系建立一个社区，使得从数据上来看，每个3岁以下孩子的周围大约有10位退休者；在这样的邻里环境中，就可以让年轻家庭有数小时的休息时间，从而使负担得到减轻。

但这种“想法”也只是一种尝试。大多数母亲——无论单亲与否——都是在自己家照顾孩子。很多时候孩子接触不到邻里环境中的其他成年人。马路边的这种两居室就是理想的居住环境吗？这种居住方式难道不是通往社会绝缘化的最正确的道路吗？这个对“场所”的疑问同时也是对“部落”的疑问：如今的父母们应该在何地、以何种方式建立一个新的“部落”，使类似情况的成年人成为这个“部落”的新成员？

第十二章
与孩子的近距离亲密接触

没有比《追寻遗失的幸福》这个书名更贴切的了。年轻的美国作家珍妮·利德洛夫（Jean Liedloff）在20世纪70年代初随着钻石搜寻者的足迹无意间深入了亚马孙盆地，她确信在那她发现了一个天堂。在她至今仍极为畅销的作品中，她描绘了一幅生动的图画，这幅图画阐释了耶夸纳部落土著居民和他们孩子之间的联系。

利德洛夫小姐希望能从消毒奶瓶、小婴儿床、婴儿用的小围栏到装有弹簧的婴儿车等，给在地球另一边的家长们提供更加详细的对比：印第安的孩子能够自由地吮吸母乳，当然当他们再大一点的时候也会断奶，他们睡觉时和母亲紧挨在一起，经常和母亲有皮肤接触，他们能与成人的身体接触紧密……当他们啼哭的时候马上就能得到抚慰。这是卢梭教育理念（注：卢梭崇尚自然教育，认为要让儿童按照天性自然发展）的再现吗？

献身精神

绝对不是。即使在不同的传统文化中，专业的人种学家在描述与婴儿相处时也都是极其类似的。在他们的描述中，总是一再追溯到一个现在听起来有些浪漫的概念：溺爱——婴儿看护者们都是具有献身精神的。事实上，在所有被调查的亚马孙盆地的印第安居民之中，婴儿在学会爬之前的大部分时间都是由成人或稍年长的孩子抱着[389]。

这对母亲们来说是如此的自然，著名的人种学家马格达·乌尔塔多（Magdalena Hurtado）如是说。她曾经带着她的小女儿参加巴拉圭 Aché 印第安人的一项研究，并让她的小女儿睡在她床边的一个摇篮里。果然那些部落的女人们就到她跟前友好地告诉她，这样做是错误的。婴儿睡觉时应该紧贴着母亲的身体！当给喀麦隆 Nso 部落的女人们播放德国母亲与婴儿们相处情景的视频时，她们做出了同样类似的反应："您对待他的方式就好像他不是您的孩子一样！"这是那些女人们的一致看法[390]。

利德洛夫从这种对孩子全身心投入关爱的背后，看到了一种"连续性理念"。这种对身体接触的期望是进化"经历链"的一部分，它将人类与所有生物都联系起来。令新一代的人种学家十分感兴趣的首先是原始抚养模式的"适应价值"：哪些对孩子的生存有优势，哪些对母亲有优势？对孩子们"无私奉献"的关爱，准确地说到底又是存在于何处呢？

关爱的协同作用

在对答案的追寻过程中我们可以逐渐认清，问题的本质还是"关爱包裹"，其组成要素很难被分割开来：直接的身体接触可以使喂奶更容易，与此同时我们需要给婴儿从嗅觉、触觉、听觉和运动经验等方面提供变化的场景。从另一方面看，直接的身体接触会使婴儿容易入睡，也是他健康成长所需的。在夜晚也是如此，因为婴儿睡在母亲的身边不仅能更容易吮吸母乳，而且能在母亲的身上寻求到保护和温暖。同时在吃完奶后，能够快速地再次进入梦乡。

婴儿护理的这整套程序不仅仅对婴儿有益处，母亲与这个过程也是紧密相连的。因为母亲和孩子可以近距离生活在一起，所以他们可以通过简单的信号进行交流。因此，婴儿的啼哭会减少，消耗不多的体能他就能使自己平静下来。最重要的是：近距离给母亲和孩子创造了共同的生活节奏。婴儿与母亲的生活是密不可分的，他并没有权利以他的需求在成人面前划定自己的范围，如今也是这种状况。当妈妈的女士尽管有了孩子，但也可以在很大程度上延续她原有的生活方式——这是具有创造性的。

解决方案的意义

与人类的近亲猩猩相比，人类的孩子全是早产儿。他们从来都不能扶着他们的母亲或者自己走到母亲身边去吮吸母乳，他们只能被母亲悉心照料，或背着或抱着，抚慰、喂奶、被照顾、被关爱。原因在于：只有孩子的脑袋足够小，才能适应母亲狭窄的产道。孩子大脑的发育延迟到了出生之后。事实上，孩子的大脑到小学年龄就成长到了出生时的 3 倍大。如此看来，孩子出生时的脑袋足够小是一种权宜之计。

儿科医生们的发现也证实了这一点。当婴儿的呼吸“不稳定”，伴有呼吸停顿，且又处在极度不适的环境（大概是俯卧在过度柔软的垫子或是空气中有烟味）下时，婴儿的呼吸甚至有可能完全停止（详见第五章）。婴儿体温的控制也同样无法达到理想状态，虽然有过得去的脂肪层，但新生儿还是会面临体温过低的可能。

因此，进化生物学家推测，和母亲保持近距离不仅能保护婴儿不遭受危险，而且是一种“发育保证”[391]。母亲对婴儿的种种关爱在某种程度上像是一种润滑剂，因为它可以使不成熟的大脑更好地运转。现实调查中显示，频繁的身体接触与母亲陪伴在身边可以提高婴儿的睡眠质量，而且有助于稳固其身体运转——从稳定的心跳到规律的体温[392]。一般睡在母亲身边的婴儿，其体温会升高0.5℃左右[72]。而且那些从出生后就有很多身体接触的婴儿在出生后的几个星期会更安静，清醒的时间更多，微笑的次数也更多[73][396]。

也许在今天这个时代，母亲和孩子的身体接触不如装在每个婴儿摇篮上的暖灯重要。然而在以前的条件下，小宝宝们却生活在其生理承受极限的边缘，在当时的环境，与母亲的近距离接触可能会重要得多。比如：在以前的某个秋夜温度突然下降，人类只能通过身体来与之抗衡；而今天，就可以通过暖气来调节室内温度。

至少在那些仍然依靠自身身体条件生存的早产儿身上可以发现，待在母亲身边是多么的至关重要。那些睡在母亲身边或者在母亲身边被照料的早产儿（又称为“袋鼠式”照料），呼吸停顿更少，而且他们可以更快地摆脱医疗设备而自主呼吸，亦可以成长得更快、更早地离开医院[397]。

近距离与学习

一项不寻常的实验表明，孩子生活在母亲身边甚至有利于其后天的发展。在这项实验中，新生儿不睡在婴儿床上，而改为睡在“多感官”的小摇篮里：这个摇篮移动显示器，会以与成人活动大致相同的节奏移动。在其中休息的新生儿，就好像被妈妈紧紧地包围着。此外，在这种摇篮中还笼罩着与子宫中类似的声音背景。实验表明，婴儿在这种摇篮中啼哭更少，夜晚睡得更久。3 个星期之后，在测试神经成熟性的测验中表现更好[398]。

另外，通过近距离的身体接触，学习似乎更容易一些。如果在婴儿被爱抚的时候，让他感受到的是一种新的气味，以后他会比较容易地再次识别出这种气味。相比而言，识别没有皮肤接触的情况下的气味要困难些[399]。

母亲和孩子一直处于稳定的、对于彼此都是崭新的“息息相关”的联系中。宝宝们一直与照顾他们的人有眼神交流，通常只有几毫秒。每次当这两者遇到对方与自己用眼神交流时，就会在两者的大脑中产生一种积极的、增强感情的激素（内啡肽）。这种感官上和感情上稳定的共鸣和同步，有助于婴儿学习和适应母体外的生活环境[400]！

解开的包袱

如今，宝宝们生活在一个舒适的、反对一切不健康因素的世界。自从棕熊灭亡，美洲豹只当作汽车品牌出现后，身体上的近距离接触实际上就已经不再是生存的前提条件了。因此，可以这样说，我们把对婴儿关爱的一系列程序分解开，单独列出其中的某一项：我们可以把孩子单独放在一边睡觉，第二天他们仍然毫发无损；我们也可以用奶瓶代替母乳，即使这样他们仍然会成长；我们甚至可以把他们送到一个转动的架子上，就好像他们紧贴着我们的身体，即便如此他们也不会跌到峡谷或是洪流中。

如此这样做之后，我们就会赢得更多的自由和灵活性。但是这一项项小程序似乎成了我们的阻碍：把宝宝独自放在一边睡觉的时候，保持宁静就成了问题。当宝宝单独在他的小床上睡觉时，为了索取营养、温暖或者安慰，仅仅发出低频段的信号是远远不够的，他必须大发牢骚、大哭大闹，这样就会牺牲掉一段段的睡眠时间。当婴儿不再在母亲身边和母亲一起生活时，母亲则必须为了婴儿不断调整自己的生活。为了便于照顾孩子，她必须把自己的一天根据婴儿的睡眠时间进行安排。如果孩子恰好还不困、不饿或是以任何方式哭闹的时候，母亲就得带着孩子散步；如果他感觉孤单了，就算是睡觉时间母亲还得陪他玩……以前母亲和孩子的亲近是日常生活中自然而然的一部分，而现在这种亲近必须人为地创造出来[74]。

日常生活中的后果

现在存在的问题绝非偶然：自从对婴儿的关爱减少之后，我们就得四处去寻求最好的婴儿睡眠良方和解决“哭闹”儿童的良药。几乎所有教科书的章节都在阐释“幼儿的调节机能紊乱的缘由”。在儿科医生们看来，这都归因于孩子与母亲间的交流被中断，它们通过哺乳问题、睡眠问题、成长缓慢、极度哭闹表现出来。

家长们的压力似乎也不小。他们描述与婴儿一起的生活简直是超负荷的，而且已经超出社会范畴。他们所期盼的幸福似乎遥不可及：80%的父母在刚有了第一个孩子之后，就毫不犹豫地想要第二个孩子，18 个月之后只有 36%的父母还有同样的想法[402]。一项幸福研究得出了同样的结论：父母的幸福感没有因为孩子而增长。与没有孩子的夫妻相比，他们的幸福感反而更少[403]。

随着孩子的到来，夫妻间的“性福”生活也受到影响。在刚成为父母的夫妻中，超过3/4的夫妻会持续数月情绪不佳的状态，他们甚至抱怨日益糟糕的性生活[404]。毫无疑问，在孩子出生后他们对婚姻的满意程度会逐渐降低，男性比女性降低的程度要大[405]。

父母对家庭生活中的不和谐抱怨如此之多，从以下的原因来看也是颇有趣味的：与以前相比，现在的父母和孩子更亲近一些。他们想为孩子们付出所有，甚至不少家庭的父母之间还为此比赛。当家庭里这种比赛的压力渐增时，至少原因都不是父母对孩子的情感变淡。

亲子关系的两难境地

宝宝们最喜爱的方式，也许也是最好的？这些方式似乎已经不再适合今天的父母了：没有时间观念的小家伙们并不适应我们大人的生物钟，他们的睡眠计划与我们的休息时间相冲突，他们对母乳的热爱因今天的工作条件无法满足，他们对近距离接触的需求是与我们希望独立、不受束缚和有足够发展空间的愿望相悖的。

的确如此，他们希望近距离接触的愿望与我们的承受力完全不符。一天中的一半时间怀抱着婴儿可能会是石器时代的母亲们的选择，但是对现在的大多数母亲来说，这是一项达到了奥林匹克水平的成绩。

最为可怕的是：我们提供给了孩子想要的，得到的却是，他们妨碍了我们观念中的“正常”且舒适的生活！此外，孩子们赐予我们的还有，他们期望没有任何“理由”地从父母那里获取任何东西。今天虽然不需要身体接触，但保护和食物还是孩子所必需的。其实要做到这一点，父母并不一定要和孩子睡在一张床上。问题在于：宝宝们今天仍然需要关爱的全套步骤，就好像剑齿虎仍然在巢穴边游荡，或者是威胁生存的森林大火和雷鸣电闪仍然存在……

婴儿需要多少身体接触?

现在产生了一个问题：婴儿们要求这全套步骤是正确合理的吗？我们怎样才能把这些步骤解除而不造成任何的伤害呢？“好的”婴儿护理的最小副作用是什么呢？

这些看似简单的问题回答起来却是意想不到的困难。两所学校的观点是相互对立的。一方是今天仍然积极坚持珍妮·利德洛夫观点的学校。他们认为，与幼儿的联系和其发展建立在“近距离接触”之上。那些从婴儿时期就很少与母亲亲密生活的孩子对生活的看法更消极，更没有安全感，也更缺乏自信。“近距离接触”对身体的发育明显是一有利条件。观察印第安婴儿的研究者们指出，那些经常被母亲按摩的孩子成长得更快[406]。而且可以观察到，那些总被抱着的孩子的髋关节发育得更好，通过亲密的身体接触，孩子的身体机能和感官也发育得更好。可以说，通过感官上的亲近，孩子的身体和心灵都得到了更好的成长发育。

事实上，很多人认为，婴儿其实是被“抱大的”。当婴儿被高高地举起来时，他们的小腿就会得到伸展，并且他们很快就能学会紧紧抓住抱着他们的人的身体。为了稳稳地躺在成人的身上，2~3个月大的婴儿就已经会用腿和身体来帮忙了。同时还有研究表明，在这种孩子被抱着的文明中，出现髋关节疾病的几率也要小得多：幼儿的髋关节发育不良，也就是伴随有髋关节活动受限的髋关节畸形的概率会降低10倍[407]。相反，频繁使用睡眠框架（北美印第安妇女背婴儿用的木板框架）成长的婴儿，12%会有髋关节的问题。原因在于：婴儿睡觉时髋关节一直处于伸展状态。因此，髋关节不能得到正常的生长，而且大腿骨的顶部到后来就不能有效地起支撑作用了。(由此看来，就算把婴儿放在一个“托着腹部，从婴儿的臀部直伸到婴儿的前胸”的支架上也不合适。因为这样，孩子的腿就会向下伸展，也不能正常地协调活动了。)

婴儿身体脂肪的特性也表明，婴儿其实很希望将腹部贴着母亲：棕色的脂肪细胞可以帮婴儿的身体抵抗寒冷和阻止热量流失，这些细胞在婴儿的背面要比在前面的多得多[408]。

另一种观点并不否认婴儿需要身体上的亲密接触。“无身体接触”抚育的结果在罗马尼亚弃婴中最终以戏剧性的方式显示出来了。没有身体接触，没有近距离一起生活，没有情感关照的婴儿在生理上和心理上都不能良好地成长。然而根据这一观点，引起争议的核心在于是“尽可能多的”，还是一定程度的近距离接触生活就足够了。如果人们过多地服用维生素，也不能更好地起作用，身体上的近距离接触也是如此：如果在一定程度之内，一切都会恰如其分，孩子也不会因此承受过多的伤害。在心理研究中，这种维生素论既不能被证明，也不能被驳斥。幼儿的近距离接触经历和后天的生存能力或者生存结果之间的关系很难测量出来。但是，至少有很多实例都说明：即使孩子在婴儿时期缺乏身体接触，或者在不舒适的或很少身体接触的环境下成长，也可以成为能干的成年人。相反，在婴儿时期更多的近距离接触生活也不能保证一个成功的人生。进化生物学家桑德哈·斯卡尔（Sandra Scarr）的研究范围甚广，她把所有除了不当行为和冷落之外的照顾孩子的方式当作为“一般的教育环境”。她的观点是，父母不可能给予孩子“所有”，但能够给他“足够好的”[409]。

谁是对的?

直到现在，人们也不能解答这个问题：婴儿到底需要多少肌肤上的亲近？怎样正确把握肌肤之亲？这些问题的答案同样取决于孩子的性格、母亲的性格以及家庭环境。因此，胆怯害羞的孩子比其他孩子需要更多的保护、更多的亲近和更多情感上的关心[410]。

我们知道的仅仅只是，“亲近=可靠的关系=生活能力”这个公式太过简单，不适用于现实生活。因为对于孩子来说，要获得可靠的关系，不仅需要亲近，还得要有给予自我探索的空间、能在团队中发挥“有效的”作用，并创造自己的位置(第十章的主题之一)。在以高标准的肌肤之亲为标志的文明里，孩子们在很大程度上可以培养自立能力。他们不只是由体温来“被母亲带入”社会的！他们的生活早早地就为他们提供了经验和侦查能力。当他们还是幼儿的时候，就会因为要融入由不同年龄段的孩子们构成的集体中，而受到极大的压力(参考第十三章的“认识与展望”)。高度的亲密是由巨大的成长空间来均衡的。而高度的情感投入是由直观的教育填补的(这点我们将在第十四章谈及)。在利德洛夫的作品《追寻遗失的幸福》中，描述了一个小宝宝和他的家人之间的内在关系，在现实生活中也有后续：孩子在社会中是如何通过经历和交流变得坚强，并且学会如何在团队中扮演好社会中的角色！

这幅蓝图实际上非常复杂。第一个论点有着举足轻重的分量：亲近是成功的发展中一个不可或缺的补充元素，至少对于婴儿来说，它能让压力消失无踪。然而第二个论点也有充分的论据：孩子们在生活中需要的不只是亲近。虽然亲近有可能会是一个美好人生的前提条件，但绝不是“理所当然的一切”。

即使在“原始民族”里，包裹捆得也并不紧

无需惊奇，就连原始民族自己对于这个“应该有多亲近”的问题都会给出不同的答案。在所有捕猎和采集的集体中，婴儿都是睡在母亲身旁，长期哺乳同样十分常见。除此之外，在“原始民族”中，对待孩子的方式也有明显的区别。

这种区别主要体现在“气候”上。如果人们系统地评估人种学家的描述就会发现，在气候温暖的区域中，在48种文明里，有40种文明里的人每天背着幼儿，与幼儿保持紧密的肌肤亲近。而在北纬国家中的37种文明里，有29种文明里的人直接将孩子扔进布袋里，然后背上一块板子（摇篮板）。

原则上在“自然社会”中，家长给予孩子无尽的付出、耐心和宽容，但也不尽然。在北美洲的大平原上，印第安人任由婴儿哭闹是件十分常见的事，而他们和白种殖民者所用来自我辩护的论据一样：婴儿会在这种经历中“茁壮”成长。在气候凛冽的北方，当地人也会对婴儿采用更残忍的“变强方法”，比如一些居住在北美洲的印第安部落中，孩子出生后会被放入冰冷的水里洗澡，或是被迫痛苦地接受文身和

割礼。

即使在“自然社会”，生活也不是一直被包裹在羊毛里，那里的人同样也寻求妥协和让步，以及放弃过分的要求。其原因主要与“最初的”文化因素相关，即母亲的工作条件。如果妈妈们每天都能够在工作时将孩子带在身边，那么孩子在整个护理体系中将得到更多的亲近。如果她们把孩子丢给别人照顾就能更好地驾驭自己的生活，那么她们绷紧的神经就会变得松弛。“工作”与母亲这个职责两者之间如何协调统一，是个永远不变的话题。

新的机遇，新的阻碍

所谓“对孩子有益的”原始居民是否帮我们正确地解答了亲密程度，暂且存疑。因为似乎在南方社会中，对待孩子的方式没有这么复杂，父母与婴儿之间的摩擦也不是那么频繁。我们能否为孩子找到一个方法或指南，也是很成问题的。

原因在于，如今整个社会框架都发生了改变。利德洛夫推崇对孩子的第一年进行连续且密切的关注。这使得人们相信，母亲只需要照顾年幼的孩子。利德洛夫经常接触婴幼儿，因此，相对而言，他们所受到的密切关注是有可能的，因为大一点的孩子在断奶之后都“脱离母亲”了。

这是原始社会极其常见的现象。在断奶之前，孩子与母亲的关系十分亲密。然而断奶后，孩子与母亲之间会出现一段距离，他们将重新在孩子的圈子里找到新的生活核心。这也是不足为奇的，在狩猎及采集的部落中，孩子们之间的年龄差距在三四岁左右，兄弟姐妹经常都拥在母亲身旁玩耍[75]。

对我们而言则不尽然——母亲的膝上坐满孩子的场景并不

少见。孩子之间的年龄差距明显小一些，孩子与母亲“脱离”的时间也相对较晚。许多现代妈妈会让两个甚至三个孩子分享她的膝盖、她的耳朵、图画书和急救箱。还有，传统社会的母亲经常被其他成年人拖累。与她们相反，现代社会的妈妈已经偏离了“部落”的那种生活方式，她们与别人住得较远，甚至经常自力更生。

还有一点不同：在现代社会中，大概有 1/4、甚至是 1/3 的家庭都将更多的关注给予那些“脆弱的”、尤其是渴求照料的孩子或者双胞胎、多胞胎，因为他们需要更多的关照。根据科学家的调查显示，在美国，当今差不多有 1/5 的孩子患有慢性病或者急需特殊照顾[411]！

另外，历经几代人以后，我们生活的这个世界已经与当初那个成年人与孩子“简简单单”过日子的世界相去甚远了。在只生一个孩子、部分是农耕环境的社会里，一位母亲可以与她的婴儿共同生活和劳作。但是对于那些如今是教师或在大型超市当收银员的母亲来说，境况又如何呢？她们绝对不会过上孩子与工作兼顾的生活。

概括地讲，利德洛夫认为持久肌肤亲近的观念对于许多父母来说都是太耗精力、永远不会实现的幻景。看来这种紧密联系的婴儿护理策略只适用于某种环境，而这种环境早就不存在了。

自然——一个误解

人种学也告诉我们，对于婴儿充满爱意的关照只是基本生活的一个片段，正如一部电影中的几个画面。当人们看这部电影时，也会被其中一些画面惊吓到。因为残忍的“解决方法”

也是电影的一部分，比如杀害虚弱的、残疾的或者早产的孩子。原始社会普遍对孩子很友好，这无疑只是个传说，因为那里的童年也包含着苦难的经历。在亚马孙盆地，如果有人在意外或战争中死去，那么当地的亚诺玛米人就会将这些人的孩子直接与他们的父母合葬。人们必须承认，进化心理学家朱迪斯·哈里斯是对的。她说："那些文盲社会中的人对自己的孩子所做的事，与那些有读写能力的人所做的事一样残忍[412]。"如果我们要找个例子的话，不应该着眼于将孩子驱逐出去的伊甸园，因为这个伊甸园根本不存在。

最后再提一次遗失的幸福。利德洛夫为了我们这些现代人而追寻一个模范，这很合理，但是我们仍应保持批判的态度。"原始"社会直观而正确地亲近自然，因此将其作为榜样来对待是个十分吸引人的提议。但是这一点却违背了一个事实，即原始社会也必须面对生活的挑战而给出他们自己答案。传统社会不是博物馆，它不会保存自然的宝藏，而是保留了有独立特色的、为了已存在的生活环境而量身定制的文化遗产。因此事情变得明朗了：孩子们的需求就是童年的剧本，它既不存在于耶夸纳部落的印第安人那里，也不存在于我们这里。童年是什么样子，父母认为孩子怎样才算"好"，这些都反映了父母与社会的信念。

因此，这些问题也无法得到解答：谁是更好的父母，是居住在亚马孙盆地的耶夸纳部落，还是波士顿或者波鸿的母亲们？一个母亲到底有多"好"，不仅仅取决于她们给予的孩子身体上的亲近。对于一些"好母亲"和她们的孩子来说，最好的解决办法就是尽可能早地去托儿所看看。

追寻遗失的幸福

什么是“最好的亲密程度”？为了和孩子亲近，非得像耶夸纳部落的印第安人一样吗？

答案很明确：不是。因为即使要克服困难，现代的家庭生活与身体上的亲近也并不相互矛盾。“亲密”的交流并不一定要以牺牲或自我放弃作为代价。

情况截然相反，即使在大都市中，与婴儿保持“身体的亲近”也会带来许多实用的益处。每个母亲都知道，当她们推着婴儿车登上挤满乘客的公交车时会发生什么。在珍妮·利德洛夫对耶夸纳部落的印第安人生活的描述中，我们知道在当地如今的状况下，他们的生活也已经改变了——婴儿背带就是一个例子。

大人与孩子间的障碍

这个例子清楚地告诉我们，在与孩子“更亲密”地交流中，最大的障碍一定存在于两者之间。我们觉得把孩子放进婴儿车里来推是件“正常”的事，而在用婴儿背带的时候，妈妈们会有顾虑，不知道背带会不会伤害到宝宝。因此，不少婴儿每天看到的只有天空，因为他们整天躺在自己的小床里，或者被放入婴儿车里推过街区。即使那些宝宝的小脑袋还挺扁平、稍显凹陷；即使对于婴儿们来说，婴儿车里的生活不能为他们提供什么有益的发展空间，但这在我们看来似乎也很正常。

把孩子放入婴儿车来推对我们而言是再“正常”不过的

事了。但直到不久前我们才发现，孩子的脚丫原来不是作为装饰的，而是用来跑步的[413]。当然了，孩子跑步要耗费更多时间，但是这也正是他们进入对周遭环境的体验、对自己的身体进行探索和发展的入场券。

阻碍进一步亲近的还有固守的偏见，比如孩子因为被背在妈妈身上而变成驼背，或者和婴儿睡在一起会对他们成长造成负面的心理影响。

然而，追寻遗失的幸福的路上最大的难关是，如今大人与孩子追寻幸福时所处的位置截然不同。孩子和大人的日常生活节奏完全不合拍，只有叹息和抱怨才是他们共同的“爱好”。孩子最享受的是每一分钟的自由玩耍。当然了，由于现在他们很少能够找到玩伴，所以就没完没了地向父母表达自己的这个愿望。而父母呢，要么最迟在听到玩具车的第三声“轰隆”声后抓抓痒，要么就开始打哈欠。

因此，孩子们的要求在这种情况下夭折也没什么好奇怪的。家长们希望自己仅仅是孩子的监护人、榜样和情绪上的抱怨者。

不要放弃生活

我们要怎么做才能在不影响自己生活的前提下与宝宝们分享快乐呢？

第一：许多家长对成人生活普遍存有怀疑，觉得不能对婴儿有太高的指望。这可不是为了一个对双方都好的生活的出发点。虽然很多人有这种观点，但宝宝们看上去本来就不是一个退休老人，他们是遵从习惯的小动物，必须在固定时间内、在既定条件下被送到床上，他们必须有自己的生活规律，这样才不会受到伤害。一半的欧洲孩子都受伤了，我们在第四章中已经看到，南欧有多少孩子的生活没有规律。但在一些亚洲国家，婴儿会被叫醒，例如如果有人来访，以便他们也能够知道正在发生的事情。如果我们太过自负而以为知道婴儿们需要什么，例如规律、惯例、安静、按摩和婴儿游泳，那么我们永远都找不到能同时为这两“派”（父母和孩子）存在的世界。我们的生活会变成一个供给工厂，我们这些成年人会突然间以客人的身份出现在一个耐洗的、隔音的宝宝世界里。

第二：要问婴儿需要什么，比如说要问婴儿需要什么，从装备保暖瓶的旅行小床，到“共同玩耍”。婴儿被背在背带里的生活对于宝宝来说已然是场冒险，他们可以在这个探险的营地中用移动的瞭望塔来探索世界。其实，孩子们也不希望父母总是给他们不想要的东西！

第三：如果你对有孩子以前的生活十分满意，就应该尽可能多地保留那种生活轨迹。喜爱旅游的人可以和宝宝一起旅游。而那些想“中断”他们现在不喜欢的生活的人，也可以和宝宝一起实现。家长咨询师安娜·瓦尔格伦说：“如果你想转行从事农业，或是为了淘金到阿拉斯加定居，或是想开家小吃店，那么现在时机来了。”她说的没错。

孩子们究竟需要什么，这一直是个有价值的问题。最重要的是，父母要保持良好心态。如果家长总是表现得很沮丧，即使他们一刻不停地“围着孩子转”，对于孩子来说也是件很糟糕的事情。

小心陷阱

在如今的条件下，生活对于父母的满意度来说是个精致的陷阱。也就是说，在不少情况下，如果一个女人有了孩子，那么等于是她被罚判下了场。如果说当初母亲通过生孩子会更深地扎根在“部落”里，那么现在的是不可能了。那些在郊区的房子里度过生育“假期”的人，会瞬间被这个世界遗忘。

如今我们应该积极应对，否则就会有这样的危险：妈妈掉进了“亲密陷阱”——由于缺少在其他群居生活中的责任和交流，宝宝会成为她们生活的轴心和支点。这个可不能发生，要不然只拥有母子关系会使得双方都失去了富有生机、“属于自我”的家园。仅仅待在孩子身边还不够，这同样适用于陷入爱河的男女。必须使生活对自己和“部落”里的他人都有意义。这个道理在今天也同样适用：只有和他人共同努力，父母才会有足够的精力照顾孩子的生活。

认识与展望：
可以溺爱孩子吗

一个被宠坏了的孩子是讨人厌的。家庭治疗医师杰斯帕·尤尔（Jesper Juul）也知道这是怎么回事：被宠坏的孩子总是得到了“过多他们想要的东西，他们真正需要的东西却很少”[414]。其他的教育学家在限度这个方面也发现了这个问题：被宠坏了的孩子没有什么困难需要克服，更不知道限度问题。因此他们总是认为，他们可以做任何不受限制的事。在一些受欢迎的文学作品中，这些“小暴君”从开始坐不住的时候就已经臭名昭著了：“我不喝汤！决不！”

美国人本杰明·斯波克（Benjamin Spock）博士，这位至今仍享誉世界的儿科医生提供过一个建议：如果孩子五六个月大的时候还在哭嚎着让大人抱，那就是开始“解除温存计划”的时候了。这就需要妈妈配合假装有很多事要做的样子，让在哭闹中的孩子有种“妈妈很忙，现在没空理他的印象[415]。”

对幼鼠的磨炼

幼鼠实验似乎也支持了斯波克博士的建议。那是在

20世纪50年代心理学家们所做的一次实验，让小白鼠宝宝们一直处于紧张状态，例如往它们脸上吹冷风[416]。这样严厉的手段似乎对白鼠宝宝们的成长是完全有利的。因为这些总是处于紧张状态的幼鼠，最后长成了更强壮、更具有学习能力和抵抗能力的成年白鼠！这些手段甚至对它们大脑的发育也有帮助：左右半脑的分工更加显著，大脑变得更加“有效率”了（有关这一点我们还会再谈到）。

行为主义的遗产

斯波克博士的建议在当时对众多的家长来说是很有说服力的，并且现在仍然在影响着一批人，这一点要归功于一种被称为“行为主义”的心理学思想流派，行为主义对于20世纪心理学的进一步发展有着深远的影响。行为主义者认为，行为首先是对奖励和惩罚的反应。所以，为了引导行为方式能够向着预想的方向发展，就必须恰当地执行这两种手段，即在一定程度上就是糖果和鞭子。尽管这个理论是以对白鼠和狗的实验为依据，但是长时间以来它仍被认为是儿童教育的一把万能钥匙。行为主义者的主要代表人物约翰·毕·沃森（John B. Watson）甚至陷入了以下的幻想：“给我几个健康的婴儿。我保证，我可以将他们培养成各种类型的专业人士，如医生、律师、艺术家……是的，甚至是乞丐和小偷……[417]”

学会的花招

根据行为主义的理论很容易就能解释孩子被宠坏了的现象。如果孩子因为他的行为而受到奖励时，那么他的这种行为就会被加强；如果他被惩罚了，这种行为就会被减弱。人们可以这样设想：如果妈妈抱起了哭闹的孩子并且同时还给了他心爱的奶瓶，这样他就被“奖励”了。那么这种触发式行为就被会加强。孩子会“记住”这个可以说是花招的行为，用这招他就可以得到生活中那些他想拥有的东西，并且意味着他已经有能力去掌控父母了。

父母的恐惧

事实上，行为主义的理论首先创造的是恐慌。如作家佐尔法伊格·沃尔（Solveig Wahl）所说，“婴儿们用这种传递信号的方式得到了满足，这便给了婴儿力量[418]。”婴儿为了摆布身边的人，会有目的地使用这种力量。这种恐慌在行为主义者这里似乎最为夸大。至少沃尔曾在他1928年出版的《婴幼儿心理指导》中建议道：“对待孩子可以用理性的方式，把他们当做小大人来看待。永远不要亲吻或者拥抱他们，也永远不要让他们坐在你们的怀里。或者在跟他们道晚安时，可以亲吻他们的额头。”事实上，这种恐慌的程度曾经确实很厉害[419]。

对旧理论的新展望

但是这种恐慌是有根据的吗？为了让孩子们更好地发展，这种磨炼是风行的吗？行为主义者的打算如愿了吗？

现在心理学家们知道，通过奖惩来控制行为有着很严格的限度，这些限度在进化论之前就预先确立了。人们可以在实验中很快地教会小白鼠在看见胡萝卜的时候感到恶心（人们只需要在它们啃胡萝卜的时候，给它们注射几次催吐剂就可以了）。

但是人们不能教会它们在开灯或者响铃的时候感到恶心，这样的“相互联系”在自然界的领域里毫无意义。

我们也不能因为进化中不合情理的行为而把宝宝们简单地极端化。当妈妈不照顾他的时候，宝宝究竟为什么要停止哭喊呢？这样“理智的”行为可能每次都会让宝宝离死亡更近一步。如我们在第六章看到的那样，宝宝们的哭喊可不是“那么简单”的[76]！

较新的心理学研究也说明了这种太过简单又传统的学习理念是有一定的局限的。如果宝宝们的需求都很快得到满足，那他们以后就不会学会独立，这种猜测被证明是错误的（参阅第五章的“认识与展望”）。

从需求的角度看待溺爱

回到现实，这种磨炼孩子的浪潮其实也有一段很长的历史了。也就是说，那些被宠坏了的孩子一直存在。

如果问题的原因不在于缺乏磨炼，那么是什么导致教育失败的呢？如果我们从孩子的需求这个角度出发来考虑这个问题，或许我们可以找到一个解释。孩子们脑海里组成的那个需求世界有多么复杂，我们已经在第七章的“认识与展望”中提到过了。那么他们这个混乱的需求小世界又陷在哪儿了呢？

首先，有一点是显而易见的：就是有些需求是“超过限度”的，这一点适用于那些3~6岁大的孩子。从这个年纪起孩子们就已经最想当皇帝了，并且希望白天有24个小时。如果真的允许一个孩子拥有这种地位，那么这个孩子的其他需求就会渐渐地被忽略了。例如，对一种成员关系的需求，或者说是那些意味着有关其他人的需求。孩子想要成为皇帝，但是他们同样也需要成为某些人的伙伴和朋友。他们越大就越需要伙伴和朋友。但是渐渐地，那些被宠坏了的孩子不懂得把握这种平衡。他们的行为举止好像被“钉”在了永远一样的程序里。这样使他们既不会对现状感到满足，也不会对生活充满热情和活力[77]。

亲身经历变成了“镜中花，水中月”

“被宠坏”的孩子还失去了第二件东西，那就是他们自己亲身经历的机会。可能这个机会的失去是最苦涩的吧。因为人只有在依靠自己的力量走出每一步时，才会感到真正的满足。如我们已经知道的那样，孩子从 2 岁开始就会要求自己去亲身经历了。引领着他们走路，他们可能会走得更远，但是最幸运的却是，让他们自己去寻找自己的路。如果他们总是从外界得到允许才能自己去经历，那么这种经历的要求就会渐渐地被忽视。然后孩子们就变成了风中的叶片，他们所有的事情都必须依赖父母才能完成。不久，他们在情绪上会发生“供应事件”。

从这些角度来看，可以把溺爱也看作是一种需求上的失衡，看作是在儿童时期里被延长的婴儿时期。

可以溺爱新生儿吗?

很多家长在忧虑，他们是否已经开始“溺爱”婴儿了?在前面几节就提到过这种担忧和恐惧，而它将可能伴随家长的整个人生。在第七章的“认识与展望”中指出过另一个问题：

溺爱貌似在婴儿时期过去后才会成为一个问题。因为在婴儿时期，他们的需求是有节制的。只有在孩子脱离母亲的怀抱，开始自己走向更加广阔天地的时候，他们才会在自己吃东西的时候对盘子里的食物有更多的要求。因为此时他们必须要和兄弟姐妹竞争了，必须要在孩子堆里立稳脚跟，往往在这个时候他们会提出一些不可能的要求。有些孩子已经在真实的生活中感受到了限制，有些孩子还完全没有感受到。那么后者就有可能是他们踏入“骄纵”这个空中楼阁的入场券。

所以婴儿也还只是被宠坏的人选，因为他们缺少一个重要的认知前提条件：他们还根本感受不到，自己就是自己那个小脑袋的主人。当他们看着镜子里的自己的时候，看到的并不是自己，而是看着一个玩具相机。新生儿时期他们既不“期待”自己决定事情，也不“期待”可以控制世界！因为离他们有“自我意识”还有很长的一段时间。

磨炼不是解决方法

然而，开始所说的行为主义者的白鼠实验又是怎么回事呢？那不是支持磨炼孩子的观点吗？并且从一开始就是支持这种说法的呀？

在他们重新做了白鼠实验之后，科学家们到20世纪90年代才找到这个问题的答案。这次白鼠妈妈们的反应也被记录下来了，正是这个举动带来了谜团的答案：那些因为冷风而处于紧张状态的白鼠，在受到严酷对待之后会被妈妈格外重视，并会被妈妈舔干净！现在我们从其他的实验已经知道，那些经常被舔舐的老鼠宝宝总的来说会成长地更好。它们的大脑也被证实会有明显的变化，就像在实验里所观察到的那样。

因此，结论离我们更近了。所谓“磨炼”带来的良好效果很有可能是因为，处于紧张状态的小动物们受到了母亲更加仔细的照顾[421]。

摆脱溺爱问题

孩子需求的是那些能够保证他生存的东西。所以家长是愿意满足他们的。如同我们在第七章的“认识与展望”中所说，孩子需求的是那些以前曾经能够保证他生存的东西。“以前曾经”意味着那些条件，就是在那些条件下人类度过了99%的历史，也就是在石器时代。现在对于我们来说，很多过剩的东西在当时都是很匮乏的。在当时，孩子们可以摄入的脂肪太少了，他们精神上和社会上的需求也很少得到满足，就更不用谈及“溺爱”了。

今天，孩子的每个愿望都可以无条件地得到满足。但是，孩子需要自身发展的经历，就是自我导向的发展。即有让他们亲身体验的机会；告诉他们什么可以做，什么不该做。这些经历也会涉及到相关人员，例如一个小组成员、朋友、玩伴、竞争对手以及自己的搭档。

现如今的溺爱问题

现实情况并不是我们想的那么简单。如今的孩子都在小家庭里长大，当然经常和父母在一起，在他们的意识中能从父母那里得到想要的一切[422]。

但是溺爱真的只能带来坏处吗？现在的孩子不会在二三年后就有弟弟妹妹了，所以他们也不会在他们二三岁的时候被迫离开妈妈温暖的怀抱了。但这并不意味着溺爱会对他们产生什么不好的影响，或者被“宠坏”。（否则，所有的独生子女都被宠坏了。根据心理学家们的发现，他们并没有被溺爱。至少在性格方面，独生子女和有兄弟姐妹的子女的差异并不是可估量的，这点我们会在第十三章提到）[423]。

要形成溺爱问题还必须附有其他一些条件，这些条件在个别情况下可能会不同。如在教育能力方面很可能会引发溺爱问题（参阅十四章），在其他方面可能更多的就是父母对孩子的过度关爱。

后者可能需要一点简短的解释。毫无疑问，父母是想要得到孩子对自己的喜爱，但在特定情况下，这些关爱可能就会阻碍孩子的发展。也就是说，如果父母依赖于孩子的喜爱，如果这些成年人要用孩子的喜爱来弥补自己没有得到满足的对爱的渴望，那么孩子们就成了“爱的供应商”。而父母为了满足自己的需求，就要依赖自己的孩子！

让能力成为可能

或许“溺爱”并不是一个准确的概念。“过度爱护”这个词更加合适，并且这个词还为这种情况指出了一条出路。这条出路就如《小王子》里那朵小玫瑰花所叙说的那样，那是对爱护她过度的小王子所说的：“如果我想跟蝴蝶交朋友的话，当然就得忍受二三只毛毛虫的拜访。”

那么父母们要怎样帮助自己的孩子和蝴蝶交朋友呢？

成长的可能性。孩子能够做到一切，知道一切，他们是最好的，而且他们坚信，小小纸火箭就能载他们“飞去月球”了。这些都是正常的。同样正常的还有，他们只瞧见了自己，只和自己说话，其他人都只是他们游戏里的玩伴：我生活在自己的世界里，你们可以旁观！这是一种茧，给了我们孩子依靠和保护，还给孩子提供了隔离残酷现实的缓冲带。当我们还有很多事情不懂、不会的时候，这些都并不可笑。

成长与打破这个茧或者让虫子咬破这个茧并没有关系。因为孩子们会渐渐推开这层松软的保护层，自己走出自己的世界，走到另外一片天地。

只要他们可以这么做了，只要他们有勇气这么做了，一些过分的要求当然也属于这种勇气。当大人们在聊天的时候不想受到身边的孩子的打扰，这是没问题的。同样，如果孩子没有赢得每次比赛，这也是允许的。

到户外去。更为重要的是现实生活里的风，风吹起的地方就有其他的小朋友，最好这些小朋友尽可能来自不同的年龄段（参见第十三章的“认识与展望”）。如果孩子们从这个年纪开始就可以在一个小团队里互相认识了（大约 2~3 岁），这对他们来说是件有益的事情。在户外，这些小团队的小队长就会碰见其他小团队的小队长，然后他们在新的团队中发现了一些新的、有创造力的角色。孩子们就会知道，虽然他们很重要，但也不会一直是主角、是焦点，他们拥有的影响力还不足以掌控这个世界。

耐心等待。当孩子 2 岁多快 3 岁的时候，自我意识正迅速发展，而此时的父母也应该要开始转换模式了。因为孩子这时已经不是婴儿了，他们不能再被“有先见之明”地照顾了，而是要他们自己渐渐地变得主动起来。我们不能再在他们有要求的时候就急忙去满足他们的需求，而是要等他们说出自己真正想要的是什么。我们也可以教他们：“听着，我希望你对待我能够像我对你那样亲切。”“让孩子耐心地等待”对他们是有益的。一个独立完成了某件事的孩子和做出了一点小贡献的孩子，都认为自己有能力，且享受因此而得到的赞赏。

设立界限。每个人都知道现在比较时兴的一个说法，就是家长应该给孩子“设立界限”，通常这也是很必要的。别忘了，大多数的限制都不是人为“设立”的，而是通过家长让自己的要求发挥作用而自行产生的。孩子们日益长大，也变得越来越机灵、越来越聪明，为防止他们提出过分要求，形成限制也是很必要的。在父母和孩子间的相互关爱中标记清晰自己的界限和要求，可以防止很多不满意和吹毛求疵的情况产生。

第十三章

儿童性格的养成

直到宝宝开始爬行时，父母便终于可以确定，这些小家伙已经是真正意义上的“人”了。有一些宝宝在托儿所体验生活，基本不会对于困难障碍留下深刻的印象；另一些宝宝则更内向，容易失去自制力。这其中的区别从何而来？孩子会将这些带到生活中去吗？或者说，这些不同的反应是逐渐养成的吗？是什么决定了康斯坦丁将成为一位实干家还是一位梦想家？是啊，让我们展望一下未来：是什么决定了一个人将来是做银行职员还是做银行抢匪呢？

一页白纸

生物学家雅各布·范·马兰特（Jacob van Maerlant）于1266年在其书中做了关于自然的记录，熊刚出生时只是老鼠般大小的肉块，后来是熊妈妈将其舔舐成形的。在此之后，它才长出爪子、小脑袋和短尾巴（我们应当将“未受教化的”这一概念的形成归功于这一观点）[424]。

将其转换一下，相似的情况也适用于人类。宝宝的不幸与成就首先都要怪罪于或归功于他的父母。是父母影响他成为乐观的人、好抱怨的人或者一位冒险家。西格蒙德·弗洛伊德推崇这一观点，行为心理学派这才真正地信服了行为的无限可塑性（参阅第十章）。

有些家长杂志甚至开出了方子。“这样做能使您的孩子成为一个乐观主义者”，德国最著名的家长杂志以此为题，然而对这种付出似乎评价不高：“其实在孩子的生命之路上，并不需要给予孩子太多的信任与期望！”，此外，“告诉他们生活的乐趣与教导他们饱含同情心”更有必要[425]。

对大脑的研究也似乎首先公开指责家长。大脑的神经网络会不断地形成和分解，这得根据成长中的孩子所获得的经验而定。那么最终，家长首当其冲地得对于每个神经键负责。最后，他们得向这些无助的小家伙们传授经验。如果家长不在孩子初生时就给予他最好的，那么孩子将来就有沉沦于毒品之中的危险。一检测出妊娠测试呈阳性，就应该开始播放莫扎特的CD——这样可以提高婴儿的创造力与智慧。一股无法估量的压力：粥一直在火上加着热，就算我们只有一会儿没看着火，粥都肯定会烧糊！

抗议，尊敬的各位！

巴厘岛上的家长们对此却有完全不同的看法。他们坚信，他们的孩子们和世界联系密切，而且这个世界是由这些小家伙们掌控并组成的。

以心理学教授史蒂文·平克和杰罗姆·凯根为代表的新一代心理学家们也不能解析家长们这种所谓的巨大影响。他们从对大量孩子的一系列调查中得出结论，家长的教育风格对孩子的个性以及其今后事业上的成就的影响均不值一提[426]。孩子的成长环境则更加重要。平克与其同事们也否定了另一项能证明家长有所影响的所谓的“证据”，出生顺序的影响。与民俗指南相左，一胎、二胎和三胎在个性上区别甚微（对此我们将再作论述）。

我们来探讨一下性格

然而，在我们投身到对父母重要性的辩论之前，得再次弄清性格究竟为何物。家长对哪些方面有所谓的影响呢？没有人怀疑家长对其子女肤色的影响，或者对其子女学习成绩的影响。争议围绕着其他方面：性格[78]。但是性格到底是什么呢？

许多人的脑海中会浮现类似的概念：性格或者气质。事实上，所有这些概念都与那些因素有关，正是那些因素使人类成为这样的人。

以气质而言，气质可以视为我们的“感情秉性”，我们对待他人的“基本态度”。秉性与态度在婴儿时期就已显露出来了。有些宝宝长时间玩玩具，他们观察玩具和面孔的时间比观察其他东西的时间更长。与此相反，其他宝宝的注意力会随着刺激而转移[427]。差异也早已显示在宝宝对环境变化的反应上。有些婴儿很容易兴奋、哭闹或者不耐烦；而另一些面临任何事都不会脱离现有轨道，他们被称为“易打理”婴儿。在宝宝约 4 个月大时，他们的气质差异在一定程度上表现得十分明显，并且在幼儿时期变得越来越清晰、稳定。将双胞胎和一般的兄弟姐妹进行比较可以发现，气质在相当程度上取决于遗传体系[79]。

在这样的遗传物质基础上，一个人的性格慢慢形成——这也反映了我们的生活经验。气质和性格统称为个性。大致可以说：我们用以为人处世的性格是独一无二的“模式”。

性格类型

心理学家将人的性格用五种或多或少独立的“维度”相互区分开来。英语中18 000个用来描述个人反应方式的形容词之中绝大多数可以归入这五个方面[80]：

◎ 情绪（不）稳定型（也称为神经质人格）：此类型描述了人的感情色彩的稳定程度。处于“神经质人格”一个极端的人表现为相当胆小、心里不踏实、羞怯且喜怒无常；而另一极端的人则稳定、平静、自信并对自己满意。

◎ 外向型（也称为外倾性）：外向型的人善于亲近他人并且能带来一些能量。处于“外向型人格”一个极端的人表现为合群、乐观且张扬；而另一端的人则矜持且谨慎，并且内向（或者用不太科学的说法是：害羞）。

◎ 经验开放型（也称为开明态度）：这种类型包括人们对新经验的“开放”程度。高开放性价值观的人喜欢新事物，勇于创新且好奇。这一类型另一个极端的人则传统、保守并沉着。

◎ 亲和型（也称为社交型）：这种类型指的是如何与他人相处。高水平的人令人愉悦、富有同情心、友好并善于合作。低水平的人是敌对的，不信任他人且以自我为中心。

◎ 尽责型：这一类型显示的是人的组织性、纪律性和有责任心；或相对地，人有多么容易分心、粗心大意和“乱七八糟”。

英语中被称为“五大”的矩阵几乎可以称为我们“社会自我”的基本结构。

什么不是性格

然而，我们的个性也不是一个确凿的剧本。个性反映我们的情绪反应模式，而不是我们的生活内容。个性相似的两个人可以有极大差异。例如在他们的天赋、价值观、信念、梦想与生活目标；他们做什么，他们喜欢或讨厌什么，他们在生活中有多么成功也是有差异的。相同的人格结构既可以使人坐上跨国集团的头把交椅，也可以将不幸生长于贫民窟的人送上电椅。

然而，性格和个性是两回事！有创造性的人不一定是音乐家。性格会将我们带到何方，生活状况也起到十分重要的作用。

性格的好与坏？

这五大性格类型真的很让人恼火。大多数人觉得这里所提到的性格之中有些是非常好的，其他人则不这么认为。谁不愿意情绪稳定、心胸开阔、随和又有责任心呢？

毕竟，我们在日常生活中乐意有一定程度的减负。我们对朋友的期许与对老板的期许是不一样的。因此，性格是否取决于一个人扮演的角色，可以这么说，如果要把某一团体的领导当作朋友，肯定会让人失望（反之亦然）。

文化也能起到决定作用。在美国，外向的青少年在同龄人中最受欢迎。相反，在亚洲，内向拘谨的类型则更受欢迎。然而，对其他的性格类型的评价在世界各地则基本一致（这适用于情绪稳定和心胸开阔型）。

哪种性格类型最成功？这完全取决于其生长环境！500 年前，发现美洲的是一个不太善于交际的、鲁莽的孩子；而今天，他很可能连地理课也上不好。事实上，每种不同的性格类型都会有其“市场”。当世界还很小很危险的时候，是由那些喜爱社交的勇敢者来代表未来与进步的。在那时，这样是有利的，而如今则被视为不足。20 世纪科学革命期间需要的是守秩序、有条理的、认真仔细的系统化者。毕竟，对于迅速扩大的知识范围必须进行整理归纳（难怪，许多杰出的科学家有段时间会孤独自闭）。在特别强调团队协作和人际关系技巧的今天，重视的是外向并具交际能力的类型，毫无疑问，这大部分是女性[431]。

本质区别有何意义?

动物现在也知道，同样物种的成员会有不同的性情。这些不同的“行为综合征”帮助他们实现其生存空间的最佳利用。当只有少数几个天敌时，松鼠中敏锐的探索者便占据一定优势。如果有许多的天敌，则是拘谨的动物表现得更好。

人也可以通过其不同的性格类型（及其各种组合）更好地利用其环境的许多小区间，在团体中取得成功[432]。因此，在进化过程中所有行为系统在不同社会种类中不断持续地，有条不紊地展开，可以说是社会“变体”的产生。人类一直以来也是行为专家，在团体中采取不同的策略并以完全不同的方式来解决他们的生活问题。对人类而言，存在不同是正常的。

区别源于何处?

“如果我第一次碰上他们，我不确定，是否会期望与他们密切接触或建立更密切的联系。”写这句话的女作家安娜·瓦尔格伦并不是在谈论政治家，而是在谈论她自己的孩子。生育过多个孩子的家长发现，兄弟姐妹在性格上常常有明显的不同。

您猜对了，甚至连双胞胎也有这样的差异。让我们来看看两个案例。其中之一便是这本书的作者赫伯特·伦茨（Herbert Renz)。他和他（同卵）的胞兄乌尔里希·伦茨（Ulrich Renz)，在大约50年前便拥有几乎相同的遗传基因，开始了他们的生命之旅——同卵双胞胎现在恰好具有这种特点。他们的出生体重是相同的，星座也是一样的。这对同卵双胞胎共同成长了18年。他们由同一对父母照料，在同一个房间生活，在同一个班级学习。他们也共同经历了儿童疾病以及青春期危机。

那么他们后来怎么样了呢？今天遇到伦茨双胞胎的人都会有种似曾相识的感觉，无法马上区分他们。是的，他们甚至连体重都是一样的。但和这对双胞胎相处的时间越长，便越能清晰地认识到他们是两个不同性格的人。在同一个家庭长大的双胞胎的个性相似度只有50%。

对伦茨双胞胎，对他们的朋友和他们最亲密的妻子的调查都证实了这50%规律（另外，与民间传说相反的是，同卵双胞胎大多对对方没有心灵感应)：双胞胎虽然不是完全不同，却有显著区别。

世界非双胞胎的资料数据反驳了父母决定一切的说法：

◎ 收养的兄弟姐妹在个性上并不比在街上随机抽查的两

个人更相似。

◎ 无论是在同一个家庭里长大还是在不同的家庭中成长，兄弟姐妹的性格都是相似的。这至少适用于出自同一社会阶层的家庭[81]。

◎ 与家长在教育上有重要影响的认识相斥的是：研究人员不能确定那些生于20世纪上半叶或下半叶的成年人性格中的系统区别——尽管教育风格完全不同。

基因的影响？

毫无疑问，部分性格由基因决定。尤其是神经与带有遗传变异的脑代谢对新事物的开放度有关[82][433]。然而，双胞胎的案例显示：家长的影响也不是绝对的；否则，基因相同的同卵双胞胎就不可能发展形成完全不同的性格（至少当我们假设，家长对自己的孩子进行相同教育的情况下——我们将会对这一情况再做论述）。

因此，我们正面临着一个谜：如果说家长的教育和基因系统只能部分地解释孩子性格上的差异，那么什么能为其余的部分做出解释呢？

出生顺序的教训

大部分家长坚信，出生顺序导致了兄弟姐妹的性格差异。心理学家的系统观察显示，家长对待第一胎和第二胎的态度与方式是有区别的[83]。

但他们的行为也不一样吗？事实上，有许多可靠的研究显示，不同“出生顺序”的儿童的行为是不同的。研究认为第一胎更加自信，保守和认真。然而，之后出生的兄弟姐妹更易接受新思路和新经验——在这个课题研究上最著名（同时也最具争议）的专家弗兰克·萨洛韦（Frank Sulloway）竟将其标注为“天生的反叛者”[84]。

更令人惊讶的是，其他的科学研究尽管付出了相当大的努力也不能证明，出生顺序对性格有值得注意的影响[435]！

谜底：被调查的人员决定了研究结果。如果被调查的人员是家长，他们会认为孩子的出生顺序是导致孩子之间出现显著差异的因素之一。甚至当人们将自己与兄弟姐妹进行对比时，他们也会看到不同之处。然而，当人们被要求描述自己的性格并且将其与他们的兄弟姐妹的自我评价进行比较时，可以得出第一、第二和第三胎之间没有系统性差异。甚至当由家庭以外的独立观察员（如教师、教育工作者或心理学家）对他们的性格进行评估时，也可以得出性格与出生顺序很少或没有关联[436]。

类似的结论甚至适用于独生子女。我们对世界各地的独生子女进行了调查，并且将其与多子女家庭的孩子适当地区别对待（此外，这也适用于家中的“老幺”），发现他们会得到更多的关注与宠爱[437]。尽管如此，在客观检测中并不能得出儿童在社会行为和心理健康上有确切差异的结论[438]。

取决于环境因素

出生顺序肯定会产生影响，只是不是对性格，而很可能是对家庭中的行为与角色产生影响。在家庭以外，它便失去了影响。在此其他法则似乎更适用。

对此应当如何进行解释呢[85]？答案也许最有可能出自孩子的视角。当然，在家庭中孩子年龄的大小顺序会导致差异。然而，一旦到了“外面”则得重新洗牌，不论是在幼儿园、学校，还是朋友圈中。在操场上的孩子并不关心，卢卡斯在家是否受4位哥哥的命令驱使，又或者他是否是妈妈娇惯的宠儿。在家受到溺爱的独生子女也许可以假装哭泣，来达到要风得风的目的；而在幼儿园，他们很可能只会因此得到一个“爱哭鬼”的外号！孩子们也很聪明，为了获取自己的利益，他们会马上制定出新的策略。

我们还将在自尊心的形成过程中发现，社会环境对自我发展有多么得重要。此外还有：人们在家中受到怎样的对待，对大千世界中的生活影响不大。在家中，几乎每个孩子都会获得积极评价。然而，一些在家受到“赞赏”的孩子往往对自我评价相对较高，对他人评价相对较低。比起家长，他们更愿意从玩伴或者同学那里知晓自己有多优秀。无论父母多么喜欢并且赞美莉迪亚阿姨送来的漂亮的新鞋，而杰西卡是否喜欢穿这双鞋取决于她幼儿园的玩伴怎么评价这双鞋。因此，以前的说法可能过于草率。也就是说，父母可以激发孩子的信心，但孩子必须自己建立自信。

事实上，发展心理学家早已了解到，儿童学习讲求“社会环境的特定性”，即所学知识内容只与学习过程中具体的社会环境有关。朱迪斯·哈里斯总结说：“在家中不撒谎的孩子很可能会在学校里或在操场上撒谎[440]。”这甚至适用于婴儿，情绪抑郁的母亲所照料的婴儿也会出现抑郁症状。然而，其他的照顾者完全可以带给他正常的情绪反应[441]。可以得出结论，孩子是在多种社会语言中成长的。

为什么家长受到限制

这种灵活性从进化的角度来看是极有意义的。没有人比朱迪斯·哈里斯更清楚，她运用了下面的例子：在我们祖先的生活条件下，因为在家习惯畅快淋漓地打弟弟，而在外喜欢挑起争斗的瘦弱男人，往往活不了太久。对于这个瘦弱的人来说，通过与同龄人的交往来引导自己的行为会更合适（例如学着合作与和解）[442]。

出于其他原因我们建议，在家庭中获得的经验教训，也不能全盘接受。因为孩子的将来不只限于家庭之中，也许取决于他的同龄人！孩子与同龄人相互竞争，在竞争者中寻找并且找到未来的合作伙伴，孩子必须在其所处的社会中证明自己。从妈妈那儿，孩子只能偷学必要的策略。

另外还有第三点：人类志在小规模地和大规模地改变世界。因此，文明崛起又消逝，新的发明被创造出来不久又被冠以陈旧的帽子。因此，孩子们所遭遇的世界已不同于父母们有所成就的世界了。一项在今天成功有效的生存策略，在明天，可能意味着社会的衰退。让孩子们复制父母的成功有意义吗？仅仅一味地证明自己，可取吗？正好相反：孩子们必须敞开心胸接受新事物、新经验。他们必须有意愿并且有能力跳出父母的限制。

这其中甚至潜藏着希望。因为，从进化论的视角考虑，我们这些成年人目前不是特别的成功，如果种种预兆正确的话，我们正在对我们的生活基础实施进行无法挽回的破坏。其实，我们只能期望我们的孩子不要以我们为榜样，对吗？甚至有这样的可能，为了教会孩子如何伐树，我们这些成年人不得不利用我们所砍的最后一棵树。

社会自我的形成

这对我们来说真是一团乱麻。心理学坚信家长对孩子性格的影响是最重要的。性格研究的最新发现反驳了这一复杂过程，家长在其中不一定是最具影响的。难怪不久便发生了关于正确解释这种差异的争论。这场争论的双方是两位我们早已熟识的科学家：朱迪斯·哈里斯和弗兰克·萨洛韦。

朱迪斯·哈里斯所代表的观点十分清晰：对于性格具有决定性影响的因素来自家庭之外。因此，家庭影响甚微。

弗兰克·萨洛韦，在前面讨论出生顺序时与我们有过一面之缘，他仍然支持家长影响的重要性。他认为，家庭和教育对孩子的性格影响最大。然而，目前广为接受的观点却正好相反！家庭最主要的影响不在于消除孩子的个性，让每个孩子个性相同，而是在于培养他们的不同个性！家庭对于每位兄弟姐妹来说是非常不同的体验空间。这因其所具有的天赋，对家长的教育方式的反应以及在家庭中扮演角色的不同而不同。家庭事件对每一个孩子的影响都是不一样的。一位近亲的离世对于一个 2 岁的孩子和对他 12 岁的哥哥或者姐姐的影响是完全不同的。没有任何一次家庭影响对家里的每个孩子而言是完全相同的。我们不能期待家庭使孩子们的性格相似，而是期望他们养成不同的性格。如此一来，家庭从一开始就不必考虑解释，为什么同卵双胞胎在性格上只有 50%是相似的！

这一论证完全与最新的认识匹配，教育应当是系统的，而非原先所设想的，教育是单行道（我们将在第十五章的“认识与展望”中再做论述）。孩子也能参与决定他们自己的教育！就这点而言，萨洛韦否认教育对人格产生任何影响的那些论据，是耐人寻味的。

来自其他孩子的影响

然而，我们有很充分的理由在家庭以外找寻影响性格的关键所在，最后几段将论述这一方面。那么，在家庭之外，孩子们会受到哪些影响呢？在此，朱迪斯·哈里斯的观点值得参考。她为这一问题奉献出了她整个研究生命并且在她的著作《没有两个人是一样的》里做出了十分有说服力的回答。根据哈里斯的观点，与同龄人相处的经验对儿童和青少年的性格发展具有最重要的影响。

然而，这有任何意义吗？难道我们没有总是听闻笼罩着孩子们的“小团体压力”吗？难道它不会导致孩子们变成同辈中的其他孩子吗？它会不会让孩子变成千篇一律，没有个性呢？

是的，这在一方面是对的。儿童团体使孩子们变得相同。尽管如此，它也能导致差异。在此，让我们以孩子的角度来理解这一悖论。这里我们看到了两个相悖的目标：

一方面，孩子应该学习如何与团体中的其他孩子和睦相处。因为只有与他人相处得融洽的孩子才能获得玩伴或者赞赏。孩子必须学着为人处世，以期融入集体并且被成员所接受。他们必须学会“合群”。这种社会化导致孩子们失去个性，变得相仿。他们从中获得类似的基本思想、习惯习俗。这也难怪，孩子们刚一聚到一块儿便开始说一样的语言、操一样的口音、做一样的游戏、守一样的纪律，并且觉得一样的笑话好笑[86]。

另一方面，儿童集体也重视个性的形成。为什么会这样呢？孩子们不仅期望被集体接纳，还希望自己能表现突出。他们希望比别人的本领更高，并且希望因此获得表扬和赞赏。总而言之，他们想在集体中确保自己的地位。因此，他们寻找能让自己引人注目，并且发挥聪明才智的机会。这种对于机会、表扬与地位的找寻导致孩子们之间出现差异。

这意味着：孩子们不断在这两个目标之间摇摆波动。他们不愿突出，但他们希望自己在某一方面是优秀的。社会化体系重视孩子进行相同的活动，而地位体系则注重孩子在小组中有特殊表现。社会化体系可能将孩子们聚集在一起，而地位体系则驱使他们分散开来。这在青春期恰恰会造成令人十分头痛的冲突。让我们再来仔细观察这一令人紧张的矛盾。

目标一：适应

刚把孩子送进幼儿园的家长常常纳闷，小家伙怎么这么快就学会了别的孩子的习惯。即便是不受欢迎的脏话，小家伙可能也会在家里使用（比如说，当要求他去整理自己的玩具时）。

孩子在模仿谁？他们按照谁的行为模式在行动？他们认为谁的行为更适合于一个幼儿园孩子？他们会学会什么行为？他们会忽略什么？要回答这些问题并不容易，因为这些小家伙学习的模板不是集体中某个特定的孩子。相反，他们专注于“集体成员典型的平均形象”，与幼儿园小朋友的“典范”对比。这将是一个有用的策略。因为一个在小组里不那么成功的行为揭露出，个人（即使是最好的朋友）可以完全地“离群”。所以以平均形象为导向会更加安全。

有迹象表明，孩子在确定“典范”时一定会有所权衡（年龄越大，可能性越大）。因此，如果孩子想要占据集体中“注意结构”（对此我们将再做论述）高位，更会趋向于遵循

“最高平均”形象，也就是小组中地位较高成员的形象待人处事[443]。

群体压力

单单是集体压力这个词就已能使家长感到害怕了！同辈压力带来的情况会更糟！事实上，青少年强烈希望不要孤立于集体之外。这种想法会导致他们按照集体所期望的那样去待人处事，而不只是符合自己的兴趣或性格。

另一方面，人们往往认为，孩子们往往在压力之下才能融入团体是不对的。使孩子们社会化不需要实施任何“压力”，他们本身便期望将自己社会化。融入团体对于他们来说是必要的。

在成长过程中，他们始终走自己的路。孩子们不会盲目地使自己遭受集体压力。一方面，如刚才提到的“选择”与自身有一定差距的“榜样典范”，当他们长大一些，他们甚至会选择自己愿意从属的集体。孩子不会无缘无故地在大街上摔倒，并且偶然地去到黑漆漆的后巷混入吸食大麻的孩子之中。他们受到某个集体强烈吸引的同时，却排斥另外的集体。这种感觉源于他们的价值观、态度和以前的经验基础，也源自家庭的影响与评判。孩子不会仅仅因为他们坐在同一间教室而简单地模仿其他孩子。他们不会因为朋友变成了流氓而将自己也变成流氓，除非他们“赞赏”这种流氓的生活方式[87]。

从进化论的角度很容易解释，孩子并不一定会参与所有其他人在他周围所做的事。同龄人不仅是生活模范，还是竞争对手。儿童和青少年会为了地位和亲密的伙伴相互竞争。这给我们展示了“集体奖章”的另一面——使儿童成为个性、个体化的一面。

目标二：脱颖而出

事实上，在童年时期，便开始了社会比较并形成分类：分为“女孩”和“男孩”，后来分得更细（例如拜仁慕尼黑和斯图加特的球迷）。他们逐渐学会弄清自己与他人的不同之处在哪儿，他们有多么灵巧或者多么强壮，又或者多么富有想象力。

当孩子进入幼儿园时，他们会首先失去这种比较的框架。当有人问集体中 14 岁的少年，他们之中谁最强壮时，所有人都会马上高举双手。除了五六个人持不同意见外，所有人都认为自己最强壮。即使现在孩子们也清楚地明白，如何将自己与单个、具体的某个他人进行分离，大多数会认为他们比大多数人更强壮[88]。

这种自我赞美是人类不可缺少的一部分。实际上，甚至成年人也经常高估自己——这适用于所有重要的特性（例如友好、外貌、诚实与机智）。只有意志消沉的人才会切合实际地评价自己[446]。

优势和地位

孩子如何学习评价自己的优点和缺点呢？一方面是通过日常经验。当孩子们互相争斗时，他们便会决出谁更强。当他们比赛跑步时，他们便会知道谁跑得更快，谁更能熟练地保持平衡等等。还有更重要的是：每个孩子都能本能地觉察到，团体对他的总体“评价”怎么样，他有哪些影响力以及别人有多么敬佩他。这种评价也被视为地位。

如今，地位和优势经验已不一样了——一个孩子即使不位列优势等级，也可以拥有很高的地位。他即使没有得到认可也可以主宰一个团体[89]。至少男孩的优势和地位是齐头并进的，这特别符合西方的个性文化。孩子在体育竞技中展现的强壮、高大、优良的体格和成绩对其在团体中地位的确立发挥着惊人的作用[448]。这可能也解释了一个极其特别的关系：成年男人的地位与其青春期时的体格的关系非常密切！在男性群体中，一旦成为团体中的领头人便永远如此（让我们从另一个角度来看这一问题，这也可能和儿童集体的年龄结构有关。同龄集体中孩子们关系更加坚固并且长久，混合年龄集体中的孩子们则因此更“特殊”而不和睦。相反，在混合年龄集体中是由持续不断的转变来决定社会地位的分配，以至于孩子们在此必然会扮演不同角色）。

男孩和女孩用来确立自己在团体中地位的性格特征看上去很不一样。不论是男生还是女生，自信、外向的性格对于地位的确立有重要影响。男孩儿趋向于形成情绪稳定、单纯的性格（即是那些具有弱神经质价值的性格）。相反，这种性格类型对女孩的地位分配似乎没有影响[449]。

外貌也可以发挥作用。漂亮女孩常常拥有较高的地位，这在儿童团体中是广泛存在的[450]。有趣的是，英俊的外表主要帮助男孩儿在团体中达到更高的地位，而不适用于年轻男性。然而，对于女性而言，地位与吸引力却不成正比[451]。

即使我们希望听到不同的声音，聪明才智和为团体的辛勤付出，对于地位的确立影响不大（亚洲文化中情况有所不同）。

衡量地位

孩子是如何了解到他们拥有的地位呢？又是从哪儿知道他们是那些听话服从者，还是那些发号施令者呢？朱迪斯·哈里斯对此有何见解呢[452]？

在此，我们碰到了一个美妙的机构，它拥有一个十分空洞的名称——已经简略提及过的团体“注意结构”。它按照一个简单的原则运行：在团体中经常获得注意的人拥有高地位并且被集体所看重。很少受到注意的人的地位则较低。那么如何对注意力进行测量呢？我们运用一种视线记录器进行测量。注意力似乎与观察有关。在集体中拥有高地位的孩子比起那些少言寡语的孩子更常受到关注。

猩猩或其他社会性的哺乳动物之间也存在这种关注、重视和观察的联系。就像人类将“视线识别器”植入了这些动物的大脑，在它们无意识的情况下进行计数，谁看了谁，它们有没有首先观察自己。实验表明，经常被观察的人在讨论中更加主动，他们很自信。遗憾的是，这和他们所说的内容完全无关！当人们进行视讯会议时，如果某位参与者觉得其他人总是在看他，他便会肆无忌惮地抢夺话语权[90][454]！

自我价值观念

当人们对“自我价值观念”的概念进行思索时，可能会不寒而栗。人们真的会对他们的“价值”做出不同的评价吗？当与他人进行比较时，人们会赋予自己特定的价值吗？事实上似乎的确如此。有些人生活在明显的想象之中，他们以为自己处处受到尊重与喜爱，并且全世界都对自己崇拜得五体投地。另一些人则怀疑自己并且认为，他们可以说是隐居在这个世界上，其他人什么事都比他们干得好，或者至少是在那些重要的事情上……这种感觉是从什么时候起形成了自己的“社会价值”呢？

在童年中期，看起来似乎所有的孩子都共同参与一项游戏，游戏是这样进行的：在每个游戏参与者的背后写上一个数字，取值1至100。孩子们总会弄清楚背后写着哪个数字。那么他是怎么知道的呢？

通过团体的反馈。如前所述的“优势经验”发挥了作用，并且地位也很关键——视线记录器受到欢迎。

孩子的性格对自我评估也起到一定的作用。情绪稳定、外向的孩子基本上显得很积极乐观。害羞的孩子则相反，他们必须不断地被告知他们有多优秀，即便这样，他们对此也只是将信将疑。

回到双胞胎的话题

为何孩子们的性格有如此大的差异，对此我们现在已经进行了大量的思考。正如我们所看到的，一些差异只是源于成长的环境。我们天性中的一部分，例如将来我们与他人相处时表现得更害羞还是更有活力已经在摇篮里决定了[91]。

那么另一部分从何而来呢？孩子在家庭中获取的不同经验能发挥重要作用。然而，我们不能忽略意外情况。有的孩子意外地得到一次机会，而有的孩子意外地受到阻滞……至少对于进化心理学的专家史蒂文·平克来说，当需要解释性格差异中那“不明原因的50%”时，这种影响便不再是最重要的了。

家庭以外的经验的作用显得越来越重要——那些不久后和孩子共同生活的，彼此喜爱并且互相竞争的人的性格。孩子不断从团体中吸取经验：我如何到达？哪些座位已经有人了？哪些位子是空着的？哪些人使我害怕，哪些人使我满意？于是，他们的性格，他们的社会自我在这条道路上逐渐形成。

经验的影响可以解释，为什么同卵双胞胎会形成不同的性格；因为尽管他们外貌相似，但他们在外界会获得不同的经验。他们朝着不同的方向发展，因为他们是作为个体被认识和评价的[92]。

这是否意味着，家长没有发挥任何作用？

从事实上来说，孩子并没有“偷学”家长的性格。我们常常由此推测出，家长对孩子的影响微乎其微，并由此认为教育“毫无意义”。这是一个极端的误解。即使是认为家长对于孩子性格发展的影响并不占据主导地位的心理学家朱迪斯·哈里斯，也找到了教育有意义的充分论据（意义只在于，当青春期的女儿因为青春痘而感觉被嘲笑时，为她找一位合格的皮肤科医生来治疗）。

让我们做好准备，这一章不偏不倚地讲述了性格发展形成的差异。这里讲述的不是同情心与道德的形成发展（对此有专门的章节进行讲述），不是价值观或者生活目标的形成发展，不是人生的成功，也不是幸福。此外，在这一章中谈到了“普通”家庭——毋庸置疑，忽视和虐待也在孩子的性格中留下了痕迹（参阅第十章）。

孩子希望他们的性格中只有一小部分在家庭中形成和发展，但是家庭却从根本上给孩子的生活打上了烙印。在家中，生存机会被分摊了。教育以及麦拉妮阿姨的遗产都被分配了。同样，家庭的“关系网”是理想的传家之宝，它可以使孩子受益一辈子。即使孩子的聪明才智较少地依赖于教育，家长对学习成果也有决定作用。这普遍适用于各种天赋才能：如果莫扎特没有其父亲的教诲，他将不会成为莫扎特。他可能会成为和别人相同的“类型”，这关乎到他的性格——但不是音乐天才莫扎特。即使在今天，也常常是由家长决定孩子的事业，是在马戏团还是在税务机关工作。

儿童团体不是“无家长区”！

然而，正如第一眼看上去的那样，孩子在家庭“之外”的团体之中获得的那些经验，也与家长有紧密联系（正如朱迪斯·哈里斯描述的那样）。

来自富裕家庭的孩子在幼儿园的团体定位中会很顺利。他们“觉得”比普通人更尊贵、更自信，语言和社会能力更优异并且可能普遍率先发展——他们能达到更高的社会地位也就不足为奇了[93]。相反，来自社会弱势群体家庭的孩子常常由于行为问题，或从一开始缺少沟通机会而变得离群索居。

此外，我们有充分的理由相信，个体的孩子受到与同龄人相处经验不尽相同的影响。调查显示，家长的地位对孩子会不会随意接受其他孩子的语言起了决定作用。在美国，弱势移民群体的儿童可以快速并且无口音地接受他们在大街上的玩伴的语言。相反，英国大使的孩子则会保留他们的口音，即使他们同样常常和当地的孩子一起玩耍[455]。

孩子有多么遵循其他孩子的模式似乎和其家长将生活之路与何种“威望”相联系有所关联。这可能是非常有用的。如果父母有所成就，那么遵循他们的生活模式便是有优势的了，只要相对保守就行。如果父母因其生活态度而最终失败了，那么重新寻找方向便更具意义。社会发展最终也得遵循一个发展进化的逻辑。

认识与展望：

儿童小团体是天然的庇护所吗

大概 1 岁半左右时，孩子们就可以自己玩了。在玩耍的时候，他们喜欢搭积木或者在地上玩玩具车，要是有另外的伙伴反而会引起麻烦。

2 岁时，孩子们在游戏中会扮演某种角色，比如做饭、烤糕点或者造房子。但是孩子们还是喜欢自己当厨师或者建筑师。直到 3 岁时孩子们才会开始一起玩，小脑袋聚在一起，对彼此产生了浓厚的兴趣。4 岁时这些“大孩子”终于开始真正在一起玩了，这时团队中的规则和正确的行为准则就起到了重要的意义[94]。

事实证明，孩子们在这种情况下建立起的社会关系与在父母的引导下建立起来的关系不同。这种儿童小团体是不是一种发展模式，既不能被父母模仿，也不能由此被代替？如果是的话，到底怎样才能使孩子和同龄人或与不同年龄的孩子一起茁壮成长呢？

天然庇护所

玩耍行为的发展符合我们在第十二章中提到的孩子

在原始社会中的“生活方式”：1~2岁时，孩子和母亲关系很密切，因为大部分时间都待在妈妈怀抱中。随着弟弟妹妹的出生，孩子则面临着严峻的改变：该从妈妈的怀抱到何处去呢？

正如进化心理学家史蒂文·平克所说，孩子最初是被妈妈全身心地呵护，然后被放置到了一个各种年龄孩子组成的圈子中，他们必须得适应在没有妈妈的关注下生活[456]。在《牧猎人的童年》一书中，人类学家弗兰克·马洛（Frank Marlowe）以坦桑尼亚的一幕为例描述道：“3~4岁的孩子大部分时间都和跟自己差不多大、或者比自己稍大点的孩子一起玩，一起找吃的。但是晚上还是会回到父母亲和兄弟姐妹身边，然而继子就会去外婆那边睡觉[457]。”稍大点的孩子仍然和父母亲保持着亲密关系，这似乎是一个新的发现[95]。

今天的“地球村”也可以说明这一点，孩子在团体中可以遇到当今传统社会中各种各样的角色。有一点很引人注目，就是儿童的圈子很少受到成年人的关照。

不同的经验

在这一点上，男孩和女孩的经验不同。当我们在观察游戏场所时可以发现，女孩更喜欢两个人一起玩，并能持续很长时间。而男孩的玩伴总在变化，而且相对喜欢和较多的人在一起玩[459]。如果孩子比较少的话，那男孩和女孩也会凑在一起玩。只有孩子足够多时，才会按性别分开玩，较小的孩子、较大的男孩和较大的女孩会分别形成一组[460]。

圈子如何运行？自由玩耍！

孩子在他们的圈子中都干些什么呢？又都在忙些什么？毫

无疑问，答案一定是玩！

只有玩吗？乍一看玩耍的确是毫无意义的行为：认真地把箱子腾空，又把箱子装满，乐此不疲。以前的心理学认为，游戏主要就是一种“发泄”，孩子通过游戏可以消散多余的精力。

对于进化心理学而言，这种解释当然不够充分。一方面，和其他动物幼仔不同，只有人类后代的游戏本能是不能被压制的，只有人类的孩子可以在极端恶劣的条件下玩耍。所以乔治·艾森（George Eisen）在他的《大屠杀中的孩子》一书中写道：“孩子们即使在面临大屠杀的情况下，仍然可以继续玩耍。”

另一方面，玩耍可能还要付出巨大的代价。但由于玩耍这种行为是进化的成果，所以必然也会从付出的代价中获益。80%的海豹幼仔会不幸丧生，是因为它们在玩耍时没有注意周围的敌人。在人类的孩子中，骨折和脑震荡等事故有时候也与此类似。值得重视的还有孩子们在玩耍时会消耗大量的精力。进化不会仅仅是为了给孩子们带来乐趣，同时也“发明”了这种“昂贵”的代价。

玩耍背后隐藏的巨大动力也说明了，玩耍不仅仅是为了打发时间而已。每个养狗的人都知道，狗狗经常乞求主人带它们出去玩耍。我们的近亲黑猩猩甚至会为了找到玩伴而有目的地在周围游荡。他们的表情会明显不同，张大嘴巴并露出闪闪发光的牙齿。如果找不到愿意与自己一起玩的同类，他们甚至会去找狒狒来作为同伴进行玩耍。

假如黑猩猩没有心情玩，其他的黑猩猩还可以通过例如挠痒痒的方式诱惑同伴。很多幼兽，比如从老鼠到猩猩，在脖子或者身上都有怕痒的地方。一旦触碰到怕痒的地方，它们就会笑并开始玩耍。事实证明，挠痒痒是一种交感作用。人类不能自己给自己挠痒[461]。

真正的目的是什么？

在动物界有一条普遍适用的准则：哺乳动物的进化程度越高，后代玩得越“厉害”；肉食动物玩得比群居动物多；更多的则是社会化程度发展最高的动物种类，比如猩猩、鲸和海豚。

玩些什么呢？对动物而言，玩耍围绕着以后生存需要的技能展开。小猫喜欢追逐毛线球，因为这种练习可以让它们以后更容易追到老鼠。猎食类动物都喜欢这类追逐游戏：小狮子们喜欢在假想战斗中变换角色，一会儿当狩猎者，一会儿又成了被追逐的猎物[462]。小马也最喜欢在草原上玩你追我赶的游戏。

游戏中可以搜集一些对以后生存有利的经验。毫无疑问，游戏的方式在大脑发育中也会有所体现：大脑的很多组成部分，尤其是小脑，在游戏过程中发展最快。同样，如果哺乳动物在玩耍时遇到一些障碍，那么学习能力较差的动物要与团队和谐相处就比较困难。

人类的孩子呢？

人类孩子所玩的也是他们以后生存所需要的内容。在 Bavenda-Bantu 地区，孩子们为了模仿成年人的生活甚至会建造一个自己的儿童村[463]。孩子们用这种游戏的方式找到自己在社会中的位置。

孩子们不仅通过游戏组织小团队，还学着如何处理自己的情绪问题，即使是一些负面情绪也可以得到很好的处理。孩子们可以营造一些情境，在这些情境中他们可能会害怕、可能会吓唬别人，在游戏中孩子们还能学会怎样抑制恐惧情绪。

游戏还有其绝妙的安排，人们可以注意观察玩耍中的孩子们，他们沉浸在充满想象力的角色中，坚决果断地做出决定，这在现实生活中是不可能实现的。发展心理学家罗尔夫·欧特尔（Rolf Oerter）由此认为，孩子们在游戏中可以展示丰富的思维可能性。进化生物学家也把孩子的这种游戏看作是一种对生活方式的新颖尝试，并不是对成年人模式简单地抄袭[464]。在游戏的艺术世界中，孩子们可以挖掘出有创新性的、理想的发展条件和空间！

游戏与工作的对立

卡拉哈里沙漠的昆族人把玩耍称之为“孩子的工作”，他们把孩子们的玩耍看得很认真，所以很少打断他们[465]。

但是没有更多的期待吗？对于暴露在一片荒漠中的游牧民族而言，就没有比让孩子玩耍度过一天更值得期待的东西吗？难道不该对孩子进行一些指导，让他们对生活作出自己的贡献吗？

看起来似乎不是这样的。通过对游牧民族的一些研究报告可以知道，孩子们很少受到父母亲的指导或者“教导”。涉及到射箭、捕猎及寻找植物果实之类的专业技能，孩子们会从父母亲那儿偷学技巧，然后在自己的团队中进行练习。他们并不在乎能有多少收获。如果在游牧民族中孩子陪着成年人去挖果实，那么他们并不见得去找那些对孩子来说显而易见的果实，而是进行更复杂地、有难度地挖掘——这样可能收获并不见得很大[466]。

孩子在成长过程中并不清楚直接的“效率需求”。在游戏过程中，他们遵循的是间接提高收获的策略。他们不会总是去重复那些已经掌握的技能，而是偏爱那些暂时还无法胜任的技巧，对此进行模仿和改进。也就是说，他们为将来进行了行为模式的“储备”。发展心理学家喜欢把孩子的角色定位于具有“寄生虫”般的依赖性，而孩子其实是自身发展的一个自然组成部分。比起每天跟随着父母，他们更喜欢做一些自己的事，尽管收获也许不大。在很多文化中，父母亲虽然有些无奈，但对于这种状况可以用一句口号概括“让孩子玩儿吧”。

我们由此可以得出结论，玩耍对于进化来说并非奢侈品，而是必需品！这适用于所有高等哺乳类动物，当然也包括人类。玩耍是生物发展的前提条件。

混合年龄组与同年龄组相比

很多迹象表明，儿童社会性的发展很大程度上是在自己的小圈子里进行的，也就是在儿童小团体中。但是这到底是怎样一个天然的庇护所？它主要由不同年龄阶段的孩子组成，通常男孩和女孩都有。

人们是怎么得知的呢？一方面是来自于对那些直至20世纪一直保持着游牧生存状态部族的观察，不同年龄的儿童小团队随处可见，以至于民俗学家将之称为“石器时代生活的延续”。

让我们来看看行为学家玛丽·肖斯塔克（Marie Shostak）的描述，她在19世纪70年代曾经和卡拉哈里沙漠的昆族人在一起生活。“在干燥的冬季，当布须曼人都出去寻找水源时，孩子们只能在家翘首盼望，所以很多孩子会在一起玩耍96[467]。”根据她的描述，不同年龄的孩子会在一起玩。只有发展到了农业社会，有较大的村镇和市镇，选择玩伴的可能性就更大，这样才会在划分小圈子时有年龄和性别的区分。直至今日，由同年龄的孩子构成一个小团体[468]，甚至还会影响到孩子的社会化。想想学校中的班级就知道了。

不同年龄圈的优势

尽管没有确凿的证据来证明，但是通过一些迹象表明，比起相同年龄孩子的小团体，不同年龄的孩子组成的圈子会给孩子提供更丰富的发展环境。混合年龄小组其实是某种形式的社会“搅拌器”，因为总是会有更小的孩子进入圈子，所以男孩和女孩可以经常交换各种角色。一个孩子刚开始可能是团体中最弱小的，但是通过角色的变化会渐渐地变得强大起来。今天的倾听者，可能就是明天的演讲者。在同年龄圈子中，很明显的一些竞争行为会在混合年龄组中弱化：孩子们不仅仅是彼此的竞争者，也是彼此的保护人、榜样和助手。仅仅通过大孩子对较小孩子的照顾就可以使孩子们获得非常宝贵的社会能力。

与此相比，今天在普遍存在的同龄孩子圈子中，提供的是单一的社会经验。社会角色很快被固定，例如在低年级时孩子们就清楚，谁在下谁在上。孩子们已经固定在自己的角色中，也只会了解自己的这点经历。进化心理学家朱迪思·哈里斯认为，在城市化的社会中，孩子没有机会经历社会生活的各种角色。在家，他们是兄弟姐妹中的老大或者老幺；在学校里，如果幸运的话，他们可以进入优等生行列；而没那么幸运的人，就只能屈居人后了[469]。

今天的情况呢?

一些父母亲认为，如果自己把所有的时间精力都奉献给孩子，孩子自然会觉得满意。很遗憾，这种想法是错误的[470]。最晚到3岁，孩子就需要其他的孩子来作为玩伴，而且他们也会发现和其他的孩子一起玩游戏会比和爸爸妈妈一起玩更有意思。虽然对于有些父母亲而言，“放弃”孩子会让他们觉得不好受。但事实却是，孩子这时有属于自己的圈子。

而且很多证据表明，幼儿园最好是由不同年龄的孩子组成。这样会给孩子提供扮演不同角色的机会，提供的社会经验也会比只有同年龄孩子的幼儿园更加丰富。

这样的安排需要空间，而且需要的是一个不仅仅由成年人起重要作用的圈子。以前孩子可以在部落营地、村庄、院子或者大街上找到很多玩耍空间，而今天大部分孩子只能在父母的监管下才能在家、公园或者游乐场玩耍。儿童需要有他们形形色色、充满神秘色彩的儿童文化。而游戏中必然出现的矛盾经常会由大人出面解决。但这样也会使孩子失去自己学习的机会。

毫无疑问，当幼儿园的孩子退回到自己受保护的空间，就像以前退回到洞穴或者帐篷中一样，他们就更善于进行建设性的游戏[471]。

随着孩子越来越脆弱这一趋势的发展，还有父母与孩子之间关系的改变，孩子们渐渐在玩耍时习惯父母总要站在他们身边，形影不离，并随时鼓励、评价或者作出表示。如果我们观察一下在自由玩耍中的幼儿园的孩子就会发现，他们一边玩一边总是关注着大人的反应，看自己的行为是否合适。

今天父母和孩子间这种制度化的共同体，不管是在小家庭中还是在幼儿园里，都可能有更多的副作用，比如经常会导致父母和孩子间的精神疲劳。因为造物者给孩子设定的是狂热而不知疲倦的“游戏程序”，但父母的神经显然是无法承受的。所以只有当孩子做出与社会价值相符的行为，比如安安静静待着或坐着时，才会受到父母的表扬，但这对儿童是不利的。和成年人生活在一起的孩子，就像过着带有手刹装置的生活一样。

第十四章 良好的教育只有爱是不够的

迄今为止，我们还没有看到过哪项政策或法规对父母的资质做出过规定和要求。众所周知，每一辆汽车的报废都需要官方的批准，但是教育呢，对孩子进行教育难道也需要官方认证吗？

怎样教育孩子真的是可以学习的吗，就像学习一门职业或者学开车一样吗？我们不是常说：成功的教育需要父母倾注无私的爱吗？难道我们是在课堂上“学会”说“不用谢”这三个字吗？面对上述诸多问题，我们是否应该忘记所有的规则和建议，转而将注意力集中到我们的直觉上来？因为规则和建议最终只会使我们感到更加困惑？毕竟与婴儿打交道的能力是人类与生俱来的，不然的话我们早就灭绝了！但是，教育为什么又会常常失败呢？既然如此，为什么会有那么多人认为对父母资格的认定是非常必要的呢？

不适合做母亲?

这幅画面是难以让人忍受的：母亲围着蹲在地上的

婴儿转来转去。她反复地、笨拙地尝试着靠近孩子，然后又转开身子。显然，婴儿引起了母亲的兴趣，而母亲将注意力完全集中在了孩子身上。但是，妈妈不知道该拿宝宝怎么办！她尝试了几次想把婴儿抱到怀里，但是都失败了。虽然宝宝紧紧地抓着妈妈，但是，最终还是滑下来了。像这样笨拙的母亲是帮不了孩子的。

这一幕发生在美国亚特兰大的埃默里大学耶克斯灵长类动物研究中心。在灵长类动物区中，一头黑猩猩刚刚生下了它的第一个孩子。它显然不知道该拿这个新生命怎么办！如何使小宝宝靠在它身上吃奶，而同时又不会让孩子掉到地上？应该做些什么才能使小家伙不再那么悲伤地嚎叫？经过几小时的观察之后，动物饲养员决定把婴儿从母亲身边带走，因为这位母亲胜任不了母亲的职责。

能胜任的母亲

“能胜任的母亲”，灵长类动物的研究学者是这样描述一位知道该做些什么的母亲。这样的母亲能够照顾她的孩子，使他得到良好的发展，并且将来可以在团队中取得成功。能胜任的猿猴妈妈的表现在于她能够很好地照顾她的宝宝，在胳膊中摇晃她的宝宝，喜欢和宝宝玩耍，安慰他并且定期对其进行检查。她们与婴儿的交流是有耐心的、体贴入微的，能够根据婴儿释放的信号调整自己[472]。

除“能胜任的母亲”之外，当然也有“粗心大意”的猿猴母亲。灵长类研究者把她们称为“勉强胜任的母亲”。“勉强胜任的母亲”不能完全根据婴儿的情况来调整自己。尽管她背着自己的孩子、给孩子喂奶，但是她对婴儿的情绪不是那么敏感。也就是说，她对婴儿的哭叫和释放的信号不能做出准确的反应。她们看起来很紧张，并且像对待年龄较大的孩子一样对待自己的新生儿。因此，她们的孩子生长得很糟糕，甚至经常体重下降并在几周之后夭折也就不足为奇了。这种“勉强胜任的母亲”通常是年轻的、第一次当妈妈的母亲。

接下来就是如上述所描写的那种完全不能胜任的母亲。她们完全无法参与到抚养孩子的工作中来。就像我们所看到的一样，她们经常连最基础的“操作”都无法完成。不能胜任的母亲甚至经常对她们的新生儿感到非常恐惧，这导致了孩子和妈妈之间完全无法建立正常的母婴关系。

能力的根源

为什么有些黑猩猩能够成为优秀的母亲，而有些不能呢？所有动物不是都应该知道如何照顾自己的孩子吗？黑猩猩也需要“父母资格证”吗？

让我们先将灵长类研究人员的意见放在一边。外行的人也完全能识别哪些才是“更好的”母亲。我们在观察中发现，这种能力不是从天而降的。要想成为一名优秀的黑猩猩母亲，需要什么样的条件呢？

第一：良好的“家庭教育”。那些由“能够胜任的母亲”抚养长大的黑猩猩，更有可能在将来成为“能胜任的母亲”。因此，儿童在早期有一个良好的发展可能会影响到成年以后。这没有什么好吃惊的，让我们想想看，妈妈对婴儿温柔地抚摸和其自身情感的稳定性对于安抚这些无助的、哭闹的小生命是多么重要！

第二：“亲子游戏”。但是对隔离生长的黑猩猩进行的实验表明，只有从自己母亲身上“传承”下来的安全感还是远远不够的。如果剥夺一位雌性黑猩猩在童年和青少年时期与幼年黑猩猩玩耍的机会，那么她将不可能和她的孩子有密切的关系，并会冷落或者虐待她的孩子[97]。

事实上，年轻的雌性黑猩猩天生就有一种强烈的渴望，渴望照顾她们周围的每个婴儿。不管她们走到哪里，她们都尝试向做母亲的黑猩猩要求照看她们的孩子。为了达到这个目的，她们给黑猩猩母亲捉虱子，直到她答应把婴儿给她照看。然后，年轻的雌性黑猩猩就像她们从长辈那儿看到的一样照顾婴儿，带着婴儿到处转，与他们一起玩耍。这种情况下要让孩子满意的压力是很大的，因为一旦孩子发出尖叫，孩子的母亲就会把孩子要回去[98]。现在动物园里广泛利用了这种想成为母亲的渴望。让年轻的雌性黑猩猩在那里定期参加“父母课程”，允许她们与婴儿玩耍，以便将来会成为更成功的母亲。

第三：良好的社会网络。但是，黑猩猩母亲能够多好地照顾她们的婴儿，还有社会因素在内。对于一开始被划为“勉强胜任的母亲”来说，从其他母亲那里得到多少帮助是有决定性意义的。“社会网络”更发达的母亲，即那些地位较高、有更多帮手的母亲，她们能够更好地完成任务，更成功地把孩子抚养长大。

爱的失败

我们回到本章开始讲到的黑猩猩母亲。她并不缺少对孩子的爱。她并不是“冷淡的”母亲，她的孩子对她来说绝对不是无所谓的。这种“爱的失败”大多数情况下会发生在那些尽管在童年时期有一位胜任的母亲，但是在青少年时期缺乏与婴儿接触的黑猩猩身上。而那些在童年时期就缺少爱抚的黑猩猩，则会经常对她们的孩子进行攻击。她们有时候会咬孩子，甚至会虐待孩子。

人类的教育能力

但是，黑猩猩可以作为人类的样板吗？作为“灵长类的人”也可以分成能够胜任的母亲和不那么能够胜任的母亲吗？

事实上毛茸茸的黑猩猩和无毛的人类至少在父母生涯的开始时期似乎都面临着相似的问题。因为，要想抱孩子、安慰孩子、给孩子哺乳，两种灵长类动物都必须实现正常身体的最佳表现，要调整好自己的身体，要对自己的身体有非常敏锐的感觉。别吃惊，给孩子哺乳甚至可以与拉小提琴的挑战相提并论。此外，母亲还必须学会“耳听八方”，才能捕获到孩子们所传达的信息[99]。

因为人类的婴儿和黑猩猩的婴儿都不能通过自己的力量来抓住他们的母亲。黑猩猩婴儿也只能抓住几秒钟。为了使婴儿能吃到奶，母亲必须主动帮忙。黑猩猩母亲“起身”的过程是这样的。因为黑猩猩婴儿不能承受它自己的重量，首先妈妈得将自己的腹部贴着宝宝的腹部，然后将它抱起来，这也是需要一定的技巧的。对于人类来说，哺乳也不仅仅是一个简单的“加油”动作，而是一种非常强烈的情感、感觉和身体的相互作用。

前提——也适用于人类

从统计数据来看，人类和黑猩猩之间的差别并不是很大。统计学的平均数据表明，正如黑猩猩一样，人类中的那些非常年轻的母亲同时也是比较拙劣的母亲。十几岁的妈妈和年龄较大的妈妈相比，她们之中可能会忽视孩子的人数比例要高4倍。

就像黑猩猩一样，人类母亲对她们的“头胞胎”也更发愁一些。她们感觉更不自信，不太清楚婴儿想要“说”什么[475]，她们在哺乳方面有更多的问题[476]，在头胞胎的发育方面遇到的问题也比后面的弟弟妹妹多[477]。主要原因似乎在于缺少训练：那些有过与婴儿打交道的经验的母亲（例如她们从事相关的职业，或者与更小的弟弟妹妹一起长大），能够更敏感地与她们的婴儿相处[478]。她们在婴儿出生后的前几天就表现得更温情，而且据她们自己所说，她们感觉更自信[479]。男性也是这样，如果有经验的话，他们也能够使自己更好地适应婴儿[480]。

在人类社会中，除了练习和接触外，似乎还有另外一个“帮手”能帮助创造奇迹：社会环境的帮助。另外，贫穷、缺乏教育和社会隔离也增加了父母失败的风险[481]。

直觉存在于哪里？

那么父母意识是以相当老一套的训练为基础吗？或者至少大自然已经给我们在人生道路上提供了一份草图？

珍妮·利德洛夫，这位在第十二章提到过的女性，认为我们甚至拥有一份详细的地图。根据她的观点，父母拥有“极其准确的本能”，这种本能“告诉了他们养育儿童的每一方面”[482]。她认为，人类要适应一条“经验链”，这条经验链悄悄地告诉我们什么是正确的，什么是错误的，我们只需要仔细倾听。发展心理学家也证实父母拥有一种“天生的内含的教育意识”，也就是说，拥有与孩子本能地好好相处的能力。

相反，人种学专家梅里迪特·斯莫尔（Meridith Small）认为，“养育孩子是一种后天习得的能力”[483]。至少我们从黑猩猩身上可以知道，或多或少有些道理。

学习的确不能把直觉的能力排除在外。我们再来仔细看看周围，观察一下父母的手艺。是什么使所有的父母成为一个样子的？是不是有一种适用于所有文化的、“物种典型的”与儿童打交道的直觉？

直觉的“基础设备”

当一个婴儿生下来后，无论是哪种文化的母亲都会首先仔细打量他。最先吸引她们的是他的生殖器官。然后母亲会抚摸婴儿并看他的眼睛[484]。出生后不久，母亲就可以根据声音和气味辨认出她的婴儿。在这方面，母亲明显超过父亲。与父亲不同，母亲在婴儿出生后 6 小时已经能相当准确地识别她们的孩子，哪怕她们与孩子只有过半个小时的接触[485]。新妈妈在睡觉时很容易被自己孩子的哭声吵醒，而没那么容易被其他孩子的哭声吵醒。

另外一个共同点就是语言。当父母与他们的婴儿“交谈”时，几乎在全世界听起来都是类似的（父母和孩子之间的语言也被语言研究学者称为通过眨眼睛起作用的“母子语言”）。父母的语速比较慢，经常重复并且以一种即兴演唱的形式来夸张高音。同时面部也过度的夸张：眉毛高高地往上抬，脸部因为高兴而吃惊变形，说话的同时还伴随着点头的动作。孩子的意见被反复地琢磨，然后以各种不同的形式反馈给孩子。

总而言之，父母都在使他们的行动和行为适合儿童的感觉能力，比如他们的动作变得更慢、更小心。此外，父母还会准确地注意到孩子目前感觉如何，然后根据情况对孩子做出安抚的或是“激活的”反应（发展心理学家称之为“适当的刺激”）。

绝大多数母亲喜欢把孩子抱在身体的左边（在男性中没有观察到这种现象）[486]。没有人能说清楚她们为什么会这么做。有一种解释是，婴儿希望听到或者感觉到熟悉的心跳声，因此他们在左边时更安静。著名的神经学家达马西奥（Damasios）提出了另外一种解释：左边的位置使母亲与婴儿的直觉交流变得简单，因为这样左边身体的感觉印象由于神经束的交叉而直接地传入大脑右半球，大脑右半球能够比大脑左半球更快地破译情感和身体信号[487]。最近的实验证实了达马西奥的猜测[488]。

婴儿的贡献

有趣的是，这种与婴儿的直觉交流完全取决于婴儿。在某种程度上说，父母的“直觉”行为是在与婴儿的交流中发展起来的，即通过关系本身发展起来的！

例如我们以身体的位置为例：父母应该怎样抱孩子才能使孩子满意呢？至少孩子似乎很清楚：他喜欢一种稳定的、“被保护的”的姿势，离母亲的脸有一定的距离，而且他最喜欢直接面对母亲的脸。他喜欢一种容易与母亲交流的姿势，一种能够分享母亲“眼睛的空间”，并且同时方便吃奶的姿势——这与新生儿在刚好 25 厘米的距离时能清晰地看东西相符合。

现在婴儿通过自己的行为使母亲满足他天生的期望。他是怎么做到的呢？非常简单：他通过冲着母亲笑和保持眼神交流来“奖励”正确的行为。而如果他对母亲的表情没有反应、眼睛看别处甚至哭起来了，那就是在“惩罚”那些“错误的”行为。例如当母亲从婴儿的头部侧边来到摇篮的时候，那么婴儿会长时间和母亲没有交流，甚至变得不安起来，直到母亲调整姿势，从而符合婴儿的感觉模型：眼睛朝上，嘴朝下。从某种程度上说，婴儿通过他的反应“指导”母亲采取正确的姿势，就好像他有一条看不见的线连在母亲身上一样。

因此，父母与孩子的互动也是学习的过程。发展研究学者甚至认为，婴儿与父母交流内容的 3/4 是误会和澄清。

注定要学习

似乎父母可以本能地适应孩子，解释他们发出的信号并对他们的需求做出反应。同时孩子也积极地参与其中，他们通过表达感兴趣或不感兴趣来指点父母。

但是父母就会因此自动地做对吗？可惜不是。因为这个本能的程序不是那么简单就能做到的。更确切地说，它需要特定的条件。是的，在教育的盒子里我们有一些“直觉的”工具，但是我们首先要学会怎么操作它们。

对此需要帮手。条件之一就是我们在这本书中已经多次提到的：父母自己的幸福感。如果做父母的感到全身舒畅，可以得到支持和力量，那么他们即使遭遇压力、失望或者在危急的时候都能做出直觉上正确的行为。第二个有利的条件就是我们这一章的中心：经验。如何与婴儿打交道是可以训练的！

直觉教育是神话

这是一件相当卑鄙的事，如果允许这么说的话。今天，当我们完全“淹没”在如此多的问题里时，还可以好好利用一点儿直觉的安全感：把婴儿带到床上一起睡觉？——到处都在谈婴儿猝死的问题！让婴儿在胳膊上睡觉？——睡眠研究人员说，这是导致睡眠问题的第一步。到处潜伏着危险，到处都是要注意的条条框框，到处都有专家对我们说，我们可能会搞砸什么事情。

尽管如此，直觉教育可能并不是教育的总纲领。人们大脑中并没有可以完全靠直觉运行的教育程序。他们在直觉上会预先调适以帮助他们与孩子打交道，告诉他们一些特定的套话或者习惯用语，但是他们还没有那种可以使交流变得很容易成功的语言。事实上，教育是需要学习的。

进化生物学的意义

在教育这件事上，我们也依赖于经验，这绝对是有理由的。这种不好准确定义的“教育程序”，这种天生的做父母的能力，使我们人类变得极其灵活。而这种灵活对于一种已经播散到所有的生态环境中的生物来说是非常必要的。正是因为我们恰好没有局限于某种特定的教育形式，我们人类才可以为我们的孩子在一个不断变化的环境中提供他们此时此地所需要的东西。我们可以在各种不相同的条件下帮助他们成功——成功在一个孩子身上是这样的，在另外一个孩子身上是那样的。

毕竟我们也不是完全没有辅助工具的。因为自然总还是给我们提供了一些本能的基石。但是更重要的是：它给我们的硬盘中提供了一种学习程序，通过这种学习程序我们可以逐步掌握做父母的能力。为什么女孩在生活中喜欢玩娃娃，不管她们生活在原始社会还是生活在现代大都市？不是因为我们把她们教育成这样的（请您试着培养一名喜欢玩娃娃的男孩看看!），而是因为这能够使她们获得乐趣，甚至完全不需父母做什么。一旦允许她们接近真实的婴儿时，她们之中的大部分会非常乐意并且不知疲倦地照顾婴儿，就像年轻的雌性黑猩猩一样。

小心对待爱

育婴杂志和专家宣称，孩子最需要的只有爱[489]！旁边还印上图片，这些图片让人联想到家庭就是一个爱的温馨乐园。

在这里，我不是想反对爱，它永远是教育最重要的基石。但是它只有与其他事物一起时才发挥作用——和能力一起。成年人完全可以理解，爱并不是成功的教育的保证。儿童也不是通过爱得到拯救的，而是必须“有他们自己的生活”，才能获得满足。儿童的成长不仅仅是通过我们带给他们的感觉，更主要的是通过他们自己的经验，通过对拓展他们自己的潜能有利的尽可能宽广的空间，通过与他们的发展状态相一致的陪伴。对儿童来说，起决定作用的，不是被父母捧在掌心里，而是父母在儿童的成长中提供的可靠的帮助。

爱的副作用

有些父母觉得，如果孩子不愿意戴着帽子在雪地里玩耍时，他们就不能苛求孩子戴上帽子。因为他们爱自己的孩子，他们想让孩子自己决定，尽量少给他做预先规定，使他远离不愉快的事，使他不失望。这样一来父母和孩子双方都会产生很多的不满意。因为孩子要进入一个角色，就他的成长状况来看，他一点都没有准备好进入这一角色。他可能在做决定的过程中遇到超过他的判断能力的事情。最后，孩子会因为这种无助的爱而在成长过程中受到阻碍。

而且父母也会陷入死胡同。他们将苦苦乞求着孩子的爱和承认。因为把孩子的满意当成唯一的准则，父母将会丧失方向，并且离一些信念越来越远，而他们本来想要根据这些信念来教育他们的孩子的。他们无法给孩子一个清楚的框架，反而成了孩子的情感供应商，从孩子的脸上读出作为父母的“价值”和“正确的”教育。例如当孩子不愿意吃饭时，不少父母都不能听之任之，觉得他们得给孩子做点“更好吃的”东西。这对孩子来说虽然很舒适，但是这不是孩子真正需要的。除了需要“爱”之外，儿童还需要沉得住气的父母。胡萝卜粥是好东西，如果孩子现在不喜欢它，也没什么大不了的。

这并不是要贬低爱的价值。父母当然希望被他们的孩子喜欢。只是如果父母不知道他们的孩子到底需要什么，那么满足自己被承认的需求将成为儿童成长的负担。

父母越迷失方向，这样的事就越容易发生。因为如果今天谁还认为，一个家庭中必须“所有的事情都围绕着孩子转”，那就是一个很严重的误解了。如果父母连他们自己的生活都处理不好，那么对孩子也不好。父母与孩子之间的关系是建立在能够解决冲突的基础上的。我们在第二章的“认识与展望”中讲过，孩子和父母的兴趣可能是不一致的。如果没有一种坚强的自己的生活，没有自己的界限和需要，父母将失去方向。父母可以不是孩子所爱的人，但是他们必须是孩子的父母。

爱必须能“到达”

再强调一次：父母对孩子的种种关爱，是成功教育的基础。但是这爱的浪潮必须到达孩子身上。我们做父母的喜欢充满爱意，无论走到哪里，就把这种感觉带到哪里。但是我们在第十二章中已经看到，婴儿都是物质主义者——他依赖身体的清楚信号。而且他希望能够稳定地得到这些，婴儿不能识别“情感储备”。在很长的时间里，爱的语言对婴儿而言都比对父母而言来得更直接。婴儿不懂得什么是跳动的陶醉。他通过良好的感觉、通过他的需求得到的满足，通过被恰到好处地抚摸、精心地喂养、舒适地背着，以及我们对他释放信号的理解等陷入陶醉。对于这种清楚的帮助，父母也需要一种我们长期以来几乎没有注意到的配料：能力。对我们的孩子有一个很好的感觉是重要的，但是这种感觉也必须要“到达”婴儿的小床上。光有爱是不够的，我们必须学会给予爱。

结论：我们陷入了死胡同

现在我们可以夸张一些地描述这个情况：在父母的生活规划中，孩子已经移到越来越中心的位置。同时，他们的方法和机会又溜走了一些：父母周围的社会网络已经变得千疮百孔，来自祖父母、阿姨和邻居的帮助已经减少。同时变得更难的还有类似在兄弟姐妹或者其他孩子身上学习有把握地与儿童打交道。在自己孩子身上的试跑将会变得越来越短。孩子出生后，父母必须放弃冷启动。家庭的发动机在短时间内运行不良，而且对许多父母来说简直是过分要求，这并没有什么奇怪的。

我们经常将那些爱心泛滥地站在婴儿床边的父母与本章一开始的黑猩猩母亲进行比较，他们不知道该做些什么，不知道什么对婴儿来说是真正的好。

旅行该去往何方?

从前，女孩和年轻的女士周围经常围绕着婴儿，在大多数的文化中直到今天还是如此。从某种程度上说，与小生命毫无压力地打交道是通过潜移默化学来的。“请帮我照看一下我的小本杰明，直到……”，这样一下子就学了一课。今天，这些与普通生活紧密相关的经验得靠付钱来弥补——还是在孩子出生后，脑子里乱糟糟的，并在压力非常大的时候。顾问作家简·亨特的叹息非常好理解：“如果婴儿是一点点地露面就好了！比如第一天露面一个小时，第二天两个小时，第三天……”[490]。

但是这没有用：婴儿从一出生就百分之百的在那里了。他们使那些至今还没有和婴儿打过交道的父母心怀恐惧是可以理解的，至少他们使父母不安。可惜的是，这些父母所求助的“专家”也并不总是都有解决办法的。例如许多父母向儿科医生询问教育建议，医生也知道许多东西（比如识别可能的疾病），但是如果问到日常生活中怎样对待一个健康的孩子，可能会使有些父母失望，至少医生所受的教育并没有告诉他该怎么回答（当涉及到经验时，儿科医生的妻子很可能是更好的咨询对象……）。专家们自己都没有统一的意见，专家告诉父母的关于儿童睡眠、饮食、哭喊、生气等方面的建议经常自相矛盾。

我们是否需要父母资格证书?

一个儿童越来越少的社会，不仅存在着人口老龄化的问题，而且存在着生命开始的问题。父母意识可以在哪里得到训练?成年人可以在哪里学习轻松地、没有恐惧地、能够胜任地与婴幼儿打交道?

我们不需要父母资格证书。我们也不需要为父母准备新的教科书。父母需要的是能够积累经验的机会。美国的一些学校可以作为榜样。在那里，学生可以选修婴儿护理的课程，在学校的托儿所里帮忙。当学生有机会在幼儿园、托儿所或者日间托管所中参与工作时，将会怎样呢?在一个几乎没有兄弟姐妹的社会中，这将会给这个社会带来很大的促进。如果即将成为父母的人在孕期课程中少学一些废话，而是帮助年轻的爸爸妈妈照顾一下他们的婴儿，将会怎么样呢?

当然在这种情况下，我们将再次提到在本书的数个地方都遇到的问题：父母意识在没有其他人帮助的情况下是不可能出现的。胜任父母的能力也需要其他人的帮助。为了把孩子培养成人，需要一个村庄。来自邻居、朋友、教父母、助产士、教育人员、托儿所、日托所、保姆的帮助，在今天变得前所未有的迫切。

结束语：关于“教育辩论”

经常有这样一种局面，好像今天的教育只是缺乏纪律一样：父母设定的“条条框框”太少，造就了专制的、自私的孩子。通过这一章所讲的内容可以表明，事情要复杂得多。

即使在今天，相当一大部分“未受教育的”的孩子其实就是被忽略的孩子，缺少最需要的东西的孩子，缺少对于关注、信任和一种稳定的关系的体验。

另外一部分“问题儿童”（呈增加趋势）既不缺少联系也不缺少爱，然而教育却没有成功。但是，这很少是因为父母不愿意引导孩子，或者父母认为是过分限制孩子造成的。更多情况下是因为父母缺少帮助、缺少力量，以及缺乏能力而导致的。

哪里缺少帮助？家庭现在变得更小了，儿童与父母的联系也更密切。以前是把孩子打发到街上去，让他在孩子们中间玩耍嬉闹（当然那里也有界限），几乎没有成年人在旁边监视。而今天的儿童通常是一对一地与成年人产生联系（大多是母亲），由成年人来照顾他、鼓励他、“调节”他的情绪。这种联系虽然很密切，但是它代替不了从前由小伙伴和家庭周围的圈子提供的丰富的社会网络。简而言之：今天很多家庭呈现出一种“社会化漏洞”。

哪里缺少力量？现在的家庭冲突越来越多。正是“中产阶层”必须投资许多时间和精力用于教育、事业和工作方面。此外，在“儿童阶段”，冲突通常会给夫妇共同生活雪上加霜，大约50%的离婚原因在于很多家庭常年处于危机关系中。曾经亲身经历过这样的危机的人就会知道，这种力量是在教育孩子时所缺少的。

哪里缺少能力？正如我们所看到的，今天的父母几乎不再能够运用自然的“经验红利”——通过“在实践中学习”与孩子打交道会更简单。经常在孩子一出生后就被不安和恐惧（包括对孩子的恐惧）打上烙印。这样很快就形成了一个恶性循环，在这个恶性循环中，事实上是孩子在起主导作用。因为再也没有仁慈的感觉来告诉父母：你做得很好很正确，即使你的孩子也许不是犹如置身于天堂一样滑翔。因为直觉的交流受到不安的困扰，父母也很难预先确定直觉的界限。

儿童需要按照自己的想法解释世界，因为他们必须改变世界、必须与这个世界融洽相处。儿童只有通过成年人的“引导”和“限制”才可以具备这个能力。这从进化的角度来看是不具有说服力的。同时这也与人种学家对原始社会的看法相符合。在原始社会，纪律并不是教育的常数（这并不意味着，儿童在那儿就可以无法无天了）。例如，早期的人类文化学家伊尔勒曾这样描述过赫雷罗族人“至于教育是根本就谈不上的。但是正是这种教育的缺乏导致了他们完全自由的、没有障碍的、独立的发展。”马约伯格斯讲到加里曼丹岛上的达雅克人：“尽管享有不受约束的自由，孩子们还是知道什么是恰当的。”

不要老是挑父母或者孩子的刺儿，我们应该把球踢到它该去的地方，踢到我们自己的大门前。今天在哪里可以给父母找到实用的、有力的帮助呢？社会要怎样才能使他们不耗尽能量呢？我们防止经验宝藏不断减少的方案又是怎么样的呢？

认识与展望：进化的父母形象

如果要大家预测一个问题，这个问题肯定是刚刚荣升父母的人提出来的，那么它一定就是：我该怎么样才能够做到这一切呢？这是可以理解的。因为婴儿一旦睁开他的眼睛，就会让两个成年人忙个不停：他们得抱他，给他喂奶，给他换尿布。当襁褓期终于结束了，肯定又有新的考验会出现。

进化生物学家希拉德·卡普兰（Hillard Kaplan）估计，在石器时代，一个孩子到他成长为一个成年人，大约得消耗 1 300 万千卡（约 5 440 万千焦）的能量。这些能量从哪里来呢？仅仅来自母亲？或者来自父亲？父亲那边我们都知道，他不可能总是站在妻子身旁。或许还有其他人参与了孩子的教育？是的，事实上为了把孩子养大成人，也许需要“整个村子”的力量！

救世主母亲

自启蒙运动以来，在小说中或者教育指南里，几乎就没有出现过真实存在的母亲。我们遇到的要么是充满母亲本能的原始母亲，要么就是从一个镶着金框的图画中走出来的圣母，“温柔地吻了吻她们欢笑的孩子”[491]。两者有一个共同点：只有那些强烈地被本能或者献身精神所照耀的天性才能使孩子满足，才能够教育孩子。在这一时期也形成了这样的观点：儿童的成长首先开始于母亲的肚子里，然后在母亲裙子的褶子上。正是母亲帮助孩子塑造了他们的性格，帮助孩子获得美德，并赋予孩子灵魂[492]。

她单独完成教育的任务：肩负着家庭的重任、照管所有的事情、给孩子安慰和甜点、收集书写工整的家庭作业、带孩子去踢足球并为他们加油呐喊。当她筋疲力尽的时候，她会去参加母亲康复课程，为家庭拳击的下一个回合充电。

合作的抚育模式

让我们看看动物世界里谁在那儿负责“教育”。在大多数的动物种类中，父母一生从未与他们的后代有什么接触（我们想想鱼或者爬行动物）[493]。尽管父母都有养家糊口的任务，在大多数情况下只有母亲照料孩子。这种“母亲照顾孩子”的模式是哺乳动物的标准模式，例如在鼠类、猫类、大多数的猿类（如类人猿等）都是这样。与之相反，在大多数的鸟类中，比如天鹅，父亲和母亲在孵化和照料孩子方面有同样的责任[494]。父亲单独负责养育后代也是非常少见的，通常只有硬骨鱼类是这样，陆地动物中的一个例外就是鸵鸟。

还有少数几个物种，它们寄希望于替补者身上。在它们那里不仅是母亲（或父亲）照顾孩子，而且还有其他的组员也参与其中——它们是其他亲戚或者集体中的成员。

这类动物被描述为“合作抚养孩子”或者“共同抚养孩

子”的种类。大约10%的鸟类属于这一类。在哺乳动物中，不到3%的哺乳动物属于这种合作抚养模式。合作抚养孩子的哺乳动物主要存在于集体生活的肉食性动物中，像狼、郊狼、野狗、耳狐、鬣狗、狮子等均属于此类。但是大象、鲸或者印度猫鼬在抚育后代时也寄希望于帮忙者。在灵长类动物中，这种模式是很稀有的，只有某些小的猴子种类能从合作中获利，例如狨猴、蒂蒂猴和夜猴。

有趣的是，许多地理意义上最成功的物种（即那些在不同的生活环境中都能生存的物种）属于合作抚育的物种。此外，合作抚育的物种经常寿命很长。例如卷毛猴体重大约只有1千克，靠共同抚养长大，寿命能够长达46岁。原因可能在于：因为有了其他成员的帮助，合作抚育孩子的物种可以为下一代的发展投入更多，他们承受得起孩子慢点长大，承受得起孩子“晚点成熟”。

那么人类呢？

人类是属于哪一种模式呢？我们首先从理论方面来观察一下。合作抚育的模式似乎是自然界对于特别“昂贵的”孩子的回答，即那些超过他们母亲极限负担的孩子。例如矮小的绢毛猴就经常生出双胞胎，这是因为有其他帮手的一个明显的例子。现在双胞胎在人类中非常少见，但是人类的后代却因为其他的原因而非常昂贵（参阅第十七章的“认识与展望”）：人类婴儿个头非常大，非常需要帮助，他们发育得也不同寻常的缓慢。此外，在他们出生的时候，前面可能还有孩子没有长大成人。所以，生物学家把人类孩子当成是动物界中最昂贵的孩子，这是可以理解的。

那么，他们从中得出了什么结论呢？是的，人类本身其实是一种最依赖于集体进行儿童教育的物种。有很多证据支持这一观点。

◎ 我们先让数字来说话。就如开头提到的，在狩猎和采集社会，截至一个孩子能够养活自己，必须消耗掉大约 1 300 万千卡的能量。而人的一生大约 1/4 的时间都必须依赖于其他人！

◎ 出生之后的联系似乎也是倾向于“托儿所里的帮手”。人类出生之后的联系与他的近亲相反，是对多个照料者“开放的”（参阅第十章）。

◎ 让我们放眼世界或者翻阅一下历史书，抚育孩子无论在哪里都是一个集体的任务。在狩猎和采集社会，不仅仅是狩猎战利品在不同的“家庭”之间分享[495]，人们在具体照看孩子方面也是互相帮助的。在没有帮助的情况下，我们的祖先是不可能应付的。想想农村的大家庭，想想市民家庭的保姆和佣人。那么现在呢？今天如果没有幼儿园、中小学、速冻比萨、冰箱、微波炉、清洁工或者教育补贴、子女补贴、房管部门或者社会救济部门，养育孩子是不可能完成的任务。

与进化相矛盾？

照看别人的孩子，这是进化“预先规定”好了的吗？难道不是每个人只对喂养自己的孩子感兴趣吗？毕竟这是进化的最终目的啊？

真的不是这样的。当人们照看其他亲戚的孩子时，这绝对不会与他们“基因的利益”相矛盾（我们在第九章已经了解了这种共赢的原则：如果照看孙子外孙、表兄弟姐妹等等，他们自己的一部分基因也会因此“永存”，借此还可以改善他们自己的健康状况）。即使非亲非故的帮助者，也可以通过照看他人的孩子来改善自己的身体状态。毕竟帮助他人是一种加强自己社会网络、铸造联盟、维持友谊的机会[100]。

父母得到过多少帮助呢？

母亲在多大程度上得到其他人的帮助，即使在“原始”社会也是有巨大差异的。例如在以极其艰苦的生活条件著称的卡拉哈里沙漠中的昆族人中，至少在哺乳期是由母亲一个人单独照顾婴儿的。中非的艾弗人相比较而言，他们的生活条件要好得多，在那里母亲的责任从一开始就由不同的人来分担——每小时会有多达 8 个女性轮流照看孩子，孩子哭闹的时候，她们还会给孩子喂奶。孩子到 1 岁的时候，通常会有平均 10 个左右的女性来照顾。中非的阿卡-匹格美恩人和坦桑尼亚的哈扎人通常也是有其他女性帮助照顾孩子的。尽管母亲是“主要的照顾者”，但是其他女性承担了大约 1/3 的照顾任务[101]。

“外来的照料”在哺乳时期（这在土著民族中普遍很长）的差别很大，断奶之后，其他助手一般都会参与到照顾工作中来，通常来说这个时期的母亲正忙于另一个新生儿。就像我们在第十三章的“认识与展望”中看到的一样，这时孩子是在混合年龄的儿童组中度过他们的大部分时间，他们经常与亲戚一起吃饭睡觉。

谁帮忙？

除了母亲之外，谁还会帮忙照看孩子，这要依赖于环境。

至少在传统社会中，最常见的帮手是兄弟姐妹、其他儿童、阿姨（或姑姑）和祖母（或外祖母），她们在今天已经退居次要地位了。在瓦西里岛上，称呼母亲的妹妹为“小妈妈”，母亲的弟弟为“小爸爸”。例如在艾弗人中，兄弟姐妹承担着1/3的照顾婴儿的任务。在许多民族中可以得到证明的是，那些有姐姐的孩子发育更好些[496]。（就像我们在前面的章节中所看到的，这对那些帮忙的兄弟姐妹自己其实也有益处：当现代社会中年轻的父母几乎找不到与婴儿打交道的经验时，传统社会中的未来一代已经在实践方面提前对如何当家长做好了准备。）

正如前文所述，其他的母亲和女性朋友几乎都是属于“网络中的帮助者”——在大部分狩猎和采集社会中，她们把陌生的孩子也抱在自己的怀里[497]。如果没有父亲时，祖母或者外祖母也承担着一个重要的角色，我们会更详细地讨论祖母或者外祖母角色的问题。

在不少传统社会中，年龄稍大点的孩子或多或少地有被亲戚照看的经历，过去是这样，现在也是这样。今天非洲很多地区仍然是这样，夏威夷和大洋洲的很多地区也是如此[498]。在大多数社会中，家庭的朋友也始终是孩子的陪伴者，教父和教母绝对不是什么新的发明。是的，许多情况下连整个“村庄”都参与了进来。曾经有一位阿卡人的观察者报道说：“儿童自己去有饭吃的地方，并且能够得到照料的地方”[499]。

那男性又在干什么呢？他们过去和现在都扮演着一种角色，那就是母亲和孩子的供养者。另外，当我们提到男性时，不一定总是指的父亲——男性朋友在很多传统社会中也扮演着（共同）承担的角色。这也许可以解释，为什么在南非许多以狩猎为生的部落中，女性为了对真正的父子关系保密而采取措施。

这些部落的神秘之处也在于，对于一个婴儿的产生，所有在母亲怀孕过程中与之发生性关系的男性的精子都做出了贡献[500]。于是这些男性就感觉自己事实上也得对孩子负责。在中非，部分围绕着孩子的社会网络也是通过同房联系起来的。对于委内瑞拉的巴里人，行为研究学者赫尔迪在她的《自然母亲》一书中描述道，女性一旦意识到她们的月经没有如期而至的时候，她们首先会去引诱一下部落中最优秀的渔夫。

但是在我们训斥男性之前，我们还是把注意力放在另外一些重要的帮手身上，即祖母或者外祖母。

祖母（外祖母）

从进化生物学的角度来看，妇女的更年期是一个谜。大部分哺乳动物直到她们生命的终结都是可以怀孕的。雌性的猩猩也是在她们最后一个孩子断奶之后不久就去世。而在人类身上，即使在传统社会中，妇女通常在绝经后还能够活大约20年[102]。

所谓的祖母或外祖母假说对此提供了一个解释：根据这一假说，女性将她们生殖之后的“第二生命”归功于这样的事实。她们帮助照看孙子或者外孙，通过这样的方式她们可以把自己的基因带给下一代。祖母或者外祖母在使家族繁荣昌盛的同时间接地做了对自己的健康有利的事情。从进化上来看，对于人类母亲来说，到了一定的年龄放弃自己需要消耗精力的孩子，而让自己的精力和知识为孙子或者外孙带来好处，似乎是一种更胜一筹的策略[501]！

对传统部落的观察和测量支持了这种解释。例如人类学家克里斯滕·霍克斯（Kristen Hawkes）曾研究过坦桑尼亚的哈扎人：一个新生儿的情况好不好，与有没有祖母或者外祖母在旁边帮忙有很大的关系[502]。来自芬兰的数据也证实了这一点：绝经期之后的祖母在一个家庭生活的时间越长，就会有越多的孩子来源于她的血缘[103]。

而且这方面似乎外祖母比祖母的贡献更大。是的，对18、19世纪的教会书籍的分析甚至表明，孙子与祖母住得越近，孙子就过得越糟糕[503]。进化生物学是这样解释的：妇女的婆婆更愿意帮助自己的女儿，因为只有这样她们才能够确信，她们的后代传承的是自己的基因（因为有这样一种情况存在，即媳妇的孩子不是来自她丈夫的）。此外，在婆婆看来媳妇是可替换的，如果媳妇身体不好的话，儿子可以找一个新的媳妇！进化生物学家沃兰德（Voland）的说法很务实："老实说，如果春天要把牲畜赶到牧场去，那么您会派谁去，您怀孕的女儿还是您怀孕的媳妇呢？"

在传统社会中，祖父或者外祖父对于孙子或外孙的贡献不明显，在大部分所研究的部落中，有没有祖父或者外祖父没有什么区别。

那么父亲呢？

现在育婴杂志喜欢不断地报道"新型爸爸"（也许之所以如此热情地赞美他们，是因为其实在现实生活中这样的人并不多）：即那些与母亲一起照顾孩子的父亲（更理想的是还要收入丰厚，同时又是一位温柔、忠诚的爱人）。

事实上，父亲除了不能哺乳外其实什么都能做。生物意义上他们也是准备好了照顾后代的。因此在伴侣怀孕期间，男性身体中的"关注激素"泌乳素会升高20%。（同时，孩子出生后，他的睾丸素水平会下降 1/3 左右——也许正是因为这个原因，女邻居的草坪对他来说似乎不再是那么绿了。）

如果有父亲在旁边尽心尽力，那么对孩子来说真的会不一样。生活在巴拉圭的阿赫河附近的孩子，如果他们很小就失去了父亲，那么他们夭折的风险就增加了 3 倍（父母离异时这种风险也是相似的高）[504]。

但是，父亲的责任心与母亲的相比要变化不定得多——不仅不同文化中有区别，而且男人和男人之间也不同。根据人类学家的调查结果，在超过半数的文化中，父亲基本上与他们的婴幼儿保持着紧密的、温情的、有规律的关系[505]。（主要由父亲来照顾婴儿的描述，到目前为止仅见于一个传统的文化中，即我们前面已经提到过的阿卡-俾格米人。）[104]

但是即使在不同的文化里，每个父亲的责任心也是不同的。事实上，所有母亲都喜欢长期照顾她们的孩子，而且也具有必需的能量。而父亲在照顾孩子、教育孩子方面，并不总是能经受得住考验的[105]。

父亲是否帮忙取决于什么呢?

但是父亲付出多少取决于什么呢？取决于与伴侣的关系，进化心理学家戴维·格里（David Geary）如是说，依据是对科学文献的系统评价。“伴侣关系的类型最好地预言了父亲的付出[507]。”父亲与孩子之间的关系有多好，也主要取决于父亲与伴侣之间的关系[508]。简而言之，如果父母之间相处较好，那么父亲就比较尽职[106]。对于“物质压力”也是如此，社会地位面临威胁的男性似乎较少地为孩子付出（或者较少地能够为孩子付出）。此外，有些研究认为，那些对自己的父亲身份没有把握的父亲也是这样[510]。

一种较新的理论更偏向于把父亲的付出看成是一种“追求投入”。根据这种理论，父亲对他们的伴侣追求得越辛苦，他越是能准备好对家庭付出全力。如果父亲对他们的伴侣很有把握（就像事实上不能解除婚姻的时代一样），那么他们将会比那些伴侣手上有很多选择的父亲投入得少。在狩猎和采集社会就众所周知的是，男性帐篷里越是有众多的育龄女性，就越少照顾孩子[511]。在现代社会，男性也是在伴侣关系开始前几年更多地照顾后代，一旦离婚后许多男性就完全不闻不问了[512]。根据这个理论，父亲可以成为尽职尽责的、备受好评的“新型男人”，可能是今天女性选择的可能性大大丰富了的产物，女性有了更多的选择，迫使父亲对家庭生活投入更多。

进化心理学家戴维·格里得出了一个相当有趣的模型[513]。他用数学的眼光来观察“伴侣市场”。在人口高速发展的时期（例如二战后的经济奇迹年代），在伴侣市场中女性占多数（原因在于，男性基本上喜欢找更年轻的伴侣）。相比较而言，较稀缺的男性更容易成为关注的中心，更容易实施对他们有利的、轻松的生活策略（这也许可以解释，为什么嬉皮士运动的旗子上写着更愿意不受约束的性道德概念）。这与人口衰退的时期完全不一样（工业国家现在就是这样）。现在是由女性来设置条件，贯彻她们对于伴侣关系和家庭的“更有约束力的”的观点[107]。

母亲的新形象

我们简短地总结一下：人类历史上没有任何时期母亲可以独自把孩子养大成人。照顾孩子，也就是意味着围绕孩子建立并保持一个尽量有承受能力的网络。只有在可靠的、很好的网络的状况下，母亲才能给她们的孩子提供未来。

那种只与孩子发生联系、与物质相比更照料孩子情绪的女性，我们传统的母亲形象所铸造的女性，是从来都不存在的。寻求母亲意识和“工作”的协调一致绝对不是什么新的话题。从远古以来，母亲都是工作着的——不仅在家里，而且也在外面。

此外，与其他人的交流应该也扮演着一个中心的角色。因为一位母亲的成功也取决于她能够激发帮助者的积极性，而且使帮助者不断地与她联系在一起，取决于她能够做到平衡利益、寻找折中的办法、策划同盟而且维护友谊[108]。很多研究者认为，这就解释了为什么妇女在移情能力、团队工作能力、语言能力和直接交流的能力等领域超过了男性（应该强调的是在平均程度上）。这也可以解释，为什么女性的面部作为“交流机器”比男性的面部更强大。它加入了非常细腻的面部表情：眉毛下垂，睁大的、很少被前额突出部分遮蔽的眼睛提高了信号的清晰度[515]。

那些被丈夫“照顾的”母亲形象也是一个神话。通常是这个版本的：妻子和孩子们一起坐在洞穴中，丈夫为她们带来美味的猛犸腿。极端条件下会出现妻子完全被丈夫照顾的情况，例如爱斯基摩人就是这样[516]。而在大约一半的所调查的传统文化中，男性和女性一起为维持家庭做出了同等重要的贡献。在另外一半的传统社会中，有的是妇女的贡献占主要地位，有的则是男性的贡献占主要地位[517]。可以说，在深远的人类历史中，一种绝对“现代的”女性在朝我们走来。

第十五章 孩子的自我发展

在关于清洁教育的章节中，为了描述发展的特性举了草的例子。就像对待草不能拔苗助长一样，孩子在发展过程中也有自己的发展速度。

这张“从内往外”的发展方式可能会引起那些每天观察到截然相反的现象的人的反对：当我们对儿童提出一点要求，刺激他们，鼓励并训练他们时，他们就会如我们所要求的那样改变自己！哪个足球教练不是围着孩子们转？这些孩子开始训练时笨手笨脚，在几个星期之后就能射进引人注目的球？哪个老师都能举出辛勤的汗水确实能造成区别的例子？

我们现在要讨论的问题是：儿童的发展是从内部发生的还是从外部发生的？我们是什么样的人，就会发展成什么样的人，或者说发展的结果得靠锤炼？

孩子们一直都在成长

父母每天都看到儿童的生长就在“那么简单地”进行。我们既不需要教孩子看，也不需要教孩子听，就连说话他们也能自己学会。至于怎么爬、怎么坐和怎么跑，他们也不需要我们的帮助就能掌握——既不需要在他们面前做这些动作让他们模仿，也不需要用图画书向他们展示。这样的情况同样也适用于他们对排泄物的控制——在某个时候他们就不再流口水，尿布也突然就保持干燥。是的，就连他们的性格很大程度上也是“自然地”就在那里。因此，他们害羞不是因为他们曾有过不好的经历或者被他们母亲所偷偷观察到的矜持，而是因为他们天生就害羞（参阅第十三章）。

令人惊讶的是，外界干预对于上述发展过程的影响是微不足道的。不管孩子是被背着还是被推着，不管他们是整天与他人闲聊还是只倾听成人的谈话，不管他们是参加儿童游泳班还是更喜欢打盹，他们以后在发展过程中的区别不值一提[518]。这也符合下述的结果。全世界儿童成长的方式非常不同：在许多传统的社会中，婴儿会被紧紧地贴着母亲的身体背着，但是母亲很少与他们交谈。相反，在现代西方国家婴儿却很少被背着，反而多是面对着母亲——无论是在婴儿车上还是在婴儿床上，这样可以更多地与婴儿交谈。但是儿童的发展从表面上来看还是相当的相似。

第一部分：成熟

我们看看那些自己发展起来的能力，那是一些全世界儿童为了与他们的环境融洽相处而都拥有的能力。为了在他们的环境中生存，所有人必须能够说、能够跑、能够听[519]。因此无需惊讶，这一部分能力的发展不需要完美的异国特色的条件。在某种程度上可以说，这一部分能力是自然而然产生的：当儿童自我感觉良好，拥有发展需要的经验时，他们就能够自我发展[520]。这一部分能力的发展也可描述成“成熟”或者“水到渠成的发展”。

但是，这并不意味着成熟而完全不需要鼓励与推动！为了学会说话，儿童必须听他人说话；为了学会爬，他们必须有“爬的空间”。但是有这种普通环境中就存在的“标准”就足够了。在一本关于儿童发展的教科书中这样说：“到目前为止，我们还没有办法缩短这些能力的获得过程”[521]。草地还需要浇灌。

然而，在成熟过程中也存在一些回旋的余地。例如，传统的非洲和亚洲国家的婴儿，似乎比西方国家的婴儿在运动发育上领先一步：他们比西方国家的婴儿约早一个月学习自由地坐和跑[522]。这可能跟他们的父母在运动方面特别地鼓励有关。事实上也是如此，传统上非洲父母很早就教导他们的婴儿站立、跳和跑[523]。

但是，许多亚洲婴儿在运动方面发育也较早的事实表明了另一点：传统社会中的婴儿“生活方式”总体看起来是“对身体有益的”。大量的触摸和拥抱意味着持久的感觉运动的刺激，这将能够促进身体控制和感觉的发展。大约30%的美国婴儿在醒着的时间是躺着的，而东非的基普西基只有10%的婴儿醒着的时间是躺着的[524]。对此，有一个问题：倾向于为婴儿提供婴儿车、枕头和舒适婴儿床的西方“护理模式”也许事实上是一种阻碍[109]？

与个体差异（即儿童与儿童之间的区别）相比，文化差异背后的东西并不多。事实上，每个孩子在它的成熟过程中似乎都有自己的节奏，这很大程度上是由基因决定的。一些孩子在出生后的第 10 个月就开始走路，而有些孩子直到第 19 个月才会走路。一些孩子在他们还是婴儿时就会说他们的第一个单词，而有些孩子要到 3 岁多才能说第一个单词。事实上，儿童成熟的自然宽度是如此之大，以至于父母以平均值为导向的期望很少准确[526]。

成熟过程是顽固的、稳定的。因此他们有一个缺点：成熟过程有一个时间上或多或少受限制的发育阶段，就好像他们遵照计时器在发展（人们把它称为“敏感时期”）。如果人们在小猫一出生时将其眼睛缝合，16 周之后才将其眼睛打开，它们就再也学不会看了。因此，“敏感时期”掌握的能力在今后的生活中再也不会被忘掉！谁一旦学会了坐，他就永远掌握了坐的技能。

第二部分：发展

成熟并不是一切。第二部分发展是为个人的生活状况而设置的。这一部分建立在我们独特的经验之上，也建立在学习上（不管是顺带进行的还是在学校内进行的）。这一部分使我们能够适应我们所处的独特的文化环境。

发展如果是一枚奖牌，那么这一面是学校、鼓励和教育的地盘儿。因为为了学习那些大自然没有在我们直觉的剧目中编排的内容，所以我们必须上学。

发展的这一部分与汗水有关，与天赋也有关：天赋使一些人学习起来更简单，使另一些人学习起来更困难。与动机有关：儿童是从内部被激发着爬行、欢闹、玩耍、建立友谊、认识世界的。但是，他们必须从外部被激发着学习数学或者法国革命的年份。

与成熟期相反，发展更少地固定在“敏感时期”。在中学没有学二项式定理，几十年之后可以在成人大学里学习。

发展的双重系统

儿童发展也可看成是两条轨道。

一条轨道是成熟，也就是基因决定的潜能的开发。只要在此期间没有灾难，儿童拥有适合其生存的环境，这条轨道将带领地球上所有的儿童到达其目的地。成熟负责儿童学会世界上所有儿童都会做的事。成熟很难被加速，就像人们通过打开花蕾很难使玫瑰开花一样。

另一条轨道是依赖于经验的发展，这条轨道负责儿童能否在他们各自不同的生活环境中愉快地生活。它使他们成为亚马孙丛林中、撒哈拉沙漠里贝都因人营地中或者北极永久冰川中的生存专家。

从进化的角度看学习

双重轨道的发展对学习来说意味着什么？让我们仔细地从细节方面看一下我们的问题。从双亲的卵细胞和精子直到一个完整的人出现，必须由大约 10^{14} 个细胞组成。尽管如此，为了生存，为了寻找伴侣，为了在团队中融洽生活，为了能够生育孩子，机体能够精确完成那些对生命非常重要的过程。那发展是在什么指导下发生的呢？

这就是人类的诀窍：没有精确的指导！充其量有一张草

图，而且已经相当古老。它只是大致有用，就像一张老地图顶多可以指引人们向正确的方向前进。但是所有在近期修建的道路、饭店、加油站、高速公路出口、邮局和网吧，所有这些我们日常生活中此时此地急需的东西，却在老地图上是找不到的（还有些街道也在地图上，而这些街道已经长时间废弃，现在不通向任何地方）。

每个孩子都有这样的一张草图带在身上，准确地说是在他的基因中，这张草图看起来对每个孩子都是一样的，无论他是白皮肤还是黑皮肤。作为指导的草图，包含人类数百代所遇到的关于世界的知识。它描述了遭遇这些情况时能够较好地解决问题的方法：例如偏爱甜的和油腻的食物，相反避开苦的食物。回避炎热、寒冷、黑暗、蛇和其他有毒的动物。还有，作为婴儿要与照顾自己的最信赖的人亲密接触。握住来自怀有善意的人的所有刺激物（不管是带着甜甜的目光还是愤怒）。观看其他孩子在做什么，特别是要学习他们的语言和玩耍。努力使自己与团队相适应，努力使自己从中脱颖而出。建立友谊，而且也要觉察到，谁对你采取了不好的态度[110]。

然而，发展的其他部分必须得或多或少地临时安排。一些孩子要学习如何最好地杀死犰狳。另一些孩子要学习如何解除DVD上的复制保护。发展计划的这一部分不是由我们的基因决定的，即使它绝对与基因确定的学习程序有关。发展的这部分使人类如此灵活，有了它，一个从生活在石器时代的印第安部落走到杜塞尔多夫的婴儿绝对能够胜任当地税务局工作人员的工作。

学习中的矛盾

为什么我们在学习的时候有时感到非常困难，而在做其他事时几乎能一学就会呢？这本书的前面章节中提供了一个简单的答案：我们最容易学会那些能够在我们原来的生活条件中帮助我们生存的能力。因为这些部分是自然成熟的。从某种程度上说，我们是通过潜移默化“学”这些能力的：人们不需要学习性欲，但却需要学习节育[527]。

如果儿童正在成熟阶段，那么他们的大脑里肯定有适当的模块。他们学习跑，因为他们在大脑中有一个“学跑模块”。但是，当他们学习书写呢？当他们必须掌握一种我们原始人类时期还不存在的技能呢？书写是在几千年前才最终发明出来的，近几百年来才成为共同的文化财富，而且并不是一下子就存在于世界上的所有国家。在某种程度上说，为了掌握这些新的技能，儿童必须“盗用”他们的大脑，“就像当人们想用指甲锉旋转螺钉一样”，进化生物学家伏兰德这样解释[528]。

这导致我们有一个相当大的共同点。我们的“自然的”学习程序，好像是为人类大部分早就放弃了的生活而设置的。对我们来说，做那些在远古时代曾经对我们来说是正确的和重要的事情是非常简单的。但是，对于那些我们为了立即融入生活甚至掌握未来所需要的事物，我们就必须制定好详细的计划。

父母的作用

父母如何才能最好地促进孩子的发展呢？他们必须尽可能

多地给予吗？这个答案是：看情况而定，视孩子处于哪条轨道上。因为从进化生物学的角度来看，父母起到了完全不同的作用。

成熟期：训练是没有意义的

我们首先来观察成熟期的轨道。孩子想要变得成熟。是的，甚至需要极大的能量阻止儿童成熟。因为他们总是顽强地寻找最好的机会。只要成熟的步伐一开始，他们就势不可挡，一下子就什么都要“自己做”。或者他们的运动欲望一周接一周地爆发，房子突然之间就充满了划痕。在相当程度上，孩子们在这方面主要是自己负责自身的发展。父母仅需提供空间就够了。

父母不需要像某些专家建议的那样唤起孩子的好奇心，因为好奇心本来就已经存在了。那么，需要我们鼓励他们在运动上的“乐趣”吗？您也猜对了，“乐趣”也已经存在了。

同时，这种成熟期也不需要日历。孩子会向他们的父母展示，什么时候他们已经为下一步做好了准备。什么时候会变得干净？当时间到来时，孩子就会清楚地表现出来。什么时候补充辅助食物，也就是等到孩子从您的手中抢夺面包的时候。

这对父母来说意味着什么？其实都是积极的东西！成熟是由天性决定，以至于它能够在所有可能的环境和条件下产生。人们不需用莫尔斯电码叩击孩子或者用莫扎特奏鸣曲使孩子脑中充满声音，一个普通的环境就完全足够了。父母可以收回之前的话：对于成熟不存在“快进”的程序。

克服阻碍

但是，确实存在很多会阻碍儿童成熟的障碍。因此，父母能够给予孩子最重要的“支持”，就是把最严重的障碍从道路上清除。

哪些障碍会挡住儿童成熟的道路呢？比如社会的疏忽。当儿童在交流和受关注方面没有得到他们所需要的最小值时，他们的发展就会偏离轨道。

当然，生物学的影响也会阻碍其发展：药物、酒精、营养不良，尤其是吸烟。当孩子还在子宫里时，吸烟就会影响其发育，例如器官的形成。

创造适合人类的环境

儿童已经失去了他们游玩的场地。首先是森林，然后是草地、大院、后院，现在连道路也失去了。与此同时，他们也失去了一块适合其发展的空间，再好的广场和游乐场也不能弥补这块空间的缺失（在这些场地，父母的密度经常比儿童的密度还要大）。

对婴儿来说，已经提出了关于适合儿童发展的环境问题。如上面所讲到的，我们国家（德国）的婴儿在运动机能方面的发展比传统社会的婴儿落后了大约 1 个月。这完全可能是因为当今的婴儿环境在“进化的期待视野”之外。德国的婴儿，经常长达几小时地躺在婴儿床上或者躺在婴儿车里被推着走。这样他们或许将成为仰望天空的专家（他们平躺着的后脑勺就是他们的专业证书），但是也许他们天生就会过“更有意义”的、更积极的生活（我们在第十二章中对这个问题进行过详细地探讨)?

听凭孩子的表现

成熟是不能被教会或者训练会的。成熟仅通过自己的经验进行。即使我们想给孩子指引捷径，他们还是得走正常的路。当一个孩子认生，那么他本身就是认生，孩子不能被说服不认生！我们打算教小佛罗里安说话，不断地跟他说不是“bringte”而是“brachte”。孩子只有首先记住了规则动词的变化（如“lernen——lernte——gelernt”），才能记住特殊形式的变化（如上述的bringen——brachte——gebracht)，而且是当他们已经准备好了的时候。

有趣的是：当他们没有准备好时，就怎么都学不会。小佛里安根本就不记得父母的话，他兴高采烈地继续讲述着圣诞老人给他带来了（gebringt）什么好东西（译者注：带来“bringen”一词是不规则动词，其第二分词是gebracht，而不是gebringt)。

遵照孩子的指示?

“绝不要期待一个婴儿的指示”，安娜·瓦尔格林说。当涉及到成熟的话题时，这种说法则是完全错误的。因为这时是孩子自己坐在方向盘前，只有他才完全知道，什么对他是“好的”：“妈妈，我要吃奶了！”或者“妈妈，你该让我单独尝试一下了！”这些都是非常聪明的指示。成熟的能力明显存在于孩子自己身上。

依赖于经验的发展：进步的可能性

大脑的产生不是为了掌握毕达哥拉斯定理，而是为了解决石器时代的生活问题。但是，这没有阻止毕达哥拉斯发现他的定理，这一定理从此之后折磨着学生的大脑。谁想要收获文化的果实，那么他首先必须掌握一件事：练习。书写、阅读、计算、使用电脑、弹奏，谁更好地掌握了练习的本领，就能在这些被称为文化技术的能力方面取得更快地进步。

而且这绝对是可以从外部推动的。事实上，在文化领域许多突出表现的背后隐藏着一个相应的起促进作用的家庭，比如莫扎特的家庭。

因此，父母很有可能帮助他们的孩子发挥他们的天赋。然而不是所有的帮助都起作用，“像傻子一样地练习”根本就不行。下面的问题可能会有所帮助：

到底什么是重要的？当然，人们可以向 3 岁的孩子介绍彩虹的颜色是怎么来的。人们也已经可以教他一些英语或者斯瓦希里语。只是在这个年龄到底什么是重要的呢？确切地说，儿童感官的发展，身体的成长，身体变得强壮和健康，与其他孩子和睦共处，这些才是重要的。所有的后续能力都是在这个基础上发展起来的。如果对彩虹不感到惊奇，理解彩虹的产生又有什么用呢？

让孩子参与决定？只有当促进适合儿童的天赋时，这个促进才能起作用。因为学习既然与汗水相结合，学习使儿童感到越少的快乐，学习就越辛苦。与积极情绪相关的学习在大脑中可以保存得更好。因此，父母要做的不在于促进特定的能力，而是要鼓励他们的孩子。这意味着不是一定要孩子学习他父亲的理想乐器，而是要学习适合孩子自己、并且他自己感兴趣的东西。

遵照孩子的指示？在发展方面，它的答案不是那么明显。因为一方面是孩子自己的意见非常重要，这个问题刚刚已经阐述了。另外一方面清楚的口授也是必须的，因为孩子自己不能明确自己发展的方向。比如，“在我们这”土豆泥是作为午餐吃的，而巧克力也许是作为饭后甜点吃的，这个过程孩子必须亲身经历过或者告知他们才会知道。

早期教育

教育今天经常被看成是残酷的责任。教育被认为是保证儿童有一个突出的起点。因此，早期的促进当然也属于此。

在这方面什么会是不好的呢？儿童不是生活在童话中，现在谁想要前进，就必须开发他百分之百的潜能。儿童可以在小河旁边无拘无束的游戏中，寻找他们最好的学习环境的建议听起来不错。但是，那些学得不是很轻松的孩子的父母可能会皱眉头。

因此，再一次确保我们这个“促进”话题是在上述双重发展模式的基础之上。机会在哪里？为了避免可能出现不受欢迎的副作用，要注意些什么？

不要让基础在视线中消失

当谈论到“生命中的成功”时，我们首先想到的是职业以及相关的能力、知识及证书。但是开诚布公地说，如果人与自己不能和谐共处的话，即使在事业上很成功也无济于事。生命中的成功与人的发展息息相关。

可惜我们经常让这个基础在我们视线中消失。“请您回想一下”，哥廷根大脑研究学者格哈德·许特（Gerald Hüther）说，“是什么帮助您挺过第一次大的失恋、疾病、失败、心爱的人去世？是您从幼儿园就开始上的英语课还是您在数学课取得的好成绩[529]？”

成功需要完整的人。或者如阿多尔诺（Adorno）所言：当一个人是笨蛋时，英语再好对他来说有什么用呢？我们来草拟一个关于促进的新方案，对此我们可以保持异议。

第一：儿童时期不是用来秀天赋的。要想从儿童发展成完整的、能干的成人，那么他们必须首先是完整的、能干的儿童。在儿童时期，孩子不仅仅建立他们的倾向性和天赋，也学习爱和恨，学习说谎和安慰。他们认识自己的身体，学习如何让自我感觉愉快。他们认识自己，掌握感觉语言，学习理解他人，学习划定自己与他人的界限。是的，他们学习成千上万的事物，这些事物都是生活的基础。他们是怎么学习的呢？他们是以普通儿童的身份来学习这些的。

第二：父母通过他们是父母的身份来促进儿童的发展。父母不是给孩子脑细胞铺设电缆的技术人员，他们也不是孩子的教练或者管理者，而是他们的父母。父母也没必要为了孩子不吃亏而忽视自己的生活。如果父母尽可能地过好自己的生活，通过这种途径可以给孩子发展所需要的东西。

注意：并没有反对促进儿童天赋的发展，这会给他们开启新的世界，打开他们生活的新房间。但是没有基础可能很快就会在墙上出现裂缝，而过度的促进可能使儿童不能拥有一个

“正常”的生活方式。从一生来看，那些出于善意的行为可能会成为儿童成长的阻碍。

仪式上的巫术

在促进的浪潮下，有些谎言在父母那里找到了出路。例如美国佐治亚州州长让人给州里所有即将成为母亲的妇女发送莫扎特的CD，因为他听说听莫扎特的CD可以使孩子变得更聪明（对此有过科学研究，外行人也可以想象得出来，对待这类研究得多么谨慎）。

另外，一个刚刚在西方中产阶级有市场的谎言就是教婴儿手势语言。这背后的观点是：当婴儿有时沮丧并且大哭的时候，可能是因为他们缺乏语言正确地表达自己的需求。这个谎言的有趣之处就在于它巧妙地把父母的缺陷（即他们现在难以直觉地理解婴儿的非语言信号）变成婴儿的缺陷。通过给他们愚蠢的婴儿开辟一个新的交流通道，父母可以马上弥补这个缺陷。

所有这些建议的基础都是认为儿童基本上都是有一定缺点的（参看第一章的“认识与展望”）。要想令人满意的发展，他们可能还缺少一些东西——钢琴音乐会的音乐或者手势语言，或者婴儿床上方的玩具。根据20世纪90年代的一个理论，这种玩具可以使孩子更加聪明。从进化的观点来看，这些想法统统都是错误的。如果婴儿真的无法清楚明确地表达他们的需求，如果婴儿真的需要莫扎特的CD或者彩色的卡通画来发展他们的思维机器，那么人类早就灭绝了。

幼儿园的早期促进？

现在非常流行把幼儿园看成是中小学的缩小版，或者甚至是大学的缩小版，年幼的新一代研究人员在幼儿园里得到培养。这完全违背了上面所述的发展的双重动力。当然我们的孩子可以在幼儿园里学习阅读和书写，但是幼儿园时期正应该是儿童利用每一分钟来打基础的时期，正是他们尝试了解他们的身体、理解周围环境、与其他儿童交往并从中适应生活的时期。今天运动太少的儿童可能是未来的糖尿病病人；今天没有以游戏的形式在语言和文化方面融入儿童群体的孩子，将是未来社会的边缘人。

基础方面的发展不能被推迟。谁在童年早期没有熟悉他的身体，谁如果现在还没有打开他的感觉之门，那就浪费了成熟的机会，时机不可逆转。而与学习有关的发展：阅读、书写和数学可以以后再学。无论孩子是在 5 岁或者是 7 岁开始学习这些内容，长期来看并没有区别[530]。

人们也有充分的理由怀疑幼儿园中学习几课英语到底有什么用。经常有这样一种观点：儿童在 6 岁以内对外语的接受能力特别强。这种观点是有一定基础的，因为我们观察到儿童在 6 岁以内可以毫无障碍、毫无口音地学会一门外语，确实是这样的。而且在双语环境中长大的孩子可能有认知优势，也确实如此[531]，即使有些孩子在掌握外语方面刚开始会表现出一些小缺陷[532]。但是问题在于，只有当儿童获得不断的语言和情感共振及直觉的加强时，就像学习母语一样存在相似的条件，天生的语言学习程序（或者我们称之为语言成熟程序）才有用。那些在日常生活中接触不到外语的孩子学得快，忘得也快。当儿童不会运用他们直觉的“语言学习工具”时，他们就像稍微年长点的孩子一样，大脑中会是一片浆糊。

因此，谁要想在幼儿园时期对孩子进行“促进”的话，得有充足的理由，得提出适合发展的促进方案[111]！这也意味着幼儿园中儿童早期促进的焦点必须在于：是否为儿童创造宽松适宜的生活环境，是否为在社会中处于不利地位的儿童提供电视、电脑游戏等的替代品，因为这些都可能会阻碍儿童发展。

明确较大的框架

最后，我想再次谈一下当代儿童成长的较大的框架。上面所说的宽松适宜的生活环境到底在哪里呢？为了给我们的孩子提供一个适合其发展的环境，我们成年人做得足够多了吗？

适合儿童发展的环境问题也与其他儿童有关。毋庸置疑，其他儿童，特别是年龄稍长的儿童会促进年幼儿童的发展，为他的社会发展提供一个“支架”（这个问题我们已经在第十三章的“认识与展望”中讨论过）。一个孩子的哥哥姐姐越多，他就越能够更早地从其他孩子的角度观察世界、理解世界（心理学家约瑟夫·佩勒［Josef Perner］给他的研究论文取的名字是“设身处地为他人着想是有传染性的，即人类会被他们的兄弟姐妹传染”）。

年龄较大的儿童在幼儿群体中也会起到促进的作用。许多游戏对于同龄的孩子来说绝对是无聊的（两个4岁的孩子究竟能互相传球传多久呢）。事实上，心理学家观察到，年长的儿童在游戏的过程中无意识地为年幼的儿童建造了“发展的桥梁”，即刺激年幼的儿童在身体上、精神上、情感上把自己“释放出来”。美国心理学家彼得·格雷（Peter Gray）认为，年龄较大的儿童与年龄较小的儿童一起游戏时更充满想象力，并且更能展示和发挥他们的创造性，反过来年龄较小的儿童主要是在认知方面被激活（对一个混合年龄的小学进行过调查，孩子如何向较年长的孩子学习阅读和书写）。

小家庭和空空的游戏道路在可预见的未来将成为现实。建立新的儿童生活环境并制定新的社会发展空间变得越来越重要。适合发展的促进也意味着不仅让儿童对社会做好准备，社会也要对儿童做好准备——这是在许多关于“狠心父母”或者是“小霸王”的讨论中经常被引用的一句话。

认识与展望：
不同的倾向是先天的，还是后天的

聪明能干的父母通常也有聪明的孩子。而“困难的”父母拥有困难的孩子的情况并不少见。俗话说，苹果总归落到离树不远的地方。但是争论开始了：当苹果核和苹果一起重重地落到地上的时候，果核将成为什么呢？是取决于苹果自身还是取决于它掉落的土地呢？一个孩子会，而另外一个孩子不会的东西是后天学习来的还是先天继承来的？当与数学相比，孩子更倾向于大麻时，这是他的基因的责任还是教育的责任？

这是个自古以来就很有争议的讨论，而谁对谁错也不能那么简单地断定。父母馈赠给他们孩子的不仅仅是天资，还有很大一部分是孩子成长的环境。但是，这个争论一直持续的原因是关于人性，每一个方面都代表一定的观点。如果说人类的个性是天生的，是不是就意味着，在某种程度上人的全部生活道路都是已经预先决定好了呢？不均衡性是天性所“要求”的，而且无论怎样都不能改变吗？反过来，如果说教育塑造了人类，那么通过使人们受到更好的教育和培训，就很容易创造一个更好的环境[112]！

绷紧的线

让我们仔细观察一下我们周围的争论。绳子是绷得紧紧的，两个阵营都有自己的论据和支持者。按照普通媒体的说法，双方都得做出妥协：基因和教育决定我们的孩子会成为什么样的人。不管是谈到智慧、品格或者生活中的成功，人与人之间存在的差异大部分可以解释成一半是由基因决定的，另一半是由环境决定的。不想用数字来确定的，就得麻烦几何学了。如果是涉及到一个长方形面积的时候，人们就不能说，它是更多地取决于长还是宽。

外包装

折中的说法在第一眼看来是非常合适的，长方形看起来也有道理，但是两者都是不对的。

它们不对是因为它们避而不谈其他的影响，这些影响也可以解释人与人之间的差异。

比如偶然性。生物学家已经观察到，在同样环境中生长的来自同一蠕虫克隆的蠕虫可能存在非常大的差异，这不仅仅体现在外表上：有些蠕虫的存活时间是其他蠕虫的 3 倍[533]！而其中有一只蠕虫可能不是由 1 000 个细胞组成。就像进化心理学家朱迪特·哈里斯所说的一样，像人类这种仅大脑就拥有超过一亿的神经细胞的生物，永远有可能在发展过程中“这样做而不是那样做”[534]。

在传统的争论中还有其他的影响被忽略。因为当我们讨论环境时，大部分人首先想到的是教育，然后才会有文化和社会的影响。通常这种“不可视的”环境被遗忘——母体中的环境[113]。就拿智力来说，现在认为至少儿童之间智力差别的20%可以由出生之前的环境来解释。对于社会行为也是类似的，在母亲肚子里“被动吸烟”的儿童，今后发展成注意力缺陷综合征或者出现其他行为问题的风险很高。

易变的贡献

即使当人们无视被忽略的影响，这50∶50的形式也是一个不可靠的折中。确切地说，“基因”和“环境”这两个对手各自的贡献视条件的不同而不同。

为了理解这个问题，我们现在稍微休息一下。出去跑一圈，跟一些邻居谈谈，尽管您可能并不喜欢跑步。谁跑到最后还是生龙活虎的呢？迈尔先生！谁是迈尔先生？他是您那条街上最有跑步天赋的吗？他有跑步的基因？这有可能。但是另一个解释可能更令人信服：人们经常看到迈尔先生穿着训练服在长跑。这位先生在训练！尽管他可能是队伍中年龄最大的，但规律的训练使他在我们现实中的长跑中几乎不喘息。因此，我们可以说，他的成绩在很大程度上不是基因决定的，而是训练和与之相关的环境决定的。

如果是竞技运动员在比赛中相遇，情况则不一样。现在所有的成员都接受过训练，他们全部都是每天练到超出他们的负荷。所有人在去往顶尖的道路上都同样地流过很多汗水。在这场比赛中谁如果获胜，他确实有更多的天赋，也有合适的基因！这和我们在电视中所看到的是相符的：在世界顶级运动员中排名越高，越可能是来自于非洲的国家，在这些国家中那些优秀的“跑步基因”似乎是成堆的。

一个令人吃惊的矛盾

这样一来我们确实是糊涂了。在邻里的跑步小组中，跑步能力的差异主要是由环境决定的，而在顶级运动员构成的跑步组中，跑步能力的差异主要是由基因决定的。我们之前的50：50的折中模式是不顶用了，这时我们只想休息一下。

更严重的是：上述所说的适用于很多的人类特性，比如说智力。儿童之间的智力差别哪些部分是由基因决定的，同样也与所观察组的组成有关。如果是一个统一构成的儿童小组，所有儿童都是生活在一个丰富的、有规律的以及有发展的环境中，那么大部分的智力差异是由基因决定的。而另一个由各种各样的孩子组成的小组中，有些孩子在社会中处于弱势地位，有些孩子的社会状况“稍好些”，他们之间的智力差异主要反映的是不同的环境条件[114]。有一条明确的原则：观察组的结果越一致，那么所观察到的或者所测量到的差异越是由先天决定；越不一致，那么背后的不同环境就越明显。

父母的影响也是这样：在所有孩子都被照顾得很好的家族中，父母的教育几乎察觉不到，最后只能在研究中发现孩子们之间的差异。但是在社会的边缘，父母的影响就非常明显：那些在家缺少必需品的儿童可能一生都因此受到困扰，就像以前孤儿院的情况一样[115]。

校园的共鸣

这种简单的50：50模式是怎么得出来的呢？有一个现实

原因：所有关于能力和智力的研究都是在那些容易找到志愿者参与的地方进行的，比如在大学里。大学生很廉价并且很热心，但是他们都来自很单一的社会关系——特别是在美国，大部分科研都来源于美国。这实用的 50：50 折中模式反映了聪敏的校园环境，却没有反映严峻的现实世界。

个性原因?

在关于个性发展的那一章里我们已经看到，人的性格与父母教育的影响相关甚少。对于我们现在所观察到的结果必须画个问号。因为性格研究也是基于对统一的观察组进行研究——几乎来自中产阶层的。这从一开始就抹杀了许多的差异，而在它们背后很可能有父母的影响。

环境和基因共同起作用

人与人之间的差异更多的是由基因决定的还是由环境决定的，这个经典的争论看起来像是一个关于皇帝胡子的争论。一方面重要的影响被忽略，而另一方面基因或者环境的贡献是根据所研究对象的不同而有差异的。

让我们现在把整个争论完全推倒。因为环境和基因的作用在现实中是完全不可分开的。环境和基因不仅共同起作用，而且是不可分开的！

在这本书的很多地方我们都看到：孩子也能根据自己的天赋、喜好和性格自己选择他们的环境。一个有音乐天赋的孩子会参加学校的交响乐团，然后进音乐学校的专门乐团，也许在课余时间他还会与其他有音乐天赋的孩子一起组建乐队。当这个孩子今后以音乐作为他的事业，我们应该把他的成就归因于他的基因还是归因于环境的推动呢？基因和环境经历的结合贯穿人的一生："人们喜欢做那些他们能够做好的事情，同时他们喜欢做的事情也能够做得特别好"，马特·里德列（Matt Ridley）在他的《先天，后天》中这样总结道，该书非常值得一读116[537]。

教育不能被归类为纯粹的"环境影响"。因为父母与儿童交往时也是按照儿童的性格和特别的天赋行事的。与胆大的孩子相比，害羞的孩子会得到区别对待。因为他们天生就是不同的，儿童在家庭中就已经有了不同的经历。

基因还是环境——这种讨论毫无意义

所以，基因的作用和环境的作用事实上是不可分的。天资、环境和教育形成了一个系统，它们联合起来产生影响，彼此之间也相互影响、相互制约。想要详细地分析每一部分的影响是没有意义的，而更没有意义的是把它们按照重要性进行分级。不同的性格可能不同程度地受到外部或者内部的影响，但是他们永远是共同作用的产物。生来就有音乐天赋的人，不一定就能成为音乐家。

新基因图

在过去的10年中，在科学领域中绘制了一幅全新的基因图，这并不让人觉得惊讶。长期以来科学家都相信，基因是一种活动指令，在这些指令中一个字母一个字母地、一个单词一个单词地来确定，就像人类起作用一样。每个基因大概是负责身体中的一个特定产物或者一种特定原料。2000年，当人类基因组计划中所有人类基因都被完全确定时，“生命之书”的科学家说，基因现在被破译了。

大家已经知道，“生命之书”的构成要比基因的单个字母或者单个单词复杂得多——基因本身不存在意义。因为简单而受研究者喜爱的蛔虫试验显示，基因充其量是一个较大的“信息系统”的一部分。蛔虫的体细胞不到1 000个，基因就有20 000个，而人类只比它多1/3的基因。如果基因确实是根据特定的“字义”来调节我们的身体，很难想象对于拥有数千亿细胞的人类来说它是如何工作的。

现在人们知道，在基因中不存在机体的完整基因信息，基因中所含的“信息”也不是由一个转化成另一个。因为一种基因如何起作用，与信号的多样性有关，而多样性部分与其他基因有关，部分与遗传物质的其他片段有关（比如就像“垃圾”DNA、RNA或者染色体的组成部分），或者直接与环境有关。

事实上，基因可以根据环境条件的不同起不同的作用。有些物种，比如鳄鱼，在蛋孵化过程中由环境温度决定是雌性还是雄性。在蜜蜂中，当幼虫喂食到非常多的蜂王浆时，它就会发育成蜂后——有着相同的基因但是比那些没有生育能力的蜜蜂姐妹存活时间长10倍。因此，当基因这本书被阅读100次，那么就可能出现100个版本。基因不是模具或者结构图，它们的功能其实是在一个复杂的系统中不断被改变、被控制、被适应，并且根据“天气状况”被限制或者被加强。

相互作用使我们变得灵活

我们以小的软体动物水蚤为例，它比“水跳蚤”更有名。如果母亲与很多天敌一起在池塘里生活，那么它们的后代会长出一种保护性的帽子——幼虫的发育与将来可能遇到的危险相适应。对于毛虫尺蛾来说，它们的发育与出生后早期的喂养方式有关：春季出生的尺蛾与某些花很相似，而夏天出生的毛虫看起来很像树枝，两者都是为了更好地伪装。当年轻的红毛猩猩在某种雄性动物主宰的林区中生活时，它们会持续多年不再生长——彼得·潘（Peter Pan）的策略是更安全、更节省能量的选择。

在危险的、不安全的环境中生活的人类的孩子也会停止生长。当被忽视的儿童得到足够的热量时，他们的体重也不会增加。人类的孩子在发育时也绝对不是按照固定的“程序”来发展的，而是根据面临的环境来调整自己。那些在母胎中获得较少营养的儿童（可能是因为母亲本人没有获得足够的营养或是因为她们吸烟）会调整他们的新陈代谢，以便于尽可能有效地利用能量（在今天富裕的条件下，这些孩子长大后很容易超重）。在儿童早期的联系中，要尽可能注意到来自环境的信号（我们在第十章曾谈论过该话题）：在一个社会不是那么丰富多彩、不是那么充满信任的环境中，儿童建设性的联系策略和繁殖策略可能更多的是建立在依赖和控制上，而不是建立在信任上。

这意味着，我们的基因设备并没有为我们提供一个固定的发展程序和行为程序，而充其量是一种灵活的、对周围的影响比较开放的发展框架和行为框架。

教育也是一个系统

环境影响，尤其是教育又是怎样的呢？教育必须被看成是一个“系统”，在这一系统中，天赋、爱好和环境影响共同作用。好的方法、清楚的建议和窍门、父母的美好意愿在现实中不会 1∶1 地出现。教育之书就像基因之书一样：当它被阅读 100 次时，就会出现 100 种故事。

教育之书的内容甚至取决于其他父母刚刚为他们的孩子朗读了什么故事！例如打孩子在 20 世纪前半叶是常见的事情。至少对于年龄较大的儿童来说，身体的“惩罚”被认为是教育的重要组成部分。体罚使儿童感到疼痛，但是体罚并不是与正面的经验互不相容，如打是亲骂是爱，提醒孩子懂事。而今天儿童期望的是非暴力的对待，体罚的涵义就不同了。体罚不会比以前更疼，但体罚现在是一种侮辱，一种会长期影响父母与儿童之间关系的侮辱。

父母好像也本能地知道，同样的故事对儿童来说并不意味着同样的效果。教育腼腆的索尼娅就不应该像教育外向的玛雅一样。理由很充分：她需要不同的教育。与一个住别墅区的孩子相比，对一个将来必须自己过马路的孩子的教育方法就应该不一样[117]。所以，父母很难按照特定的教育模式来制订计划。因此，他们感觉自己经常处于“前后矛盾”的状态。

这也在于儿童本身。因为，教育不是单轨车道。心理学家朱迪特·哈里斯认为：“教育，不是父母对孩子做什么，而是母亲或者父亲与孩子一起做什么[539]。”

文化的影响

但是，他们到底一起做什么，也和高大的唆使者有关，例如文化。它处处陪伴着我们，而我们都没有察觉到。它也参与决定，什么是父母认为“好的”和“正确的”东西，什么叫“正常”地对待孩子。“父母做那些他们认为对孩子有用的事情”，发展心理学家海蒂·凯勒（Heidi Keller）总结关于文化对教育的影响时这样说。

毫不奇怪，教育的彩虹就像地球上的生活方式一样跨过相似的极限（我们将在第十七章再次提到这一极限，将问到金子被埋在彩虹的哪一端等等）。生活在部落社会的父母眼中的“合格的儿童”与普通西方大众社会的父母眼中的“合格的儿童”肯定是有不同之处的。在社会联系紧密的村庄或部落社会里，教育首先关注的是在群体中尽可能地与人和谐相处。成员之间的合作使得生活更有保障的社会里，教育更重视的是社会能力和群体价值。而在工业社会，成功与尽可能有效率地与技术打交道密切相关，重视的是独立、个人能力和整体上的认知。

这一进程好像在加速。例如奥斯纳布吕克的心理学家凯勒的研究表明，德国的父母现在跟他们婴儿的身体接触减少，而更多的是与婴儿说话、看着他们的脸，这与传统文化中的父母完全相反。这种“个性训练”在测试中也留下了痕迹：儿童现在能更早地在镜子中认出自己，也更早地与他人第一次谈论自己。

迷信“理想的”教育?

我们总结如下：教育不是我们美好愿望、决心和技术的结果，而是我们完整生活、完整家庭、完整“部落”、甚至完整文化的结果。教育不是“方法”，而是一个系统过程。因此，为了全都做对或全都做错，可能也不存在什么“规定好了的”道路。反过来，也没有什么可以保证成功，即使父母“所有正确的事情”都做了。就像一个管弦乐团，每个音符都是完好的，但是与美妙的音乐可能还有一段距离[540]。

如果把教育看成是一个系统，那么很明显，教育塑造了参与人员及其社会网络的可能性。连“母亲”这座金矿最终也会枯竭的。因此，除了“什么对我的孩子来说是好的”这个问题之外，还会听到其他的问题：什么对我们父母来说是好的？什么是我们可以做的？父母必须首先拥有那些指导他们孩子的能量。如果婚姻走到了尽头，理想的、细致入微的、对周围有促进作用的教育又有什么用呢？

对待责任的机会

责任分配是战胜生活的一个现代模式。当我们都遵守规则，就如希望的一样，所有事情都会井然有序。父母是特殊的信徒：所有孩子身上不成功的事情，父母太容易把责任揽过来。也许正如猜测的一样，我跟我的孩子肌肤接触太少了、爱得不够、限制太少了（其他的还有肌肤接触太多了、太溺爱了或者限制太多了）？这种“愿意负责”的意识不是偶然出现的——其实父母的责任是过去100年来心理学的商业模式，心理学试图把人类每一件戏剧性的事件和每一次受伤都拿他母亲的行为来解释[118]。

教育在系统中的这一认识可以帮助父母有一个新的自我理解。父母恰恰不是万能的扳道工，传动装置中唯一的服务员；

父母不是魔术师，可以教会孩子生活中的每一项技能。更确切地说，他们只是一个较大整体中的一部分。孩子自己也属于这样一个集体，包括亲属、朋友、同伴、幼儿园、小学、协会，对，就是整个社会。

在这样的系统中很多琴弦在拨动着，有阻碍、但是也有消音器和看不见的帮助者。如果我们答错了孩子的问题，孩子会继续再问的，或者他们会在别处找到更好的答案。即使在家庭中遭遇干旱的时候，也还有其他的源头，可能刚好涌出更好的泉水。我们对自己身体的认识也适用于教育：不是每一个伤痕都会马上导致疾病。要想把儿童从发展的轨道中抛出来，得有许多持续的、不利的影响。教育在其中起作用的“系统”会提供另外一种机会。大自然并没指望有完美的父母。

第十六章

孩子公正和道德意识的形成

哈佛大学著名心理学家史蒂文·平克将公正和道德意识称为“价值的宗教理论”。该理论认为，人生来就是自利主义者，所以必须后天不断被灌输价值和道德的理念。也就是说，我们必须从道义上将自我从天性的泥潭中拯救出来……

南美洲卷尾猴头顶生有白色簇状毛，看上去像一顶帽子，或许我们能借助它们的例子理解什么是“宗教理论”。小卷尾猴似乎很早便爬出了天性的泥潭。每当遇到是独享还是与宗族同类共同分享主人赏赐的抉择时，大多数情况下卷尾猴会选择后者[541]。而且一旦它们觉得受到了不公正的待遇，就会表示出不满。例如饲养员发给一只卷尾猴一块黄瓜，而给笼子里的另一只一颗葡萄。在猴子的世界中，葡萄就像是人类眼中的糖果。结果那只拿到黄瓜的卷尾猴就会生气地拒绝接受这块黄瓜，尽管平时它也很喜欢吃黄瓜，甚至会将黄瓜朝饲养员扔回去，因为小卷尾猴对于公正待遇的意识是极其强烈的[542]。

那我们人类的孩子呢？他们出生时也具备类似的公正意识吗？或者他们真的天生自私，必须接受公正意识的教育吗？

与生俱来的道德观念？

我们首先和6~10个月大的孩子们一起看个动画短片[543]。片中讲述的是一个画着人脸的积木去登山。但是每当它快要到达山顶的时候，总会被另一块积木推下山去。幸运的是这时又来了一块积木，从后面推着登山的积木，帮助它最终顺利到达了山顶。看完动画片之后，让孩子们选择想要玩的积木，所有人都更喜欢那块“助人为乐”的积木！由此看来，孩子生来是有一定的道德标准意识的。

无论来自地球的任何一个地方，那些年龄超过18个月大的孩子如果看到别人遇到困难，都会有意识地伸出援助之手：例如当玩伴不小心把自己弄疼的时候，他们会递上自己的安慰奶嘴或者绒布娃娃来安慰玩伴[119]。14个月大的孩子已经开始通过类似帮别人取东西的方式帮助他人，即使他们不会因此得到任何奖励。所以这种助人的行为必然是可以学会的。但问题是，这种普遍的对其他孩子的关照行为是在什么时候形成的呢？

公正意识也是在一个比较统一的时间段，即大概3~8岁之间形成的[544]。一个2岁大的孩子是不会因为坐在旁边的孩子比自己得到的小熊软糖更多而不高兴。但是当孩子到3岁时，假如邻座得到了两袋软糖，而自己只有一袋，就会有一半的孩子抗议不公（“公正意识”这时更多的是一种“避免不公正”的意识……）。而到了8岁，90%的孩子会坚持争取公正的待遇。

作为“实用型的公正意识”，与人分享的观念在儿童成长过程中出现的时间比较晚。事实上3~4岁的孩子从来不会自愿与别人分享自己的糖果，而5~6岁的孩子中已经有1/5的人愿意这么做[545]。学龄儿童甚至会与陌生的孩子分享糖果。当面临是否自愿将自己的贴画或硬币分给其他孩子们的选择时，7~8岁的孩子中有一半人会选择等值平均分配。相反，成人在类似的试验中则会选择以30：70的分配比例，即自己保留更大的份额。

孩子们对评判各种行为对错与否、给予和要求权利与义务的需求如此强烈，以至于经常让家长和幼儿园、学校里的老师们大吃一惊。这些都说明了孩子并非生下来就是自私主义者，而是已经有一种直觉上的道德感。

通过教育形成的道德观念！

但是这种放之四海而皆准的模式如何能印证我们观察到的事实呢，即不同的人对于公正有着不同的见解？男人与女人对公正的理解就存在显而易见的差异。在游戏试验中，女性倾向于将所获得的游戏奖励与游戏伙伴一起均分，而男性则会重奖为团队作出突出贡献的成员，并且忽视那些参与度较少的团队成员[546]。

回顾历史，公正和道德观念似乎只是一种“相对概念”。奴隶买卖直至近代仍然完全合法。而且女性自近100年来才被视为与男性等同价值的人。因此，每个社会似乎像是不断重新为事物设定一个“道德圈”，将周围环境中的生物纳入其中或剔除出去。时至今日，道德圈似乎仍在扩张，近100年间儿童、残疾人和胎儿也被纳入这个圈子，不久前甚至是类人猿也成了道德圈的候选对象。但是，在德国动物保护议题不断获得越来越多的支持者的同时，而在其他文化中还存在着动物保护不被人重视的现象。面对这么多的差异，“直觉上的”或普遍适用的道德观念又从何说起呢？

“预备好的”道德观念

这种观点更为可取：人出生时似乎就具备一种预先设置好的公正意识，而且道德评判也同样是人与生俱来的一种能力，但道德感还必须被“填充”具体的内容。也就是说，道德感必须“进入一个人的大脑中”。自己行事公正，而且要求他人也行事公正的意识似乎早就已经在孩子头脑中预设好，但究竟什么才是公正和“正确的”，这需要每个人在人生中慢慢学习。

但是在最开始时，孩子很难避开“其他的不良因素”。正如《飞行先生》这部小说中所讲的，儿童群体是十分容易沿着任意分离线分化、成长为不同的人，而且这条分离线大多数情况下也决定了一个人的道德观。许多角色扮演的试验也证实了，这条规律也同样适用于成人：只要找到一个合适的借口，一位好市民就会很容易堕落成道德沦丧的流氓[547]。

事实上，在之前提到的孩子如何选择分配糖果的试验中可以看出，他们更倾向于在自己的小组内分享糖果。也就是说，公正意识仅存在于班级内部。因此，马克思·普朗克（Max Planck）研究所的迈克尔·托马塞洛（Michael Tomasello）和菲利克斯·瓦纳肯（Felix Warneken）就发表了以下言论：“人类合作本质上是小范围的。”

试验中还有一个十分有趣的现象，即那些有哥哥姐姐的孩子更不情愿与人分享东西（年龄小一些的非独生子女中有这种表现的比例更高），原因可能是这些孩子每天都生活在强烈的家庭竞争当中。此外，似乎男孩更喜欢孤立其他团体的孩子，而女孩们却对非自己团体的孩子表现得更大方一些。

当孩子们来到这个世界上时，很可能装备有某种道德罗盘，某种“道德学习程序”。然而罗盘的指针却似乎固执地指向自己所在团体的那一边。

影响道德观念的因素

上述观点也恰与“道德圈”的说法相呼应。“道德圈”的覆盖范围究竟有多么宽广，这主要取决于一个社会的精神和物质资源。与此同时，知识在此过程中起到了一定的作用：如果一个人知道传染病是由病毒引起的，那么他就不会将责任归咎于女巫。同时，“道德资本”也发挥了不小的作用。事实上，道德判断力就像存款一样可以慢慢积累：例如小丽莎并不必自己得出奴隶制是恶劣的制度的结论，只不过是从前人那里“继承”来的这种观点。而且就像我们的世界观一样，我们现在的道德观其实也是站在先人们的“肩膀上”形成的。然而影响道德观的最重要的因素显然是与“他人”的接触交流。团体之间的交流越频繁，就会越早与陌生人形成共同的目标，我们就能抛弃更多的成见。但是一个人的心理状态也能影响他的道德观。许多例子表明，社会孤立、压力和缺失回旋余地都会严重破坏一个人的道德感知。

道德观念的驱动力是什么？

与此同时，有一点也可以确定：道德成长并不是认知成长的一部分，虽然这一观点存在已久。发展心理学家珍妮·皮亚杰（Jean Piaget）就曾假设道德学习的驱动力是理智[548]。依照他的观点，孩子在成长过程中“越来越道德”，因为随着年龄增长他们对道德准则的理解会更深刻。

而现在，理智不再被视为道德学习的驱动力，取而代之是感情移入能力，即移情。孩子之所以要求公正并帮助他人，是因为他们能够设身处地地为别人着想。事实上有试验表明，孩子对别人遭遇不幸时的反应程度存在差异，从而对别人提供帮助的程度也有差异。

此外，遗传因素也起到了一定的作用。例如当试验人员假装手指被夹伤时，同卵双胞胎的孩子们反应几乎一样强烈，而异卵双胞胎的孩子们反应却惊人地不同[549]。就像某些孩子比别人更有音乐天赋一样，许多孩子的移情能力也比其他人“更有天分”120。

但是，移情能力主要还是通过“学习”来培养的。观察表明，与他人人际关系密切的孩子比人际关系冷淡的孩子更能强烈地感知其他孩子的感情[551]。关于儿童早期人际关系对移情能力培养的重要性也有事实证明，即非独生孩子在试验中表现出的移情能力更强些[552]。在现实生活中，社交关系广泛的孩子更容易主动帮助其他人[553]，而社交关系有欠缺的孩子在移情能力方面则受到严重影响[554]。

回到卷尾猴的例子上

道德观与移情能力的关系最密切，而这种假设的论据却是源自意想不到的动物世界。与所有人的期望相悖，黑猩猩作为人类最近、“最聪明”的近亲只具备十分初级的公正意识[555]。因此对于黑猩猩来说，只要自己能得到点什么，其他同类获得食物的多少则根本不重要[556]。

这时，人们自动会联想到小卷尾猴将黄瓜扔向饲养员的故事，不是吗？就公平意识来说，黑猩猩和卷尾猴分属于不同的世界。

是什么原因导致了这种差异？当人们观察到某些其他种类的猴子也具备这种突出的公正意识的时候，例如猕猴、猕猴属和普通绒猴，答案就显而易见了。通过对事实的观察，我们将注意力集中到了一个经常出现的因素——照料模式。与黑猩猩不同，卷尾猴以及上述其他种类的猴子都是经过社会协同抚养成长的。也就是说，不单单是猴子幼仔的母亲，其他种群成员也都一起照顾小猴子的成长发育。这种幼儿照料模式看来是在生物进化中促成了移情能力的发展（关于这一论题的激烈讨论正是第十章“认识与展望”的中心内容）。事实上，利他主义意识在经社会协同抚养长大的灵长目动物中传播更广泛。在试验中，如果同类一点食物都没有得到的话，普通绒猴甚至会把食物让给它们[557]！

关于说谎

或许下面这一点也不那么令人吃惊了：说谎并不是人类的特权。关于原猴目（它们也属于种群协同抚养长大的动物）我们已经了解了一点，即它们也会迷惑周围的人或同伴，以便隐瞒自己的真正意图[121][558]。

可它为什么要说谎？说谎的人一定是一个有能力识别自己所相信的事与别人所相信的事之间区别的人。孩子具备这种能力最早得等到他有了“自我意识”之后才可以，即能够认识到自己是身体的所有者，以及自己是自我行为的指挥者。只有当孩子具备了这种自我意识后，他才能够切身体会到别人的思想，向别人灌输自己的想法。这一切至少要等到孩子 15 个月大，大多数情况下要到 18 个月大时才能做到。

为什么凯斯博（Kasper）不知道格雷特（Gretel）在想什么？

但即使是这样，平时在大多数情况下孩子依旧坚持认为，其他人的想法与他自己是一致的。在某个试验中，房间里有两个孩子和一个试验员。现在将其中一个孩子打发到外面去，并且趁他不在时将一块巧克力藏在箱子里。3 岁的孩子会自动认为先前被打发出去的孩子回来后一定会直奔箱子找巧克力！他们似乎固执地相信，另外一个孩子的想法跟自己是一样的（这也是为什么儿童剧中如此频繁地出现这种剧情，即凯斯博一定知道格雷特的藏身之处!）。

由于二三岁大的孩子很难区分不同观点的差异，所以他们也就缺乏能够说谎的关键前提。但是，这个结论与家长的经验相符合吗？偏偏就会有 3 岁大的孩子天花乱坠地撒谎，而且脸上还带着天使般的表情!

从伪说谎到真说谎

对，没错，但是也不完全正确。我们来看另一个经典试验。一个刚满 3 周岁的孩子拿到了一个他很熟悉的糖果罐，他当然会认为罐子里装的是糖果。可当他打开罐子后，却发现里面不是糖果，而是铅笔！很明显，他十分失望。现在我们询问他，他原本猜测罐子里装的是什么东西，以及他的朋友们会怎么想。他回答：我当然知道罐子里是铅笔！我的朋友们怎么想？对，他们当然也会猜是铅笔，当然！

这是一个成功的谎言吗？更不如说是一个伪谎言。因为即使这个年龄的孩子也已经“知道”，一种行为的依据可能是正确的假设，也可能是错误的（试验中已经完美地体现了这一点）[559]。可在现实场景中，孩子依旧会自动认为自己的假设才是“正确的”。孩子通过事后“更正”自己信念的方式，让内心信念与外部现实协调一致。

到了 4 岁和刚满 5 岁的孩子身上，情形就不一样了。他们会坦诚自己和朋友们都期望罐子里的是糖果。所以，孩子们现在可以“真正地”说谎了吗？至少他们已经具备了必要的资质。孩子们已经明白，关于事实有正确和错误的设想之分，而且自己的想法并不总是正确的（自闭症的孩子可能意识不到这一点）。现在如果他们想要有意识地摆布其他人，就必须利用这一点。简单来说，他们必须认识到，自己能够将错误的观点偷偷灌输进其他人的大脑中。事实上，大多情况下孩子到了 4 岁才具备这种能力，他们终于会“真正撒谎”了！（但这并不意味着，他们真正能够撒谎撒得好，正如父母经常有趣地发现，他们距离无形的、悄无声息的撒谎还有相当的距离。）

现在当孩子已经具备撒谎的能力时，另外一种能力也在形成。在 3~6 岁之间，孩子会形成他的良知——判断他人的行为以及自己的行为的伦理道德标准。这是决定他们在具体情况下撒谎还是不撒谎的关键一环。形成这决定性一步的速度因人而异，无法一概而论，想想成年人还不是经常在撒谎就知道了。

每个人良知的形成速度大不相同，这也解释了为什么说儿童的道德观和今后作为成人的道德观没多大联系的原因[560]。小时候经常撒谎的孩子，长大后也可能会成为一个正直、诚实的人。偷糖果的小调皮鬼长大后也会成为好人。

呼吁公平

正如我们所看到的，公平和道德不会在真空中形成，也不是光靠说教或树立个全能的“榜样”就可以实现的。善与恶的意义更多的是建立在人类的同情心上，建立在将心比心上。

这有很多方面的根源。同情心产生的基础是成功地与人建立联系，前提是孩子得到道义上的支持，与周围的环境融洽相处。但是这也意味着：后天通过教育培养孩子的同情心的可能性很有限。同情心更大的可能是在成功的生活当中形成的——基因的遗传因素也是不容忽视的。就这一点而言，认为父母能够通过某种技术或某种教育手段教会孩子将来做个“好人”，其实是一种误解。

在这种背景下再来考察“价值观教育”，它总是被看成是纯粹的智力教育的对立面。学习价值观是儿童的成长促进计划的一部分，正如学习说话一样。而且它也遵循相似的原则。大脑是自行提取规则的：在语言发展过程中提取的是语法规则，在价值观发展过程中提取的是道德规则。这些相应的规则是不能直接从外界“移植”的。为了发展价值体系，孩子们无非就是需要一个“包含价值的”体验空间，就像为了发展语言能力他们需要一个“包含语言的”体验空间一样。在道德的领域中，孩子们也会评价他们经验的价值，在这个基础上培养他们的能力。

因此，创造出来的规则首先只适用于与其相适应的生活环境，这也就不足为奇了（这种现象我们在第十三章就已经碰到了）：在家里不撒谎不骗人的孩子，在学校里可能判若两人，可能会是个声名狼藉的抄袭者。固定的价值观，即适用于所有生活领域的价值观，要相当晚才形成，通常是到了青春期以后，有的人甚至永远也形成不了[122]。

孩子其实根本学不会内容，而只是从自己的经验中总结规则，从另一方面说明了我们不要对由成年人制定的规则期望过多，至少不要指望形成独立的道德。即使某些规则遵循了教育上“理性”的标准，孩子通过这些规则或禁令首先只能学会，哪些是允许他做的，哪些是不许做的；而不一定能学会，什么是对的，什么是错的。当然规则有助于避免冲突，从纯实用的原因出发，它是有益的、值得向往的。只是规则不应该被视为道德发展的安全栏。规则有助于避免冲突，但是它对于合作和解决冲突却无能为力。

这就说到了最后一点。在对待公平和道德的问题上，父母最好是要有发展性的思维。如果一个 2 岁的孩子在玩沙盘游戏的时候把小伙伴的铲子抢走了，是一种完全正常的举动。即使他不愿意跟别人分享他的小模具，也不意味着他今后会成为一个反社会的人（同样，一个孩子愿意与别人分享他的东西，也不意味着他今后就一定会成为一个好人，那只是因为爸爸妈妈会不吝言辞地夸奖他）。因此，父母对孩子的一些“不道德的行为”也不要大惊小怪。当然玩沙盘游戏时让孩子不要争吵哭闹、引导孩子一步步地学会分享和和解是对的。但是，贴上道德的标签就不恰当了——如果父母从自己的道德观出发，坚持要孩子遵守尚不符合其发展的道德标准，孩子毫无疑问是一头雾水了。

对于撒谎也是这样。正如我们所看到的，伪说谎是儿童发展过程中很正常的表现，就算是真的撒谎了，也不等于陷入了道德危机。撒谎、希望独享以及竞争就如同诚实、愿意分享和合作一样，是人类进化过程中“计划好了的”动机，人类的天性也是这样编排好了的，这样所有的行为和能力才能得以发展，很明显从进化论上来看（道德上），“好的”和“坏的”能力都经受了考验。现实生活中这两个相对立的方面如何实现平衡，正是人类发展和自然界中扣人心弦的景象。

认识与展望：
道德违背了进化论吗

从进化论的角度来看，人类具有双重属性。一方面，他是进化“矩阵”的一部分。除非人类把自己的眼睛锁起来，否则他们不会看不到，就像被蒙住双眼追着眼前可望而不可即、“非常美味”的胡萝卜而奔跑的驴子一样，他们是多么热切地追求那些古老的、那些通过爱、性、掌声、身份、财产和权力所获得的美好感觉。

另一方面，人类又好像游离于进化法则之外。人类会收养基因完全“陌生”的孩子，他们可以过独身禁欲的生活，他们会为一种“理念”贡献一生，他们会为陌生人牺牲自己，他们会把自己的钱汇给素昧平生的海啸受害者等等。这难道与进化不是相矛盾么？它的最终目标难道不是为了自己的利益吗？

合作模式

人们经常会描绘出一幅“自私的”进化论的画面：正如我们在第九章所看到的，它其实很难奏效。在一个资源有限的环境中，很多情况下不是通过竞争，而是通过合作才能使有限的资源得到更好的利用，对于社会性的、群居的种类尤其如此。合作就像竞争、自私一样，是人类进化过程中一种“编制好了”的策略。

事实上，在很多物种那里都可以观察到合作的现象。雌性的黑猩猩会同仇敌忾地对付雄性黑猩猩的侵略。如果外人靠近的话，鸟儿、旱獭或松鼠会互相发出叫声报警。吸血蝙蝠会给那些没有捕获多少猎物的同类支援食物。

对于人类来说，合作从一开始就是至关重要的。在一个没有仓库、没有冰箱的环境里，分享就是一种生存的保障——谁和别人分享了食物，下次轮到他自己空手而归的时候，才有权利要求别人与他分享。在人类历史超过99%的阶段，人类最珍贵的资源不是财产，而是助人为乐和一个好名声。因此不足为奇的是，在大多数狩猎和采集社会特别重视的是平等和谅解，而竞争和自私自利的行为由于强烈的社会道德约束则不为人所齿。

人类学家甚至认为，人类的很多生态系统只有通过不断分享才能得以生存。比如卡拉哈里沙漠的狩猎和采集部落的收成在初春时节非常不稳定，一旦食物告罄了，这时如果其他地方有亲戚部落可以去探望就好了[562]。

新瓶装旧酒?

在合作的背后，自私自利会不会突显出来呢？生物之间互相合作难道不是为了大家都能过得更好吗？帮助他人——哪怕对自己不利——不一定非得损害自己的利益。利他主义可能只是“自私”的进化中一种比较可爱的变形么？

事实上大部分动物第一帮助的对象是亲属——即使在有些情况下，动物会付出自己的生命，还是能够有利于己方的利益。这种以所谓的亲属选择为基础的间接受益原则在第九章已经阐述过了。

第二，很多施以援手的人相信，他们的帮助是会得到回报的。你对我怎样，我就会对你怎样——一项灵长类动物普遍推崇的原则。

第三，帮助他人也会加强帮助者本身在群体中的地位。谁如果帮助他人，不仅表明他有能力付出多少，而且给人一种可靠的伙伴、同盟者甚至领袖的印象，这对自身的利益不是件坏事。俗话说“做了好事还要广泛宣传”讲的就是这个道理，好的名声是我们最宝贵的资本[123]。

帮助还会以另一种形式起反作用。如果人类互相帮助，通常会给整个群体带来好处。人人都会受益，包括付出了的“利他主义者”！

帮助别人也会给自己带来好处——助人即是自助。那么真正的无私忘我只是一个传说么？

“坚定的”利他主义

显然不是的。即使在庸庸碌碌的日常生活中，我们也会碰到好心人——无私的、真正的或者“坚定的”利他主义者，正如进化心理学家称呼他们的一样：无私帮助他人、不计得失的人，即使没有人在场也往乞丐的碗里扔钱的人，冒着自己被揍的风险去调解外人争端的人，冒着生命危急去救陌生的溺水者的人。

这样的人是被教育成好心人的么？大家都会注意到，如果他们愿意和其他小伙伴分享东西的话，父母是怎样坚定不移地赞扬、奖励他们的孩子！显然，好心人搭了教育的顺风车。

这里我们稍微停顿一下，做一个假设：如果好心人只是教育以及人类创造的文化的产物，那么坚定的利他主义者就是进化的对立面了？

肯定不是。人类在进化的历史中形成了创造文化的能力。这种能力是人类进化的产物和一部分。从这个原因来看，人类无私的行为，就像人类利用避孕工具一样，与进化并不矛盾。

自然的支撑

但是有很多证据表明，人类不仅是文化造就的，也是自然造就的利他主义者。利他主义似乎不仅有教育的原因，也有生物学的原因。地球上的孩子几乎在同一个年龄段——童年中期——不受父母的影响就形成了强烈的公平意识。他们很早就会惩罚讨厌的家伙、自私的人、浑水摸鱼的人，并且准备做出牺牲。似乎早在摇篮中他们就具备“道德的鉴别力”了（参见第十六章）。

人类也不需要刻意获得利他主义的能力（就像他们必须强行获得其他文化能力，如计算或写作一样）。他们不需要靠自己的辛勤劳动来“获取”利他主义。利他主义更确切地说是唾手可得的——它会受到“发自肺腑的”回报。帮助他人给人一种很好的感觉。付出会给人“回馈”的。有些助人为乐的人甚至把帮助他人描述成一种内心的约束：我必须来关心这个人。除了跳进冰冷的水里去救这个孩子我别无选择。

作为群体现象的利他主义？

但是怎么解释“自然的利他主义”呢？毕竟根据自然选择的安排，只有那些追求自己利益的人才会成功。牺牲自己的利益使他人获益，在自然选择的框架内其实是个意外。我们循着三条有趣的理论来解开这个谜团吧。

第十四章的理论以集体选择的原则为依据，这在第九章里已经介绍过。根据这个理论，进化的力量不仅作用于个人，也作用于集体。我们以某些动物群体的喊叫示警为例：报警的动物会第一个被敌人发现。他真的是在为了大家而冒着生命危险。但是这种行为在进化中获得了承认，因为有自己的示警成员的群体比没有示警成员的群体更能经受危险和挑战，更容易繁衍生息并幸存下来。

作为“性的道袍”的利他主义？

第二个有趣的理论认为，利他主义可能形成于我们第九章已经非常熟悉的性选择。在择偶的时候，生物不是遵循偶然性原则，他们更多的是被有吸引力的特征说服甚至“引诱”。什么是特别有吸引力的特征呢？能够向人证明自己是个非常了不起的小伙子，可以共同生育抚养优秀的下一代等等。别忘了，孔雀的性选择要归功于它漂亮的羽毛，即使这样做并非没有危险——自我宣传有可能要付出代价的。

利他主义可能就是一种类似的“负担”：人类可能会特别偏爱利他的伴侣，因为他们知道，比起那些只考虑自己利益的家伙，一个无私的、乐于助人的伴侣才能更好地照顾下一代。事实表明，人类在择偶的时候，特别喜欢那些有同情心的、乐于助人的个体[563]。

作为副产品的利他主义

第三种理论把利他主义解释为进化的“副产品”。副产品？实际上根据进化生物学的观点，所有的特性或行为方式早就不意味着适应了，它们并不是直接起作用的。也就是说，它们既无助于更好地利用资源，也无助于赢得配偶。它们就是进化的一部分，就像围裙上的油渍是下厨的一部分一样。男性的秃头可能就是诸如此类的副产品，或许还有人类的盲肠。

很多疾病也被视为进化的副产品，例如囊肿性纤维化、镰状细胞贫血或者铁贮积病。尽管它们不具备有助于存活的功能，它们还是属于进化的保留节目，因为仅具备部分这种天性（例如一种隐性的基因）的个体会从中受益。而拥有“所有”这种天性的个体则享受不到进化的好处，甚至反受其害，幸好这样的个体为数不多。在进化的框架内肯定会形成一些与发展的目标背道而驰的特性！

事实上，人类行为的很多方面可以看作是一种光谱，它的极端不再是“有益的”，甚至是有害的。比如一种系统的、无感情的思维在很多方面是有利的，而它的极端表现——利他主义——则会带来严重的弊端。人类的情感反应通常也与光谱类似，它的极端形式则不一定能适应人类的社会。例如世界上有胆小的人，但是也有极其胆小的人，在生活中处处遭遇失败。有害羞的人，也有极其害羞的人，在生活中停滞不前。有大胆的人，也有非常大胆的莽汉，在生活中不走寻常路[564]。

真正的利他主义是移情的副产品？

真正的利他主义可以归入哪一类行为光谱呢？有证据表明移情是其“来源”——真正的利他主义这座冰山的一角。

我们来看一下这个问题。在进化史中对于人类来说越来越重要的是能够“进入”其他群体成员的思维和感觉世界。这种“读心术”的能力，也就是能够识别其他人的意图和感觉的能力，使人类能够在非常复杂的环境中进行合作（如在捕猎猛兽或抚养孩子的时候），从而使群体更好地运作。正如我们今天所知道的，“阅读”感觉和意愿是建立在一种“镜像神经元”体系的基础上，它是一个通过发挥我们自己的感觉，从而识别他人的感觉状况的神经细胞网络[124]。

当我们看到其他人在遭受疼痛折磨的时候，镜像神经元就开始发挥作用，让我们自己对他人的痛苦感同身受。事实上，移情就意味着“同情”。这种能力最后可能就成了人类利他主义的基础，也是真正的利他主义的基础。尽管这种“读心术”在石器时代可能只是为了通过合作减轻部落群体生活的压力，当我们后来碰到陌生人需要理解或帮助的时候，基础的镜像网络系统就开始做出反应。换句话说，我们不得不帮助他人，因为我们在陪着他们遭受痛苦。我们必须帮助他们，因为我们在“自我的镜子里”，也就是说在我们的内心，得到了鼓励，因为我们必须在自我的镜了里过得了自己这一关。

哪一种理论有道理？

根据最新的模型计算，上面提到的第一种集体选择的理论可以合理解释人类群体中广泛存在的合作现象[566]。但是它解释不了真正的、无私的利他主义。因为示警对于一个群体的好处是显而易见的，而一个群体可能以哪种方式从利他主义中获利也是很难解释的，总的来看很多情况下不会获得什么额外的好处[125]。

第二种理论，真正的利他主义在性选择的范围内是后天的“装饰品”——就更贴切一些。真正的利他主义所要求的“代价”（甚至可能意味着失去自己的生命）就是所谓的“广告成本”。在自然界正是如此，孔雀开屏是有生命危险的，因为它可能因为漂亮的羽毛而逃不掉狐狸的虎口[126]。但是这种解释也遇到了一个问题：在性选择的特征方面，两性之间大多数情况下有很明显的差异。但是这在人类利他主义的情况下至少不是很明显[567]。

第三种理论认为，真正的利他主义是人类同情能力的“剩余产品”。因为实际上真正的利他主义似乎只是“冰山的一角”。与合作的其他形式相比，“无私的帮助”是相当少见的。只有少部分人适合做好心人，大部分人是不敢冒风险去调解冲突的。

到底哪一种理论有“道理”，目前的知识水平还说不清楚。也许这个谜团要把各种解释结合起来才能解开。只是有一点是肯定的，那就是真正的利他主义与进化理论并不矛盾！

只有人类才可能做到？

我们可以这样认为：并不是每个人都是天生的利他主义者，但是真正的利他主义是人类可能做到的。

这是不是意味着只有人类才能做到利他主义呢？最后的答案还没有出来。至少在自然狩猎区，还没有发现哪种动物有真正的利他主义精神。但是不断有观察发现，猴子，比如猕猴，它们像人类一样的合作抚养后代，它们对陌生的猴类成员也非常愿意伸出援手。如果指的是所谓的“独有的人类特性”，那么在动物身上发现真正的利他主义也不是什么意外的事。

有趣的是，正巧在猕猴身上也发现有镜像神经元。这样我们就有一种推测，在第十章已经讨论过这个问题：也许移情的能力（还有真正的利他主义的“过剩”的感情移入）是“合作抚养”的一部分呢？移情是不是首先形成于集体抚养的物种，因为在那里不仅是母亲，还有很多其他的、甚至是陌生的供应者随时在准备着照顾幼小无助的种族成员？对此尤其需要具备一种能力：能够想孩子之所想，能够识别他的感情和需求。人类之所以超有同情心，也许是因为他是最无助的、发育得最不成熟的、对于他的抚养者来说是“最贵重的”生物？

第十七章
借鉴世界各地的养育方法

纵览全球文明历史，常常引人陷入无限遐思。不管是生活在马尔堡，还是在马尼拉，所有的孩子都有着相同的成长需求，而所有家长也都无一例外地望子成龙、望女成凤。尽管如此，全球各地教育孩子的方式却千差万别，这本书中里的例子比比皆是。其中也不乏有些例子或许会引人发笑。例如在某个文明中，如果一个婴儿发育不良，父母就会为他另取一个名字来试图解决问题。还有例如为了让孩子变得强健有力，将狒狒骨头研成粉末撒入新生儿皮肤上的伤口，这种做法不免让人心生反感。再者，有时我们的做法过于盲从，甚至会寄希望于通过这些方法让孩子们完成我们未曾实现的梦想(参阅第十二章)。

既然如此，是不是可能存在一种万能的培养公式？一种能够帮助孩子们成长为幸福、成功的人的简单方法？假若没有，我们是否能够从五花八门的方法中编排出一份包含实用教育方法的菜单，或是国际权威教学法排行榜？

可否借用？

有些方法我们早就已经“效仿”过了，例如使用婴儿背带背婴儿，或是在德国越来越流行的襁褓。并且在今天，如果某个妈妈母乳哺育孩子的时间超过 6 个月，也不会再有人询问她是不是信奉某种自然拜物教。

可其他方法呢？那些从多元文化中照搬来的方法真有借鉴的价值吗？我们应该按照何种标准来选择最好的方法？再者，甲之熊掌，会不会是乙之砒霜呢？

巨大的多样性

单就孩子们睡觉来说，各文化间就存在很大差异。比如居住在亚马孙地区的印第安孩子们挨在母亲身边过夜，而生活在欧洲大城市中的大多数孩子都是独自一人睡觉，而父母则通过婴儿监视器照看他们。再如中非的孩子们蜷缩在吊床中睡觉，而北美印第安人的孩子们则四肢舒展地躺在木床板上休息。

类似的多样性还体现在父母看待孩子的思维上。密克罗尼西亚的法鲁克人的孩子们在 2~3 岁之后才开始学习思考。而西非国家贝宁的居民很早便开始与婴儿交流内心世界。如果大人们并不理解他们在吱吱呀呀说些什么，那只是因为我们这些成年人在表达时受到了太多的限制！

孩子们的成长环境也是五花八门的。例如在欧洲中产阶级家庭中，许多婴儿一整天也就只能看到妈妈一个人。而中非埃佛人的婴儿则由多达 10 个母亲照料，因而也由多个妈妈哺乳喂养。再如，德国有许多已经长大成人的“孩子们”依然寄宿在父母家，成了啃老族。而西非许多国家的孩子断奶后不久就寄养在亲戚家，并且常常是在其他村落生活。有些部落中多达60%的孩子都在这种“监护关系”下生活[568]！

即使在石器时代，我们的祖先在如何照料孩子这个问题上也没有达成过共识。一部分人对待孩子十分宽容（例如西贡人），赞许多于否定；而另一部分人态度却十分严厉，否定多于赞许，并且期望孩子们能够早点为家庭做出贡献。再如，某些家庭5岁时才让孩子断奶，而另外一些家庭早在孩子2岁时就已经停止母乳哺育。

完美的婴儿——可什么是完美的婴儿？

培养孩子的最终目标是什么？这也是一个没有标准答案的问题。西方文明所认为的“完美”孩子应该尽可能做到独立，能够提早掌控个人情绪，执行力强并且擅长讲话、喜欢讲话。而许多传统文化下的母亲更看重孩子们的其他素质：例如孩子应该学会适应环境，能够良好地胜任团队合作。相对而言，自我意识和口头表达能力并没有那么重要。印度尼西亚的达尼人甚至认为孩子们将会接连不断地遭遇不测，受到魔鬼的袭击，因此孩子们应该尽可能保持安静、平凡。

由此看来，各文明中流行的儿童培养方法存在分歧也就不足为奇了。例如西方国家的家长竭力向孩子们灌输教育学典范，促使他们变得独立，并尽可能地让其参加那些“有意义”的活动；而传统社会中持有保守思想的家长则更愿意鼓励和激发孩子的兴趣，引导他们走上正途，并勤于为孩子们解释说明[127]。

潜意识的剧本

通常来说，家长们在开始搜罗购买婴儿用品时，脑海中就已经有了培养孩子的思维模式。而这种“人种学理论”（人种学者对于家长们这种无意识设想的称呼）“剧本”的形成大多数情况下是无意识的。我们看待孩子们的方式以及为他们所竭力争取的一切看起来是那么平常不过、不假思索和理所应当，以至于自己从来没有对这一切产生过质疑。我们这里的家长们从来没有怀疑过自己是否按照孩子们的意愿和需求安排了这一切。他们只会觉得，婴儿当然需要鼓励，当然需要有人陪他玩，当然需要有人向他介绍这个世界！只不过：对于身处其他文化中的家长们来说，这一切恰恰是错误的做法。

即便有时家长们也会突然陷入矛盾中，但最终总是会被心中的某种信念所说服：这是代代相传的。每一代人都会在不经意间被前人口授的教育目标和方法所传染。一切都是理所应当的，比如祖父母从小就教育孙子、孙女养成讲卫生的习惯，例如我们今天给 2 岁大的孩子也包裹尿布。再例如，德国经济奇迹的头几年后，配方奶哺育已经广泛流行，以至于母乳哺育几乎销声匿迹了。在上一代人的年代，如果一个父亲推着婴儿车照料孩子，会被视为缺乏睾丸素的娘娘腔。而在当今社会，不仅国家会予以补贴，媒体也会奉其为当代好男人的典范。再比如，严格准点给婴儿喂奶曾经就像钟表指针一样“再正确不过”，“棍棒底下出孝子”更是普遍的共识，但如今这种严格的家教将被视为犯罪。非洲的赫勒娄族人习惯用工具挫开孩子们的门牙，在我们看来却是一件难以理喻的事情。但美国百万新生儿都要经历的割包皮手术又有多少可以理喻的呢，就连全美儿童医生联合会都认为这是一种“医学上并不适宜的行为”[569]？

在这么多相对论的后面也留下了很多挥之不去的问题：这难道不是太有意义了吗，也真的好像我们今天一时的时尚吗？家长怎样才能知道，他们根深蒂固的信仰真的是对他们的孩子好吗？

秘方

尽管如此，一切也可以变得十分简单。动物的世界可不会被所谓的流行趋势和不断变化的一些忠告建议搅得一团糟。它们笃定地坚信自己的本能。动物们天生就“懂得”如何养育孩子才是最佳方案：只要幼仔张着嘴巴，鸟爸爸妈妈就会不知疲倦地四处觅食，然后喂给孩子们成长所需要的最理想的食物。母猫也能凭本能判断何时让小猫咪断奶：当小家伙们试图靠近猫妈妈的乳头时，猫妈妈就会用前爪拨开它们。狮子也凭借同样的“本能”去决定小狮子何时要自食其力，开拓自己的领地。一旦时机一到，它们就会毫不犹豫地立刻催促小狮子们离开。

这些本能都是十分引人注目的行为辅助形式。经过数百代、甚至数千代，代代相传逐渐形成，而在此期间也历经了不少考验：只有当某个动物的特定行为活动获得成功后，才会将相应的经验传授给子孙后代。因此，本能是从先辈们证实可行的所有方法中提取的精粹，即真真正正的秘方。

非本能的天性

只是对于人类来说，本能并不能解决问题。与其他大多数动物不同，人类必须想尽办法适应各种可想象到的环境。智人经历了地球上几乎所有的气候条件——从永冻的极地到酷热的沙漠。为了能够生存，每个地区的生存行为方式都不尽相同。人们必须实地决定“正确”的生存方式，并且每一天的生存方式也在不断变化。即使身处同一个社会中的人们也好像生活在不同的气候下：乞讨者和皇帝的生活差异就好比一个生活在北极，另一个生活在热带雨林中。再比如街头艺术家和银行职员的生活也没有多少相似之处。总而言之：人类不可能有一成不变的行为准则。

同样的道理也适用于育儿。有充分的证据证明：人类并非天生就懂得如何最佳地养育后代。因此，我们必须抛开少数例外情况（这都是不可避免的）逐渐学习。

但问题就此出现：因为学习避免不了犯错。我们能够从经验中学习，只要相关经验能够轻易获得，那么一切便十分顺畅。如果不能，问题就来了。我们可以从第十四章看到，在当今社会中，照料襁褓中婴儿的经验已不再属于人类正常社会化的一部分。因此，熟练地照料婴儿才变得如此不易。

但如果只一味尝试，也会犯错。例如在 18 世纪，糖成为欧洲商店里最畅销的商品。许多人貌似十分“明智”地使用糖水替代牛奶哺育婴儿，结果却造成许多儿童丧生。

无论如何：普遍适用的核心思想已经确立了

若完全不借助天性的帮助，人类也不可能生存至今。更确切地说，人类可以凭直觉判断如何才是照料婴儿的最佳方式（参阅第十四章）。例如各个国家不同的育儿习惯中的确也存在某些相同之处。虽然不多，但至少适用于某些传统型社会：

比如哺乳期间强调身体接触和母亲与婴儿间的“感官”交流，或是与婴儿需求协调一致的母婴交流。

但是，这种“自然的直觉”并不完全等同于动物的本能。因为本能对于正常动物所发挥的效用相同，即使是在冷启动的条件下（指没有过往经验的条件下）。而人类凭直觉照料婴儿的行为则至少应该是部分建立在经验基础之上的，并且直觉在某些特定条件下的效果会要好些（参阅第十章）。因此，虽然人们有直觉性的“基本知识”，但对待儿童的方式却并不相同，对此我们该不会感到意外了。

传统有时也能为我们指明方向

当本能并不发达，学习又如此困难的时候，试试第三种策略怎么样：模仿他人的做法？这里所指的就是传统。简单地说，传统即是我们从前人那儿借鉴而来的行为方式，而他们也是从其他人那儿抄袭而来的。因此，传统可以被视作无数先人们穿越时间这座林海时所踏出的蹊径。

传统分许多种，例如家庭传统、宗教传统、社会阶层的传统，或是某个文化区域的传统。因此传统是多层次的、“小范围的”，不似本能那般死板，几乎像是预制板一样能够随意嵌入人们的生活蓝图中。因此，当我们发现在生活中传统无处不在，也不必觉得特别讶异！一旦接受了某种传统，它就将陪伴我们一生。这也就是为什么当我们身处异乡时总觉得自己像个陌生人。由此可见：放眼望去，人们所做的大多数事情的初衷是因为其他人也这么做，他们对待孩子的行为也不例外。

因此，人们也可以将传统理解为替代本能的人类财富。传统中存在着对无数前人所遗留的经验的精选提炼，不同的是传统形成的历史要比本能短暂许多。

可传统会是不错的替代品吗？当我们阅读下面的“传统的‘小字部分’”后，心中自有定论。

传统的“小字部分”

翻阅漫漫历史，或是观察其他国家文化，我们常常会惊奇地发现，有些传统从现代人的认知层面来看显然并不正确。例如某些民族不允许婴儿喝母亲的初乳，而初乳对于人的免疫系统起到了十分重要的作用（参阅第二章）。再如，当今快餐已逐渐成为人类饮食的“传统”形式。但传统之所以能够潜移默化并非因为它们真的是最好的方法，而是因为在许多人看来，它们像是最好的解决方法。在这种人与方法的协调过程中，人们并不能总是保持冷静客观的判断力，有时偏见和迷信也多多少少起到了一定的作用。例如在坦桑尼亚，短短几年时间内大多数人都开始笃信：儿童发烧时须拔掉犬齿[570]。如果谁还一直坚持认为传统一定有着某种“意义”的话，那么请想想看许多民族延续数百年之久的女性割礼传统[571]。

迅速过时

与本能相比，传统的另一个弊端在于其耐久性，而这主要取决于人类的生活模式：借助传统，人们可以更好地适应当前的世界，同时他们也不会放弃任何机会去改造眼前的一切。因此不久之后，传统便很有可能不再适用：当某个传统建立的时候，或许世界早已远远走在了前面。

毫无疑问，现代快节奏的生活中各种传统数不胜数。举例来说，不仅有传统菜肴，地中海美食也早已在北欧扎根立足，而快餐传统也即将掀起一场风暴。在儿童教育方面同样有如此丰富的“美味佳肴”，而且天天都有新品出炉。既有不应溺爱的传统思维方式，也存在强调更多宽容的现代教育思想。有些家长觉得孩子需要约束，也有些家长更倾向于对孩子多支持与鼓励。人人都有自己的选择。今天最时兴的，或许明天也就成了历史的尘埃。

一切都只是人云亦云?

现在，让我们真正用批判的眼光来审视这一切。家长们怀着炙热的信念为孩子们所做的许多事其实只是纯粹的模仿。他们自认为培养宝贝孩子的计划独一无二，但事实上这类规划满世界俯拾即是。我们之所以这样教育孩子，而不是那样教育孩子，其实主要原因是其他人也都这么做。例如，人们脑海里关于“一步步”促进孩子成长的设想就像 20 世纪 80 年代女性应该剃掉腋毛的思想一样根深蒂固，但两者均没有合理依据。虽然大家一直以来都认为，孩子们 2 岁，最多 3 岁就应该断奶了，可是这种说法和上述观念一样，根本没有任何科学的根据(虽然一直以来大家都习惯于这样一个温馨的画面：母亲一边给宝宝喂奶，一边爱抚他们幼嫩的肌肤)。再如，我们坚信孩子最好是放在婴儿车里推着走，尽管相比较而言，抱着孩子走更健康（我们毫无理由地担心婴儿车可能会让婴儿“脊背弯曲”)。家长要勤与孩子交谈，据说这样他们将来口才会更好；家长要时时刻刻夸奖孩子，据说这能增强他们的自信心。所有这些都只不过是未经证实的设想。爸爸妈妈认为孩子应该多吃蔬菜才健康的想法与爷爷奶奶觉得不吃菠菜就不能长高和变强壮的观念一样毫无依据。此外，认为让孩子独自睡觉就能培养他们的独立性的主张是迷信的一种现代形式。“学习玩具”能让孩子寓学于乐的说法也是玩具行业用来忽悠消费者的噱头。总而言之，家长们的最高信条是：培养孩子的品格要从降生第一天起，给他们确定行为准则，或者规避一切消极的东西（参阅第十三章）。

传统是把双刃剑。虽然它让人拥有更灵活的选择（与本能相比有巨大优势），但也存在致命缺陷：我们无法确定传统是否真的能将我们引导向“正确的”方向！

不同文化背景下养育方法的比较结果

文化比较的出发点看似已经明确。世界各地存在着各式各样的传统，即使是孩子家长所做的无足轻重的一件小事，任何时候也是值得从全方位进行考察的。可我们如何挑选出对自己有益的内容呢？其实只要对前面所述内容稍加总结，就离答案不远了。

第一：并非所有原始的东西都是好的。人们常常认为“原始文化”比现代文化更明智，他们“未经开化”的生活方式更符合人类预想的生存模式，因此可被视为现代人的榜样。

这是一种被美化了的谬论。原始社会的人类也和我们一样，集善恶于一身。因此，他们在培养孩子时既有正确的一面，也有糟糕的一面。关于这一点本书列举了不少实例。而关于所谓过着纯自然生活的“原始民族”的想法本身就是有歧视的：每个民族都拥有丰富多彩的文化，各文化间的差别如此之大，以至于即使只是隔着一座山谷，两个民族便不能互相理解。因此不难想象，来自许多“原始文化”的建议会让人多么困惑：有些文化中有妊娠期禁止喂奶的禁忌，有些文化中则有哺育期禁止做爱的禁忌，还有的文化中甚至会禁止妊娠期夫妻过性生活。谁如果认为越接近自然，就会越靠近清醒和智慧，那么他可就大错特错了。

第二：并非所有看起来不错的方法都适合我们。由此第二个问题也就接踵而来了：在其他民族那里观察到的东西究竟能不能为我所用？一方面是好消息：我们并不需要像亚马孙河流域的印第安人一样生活，才能学习他们那些看起来也有益于我们孩子的特殊方法。我们不必非得将孩子放在婴儿车里推来推去，也可以背着他们穿过城市丛林，或者抱着他们一起入睡。

可另一方面我们决不能勉强而为之。因为我们从他处移植而来的方法常常牵连甚广，因此不同情形下付出的代价也不尽相同。例如现代人不必天天锻炼身体素质，因此对于女性（也有男性）来说，经常性地抱着孩子身体负担较重。此外，想一直和宝宝保持亲密接触，与不希望被孩子占据所有时间和空间，这两种心理常常使人陷入矛盾之中（本书第十二章已论述了该主题）。但还有更大的困难险阻。即使知道大家庭环境更有益于教育孩子，可现代社会的人们却已经很难再组建起一个大家庭，那我们到底该怎么办呢？

因此，在寻找榜样的过程中始终不应该忘记一点：没有任何一株植物能直接进行移栽，因为它需要某种特殊的土壤。培养孩子们的方法取决于我们的生活、个性、历史和所生活的环境（参阅第十五章的“认识与展望”。所依据的规则其实就是我们自己的一部分，我们文化属性的一部分，不能任意割裂、移植和比较。

第三：尽管困难重重，可还是鼓起勇气去尝试吧！正如我们在第一部分所看到的，教育其实就像服装一样。人们并非冷静地坐在桌子前，思考哪个地区产的服装样式最高级、最漂亮或是最适合自己，而是得自己亲自不厌其烦地试穿：大家“都这样穿的”就算是正常的。例如牛仔裤、短裙或是晚礼服，可日本和服呢？又或者草裙内衬遮羞袋？

另一方面，我们的确没有确凿的证据证明自己所采用的教育方式是“正确的”。而且恰恰相反，很多理由使我们对此疑虑重重。没有什么可以阻止我们从其他文化中借鉴教育方法或者切入点，并加以尝试，看它是否适合我们，或者是否值得为之付出代价。假如不是我们的父母在20世纪60、70年代人种学浪潮中接受了新思潮的鼓舞，或许今天我们仍然在使用配方奶粉，严格准时准点哺育婴儿和强迫孩子讲卫生！

与此同时，我们也得特别注意，要时刻放眼全球，观察其他人的类似做法。例如对所有地区的智人孩子的成长十分重要的推动力，其背后很有可能是他们父母的直觉。不管这个孩子是住在穆尔瑙（德国城市）还是孟买（印度城市）（参阅第十四章）。

关于科学

或许科学能够帮助我们取其精华、去其糟粕？科学能否用其“理性”的标准从无数的教育方法中甄别出那些对我们孩子有益的方法呢？

从一方面来说，答案是肯定的。毕竟我们拥有许多的科学工具，可以判别出某些粗糙的无稽之谈。例如孩子必须大声呼喊才能强壮脾肺的谬论就被科学轻而易举地推翻了。方法很简单，只要证明那些很少大声叫喊的孩子的肺部也很正常就足矣。科学也可以批驳心理学家的诸多理论。例如有些心理学家认为孩子患上孤狂症责任在于母亲，或是妊娠期的恶心呕吐反应暗示了母亲对于孩子降生的排斥。

但是从另一方面看，科学本身也能够制造出不少粗糙的谬论。不论是过去还是现在，每个错误的教育方法背后总是存在一个“专家”，引用科学知识佐证自己的观点。不论是准时准点喂奶，还是提早断奶，或是让婴儿大声叫喊，所有这些教育方法都拥有“科学”依据。

科学常常如此轻易地遭遇失败，其原因很大一部分要归咎于没有采用科学的方法，没有依靠可测试的数据和调查，而是依靠“专家们”苍白的观点。（在轻实证重权威的口号下，科学在医学领域也造成了不少的麻烦。）

在研究教育方法方面，科学可能的确缺乏合适的方法。例如药物可以按照随机抽样原则在不同受试者身上进行测试，然后客观地比较结果。可教育方法呢？人们不可能随意分派给各个家长某种教育风格，10 或 20 年后再行比较教育成果。因为每个家长所选择的教育方式自有其独到的原因（参阅第十五章的“认识与展望”）。人人都必须找到自己那条通向罗马的道路。即使科学能够提供最快捷的高速通道，但对于特定家庭的特定孩子来说是个正确的选择吗[572]？

由此可见，科学在许多方面都不能帮助家长辨别教育方法正确与否。即使是“客观存在的”科学终究也需要通过主观性的阐述才能进行表达，所以科学不能够胜任文化比较中仲裁员的角色，否则就会有人质问科学：对于家庭来说，一夫一妻制和一夫多妻制哪个更好些？

无论如何，科学是可以促进人们的理解力的，它能帮助家长更好地理解自己的孩子，同时这也是本书力求达到的目标。科学能够描述孩子们的发展，给出“正常值”的范围，并阐释孩子们行为的动机和原因。总之，科学像一幅地图，只能给出一般性的指导，而最终的道路还是需要我们自己去找寻。

方案，而非处方

本章结束前再总结一次。放眼全球，我们并没有找到所渴望的万能药。成就优秀教育的方法与促成美好婚姻（或是幸福人生）的方法一样，很难从别人那里得到很多建议和指导。

然而，即使只能够学到千万分之一，我们的视野也还是得到了拓展，因为它让我们不再局限于本族文化的“处方”。虽然其他国家和地区的家长在处理儿童问题时措施和具体做法与我们不同，但那儿的孩子们似乎也都长成了健康的正常成年人。

或许我们也该采用其他文化的某些观点，稍微质疑一下那些“专家们”，特别是当他们不厌其烦地说着“最佳的”哺乳期限，“最佳的”补充儿童营养的辅助食品，“最佳的”睡眠方式和“最佳的”教育方法。假如真的只有一种方法能让孩子们幸福，那就要奇怪了，怎么全世界各地到处都有幸福快乐的孩子呢。

认识与展望：

为什么人类有谜一般的童年

所有哺乳动物在生命的早期都离不开母亲，因为他们需要母亲提供的灵丹妙药——母乳。而不同生物享受这一福利的期限也不相同，例如啮齿目动物幼仔几天就可以断奶，而类人猿则要过好几年才停止母乳哺育。但无论如何都存在一个原则：母乳枯竭时，幼仔就已经学会如何进食、保护自己以及适应环境了。

可人类却是个例外。当人类幼儿停止进食母乳时，仍是个孩子，并且至少还需要 10 年才能完全不依赖于父母或者其他成年人独立生活。为什么呢？

计划中的早产

人类所属的大家族就已经非常特殊了。所有灵长类动物寿命都很长，但却不是利用这段时间来繁育一个大家族，而是十分看重后代的质量。因此，灵长类动物的后代成长缓慢，性成熟较晚。

虽然这种生命策略已经非同寻常，但最年轻的灵长类动物——人类还有更与众不同的特质，即把未成熟的后代带到这个世界上来。

“假如一个母亲能够实事求是，肯定会把敷衍了事的拙劣作品（尚未发育成熟的婴儿）严严实实地藏起来，谢绝所有拜访并且控告接生婆。”生物学家麦达斯·德克尔斯这样说[573]，并由此指出了人类最显而易见的异常：人类婴儿降生时对这个世界一无所知，什么都不会做。当其他动物幼仔至少还能自己去找寻母亲乳头吃奶的时候，人类的婴儿却连头都抬不起来，只能任由大人双手的摆布。上帝所创造的杰作（人类）诞生时竟然如此羸弱！

生物学家也提到一种“生理学早产”的说法。如果要像其他灵长类动物一样，发育成熟后再来到这个世界，那么人类婴儿恐怕还必须在母体中多待几个月（关于具体多待几个月，进化生物学家争论激烈，认为3~9个月不等）。但事实上这种假设根本行不通。因为尽管婴儿尚未发育成熟，可他那硕大的头颅已经达到母亲产道的扩张上限了（参阅第九章）。这就意味着：其他动物幼仔已经在母体中完成的成长发育，对于人类来说，还需要在降生后补齐。

我们再稍微花点时间讨论下“生理学早产”这个概念，原因在于进化生理学家并不怎么喜欢这个定义。因为人类婴儿的“早产”是相对于其他哺乳动物而言，但就个体来说，婴儿的出世确实已经到了合适的时间点。况且人类婴儿的产后发育和“未成熟”的大脑给予了人类其他动物所没有的优势：受基因控制的程序化发育相对较少，更加灵活。假如人类婴儿降生时就已经“发育成熟”，那么人就不得不丧失其最重要的物种选择优势，即行为灵活性的优势。而正是这种特性才帮助人类适应多社会因素、强调紧密协作的群体生活。早产在表面上显现的劣势其实早已被其带来的成长优势所抵消，甚至获益更多！

短暂的哺乳期

但这早已不是人类发展过程中仅有的一次例外。根据一项研究，人类的哺乳期也是出奇的短暂。许多仔细阅读过第二章内容的女性读者知道，自然条件下人类母亲会母乳哺育幼儿3年或者更长时间，因此读者们不禁会问到“3年也算短暂?”事实上与我们最亲近的同族动物相比，3年的确很短。例如黑猩猩的哺育期大约为5年。如果将动物的预期寿命考虑进来的话，人类应该母乳哺育满8年才算正常！

最无助的灵长类动物——人类如此之早便要被迫断奶，而此时他尚且不能独立进食！

生长轨迹：走走停停

曾经养过猫狗的人一定知道，大多数哺乳动物生长轨迹千篇一律：开始时快速生长，而后越接近性成熟期，生长速度就越缓慢。但只有灵长类动物是个例外。它们在性成熟前会突然迎来生长高峰。而且这次又是人类将这种特质推向极端：人类婴儿在二三岁以内发育很快，而接下来的10年左右生长近乎于停滞，到了青春期又再次开始突飞猛进的发育！人类的生长曲线图看上去就像是骆驼的脊背[574]。

至少人类生长曲线的第一阶段比较容易解释，在这段时期人类婴儿需要弥补在母体中就落后于其他生物的生长发育。可第二次生长高峰又是为什么呢？为什么狗和猫没有这一阶段？长时间的生长停滞以及最后疯狂的生长冲刺又是为了什么呢[575]？

自然的教学计划？

在回答上述问题之前，我们首先解决一个更基础的问题：长时间的儿童期有什么好处？为什么人类要经历这段漫长的过程？

没错，为了学习！人类儿童的某个器官中蕴藏了巨大能量，原则上也是其学习的动力来源，这个器官就是大脑。这一点与前面的结论不谋而合[128]。

可孩子们到底应该学习些什么？自然的教学计划是什么？他们依照自然的计划需要从生活这所学校获得怎样的知识？由此争论便爆发了，请看！

“物理–环境假说”

许多种类的猴子只需以灌木丛的树叶为食就能填饱肚子。而人类则更愿意享用营养价值更高的食物，而要做到这一点必须以强大的能力为前提。例如为了捕获野兽，人类必须费时费力制造工具、设置陷阱、钓鱼、挖树根（必须留心记住其所在位置），然后加工、烹调捕获或采集到的食物。这些知识已经足够儿童学习。事实上观察以猎人和采摘者为主的社会群体的生活，其学习曲线的增长是十分艰难的：委内瑞拉的志愿女工在35~45岁间才能掌握挖树根的最佳技能。再如，砸刚果核桃也是人越老技艺越精湛。巴拉圭阿赫人中技艺超群的弓箭手一般年龄在40岁左右[576]！

“社会-环境假说”

工具的使用及对“物质环境”的适应真的是儿童时期最重要的学习项目吗？对于他们来说，学习如何适应纷繁复杂的人类群居生活不显得更重要吗？“社会-环境假说”的支持者认为，人在儿童期首先要学会拼装社会这个大拼图，从中学习换位思考，与人顺畅地交际，权衡利益得失，理解所处的世界，与他人协作，以及如何管理别人。人种学者马克·福林（Mark Flinn）认为：“儿童期最重要的关注焦点并非果子、工具、野兽和雪，而是其他人类竞争者和伙伴[577]。”该理论的支持者认为，社会这个大核桃要比刚果核桃更难撬开。

这种假说是有一定依据支撑的。例如远在儿童能够想到打猎或者采集食物之前，从降生之日起他们“被挥霍浪费的”大脑就开始生长发育。前文中所提到的罕见的儿童“走走停停”发育模式正好印证了“社会-环境假说”。如果人类在儿童期主要学习打猎技巧和工具操作，那么儿童期中力量增加、身体长高岂不是更好。但事实上这段时期人类儿童的生长劲头像是被人全力踩下了刹车阀。

到底哪种假说有道理？

谁更有道理，是“社会-环境假说”还是“物理-环境假说”？两种假说都有很好的理论依据，可能把两者结合起来可以给出最好的解释，具体如下[578]：人类在发展过程中总是力求得到高品质，但又难以获得的食物，为此错综复杂的能力和智慧是必不可少的。与此相适应的生存形式，即打猎和食物采集衍生出越来越强烈的生存压力，迫使人类演变为群居生活，最终形成了对人类后代的“共同”抚养。因为只有在孩子抚养上通力合作，才能减轻食物采集和打猎的压力。

此外，这也可以解释人类的其他特性，尤其是与其他灵长类动物相比较更为短暂的哺乳期。当人类儿童不再需要母乳哺育的时候，其他成人也就容易帮忙照顾这些小家伙。另外，还有一种人类的“特殊装置”（指母亲）也可以借用“合作模式”进行诠释：人类母亲能够“胜任”同时抚养多个孩子，其原因在于她能从其他成人那里获得帮助。

那“走走停停”模式的特殊生长模式又该如何解释呢？计算机模拟实验显示，如果某种生物必须同时抚养多个无法独立生存的幼儿，“驼峰”方案是最佳的选择。这也就是说人类幼儿在儿童期末端长势变缓，避免了成人抚养负担峰值的出现（通常情况下父母此时已经开始着手抚养接下来出生的弟弟妹妹）。所有这些解释都与理论相契合[579]。

如何理解童年期？

可童年期又是怎么一回事？为什么人类的幼儿在断奶后很长时间内依然要依赖成人解决饮食需求？

别忘了：绝大多数哺乳动物没有上述意义上的童年期。它们在断奶后就能够立刻自食其力，但也有少数特例。例如狼，其幼仔在断奶后短时间内仍然需要从狼群其他成员那儿获得充分咀嚼后的兽肉，还有少数种类的猴子，尤其是绒科猴子（绢毛猴和绒猴）。

潜在的优势

现在让我们再次从宏观上审视童年期这个概念。首先，童年期是一个“十分昂贵”的活动，不论是在现代社会条件下子女在上学期间靠父母供养的生活，还是指以猎人和采摘者为主的社会中，孩子们直到20岁左右才能自食其力[580]。此外，童年期也是一项十分危险的安排：如果抚养幼儿的成人遭遇不测，那么至少在原始生存条件下代价可就是孩子们的性命。

如此复杂棘手的模式究竟是如何实现的呢？关于这一点我们人类再次与绒猴不谋而合。行为研究学家赫尔迪女士认为童年期是合作型“血缘模式”（参阅第十四章的“认识与展望”）的伴随现象，人与绒猴都是如此。在合作型抚养模式下，一个人类婴儿由多个成年人共同帮助抚养，由此“降低了”该婴儿母亲的抚养成本，即抚养成本由多人分担。正如该理论所阐述的那样，“这种折扣”让人类婴儿长期保持孩子的特性，并因此学到了许多额外的知识！

如果把绒猴出生时的微小体重考虑进去，其实绒猴的儿童期与人类的差不多长，这种灵长类动物也拥有一种动物王国中不同寻常的特性：在第一批幼儿离开父母独立生存前，绒猴妈妈又已经生育了下一代。

我们人类之所以能够将无助的婴儿抚养长大，关键在于周围有乐于助人的其他成年人，他们也愿意在共同抚养下一代这件事上出一份力。

第十八章

自然教育的新理念

在最后一章中让我们首先做一下回顾。在本书伊始我曾向大家承诺，本书会让大家对儿童教育有一个全新的认识：

> 不要只是关心孩子缺乏什么，而更应该致力于去发现他们行为的优点和可取之处。如果孩子们坚持某种行为习惯的话，不要盲目地强行改变他们的习惯，而应首先思考：这种习惯究竟会给孩子们带来怎样的影响呢？特别是针对以下这些问题：为什么孩子不喜欢吃蔬菜呢？为什么他们总是不将自己碗里的饭菜吃完呢？为什么孩子们总是喜欢闹别扭呢？为什么他们独自睡觉时会吵闹不休呢？简而言之，本书认为，尽管孩子们的种种行为总是让父母难以理解，但其实他们的一举一动都是有因可寻的……

由衷地希望能在本书有限的篇幅内为诸位读者揭示儿童行为举止背后所隐藏的“真正原因”。同时，我也希望能通过诸多的实例为大家解答孩子们成长过程中的种种问题。但是本书所提出的与众不同的新观点，能否直接奉为教育准则呢？它们是否适宜于日常教育呢？

我坚信它是有用的。因此，我在很多章节都附上了实用的、为日常教育量身定做的具体建议，其内容涉及父母和教育者在与孩子朝夕相处的日常生活中，怎样把握孩子们各种行为的“真正原因”。当我再一次审视这些建议时，下列具有革命性意义的新认识就会逐渐突显出来。

第一，现代社会的孩子还留有石器时代的烙印

只有当对99%的人类历史时期内的孩子们的成长环境进行调查研究之后，我们才有可能理解自己孩子的种种行为。当孩子们非得吃自己不习惯的绿色食品的时候，他们自然而然地会很挑剔；当孩子们非得晚上独自睡觉的时候，他们自然会抗议；当家人都在关注初生的弟弟妹妹时，孩子们自然会想方设法引起大家的注意。孩子们自然也会模仿年龄较大的孩子。自然……在本书中此类实例不胜枚举。

当然这并不意味着，现代社会的父母们必须要像石器时代的家长一样地对待孩子——对于这一点我们都可以提出各种各样充分的理由（请参见第十二章）。

但是有几点是不容忽视的：对于我们对孩子所提出的要求，父母们必须有清楚的认识。同时我们也得考虑到一点：千万不要对孩子要求过高。因为孩子们的可塑性很强，而且随时都准备着接受新的事物。他们会用古老的标准“评价”自己的日常生活经历。与其同远古时代的同龄人相比，现代社会中的孩子们在生活中所感悟到的种种情绪并无二致：尽管横亘着

几万年的时差，但是孩子们的喜怒哀乐是完全相同的。人类情感的面纱不会随着时间的流逝而发生任何改变。

让我们再看看积极的一面：即使在现在的条件下，我们也可以为孩子们提供他们健康成长所需要的一切。良好的教育并非氏族社会的特权。但是我们也必须时刻保持警醒，对于孩子，尤其是小生命伊始时，我们是否寄予了过多的期望。孩子们是否真的应该从婴儿时期就必须“独立”呢？当孩子们成天和父母腻在一起时，我们应不应该对他们的这种行为过度忧虑呢？人类有史以来，绝大多数时间孩子们都是和父母待在一起的。那么时至今日，如果我们延续这个传统，难道真的会因此而“宠坏”孩子吗？

第二，孩子们有着与生俱来的长处

当我们回顾历史，我们会发现，无论生存条件如何改变，孩子们都有能力去接受和适应。而且他们时刻都准备着接受新鲜事物并乐此不疲（详见第十五章）。此外，孩子们的未来充满了各种各样的可能性（详见第十三章中的“认识与展望”）。孩子的需求并非由某一特定的人生蓝图所决定的。恰恰相反，正是孩子们在不同环境下所产生的种种需求引领着他们一步步成长（参见第七章的“认识与展望”）。孩子们都愿意去适应身边形形色色的“帮助他们成长的人们”，并且乐意与他们交谈（参见第十章）；孩子们甚至会因为其“不成熟”而受益颇多（参见第一章的“认识与展望”）。在教育过程中，很大程度上来说，其实孩子们自己才是主导者和组织者（参见第十五章的“认识与展望”）！

这让我们深感振奋，因为它让我们看到了孩子们的种种天赋和潜能。发现并挖掘孩子们的这些能力是父母们不可推卸的责任。

第三，孩子们是体系的一部分

通过回顾这本书的开篇，我们发现，孩子作为一个较大的群体的一部分在进化演变着。从进化论的观点来看，孩子确实是“最昂贵的”生物（参见第十七章的“认识与展望”）：他们20年来的发育和成长，都与身边帮助他们的人息息相关，也脱离不了各种有利的条件以及来自家庭、集体和社会的影响。因此，当我们说孩子们的成长首先得益于身边包罗万象的社会环境的支持，而不是母亲们义无反顾的奉献，也就不是那么不近情理了（详见第十章）！反之，即使父母遭遇到危机，孩子也能够在丰富的社会环境中茁壮成长，也就不足为奇了。我们在第十章已经谈论过这一所谓的“危机抵抗力”（Resilienz）了。

对于家庭教育来说这又意味着什么呢？家长们应该尽力不让自己看起来像是掌控孩子喜怒哀乐的孩子们的“生活规划人”。我们可以，不，我们应该谦逊一些！就像孩子们一样，父母也是较大的社会群体中的一个部分。即使我们做对了所有的事情，也仍然不能保证永远都会成功。经常有人会建议各位家长，不要总是把所有注意力都集中在教育技巧上，而同时也应该关注究竟是什么给了我们力量和支持？成年人之间的关系是怎样的？家庭成员之间的关系是怎样的？我们从哪里可以获得支持与鼓励。其实孩子和父母总是共同成长的。

今日的教育

总的来看，在教育史中曾出现过三大亮点，这三大亮点能帮助父母们为自己重新定位。

而这些都是完全必要的。因为长久以来，对于新的潮流、新的教条和各种古怪想法而言，儿童教育都是其所追求的目标。也正是由于这个原因，儿童教育这块净土不可避免地遭受了荼毒，而从未有人对此提出过异议，也没有人对《教育学百科全书》之类的读物做过全面的梳理。现在有人将“靛蓝儿童”和“超越自我”归为一类，而“亲子组合”这一章后面紧接着的是“阴茎妒忌”。更有甚者，“环保型玩具”和“恋母情结”居然联系在了一起。有人还强烈谴责父母在同一张床上睡觉这种行为（据称“尽量避免让孩子在晚上因为父母之间的亲密肢体接触而受到过度刺激，这对于他们的“性别认同意识”的培养是十分有利的……”）[581]。而大脑科学研究者们竟然将目光聚焦在解释儿童爬行的益处之上（他们建议道：“让你的孩子尽可能多地爬行吧，这可以促进他们左右脑的共同合作、协调发展。”）。此外，还有这样一种论调：孩子们吞咽食物之前一定要经过充分地咀嚼（“每一口食物要咀嚼11下，这样能促进唾液分泌——而这是有利于消化的！”）。从科学的角度来看，宝宝们就像是准备起跑的运动员，他们唯一的目标就是尽快触摸到成长过程中一个又一个里程碑。“襁褓中的求知者”，有人曾这样形容我们的孩子，或者是“未来的数学家”等等，就好像孩子们的脑袋里有一部学习机器在“嗡嗡”地运转着。因此，如今的父母们将孩子的大脑发育看得如此重要，也就不足为奇了。可笑的是，他们却不会去关注孩子们的小脑袋里究竟在想些什么[129]。

面对这场概念和预言的风暴，父母们完全无所适从——是的，虽然现在他们的确知道许多教育方面的知识，但是对这些所谓的知识正确与否却毫无把握。恰恰相反，他们会感到担忧——例如，担心给予孩子的还不够多，支持的力度还不够大，当然更害怕由于“错误的”教育理念带给孩子们伤害。有些父母还会担心和孩子不够亲近，但同时，又害怕太多的亲近会导致对孩子们的“溺爱”。

一个简单的问题：“为什么”

面对上述纷乱的想法、信念和恐惧，从进化论的角度我们只提出一个简单的问题：“为什么会这样呢”。这并不是一个毫无意义的问题，因为对于“为什么”的提问正是为了对陈旧的百科全书中的条目和建议进行认真的研究和考查。

“为什么”这一问题的提出是以人类进化过程中儿童的发展作为出发点的。他们的发展，假设是遵循一种逻辑，在此，我想对这种逻辑做一个必要的解释：如今的孩子们之所以遵循目前的这种成长模式，完全是因为这样会使他们更好地生存下去，他们的种种行为都是优势，而不是缺陷。如果我们能见证他们整个成长过程的话，我们会发现这些行为对孩子们自身是有利的。因此，当我们要求如今的孩子改变固有的行为模式时，就必须提出一个充足的理由（虽然我们可以马上找到种种理由，但是即使是这些理由本身也有待验证）。

即使如前文所说，和父母在一张床上睡觉的确不利于孩子培养“性别认同意识”，那么我们可以反问：人类有史以来，在绝大多数时期婴儿都是在妈妈身边睡觉的，那么他们是怎样形成“性别认同意识”的呢？如果人类的孩子们不在妈妈身边，而是独自睡觉，他们能在夜晚逃过野兽的利爪，存活至今吗？

前文曾提到过，有人认为孩子每吃一口饭要咀嚼 11 次才能咽下去，如果这种习惯真的对于消化如此重要，为什么大自然会忘记赋予孩子相应的忍耐力呢？即使是在远古时期消化系统对于人类来说同样也是至关重要的啊！

接下来我们再来看看另一种看法：很多人认为，如果孩子总是待在父母身边，将会形成一种对父母的“依赖”，也就是说，这对于他们成长过程中独立性的形成会产生消极的影响。针对这种说法我想问一句：在远古时代的恶劣的自然环境中生存，对于孩子们来说，独立自主并不是难以企及的目标，而是成长的必要条件，那么他们是怎样在父母身边培养自己的独立性的呢？

针对“目标至上主义”的解毒剂

这些“为什么”问题的提出同时也是对抗“目标至上主义”的解毒剂，而这种纯以目的为导向的思潮已经不知不觉侵入了许多父母的思想之中。我们热衷于达到各种“目标”，也许是因为这些目标主宰着我们这些成年人的生活，并且维持着整个人类世界的运转。而父母对孩子的教育长久以来一直就是这众多目标中极具挑战性和艰巨性的一个。我们的孩子应该自己睡觉，为了变得独立；他们无论如何都必须吃蔬菜，为了长得更高更强壮；不要让孩子在妈妈的怀抱中入睡，为了避免他们被宠坏。

这些目标一直都在折磨着父母们，主宰着他们的思想和行为。就像那些学习演奏乐器的孩子们，在别人看来都是聪明的孩子。但是对孩子们来说，那已经不再是单纯地为了学习音乐而练习，而是为了满足隐藏在音乐背后的父母的意愿。

如果我们知道了“为什么”要这样做的真正原因的话，也许我们就不会如此坚持那些目标了。当然，父母们在教育孩子的时候为他们设定目标，这件事是无可厚非的——为人父母的我们几乎都会下意识地这样做。但是，如果我们首先尝试着去了解我们的孩子，并尝试着去理解，我们这样做会对孩子自己的理想、目标及完成这些目标所采用的方法带来怎样的影响，那么情况是否会好得多呢？因为最好的教育并非仅仅是为孩子们制定最佳的目标，而应该针对每个孩子的具体情况尽可能为他们创造机会和可能性。

“成本”估算

也许我们应该从以下这个视角来看待这个问题：从进化论的角度来看，在教育方面我们根本没有可供参考的教科书（这个令人遗憾的事实我们已经在前面的第十二章中提到过）。在整个人类进化史中，无论是教育的方法还是明确的目标都无据可循。既然如此，那么从进化论的角度来谈论儿童教育问题又有什么好处呢？如果人类进化史不能为我们提供任何解决问题的方法，那它又有什么用处呢？

也许我们可以简单地这样理解：从进化论的角度来看，我们可以大概了解教育的成本。也许这种独特的视角对于我们寻找具体目标没有任何帮助，但是通过它我们可以了解人类进化史上的艰辛历程和沿途的风景：那里有陡峭的山坡吗？或是相对来说容易通过的一条康庄大道呢？甚或是难以逾越的峡谷？

当然，我们不必让我们的孩子像亚马孙河流域的土著居民一般生活，我们可以且应该拥有自己的目标。我们只需要知道：在某些情况下，我们的孩子可以顺利地达到目标；在某些情况下却要经历痛苦磨难。在另一些情况下，我们有悠久的历史可以借鉴，以免重蹈覆辙。

可能存在的误解

这样一来我们似乎确实已经接近问题的核心了。让我们仔细观察一下那些曾被我们摈弃的东西吧，因为某些被我们轻易抛弃的方法和观念确实是出于人们对教育的误解。就像我所说的那样，这些误解会使人们难以对进化论教育法有透彻的理解，或者将其过度地夸大，甚至可能更糟糕——让人们对科学的进化论教育法盲目地崇拜。进化论教育的理念能帮助我们更好地理解孩子——它可不是让你成为一个新的超级保姆！让我们来看看五个最常见的误区。

误区一：大自然才能指引我们正确的道路。曾经，我们的孩子必须依靠他们的先天条件才能经受住生存的考验，这样的时代早已一去不复返。取而代之的是一个文化与艺术的世界，因为我们有理由让世界朝着对我们有利的方向发展。所以在很多时候我们总能找到很好的原因，让自己不必对大自然唯命是从，从而让教育不必经历进化的繁琐过程。我们把孩子送进学校——这可绝对不是孩子在进化过程中所产生的愿望！早在石器时代，我们的祖先便让孩子在夜晚和父母睡在一起，这当然是个明智的选择。但这并不代表，如今的每个家庭在任何情况下都要这么做。如今的生活不同了，所以父母和孩子也和以前不一样了。简而言之，决定对与错的并不是大自然，而是我们自己（不过我们也有可能为我们的决定付出一定的代价）[130]。

误区二：依靠直觉解决问题。我们经常会这样理解所谓的进化：我们做父母的必须“顺其自然地”教育我们的孩子，并且听从我们的直觉来行事。这本书却贯穿着一种完全不同的评估：对于人类而言，教育很难通过直觉来保证，单纯凭借直觉来教育孩子就像登山时不系保险绳一样危险。也许四处都有一些登山钩（对此我们在第十四章已经有所了解），但却无济于事，危险仍然存在。事实上，我们必须学会与孩子打交道，自然教育学可没有什么百科全书。

误区三：感情最重要。人们总是这样，就好像依靠牛奶与尽可能多的爱就能教育好孩子一样。看看进化的过程我们就会发现事实其实并非如此。光有深厚的感情是不够的，家长们还必须具备一定的能力。而人类的进化历程并没有给我们提供这些知识，它来自于经历，来自于日常的学习。

误区四：让孩子自己决定方向。很多人会将进化论的教育方式看做是一条单行道：孩子们有着与生俱来的特定行为模式和发展前景，父母们的任务只是帮助孩子们一个一个地将其变成现实。这种错误的想法忽略了一点，即孩子们是在系统化的社会中成长的，而在这种人与人密切联系的系统中成长，必须学会让步和谅解（这一点在第二章的“认识与展望”中曾经做过解释）。其实根本不存在一条“完美”的成长之路，孩子们的成长总是会受到彼此间利益的制约和影响。

误区五：进化论可以解释一切现象。虽然历史和进化在现代社会的孩子身上留下了深深的烙印，但是如今的孩子们的行为、思想和感情还会被其他种种因素所左右。小汉斯晚上睡得好不好，他本身的行为习惯可能比进化论遗留下来的影响更深远。一个家庭究竟能承受多大的压力、孩子会面临哪一些冲突，在个别情况下从孩子们的行为习惯方面找寻答案会比追溯进化论要有效得多。进化论的思想所阐释的是普遍的行为模式及发展轨迹，它所针对的是所有的孩子，而并不一定能解释某个孩子的独特情况或是一次性的行为。对于孩子们的成长来说，进化论原理既不是唯一的“正确”的解释，也并非是与那些源于心理学、社会学或脑科学的理论所对立的。事实上，进化论的原理只是向我们打开了一扇新的门，开辟了一个新的视野，它是其他理论有益的补充，让整个理论体系更丰满，更完善。但是请大家谨记：进化论原理绝对不是使用说明书！

更好地了解我们的孩子

总的来说，无论从生理上还是心理上，现代社会的孩子都显示出几万年以来人类进化过程中生存条件所留下的印迹。如今，宝宝们能睡得安稳，当然要归功于温暖的、安全的、远离野兽魔爪的婴儿房。其实在 10 000 年前，人类的儿童也能安然入睡，因为那时孩子们都睡在父母身旁，这同样十分安全。

但是随之而来也产生了一些问题，而这既不能归咎于孩子，也不能责怪父母们。有时候仅仅是因为孩子们所遗传的某些习惯和行为模式并不适应现代社会已经改变了的生存条件。其中一小部分问题其实是针对那些不用早上 6 点钟起床、或者不必在超市收银台或大型办公室谋取生计的成年人的。一些诸如孩子睡眠的顽固问题常常被归因于之前缺乏适应过程。

有一点是值得肯定的：父母们应该努力寻找一个折中的办法，使“孩子的需要”与现代社会生活条件之间能保持一致。这些不断更新的适应过程在每个家庭都大相径庭，也不总是那么的“完美无缺”，毕竟教育本身也并不总是充满阳光。

找到桥梁

要想破译进化历程在我们孩子身上所遗留的信息是根本不可能的，尽管这对父母和孩子来说都有益。

父母们之所以想要破译这些遗传密码，是因为如果不这样，他们就会成为教育时尚的傀儡。不了解儿童发展的原因，我们就会被教育市场救世论所蒙蔽；缺乏对原因的深入考虑，我们就会陷入一败涂地的境地。我把这称作“揠苗助长”或者过早的“独立教育”。

站在孩子的角度来看。如果我们能够更好地理解孩子的期望、更深入地了解孩子喜怒哀乐的原因，或者他们叛逆的理由，那么我们做父母的就能为他们搭建一座通往现实世界的桥梁，一座尽可能多地考虑孩子期望的桥梁。

本书曾提到过：孩子们更喜欢做他们想做的事。他们也为我们搭建了一座桥梁，因为孩子们不仅有着与生俱来的自我意愿，也天生就具备了某些能力和长处：例如毫无保留的坦诚、应付危机的能力、好学的品质等。除此之外，当父母在教育过程中犯错的时候，孩子们还会通过自己的独特方式给予他们支持。

当为人父母的我们也能同样坦诚好学时，我们一定会和孩子们在桥梁上不期而遇。

附录

致谢

在一本很早就已售罄的介绍南非的星空的书中，我看到了如下有史以来最为新颖的致谢。它是这样简单陈述的：我的夫人向她的读者表示感谢——因为她可以得到全部的稿酬。

由于实在想不出可以跟它相媲美的奇思妙想，我就干脆效仿它，也由衷地向我的 4 个孩子表示感谢。也许他们现在还不知道，他们对这本书有多么得重要。正是这 4 年里与他们的朝夕相处，通过对他们的日常教育，才使我对儿童教育这个话题如此地感兴趣。虽然写这本书的过程是很辛苦的，但是我始终被它深深地吸引着。

我的夫人多罗西亚并没有向上面所说的一样拿到了全部的稿酬，而是和我一起分享了它，就像我们一起分享在做这份工作时的激动、快乐、难过，以及那好像永远也写不完的手稿一样。对此我向她送上最真诚的谢意。

我的孪生兄弟乌尔里希·伦茨（Ulrich Renz）也为这本书的创作提供了很多帮助，这一点不得不被承认。他文笔很好，因此，我在撰写内容的时候大都直接采用了他的建议（如果对本书内容有什么批评和建议，请直接向他提出）。

此外，我还要向慕尼黑的 Kösel 出版社表示感谢。它从我创作这本书开始就十分关照我的工作，并且还让达格玛·奥茨格（Dagmar Olzog）和海茨·迈耶尔（Heike Mayer）这两位专业人士协助我的审校工作。这本书版面编排的工作应该归功于阿米·科勒（Armin Köhler）先生。我的朋友汤姆·波特尔（Tom Böttcher）也帮我改正了手稿中许多常见的错误，并且和他的在电力管理部门工作的同学马丁·柯尔特豪斯（Martin Kortenhaus）一道，给我提出了许多有用的批评性意见。阿恩·舍夫勒（Arne Schäffler）在我撰写本书的时候也始终在我身边，提供给我力所能及的帮助。

除此之外，还有许多人也为这本书的创作做出了自己的贡献，这些建议、想法、批评，或许只是一杯及时的热气腾腾的咖啡，更或许是一些友好的指教……最后经过大家共同的努力，这本书终于顺利地完成了。

赫伯特·伦兹·波尔斯特

（Herbert Renz-Polster）

注解

读者一定会注意到，本书中出现了许多标注。在接下来的章节中，我们将对文章中这样的数字（例如[1]）标记处进行详尽的注解（查询本书同步网页 www.kinder-verstehen.de，您将会轻松获得文中[1]标记处及文献出处的详细注解）。

1. 有趣的是，孩子们与生俱来就拥有辨别酸甜苦辣的能力，而且在出生几个月之后就能品尝出哪些食物是咸味的和富含蛋白质的（鲜味）。但是请大家注意：如果婴儿的唯一食物来源是富含蛋白质和电解质的母乳时，那么他们就接收不到上述味道的信号了。

2. 那时所学会的东西，将会在孩子们一生之中都留下深深的烙印。例如当我们谈及改变一个人从孩提时代就养成的饮食习惯如何困难时，我们可以将目光转向那些发现美洲新大陆的欧洲殖民者，他们的亲身经历绝对是一个很好的例证——由于无法将美洲土著人所种植的玉米作为主食，这些欧洲人差点全部死亡。

3. 与之前大家普遍所接受的观念或所期望的不同，对于哺乳期的婴儿，母亲不可能通过禁食牛奶或蛋白质来避免孩子对这些食物产生过敏反应。之所以会产生这种误解，儿科医生负有不可推卸的责任。有关宝宝的喂养和腹痛这个话题，我们将在第六章为大家详细讲述。

4. 果糖听起来似乎是非常健康的。此外，由于它来自于各种水果，因此也是纯天然的。但是如果摄入的果糖浓度过大（例如苹果汁或者是许多甜食和饮料中的添加剂——高果糖玉米糖浆)，就会对糖代谢产生长期、持续的影响。确切地说，即是会降低人体对自身所产生的胰岛素的敏感度。这样一来为了维持体内新陈代谢的平衡，我们就会需要越来越多的胰岛素。如果任其发展下去，就会使人易患糖尿病。

5. 在给健康人做消耗实验时人们发现，人体摄入的水分和他们排出的水分完全等量。一项波士顿马拉松比赛中的实验引起了越来越多人的注意。在这一实验中人们发现，储备性地或是过度地饮水不仅不会防止人们口渴，反而会适得其反。那些预先大量频繁饮水的马拉松选手，在比赛后他们体内的水和电解质平衡经常会受到干扰。很多父母都抱怨自己的孩子水喝得太少，幸好从儿科医生的专业角度来看，这并不会导致任何疾病。

据调查，在德国没有孩子会因为饮水量太少而患上肾结石，也不会因此而便秘。通常来说，孩子们会便秘，其原因都在于他们吃的食物（固体）的种类以及不当的排便习惯。

6. 这种猜测由来已久——就连“原始人”也会因为看到新生儿弯弯的小腿而产生一个怪念头：他们会将宝宝的腿上绑上木条，试图借此来矫正他们的“罗圈腿”。在古希腊罗马时期这种做法曾风靡一时。

7. 相对而言，人类的孩子对于营养的需求还是比较经济的，但是这是建立在他们漫长的成长过程的基础之上的。初生幼鼠的体重可以在6天内翻一番，而要完成这一目标人类的婴儿则需要150天（有关人类孩子成长的一些策略，请参阅第十七章的“认识与展望”）。

8. 对其哺乳功能的这种负面看法究竟源自何处，没有人知道。据猜测，与其他哺乳动物不同，人类女性的乳房不仅是哺乳的工具，同时也与性有关——是她们向异性炫耀的资本。但是有一点是可以肯定的：只有人类的乳房可以储存一定量的脂肪，因此它在非哺乳期也并非毫无用处。进化生物学家认为，人类的乳房之所以会是今天这种形状，性的选择（见第九章）起到了一定的作用。确切地说，在人类进化过程中，女性乳房的演变必须遵循两个原则：一方面，必须尽可能地提高它的哺乳效率；另一方面，必须能更好地吸引异性的注意力。

9. 虽然吃母乳的婴儿消化比较快，但是至少从出生后第6周开始，他们的食量就会比吃奶粉的孩子要小。也就是说，吃母乳的孩子比较容易吃饱。所以一般看来，在晚上吃母乳的婴儿会更容易饿，也吃得更多，这样才能弥补白天营养摄入的不足。

10. 至少在新生儿期这是有效的。宝宝出生后的第1个月最好不要含奶嘴，否则将会对他们学习吃母乳造成负面影响。

11. 给孩子哺乳的母亲必须注意一点：随着宝宝逐渐长大，母亲也必须相应地提高自己每日的能量摄入量，增加幅度从25%~60%不等。虽然对于食物充足的人们来说做到这一点根本不是问题（相反很多女性都热衷于减肥），但是对于那些营养条件并不乐观的群体来说，想要达到这一目标就非常不易了。人类的许多近亲在营养方面就无一例外地陷入了上述困境。例如野生的雌狒狒，它们在哺乳期就很难维持正常的体重，因此在哺乳期，它们的死亡率会明显升高。

12. 人类和动物之间还有一个区别：对于动物妈妈来说，过早给幼崽断奶是非常不利的，而且断奶后的长时间等待也是非常不利的。因为由于哺乳行为的刺激会引起激素分泌的变化，从而抑制排卵（即我们所说的哺乳期闭经）。哺乳期越长，也就意味着动物妈妈放弃养育后代的时间越长。从进化生物学角度来看，这是一个“代价昂贵”的抉择。但是对于人类来说却截然不同：从繁衍后代这一方面来说，哺乳对于人类的影响要比对动物的影响小得多（即使人类母亲继续哺乳，她们在分娩后平均 20 周后就能再次受孕——因为哺乳期闭经毕竟是有时效的）。动物母亲会为了继续繁育后代而尽可能缩短哺乳期，而在一定条件的保证之下，人类妈妈则可以花费更多的时间和精力在初生的宝宝身上，而不是弃之不顾。

13. 喂奶的频率其实并非只是一个简单的与哺乳有关的问题，而且还是一个不可忽视的要点。从对昆族人的观察可见一斑：如果昆族的妇女给孩子喂奶的时间缩短，那么她们的死亡率就会迅速升高。

14. 就连睡眠习惯也会对哺乳期的长短带来间接的影响。比如我们都知道，与独自睡觉的宝宝相比，那些晚上和妈妈睡在一起的宝宝的哺乳期会更长。当然，首先还是应从实用性方面来考虑。

15. 夫妻之间其实也不存在基因程序的联系，他们根本没有亲缘关系。尽管如此，夫妻之间的关系一般都会相当融洽。但是，对于这种现象其实可以有另一种解读：对于现代人来说，与亲缘关系相比，婚姻关系就显得不那么稳固了。无论如何，血浓于水还是亘古不变的事实。

16. 传统文化中曾经出现过一个普遍被大众认可的观点，即婴儿们可以好几个月只吃母乳，不用吃别的食物。这其实只是一个毫无根据的神话，就像这一章中的事例所展示的那样。

17. 当妈妈同时哺育双胞胎宝宝时，我们会发现其实母亲有能力分泌更多的乳汁，这一点专家们也曾提及，这一结论听起来可能会有些让人意外。但前提条件是乳房必须比常规哺乳时更空。但是从进化论观点来看，这种对乳汁分泌的限制的本能是很合理的。根据这一规律，母亲会对给予宝宝的资源进行有效限制。最终妈妈的身体健康状况还是取决于她是否对自己的精力进行过合理的分配，以及是否还有精力投入到下一次生育中（详见第二章的“认识与展望”）。这种微妙的关系中有一个非常有趣的现象：母乳中含有一种类似吗啡的物质，它会抑制宝宝的食欲，这样一来就能够达到节省妈妈有限的营养资源的目的。

18. 让孩子独自睡觉还有一个更“温柔”的办法：在宝宝还醒着的时候将他放在自己的床上，之后不要将他抱起来（即使是他对此表示抗议）。但是父母也必须经常出现在孩子身旁，例如坐在床边的椅子上看看书，或是在床边做做家务。

19. 伴随着宝宝睡眠问题的困扰，不少妈妈也会表现出沮丧和意志消沉的情况。但是只要孩子的睡眠问题得到解决，大多数妈妈的抑郁心理都会有所改善。

20. 有研究表明，夜间持续的光亮，例如上夜班时人们所接受到的光线，可能会引发某种癌症。从这个理论出发，似乎小夜灯的使用可以和孩子们患上白血病扯上关系。这种怀疑至今仍未得到证实，亦未有人对此进行反驳。

21. 一提到孩子和妈妈一起睡觉，人们就会想到这可能只是在传统社会和古时候的事。但是事实并非如此。在日本，至今孩子都和妈妈睡在一起，对日本人来说这是再正常不过的事了。

22. 这种冲突经常会涉及到一些赤裸裸的道德关系。著名的心理学家凯文·A·克拉卢梭（Calvin A. Colarusso）曾经在他的著作中这样写道："和父母一起睡觉会影响孩子的成长，从而影响他们独立性格的形成，而且会使孩子形成一种不健康的对父母的过度依赖。"此外，他还特别提到了弗洛伊德发明的一个专有名词：性别认同。凯文写道："如果孩子们在晚上不和父母一起睡觉，那么他们就不会因为过多的肢体接触而受到过度刺激，在这种情况下他们的成长发育所受到的外界影响也最小。"

23. 每个时代对于儿童教育的理念和方向都不同。例如 19 世纪家长教育孩子的目标是将他们培养成为"文明人"。具体而言，就是禁锢甚或去除孩子们本能的自然天性，将他们彻底改造成循规蹈矩的公民。到了 20 世纪初，家长们对孩子的培养目标发生了改变，他们希望孩子们都是"听话的好孩子"。也就是说要把孩子们从以自我为中心的人变成服从权威的、对国家和民族有责任感的人。而如今，父母们都想将孩子培养成"受过良好教育的人"。在这种理念之下长大的孩子，其终极目标就是成为一个尽可能独立的、能尽快认识这个世界的、并且准备好迎接未来各种挑战的人。

24. 这种思潮在战后一段时期内曾经在心理学领域占据了主导地位。我们将会在第十章开篇对此进行详细解释。

25. 这一事实颠覆了一个我们已经视为必然的原理：即孩子们之所以会歇斯底里地大喊大叫，是因为他们的大脑还未"发育成熟"。

26. 这一言论似乎与荷兰心理学家 Van Ijzendoorn 的研究理论截然相反。根据这位著名心理学家的观察，在宝宝出生 9 周之内，如果妈妈对孩子的哭喊做出积极的反应，那么一般来说，孩子在此之后哭闹的情况就会好很多。但是这并不意味着这两者之间有任何必然的联系。因为在这项研究中科学家发现，其实正是那些对孩子的哭喊反应最快的母亲，她们带孩子的能力也是最差的。

27. 即使对于成年人来说，要想完全自行地控制自己的情绪，也是不可能完成的任务。伴随着成长的脚步，人们渐渐克服了对于分离的恐惧，也逐渐减少了一些挑衅的行为，但是这并不意味着成年人就不会产生类似的这样一些情绪。只不过对于某些成年人来说，这些情绪仍然会主导他们的行为，而对于其他人则影响不大。但是如果有人能随心所欲地控制自己的情绪呢，估计也不会有多少人会相信这种论断。毕竟作为社会动物，个体的心理状态或多或少地都会受到其他成员的影响。

28. 某些心理学的学术理论对发怒的行为做出了这样的解释：愤怒的爆发是对失望和沮丧的情绪的一种宣泄。这种论调是驳斥进化生物学的又一个论据。毕竟发怒是很耗费能量的，同时也可能会带来危险和痛苦。如果发怒仅仅只是为了宣泄情绪，那么在漫长的进化过程中人们应该早就找到了别的发泄方式，而且比发怒经济得多。

29. 从这种关系上来说，我们观察到的现象似乎也能说得通。比如男孩子一般都比女孩子脾气大，易发怒。从生物学上讲，与女孩子相比，男孩子一般更易受伤，因此从一出生他们就需要父母投入更多的精力，以便让孩子们能平安度过一个个危险和难关。所以对于男孩子来说，更容易形成一种对父母过度依赖的极端情况。

30. 对于一直以来我们经常描述的教育方式是如何对孩子易怒的性格造成影响的，从这种关联出发，我们似乎也可以做出合理的解释。因为不正确的教育方式并非空穴来风，而恰恰反映了过度的压力、社会资源的匮乏或是父母的心理问题。

31. 人们曾经尝试将“人类需求等级”做一个排序，或者将人类的基本需求与其他的次要需求区分开来。这样做只可能得到一个失败的结果。因为对于个人来说，最重要的需求不仅总是相对而言的，而且同时也取决于他的个性以及目前的生活状况。有人会为了得到一点爱而赴汤蹈火，而有人则会为了出人头地不惜一切代价。人们经常会为了得到自由而放弃其他的一些需求，例如有人为此而宁愿单身。而男人和女人对于满足自身需求的选择则完全大相径庭。

32. 带有悲剧意味的是：只有自身的欲望得到了满足，人们才会感到满意，这是人类的天性——即使有时人们的愿望是那么的不切实际。从这一点来看，人类的“情绪调温器”是以自身欲望的百分百满足为前提条件的，这在现实生活中是很难实现的。但是有一点是毋庸置疑的：痛苦、忧伤、渴望以及对愿望未实现的不满，类似的这些情绪显而易见都是“根植”于每个人的天性之中的。

33. 其原因在于，即使是在食物得不到保障的时期，宝宝唯一的食物来源——母乳的供应还是可以得到保障的。因为即使是在困难时期母乳的分泌也不会受到影响（详见第二章）。为了应付粮食困难而预先储备乳汁其实意义不大。

34. 这种自由对于父母来说，即使是对于他们本身而言，有时也是有益的。因为人们总是能看到这样的情况：有的父母在教育孩子的时候非常理智、非常清醒，但是一旦他们自己遇到同样的问题，例如请求他人的容忍和耐心，其表现就一塌糊涂。

35. 而且许多父母都能很快摸清孩子的生活规律，一天之中什么时候他们会想“便便”——一般都是在醒来后或是饭后。

36. 这时孩子们所给出的信号，其产生的原因是挤压，这与上文中早先提及的先期排便信号分属不同的自然反应。上文中所说的排便信号很可能是例如家长听到了孩子放屁的声音，从而意识到他要便便了。

37. 新的观念证实了这一点。孩子们越早接受卫生习惯的教育，就能越快地变得干净、变得讲卫生。但是这一论点必须建立在一个特定的前提之上，即在 27 个月大之前，孩子们没有接受过卫生教育。否则让他们养成卫生习惯就要花费更长的时间了。

38. 性别也是其中的一个影响因素。一般来说女孩比男孩长得要快一些，她们甚至在学会控制排便这一方面也比男孩要快。

39. 至少成年人都知道，男性的睾丸之所以不是长在体内是有其理论依据的。如果这一部位的温度长期持续升高，那么将会降低精子的活力和质量。之所以睾丸部位的温度会持续升高，其原因有可能是长期坐着不动或是衣物太过紧身。

40. 基本上“本能的卫生习惯”与神经系统的成熟没什么关系，而是在于一种自身的调节。儿科专家认为，出生前的婴儿肯定不能控制排便。12~18 个月大的宝宝对于排便的控制能力和忍耐时间才会有稍许的提高。

41. 以恐高症为例：和疼痛一样，恐惧对于人类的生存意义也很重大。在这一点上，我们其他诸多的“负面”情绪，如嫉妒、羡慕、愤怒以及忧伤也有着相同的功效。进化生物学家伦道夫·奈斯（Randoloph Nesse）这样说道：“正是人类进化过程中的不同环境塑造了我们的种种情绪和感受，而这些内心的心理变化对于我们的健康是非常重要的。”他甚至将这种言论演绎到了极端：“似乎我们的祖先所面临的困境远远多于顺境。正因如此，所以我们的语言中描写负面情绪的词比描写正面情绪的词要多上整整一倍。”奈斯的话与本书中反复提及的一个观点不谋而合：进化的根本目标并非总是人类的福祉，而是对我们做出的有利于自身发展的行为进行相应的“奖励”，而并非让人们觉得舒适安逸。

42. 最近我们应该关注一下赖以生存的地球的现状，那么当我们凭借有限的智慧来做出决定以及采取行动时，或是权衡利弊时，就可能会更容易一点。当人类为其子孙后代设计未来发展蓝图时，如果能将这种“天然赤字”上升成为政治措施，那么我们很可能会从中获益良多。

43. 近来有一种观点越来越清晰：生物之间的差别不仅在于其基因的“硬件”，我们常说的次生影响也是生物间之所以会千差万别的成因之一。例如一些特定的包围着基因物质的蛋白质，它们也像基因一样被人类所“解读”。这种蛋白质的组成——无论是外部的还是内部的——都受到其所处环境的影响，例如人类摄取食物的种类。此外，它们的存在还取决于人类体内的各种生物信号及其传递。我们都知道，一些特殊的“压力激素”会对大脑中的基因读取产生显著的影响。因为部分的次生变化是可以遗传给下一代的，所以根据我们目前所掌握的知识可以得出以下结论：染色体组包含着有机体对于环境和生存条件的各种信息。

44. 许多的生物学属性以及行为模式都是人类为了适应环境而演变形成的。尽管如此，我们还是不能将人类的所有特性都看作是人类适应环境的结果。这种看法就像是一种条件反射，它还存在于进化生物学和进化心理学的某些领域之中。例如有人会认为人类之所以能幸存至今，肚脐的作用是不容忽视的（那些反对这一观点的人则会嘲笑说，肚脐对于人类的重要意义是因为我们可以在肚脐里塞一个黑莓）。

45. 物种选择学说的新理论强调：在很多情况下人类特定的生物学属性并非都那么显而易见。我们所看到的反而是生物体自身所具备的能力。上述属性只是为了适应环境的变化而做出的自我调整。我们能识别出的并非那些一成不变的“特性”，而是人类适应自然的能力（详见第五章的“认识与展望”）。

46. 生物学家们告诉我们，人类的身体仅仅只有5%的细胞是人类细胞，其他95%都是细菌。而绝大部分的细菌都在我们的肠道内（肠菌丛）和皮肤表面。对于这种共生现象我们也越来越熟悉。换句话说，我们身体内部和表面的这些数以亿计的“室友”是我们健康身体必不可少的保障。因此对于婴儿来说，肠菌丛是免疫系统成熟的一个重要标志。

47. 哪里有个体之间为了争夺有限的资源而发生的竞争，哪里就会有物种选择理论的印迹。在这种情况下，对于个体的健康和发展来说，物种选择学说都会对每一个个体的各个至关重要的层面产生影响：例如对大自然的利用（自然物种选择）、为了获得交配权而进行的争斗、为了获得社会资源而进行的竞争等等，而其中最主要的目的则是为了获得生存所必需的资源。而在最后这一层面上来说，父母的作用则是主导性的（这种选择模式被朱迪特·哈里斯称为“parental selection”，即父母选择）。事实上并非所有物种中的雌性都会以同等的热情投入到照料她们的新生宝宝的事业之中（详见第九章）。因此，各个物种都可能会具备一些系统性的独特个性，当然我们可以通过观察对其进行解读。行为学家赫尔迪试图通过研究证明这样一个命题：人类之所以会拥有细腻的感情和为他人设身处地着想的能力，部分要归功于物种选择理论（在第十章的“认识与展望”部分我们将会深入探讨这个有趣的问题）。在争夺生存资源的斗争中，父母绝对不是唯一的影响因素，至少对于那些协力养育后代的物种来说，根据物种选择理论，那些种群内的“帮助抚养幼崽的同伴”也起到了非常重要的作用。

48. 每个人独特的个性同样也受到遗传基因的影响，但是对于在过去的10 000年中它们究竟发生了怎样的改变这个问题仍然众说纷纭，莫衷一是。许多进化生物学家甚至都否认这种改变的存在。尽管如此，还是有大量的证据证明：物种选择理论在一定程度上对于我们人类的一些基本行为模式（诸如好奇心、外向型的性格、稳定的情绪或认真的态度）的形成起到了关键作用。至少在这一研究领域我们可以看到在当今人类的各种族群之间或多或少都会存在一些较为明显的差异。

49. 与此相关的例子如老年妇女常见的股骨颈骨折，她们的股骨由于骨盆较宽而呈倾斜状，因此较容易骨折。但是自然进化过程中也逐渐演变出了另外的机制，以改善原本狭窄的生育空间：在生产前的几周里，耻骨间的韧带就变得松弛，骨盆就可以在生产过程中更好地舒展。新生儿的每一块颅骨都像大的鳞片一样排列着，以便在生产通道里顺利通行。

50. 那时的男人们都将其视为理所当然的祭品，并引用马丁·路德的名言聊以自慰：“不论她们是否会疲惫或者最终死去，这都无妨。就让她们死去吧，她们就是这样的。”

51. 这也适用于（至少有部分）我们的伴侣。只要我们还爱着，他们对于我们而言就是绝对的唯一（相对于所有逻辑和后期的估计）。

52. 毕竟还是有一个特例，对于所有哺乳动物，包括人类以及他们的孩子。他们运动的欲望是通过游戏的欲望调动起来的，而且这种游戏的欲望显然是无穷尽的。但可惜不那么持久，因为随着性成熟的开始，这种游戏欲就所剩无几了。

53. 雷默·拉格在他的《婴儿时代》一书中形象地引入了这一观点：我们的孩子之所以爱我们，不仅仅因为我们是伟大的父母。

54. 根据各自在陌生情境测试的不同反应，分为以下不同的类型：一个有着安全感的孩子在母亲离开时会表达出痛苦的情绪，在母亲回来后孩子会主动与她进行交流，让自己平静下来，之后又会将注意力投入到周围环境中去。与此相反，一个没有安全感的孩子却几乎不会表达分别的痛苦。当母亲回来时，他也漠不关心。这种“回避”在生物进化理论上是这样解释的：一个与饱受压力的父母一同生活的婴儿，也许会变得有强烈的生存要求，而且会尽可能较少地向父母提要求，如此便可以不被排斥。当母亲离开时，这种缺乏安全感的、处于矛盾情绪中的孩子显然是饱受压力的，而且会无助地哭泣。而在母亲回来后，他先是回避，之后又想亲近母亲，但是其表达方式是向妈妈大声喊叫。当母亲和他亲近时，他一会儿又走开了。这些缺乏安全感的、迷茫的孩子会有感情障碍或抑郁情绪，行为举止也是矛盾的。例如他们会朝着离开的母亲喊叫，而母亲回来时，他们的注意力又会转移到别的人或事物上面。

55. 如果几个月后再在同一个孩子身上做实验，就会出现一个完全不同的关系类别。而且再通过文化比较研究也会产生一个更加谨慎的对于陌生环境测试的解释。

56. 分享的亲密接触能够促进关系发展，这一点在对压力较大家庭的研究中能很清晰地观察得到。

57. 触摸和哺乳这两种行为看起来就像处于一个“天使循环”里——相互影响、相互促进，也就是说宝宝频繁地触摸妈妈的乳房可以有助于刺激乳汁的分泌。

58. 当我们在对孩子们与其自身力量和身边可供使用的资源的依赖关系进行分析并试图进行阐释的时候，我们就会明白对于同一个孩子来说，其与环境之间的复杂关系为何会随着时间的流逝而发生根本的改变。

59. 有人指出：关系质量首先反映了基因因素，例如孩子的性情。也有人对此持反对意见，但却无法做出科学的解释。与不同的人的关系质量对于同一个孩子来说也是不尽相同的。

60. 这一点也同样适用于父亲：一个和谐的关系可以拉近父子间的距离。因此当我们听到家庭心理医生说，那些从前忙于工作的父亲，往往会在家庭关系出现危机时承担起抚养孩子的责任，也就不足为奇了。

61. 毫无疑问，促进关系形成（主要针对母亲的行为）的干涉和课程，并不是特别有效。人们可以在某种程度上通过视频学习那种体贴的情绪的特质。事实上成功的提升关系安全度的干预建立在加强母亲和家庭的关系之上。

62. 适用于人际关系的上述规范，也同样适用于关系出现不和谐音符的时候，当然在这种情境下总会有一位感情付出不够的母亲。她们的孩子将会在以后出现更多问题，其原因也在于，孩子们日复一日，月复一月，年复一年在一种不利的关系环境里长大。

63. 问题是：关系标准测试、陌生情境测试，类似的测试都缺少关系的“安全港”。这便可以解释，为什么测试只是与成年时期的关系形成能力有一定的关联。

64. 在德国，著名关系研究者格罗斯曼（Grossmann）也做过一项研究。该研究证实，母亲的人际关系的好坏、孩子成年后人际关系的安全度以及对配偶或者朋友的关系行为，这三者之间是有直接关系的。

65. 这一策略并不一定总是要让周围的人感到满意和舒适，这是另外一回事。不安定的关系策略毕竟常常与人际关系问题和较低的满足感有关。而且这也是一项证据，证明人类的幸福感并非是进化论所关注的主题。

66. 也许正是婴儿严重缺乏安全感，才使其在各种不同环境下，要在一定的期限以后才会被看作一个真正的人，甚至直到他们有了自己的名字后才会被看作是一个真正的人。在古希腊，孩子出生 5~7 天后会举行一个被称作“Amphidromia”的仪式，之后他们才算是正式降生。

67. 与人类父母相比，类人猿可能稍微会轻松一点：雌性类人猿在哺乳期间的性方面对雄性并无兴趣（他们的发情期要到幼崽断奶以后才开始）。相反，雄性类人猿们对于哺乳期的雌性同样没有兴趣。而人类的性的“潜在诱惑力”却一直存在，不会受到哺乳的影响。根据生物进化论的观点，人类这种持续的性兴趣还会刺激父亲参与到抚育后代的活动中来。与人类不同，雄性类人猿不仅对哺乳的雌性类人猿全无兴趣，对她们的孩子也同样没有兴趣。

68. 如果我们关注一下儿童指标统计图表的积极功能就会

发现，人类孩子的样貌在成长过程中要比其他物种保持的时间更久。毕竟人类是喂养子女时间最长的物种。

69. 当父母看到自己的孩子胖嘟嘟的样子时，总会觉得欢欣鼓舞，这也许是父母常常十分难以发觉孩子超重的原因。儿科医生常常提起的那些“肥胖儿童”对于孩子的父母来说还是非常可爱的。

70. 在盖着有机玻璃的壕沟旁做的实验表明：恐高差不多在婴儿的爬行阶段就形成了，更确切地说，一般情况下是在开始学习爬行后的大约 3 周形成。有趣的是，“糟糕的经验”（例如不小心从高处摔落）并不会对恐高的形成造成多大影响。更多时候，这种恐惧“就这样”形成了。发育生物学家也谈及到恐高可能是一种“引导性”的或者是“准备性”的条件反射。

71. 统计数据也表明，处于不利社会环境下的继父对没有血缘关系的孩子可能造成实质性的伤害。即便到现今，大多数的虐童事件也是起因于新进入家庭的继父。

72. 这也在于：刚生了小宝宝的妈妈们，在分娩后的 1~5 天，胸部附近的体温比起其他女性会有显著的升高。而且妈妈们给宝宝哺乳时，温度也在继续上升。

73. 辅助成长的理论通过统计数据也得到了证实：在那些孩子经常睡在妈妈身边的国家，孩子的突然死亡率要比在美国少 50~70 倍。关于孩子的突然死亡在第五章会有详尽的叙述。

74. 现在人们对于家庭外的局限教育领域非常重视，并且都必须是精心组织的——从 PEKiP 早教课程（健体益智亲子游戏）到婴儿游泳、婴儿按摩，再到现今已让差不多 1/4 的孩子从中受益的“早期干预措施”都证实了这一点。

75. 若考虑到，在旧石器时代的许多狩猎采集社会里，一位母亲每年都要因部落迁徙背着自己的孩子徒步行走将近2 300公里远的路程，这样我们就清楚了，对于母亲来说，抚育幼崽和挣扎求存本来就是难以调和的矛盾。

76. 早期的研究者之一曾指出：刺激和反应不能被任意地"连接"在一起。他就是约翰·加西亚（John Garcia），也就是加西亚效应的发现者，我们在第一章已经对他很熟悉了。而行为主义者对此完全不能相信。加西亚先生把他的成果投给了一家科学杂志，它的出版人迅速给出了回应：这个成果是这样地难以置信，"如同布谷鸟挂钟里出现的鸟屎"，是不适合发表的。

77. 同时这也完全可能取决于这种情况：一个真正的王子，一个终其一生都将在丝绸被上入睡的王子可能真的很少会遇到问题，因为作为孩子，他的每个愿望都能得到满足。另一方面一个王子也需要这样一种能力，那种只有当他的需求"系统"达到一定平衡时才能学到的才能。

78. 准确地说：这是围绕着性格上的区别来进行的，我们将在第十五章的"认识和展望"中对其细微之处进行了详细的研究。

79. 这样看来，比起正面情绪，对负面情绪的处理方式更容易在遗传上被固定下来，例如害羞、恐惧，以及易怒和固执（这种"难相处的性格"）比起阳光开朗的性格在生物上固定下来可能性更高。

80. 这五个方面似乎在所有的文化中都能被"认出"，以此就可能描述出一种人性的"通用"版本，但是对于是否能从其他"维度"来更好地对人性进行阐释，仍然众说纷纭。

81. 可惜性格研究主要都是针对非常相同的群体——几乎都是来自教育程度较高的中产阶级。很明显，对来自社会不同阶级的孩子的比较，才可以更好地证明父母的影响力。对此我们在第十五章的“认识和展望”中将再一次进行研究。

82. 有证据表明：性格的有些方面比其他方面更容易受遗传影响。童年时代的大多数性格都是可变，然而在整个一生中性格倾向外向还是内向却是很稳定的。这同样适用于攻击性的性格（这与“可靠”的性格在大体上是相互关联的）：非常具有攻击性的孩子在今后遭到刑事指控的“几率”比成年人高出 12 倍（虽然大多是因涉毒行为而遭到指控）。

83. 对家里的所有孩子一视同仁，现在的父母不是很喜欢听到这种说法，但这确是属于一种可以实现的理想状态。以前的父母在这方面不是很敏感，会公然表现出对自己最喜欢的孩子的偏爱，而且在继承权的分配中偏向某几个孩子的状况也是很平常的。根据所有已了解的记载，我们知道在狩猎采集社会中长子都是受偏爱的。而那些已经存活下来的孩子可以说对于父母是更有价值的，这可能与当时很高的儿童死亡率有关。

84. 他的书《天生反叛》（德语名：《家庭里的反叛者》）是依据自己所做的“科学”调查而撰写的。但其中绝大多数的调查都从没有作为原创作品在科学杂志上发表过。

85. 至少有一个部分是容易解释的，即父母在评价自己的孩子时为什么这么容易感到失望。一方面：父母没有把自己的孩子同那些具有代表性的“普通孩子”进行比较，而是和家里的其他孩子。如果他们觉得家中大孩子是“省心”的，那么就会感到要求多多的老二很“难缠”，尽管比起大多数其他的孩子，可能两个孩子都还是属于“省心”的。另一方面：

两个孩子的一部分的不同行为表现是取决于他们在家里的角色的，也就是一个担当老大，另一个则是老二。所以老大们也被认为是更有责任感的，因为他们要照顾弟弟妹妹或者因为他们要更多地帮助妈妈。但最主要的是在于，他们作为老大就是要年长一些、更加成熟一些。

86. 值得强调的是：这是适用于社会性的行为方式，也就是在和其他小朋友交往时的行为方式。而其他的行为方式暂时是不会受集体规范的影响的，如饮食偏好。一个孩子在幼儿园待了几周后，可能会跟其他小朋友说一样的粗话，但是他不会接受他们的饮食习惯。因为正如我们在第一章里所说到的，孩子首先是在与妈妈和家庭直接接触的环境里发现通往味觉世界的“入口”的。然后在孩子们身边才会出现一些社会榜样，当然这也包括其他的小朋友，他们都会逐渐对孩子产生一定的影响。

87. 比如说，研究表明：在对个别事情上的偏好（这不能与性格弄混淆）上，同龄人的影响力小得让人难以置信（这和父母对此的影响力几乎一样小）：不管是饮食的偏好，还是对音乐或电视节目的选择，这都和孩子们在寄宿学校与室友度过的时光没有因果关系。

88. 判断孩子到底有多聪明，似乎不是一件容易的事。但不管怎样，到了小学二三年级他们多半都会知道，在他们班里谁聪明谁不聪明。

89. 这种双重参考体系解释了，为什么那些恶意刁难其他孩子的小朋友没有自卑情结，这与心理学家以前的看法是相反的。他们在孩子中的地位虽然低，但尽管如此，他们还是从自己的优势中体会到了自我价值。

90. 一种在动物界里相似的运行体制也是我们熟悉的。当群居动物决定整个族群向哪个方向迁徙时，会审视族群成员的眼光看向哪里。当多数成年族群成员看向某一个方向时，他们就朝着那个方向前进了。

91. 由于子宫中的环境不同，存在与生俱来的差异也就不难解释了。子宫环境的差异，也许就是孩子们天性千差万别的原因之一。

92. 根据本章中所提到的这样一个概念“同龄”，我们可以做出判断。事实上，同龄的孩子对双胞胎有着比成年人敏感得多的观察力。双胞胎经常被叔叔和阿姨搞混淆，但是孩子们很少会认错与他们同龄的双胞胎。

93. 在动物的社会群体中，父母的地位也部分地转移到孩子身上：年轻的动物可以享受与其母亲相同的地位（如狒狒和猕猴）。这种“衍生的地位”某一程度上体现在更好的食物上，从而为该动物提供更大的生存机会。

94. 团体及其行为标准之间的联系有了更进一步的发展：大一点的孩子成为了榜样。幼小的孩子会听从并模仿他们——不论好坏。

95. 然而这对于青年人并不适用。与当下相比，在狩猎和群居团体中，他们都和成年人的联系都要紧密得多。进化心理学家罗伯特·艾普史坦（Robert Epstein）于其书《青春期案例》中这样认为，现代社会青春期的蔓延就是“童年艺术性的延长带给青春期的结果”。事实上青春期的问题在多数狩猎和群居社会中并不显著。

96. 生存在肥沃土地上的狩猎和群居团体当然要比昆族的规模更大。对于大多数生存空间而言，典型的族群规模为50~

150 人，其中孩子的比例不能太大，这样才能使族群内的年龄比例趋于合理。

97. 之前从未看见过婴儿的雌性猕猴，甚至会将自己的孩子从身上扯下来并扔开！

98. 经过仔细地观察之后，年轻的母猴已经掌握一些技能了。猕猴的实验表明，只要她们透过玻璃细致观察其他母猴如何给幼儿喂奶之后，她们在一定程度上也能很快地和自己的孩子好好相处。黑猩猩对幼儿的照顾则要复杂得多，这需要更多的肢体能力作为前提条件，而不光是靠自远处的观察就能做到的。

99. 在猕猴以及其他“小型”猿类之间的对照中，这种现象非常明显：刚刚出生的幼猴能够长久地紧抓母亲的皮毛，并在想吃奶的时候爬到母亲的乳房前。基本上母亲不用做任何事。

100. 照顾孩子的过程也包括下列情形：在有限的承担范围内，一些家长会雇佣其他女性，帮工或育婴女佣，通过提供保护、房间、食物或酬劳来交换他们给孩子的照顾。

101. 其他帮手的利用程度最主要取决于母亲的“工作条件”。如果可以把孩子留在野营里（比如在中非的艾菲部落中），那么孩子将会经常进行交流并“被陌生人照顾“，如同母亲会把孩子留在身边一样。

102. 30~45 岁的狩猎和群居团体对生活的期望值比当今社会的要小得多，这是毫无疑问的。但这并不意味着，在原始条件下没有例外，因为死亡在生命的前 15 年发生的概率很大。如果狩猎和群居团体中的女性能活到 20 岁，那么她们在绝经期后可能还能活 20~30 年，特别是对于那些绝经期提前几年来到的女性。

103. 对于团体抚养幼儿的群体来说，也会有“无儿年龄段”。如80~90岁的母虎鲸生产最后一胎幼儿之后，仍有40年的寿命。

104. 阿卡部落有着特殊的行为方式。对体重较轻的母亲而言，她们的孩子要重得多，所以孩子是阿卡部落中“特别珍贵的”。另外，该部落中的父母们都必须在捕猎过程中背着孩子长途跋涉。人种学者认为，在一个特定文化中，父亲给予孩子直接照顾的多少，是取决于很多因素的，这个现象在“谋生”（狩猎和群居文化中的父亲要比畜牧或农耕文化中的父亲对此投入更多）和性别分工（父母共同分担生活所需的文化中，父亲对家庭的投入更多）的群体中表现得尤为明显。

105. 生物进化的解释大抵如下：男人和女人针对繁衍后代有着不同的策略。女人一次性只能生育一定数量的孩子。她们最重要的“目标”即寻找一个“尽可能好的”男人，并与之生育后代。男人则有第二种策略：他们可以找其他的女伴以“有幸”获得自己的孩子。女人通过“照看孩子”来提高生育后代的成功率，而男人可以通过“交配”保持健康。

106. 然而经常出现的一个问题就是，母鸡是什么，鸡蛋是什么。解释如下：因为好的合作关系可以激发并释放能量，所以对孩子也有好处。或许也可以这样认为，能建立起相互信赖的关系，而且善于表达情感的父亲，通常与自己的伴侣关系融洽——与孩子也是一样。很有可能这两种解释都起到了作用。

107. 进化生物学家认为人类的繁衍后代方式很简单。你们肯定已经注意到，人类女性掩藏自己的排卵，而她们的“姐妹”类人猿则通过红肿和有明确指向性的行为来表明其待孕的状态。她们还不定期地展示能激起性欲的特征，比如胸部。持久的性吸引和对于男人（时常也对于女人）几乎不能识别的生育能力，是使得男人不在其他女人身上猎奇、而是长期待在伴侣身边并为家庭着想的重要催化剂。因此持久的吸引力是“合作抚养孩子”的一部分。

108. 通过对生存在石器时代人类的观察表明，一个女人在其寿命内成功抚养成人的孩子的数量，与其社会网络的大小有关。

109. 很少躺着的婴儿也有可能较晚学会坐立。无怪乎在过去的10~15年有些婴儿学会坐立的时间推迟了。

110. 我们可以说是通过自己的感觉来读懂这篇简稿的。它向我们展示了可能存在的危险（使我们害怕或让我们感到惊悚、不舒服或者感到痛苦）和机会（使我们感到欲望和需求）。如果我们没有按照规则办事，我们就会感到不畅或不满。但是如果我们使用了正确的方法，我们就会得到积极的感觉和身心的自由。

111. 似乎最重要的是社会的融合。小学老师一直在抱怨，家境殷实的学生在入学时就比家境困难的学生拥有了巨大的优势。如何找到一种有效的方法平衡这种优势，这不仅是幼教领域的前沿话题，也是在社会保障和社会优抚领域需要解决的重点问题。

112. 对于下一代的培养无疑是战后德国优先考虑的内容，与此紧密相关的是一种新的教育方式的出现，这种教育方式将避免在将来再次出现类似二战中对人道主义的破坏。与以往的教育方式相比，新的教育方式具有更加强调有爱、平和的同时，有对孩子更少干涉的特点。

113. 在母体内部时胎儿受到的影响（胎儿尚在子宫中受到的影响）到目前为止仅得到很少的关注，原因在于这些影响在行为遗传学研究上还未得到承认（目前行为遗传学只注重基因遗传上的影响）。

114. 这也进一步解释了一个普遍存在的悖论：在一个各种条件愈是趋同的社会中，基因遗传在人类可能存在的个体差异中扮演的角色就愈发突出。一个生活在远古的孩子，只要接受一丁点教育，他就会在能力上超出一起生活在石窟里的其他的孩子一大截。但是在一个每个人都可以获得同等教育水平的世界中，只有那些具有最高天赋的孩子才会得到最好的工作。

115. 哪些后果是来自环境的影响，哪些是来自基因遗传的影响，区分这两者的界限是十分困难的，在某些被反复论证的个体特征，比如说体重的问题上就体现了这一点。的确，面对自己超标的体重，又有多少人不曾想过，到底是该把它归咎于自己的基因，还是“环境因素”呢？很多人认同基因遗传扮演的重要角色：只有4%的收养儿童的体重状况和他们的养父母保持一致。而与此相对应的是，如果将一对同卵双胞胎分开寄养在不同的家庭中，他们中的72%在未来会表现相同的体重状况。但这是否就意味着周围的环境对体重就不存在任何影响呢？至少我们可以肯定地说，环境对于体重而言并非决定性的因素。50年前德国人的基因和现在的德国人没什么两样，但是他们明显更加瘦削。即使是在当代，不同的体重差异也更多的是通过环境影响表现出来的。为此，在比较过程中人们必须从拥有不同的文化背景的人群中抽出足够的样本。也就是说，在一个个温饱程度相同的社会群体中，遗传因素对个体体重的影响相对高些；而在一个部分人群锦衣玉食，而另一部分人食不果腹的社会中，周围环境在影响个体体重上明显地扮演了一个举足轻重的角色。

116. 当人们刨根问底下去，就会发现一个可恶的现象。环境和遗传的影响因素不断强化的后果就是，强者将同时得到两者的照顾。不怎么聪慧的家长会将其遗传特征传给孩子，下一代的智力水平通常不会很高（当然会有特例，但是从平均水平出发，这一论断成立），同时这些家长无法给孩子提供好的教育环境，从而阻碍了孩子的个人兴趣的发展和天赋的发挥。与此相反的是，如果一个孩子从小就得到无微不至的照料，加上他与生俱来的优良品质，他会得到周围环境的照顾，比如说得到更多的关注、支持和赞扬。

117. 不同的社会阶层对孩子的教育方式是截然不同的，这一点在情理上都可以理解。中产阶级的家庭教育孩子的出发点是，他们的孩子今后应该占据领导性的岗位或从事掌握权责的工作，为此在教育孩子的过程中强调孩子的自主性、独立性的培养，鼓励孩子拥有自我，拥有创造力和好奇心。而社会下层家庭教育孩子的出发点是，他们的孩子在将来不论是在工作岗位上还是在人生选择上都不会拥有太多的自主性，因此这些父母们（有意或无意地）强调纪律和服从。

118. 布鲁姆·贝特海姆领导一个自闭症孩子康复中心已经很多年了，就连他也相信，正是因为母亲们的冷淡——为此诞生了“冰箱母亲”这个概念——她们的孩子才会患上自闭症，对此她们应该负责。另外一种更加严重的说法是，她们的行为彻底毁了自己的孩子。但是我们现在知道了，就算上述的说法获得极大的认同，它也是错误的。母亲表现出的冷淡不是亲子关系破裂的原因，而是一种反应。

119. 早在孩子 1 岁的时候，在他们理解什么是移情之前，他们已经学会了同情。当周围其他的孩子哭起来时他们也会跟着哭起来。可以说孩子们在感情上是易传染的。

120. 这也符合英裔美国心理学家拜伦·科恩（Baron—Cohen）的调查。根据他以及其他的根据观察新生儿得出的理论，人与人在“同情”和“移情”方面的能力是不同的。他的理论还表明，不同的思维方式是天生的。

121. 有意识的欺骗即使在共同孵化的诞生的鸟类中也是存在的。一只乌鸦在藏起自己的食物被它的同类发现的时候，它会假装把食物藏在一个地方，过后悄悄地把食物转移到另一个地方。

122. 脑部研究专家曼弗雷德·施皮泽（Manfred Spitzer）从神经学角度出发，他强调，人的大脑负责价值判断的部分是最后发育的。与价值判断相关的脑前段皮层是在脑结构组织中最后髓鞘化（指髓鞘发展包裹的过程）的一块，这一部分只有到了青春期才开始发挥作用。

123. 许多北美印第安人会举办“献礼比赛”，在一个名为 potlach 的节日上每一户人家都会展示他们献出的物品：食物、珍珠，甚至自家的独木舟。

124. 只有当我们进行特定的活动的时候，我们的反射神经才会被激活。但是当我们观察他人的活动的时候，它们也会开始工作。这种感觉当然和我们自己的已有的活动和经验密切相关。当别人切到了自己的手指时，我们仿佛可以感受到他们正在经历的疼痛。别人遭遇到尴尬的事情时，我们也感同身受。在经历上述过程时脑部的核磁共振结果表明，我们大脑感受痛楚的区域在上述情景下会被激活，好像我们自己也会感受到疼痛一样。这时他人的反射神经可以说连接到了我们自己的反射神经，反之亦然。神经学家们猜测，人的自我意识也可以归结到这种反射神经系统。这种移情的能力，可以用在自我审视的过程中。

125. 此外进化论生物学家会提出批评意见，因为这种我们引以为例证的起警示作用的叫喊行为会被人认为是有力的证据，以证明事实上不可能存在真正的利他主义。

126. 只要通过选择配偶所获得的益处与求偶行为带来的弊端相互抵消，达到一定程度的平衡，这种想法从进化论的角度来看是成立的。

127. 这些不同的目标也经常反映在家庭生活中。一方面孩子总是父母情感生活的中心（有时夫妻双方对孩子的情感是如此的强烈，以至于反而在对彼此情感上相互疏远了），另一方面，孩子总是在母亲的哺育下，按照一定的育儿规则长大。

128. 新生儿将 87%的能量用于生长和脑部发育的新陈代谢，到了 5 岁时这一数字仍然有 44%。（与此相比成人的数值只有 25%）

129. 我们得再看一下这个笑话，杰拉德 · 胡特是位有名的脑部研究专家，他对越来越多的父母们“自己脑力完全开发过”的观点嗤之以鼻。向你致敬，杰拉德！

130. 附带提一下一个流传甚广的错误观点：人们可以将观察其他物种得出的结论嫁接到人类身上。总会有一些人认为其他物种（尤其是家畜）的自然行为可以为拓展人类的认识提供灵感。更有甚者将那些蚂蚁或者狮群中的行为应用于人类的管理学中并得到了广泛的认同——这简直就是胡扯。作为一头狮子，它深谙如何采取生存的策略以应对狮群中的挑战，但这并不一定适用于人类社会。我们通过这本书了解动物的行为，而不是将这些行为生搬硬套到人类身上去，这些行为让我们了解到在自然中不同的生存发展策略（从这个角度来说，借鉴一些协作型物种的行为可能拥有较大的意义）。